唐富满　著

陈济棠主粤时期 广东省的社会救济事业研究

——以政府救济为中心

暨南大學出版社
JINAN UNIVERSITY PRESS

中国·广州

图书在版编目（CIP）数据

陈济棠主粤时期广东省的社会救济事业研究／唐富满著．—广州：暨南大学出版社，2011.8

ISBN 978－7－81135－937－4

Ⅰ.①陈… Ⅱ.①唐… Ⅲ.①社会救济—研究—广东省—近代 Ⅳ.①D693.66

中国版本图书馆 CIP 数据核字（2011）第 159374 号

………………………………………………………………………………………

陈济棠主粤时期广东省的社会救济事业研究

著　　者　唐富满

出 版 人　徐义雄
策划编辑　杜小陆
责任编辑　杜小陆　廖　原
责任校对　何　力
出版发行　暨南大学出版社（广州暨南大学　邮编：510630）
网　　址　http：//www.jnupress.com　http：//press.jnu.edu.cn
电　　话　总编室（8620）85221601
　　　　　营销部（8620）85225284　85228291　85228292（邮购）
排　　版　弓设计
印　　刷　湛江日报社印刷厂
开　　本　787mm×960mm　1/16
印　　张　21.375
字　　数　400 千
版　　次　2011 年 8 月第 1 版
印　　次　2011 年 8 月第 1 次
定　　价　39.80 元

序

摆在我桌面上的这部书稿——《陈济棠主粤时期广东省的社会救济事业研究——以政府救济为中心》，是唐富满博士创新性的开山专著。这是他近五年来不断补充相关资料，对原博士毕业论文进行充实和修订而成的。它即将由暨南大学出版社付梓面世。我作为其博士论文的指导教师及这部新专著的第一位读者，感到由衷高兴并向他表示祝贺！

我觉得这本具开拓性的专著，写得很扎实。它大致有以下几个特色：

第一，论著选题具有重要的学术价值和现实意义。社会救济保障是一种历久而常新的事业，它更是一项直接关系到社会民生和社会安稳的重大工程。作者以陈济棠主粤期间（1929—1936年）广东省政府的社会救济事业为研究对象，并在写作之过程中，注意将政府的救济活动与当时社会背景下之政治、经济态势结合起来，从政府救济的角度反观当时的社会状况。这既深化了民国广东省社会经济史的研究，又以一个地域个案加深了对近代社会救济事业史的研究。此外，这项研究还有重大的现实意义。在社会弱势群体日益增多且最易受到市场经济机制侵害之当今社会，而如何关注弱势群体、构建和谐社会，又已成为现代社会发展的必然要求及党与政府密切关注之重要问题的今天，选择这一课题加以研究，显然具有重要的现实借鉴意义。

第二，作者在勤奋挖掘搜集与认真分析运用资料及依之重建史实方面狠下了工夫。在陈济棠治粤这八年里，广东省内政局稳定，地方经济建设颇有建树，是广东在中华民国三十八年中的“黄金时代”，也是近代粤省由传统慈善事业向近代社会救济事业转型的关键时期。在此时期，省内传统的慈善事业日趋式微，省政府在社会救济事业中充当了主要角色，由其主办的救济院、平民医院、育婴院、仓储业、水利事业等，大多得到了恢复或重建；尤其是政府的救济责任意识日益凸现，救济设施日趋完备，救济范围也较为广泛，受益者几乎扩大至整个社会弱势群体。它在救济实践中将多种救济方式相结合，并形成了一套较为完善的社会救济制度。

唐富满鉴于学界以往对这个问题的研究不多，即使有所研究，其论著也大多着重于救济理念与救济法规方面，而少专注于救济实态的研究；而民国政府的规章制度又往往与其实际运作有很大的误差，甚至会发生背离。因此，他在撰写毕业论文的过程中，就不仅注重于研究政府的文件“表达”，而且更在探究其救济之“实践”方面下工夫，真正做到了让史料来说话。为了准确地重现史实，他在写作时除了利用大量的方志、报刊及民国时期社会调查资料外，还先后到南京中国第二历史档案馆及汕头、潮州、揭阳、深圳、中山、佛山等地方档案馆查阅第一手资料，并采用了《广东省政府公报》、《广州市政府市政公报》以及民国时期省内汕头、中山、南海、番禺、平远等三十余县市的政府公报。作者在解读这众多的史料时，对各种资料认真鉴别，互相参证，做到了去粗取精、去伪存真，最后形成各种简要的图表。全文以这些史料为基础，运用国家与社会关系的原理，结合近代广东社会演变之背景，分别从自然灾害救济、农村救济、城镇弱势群体救济、失业归侨救济四个角度，对陈济棠主粤时期广东省各地的救济实况进行了论述与分析，从而详细说明广东省社会救济领域中各种救济主体的兴衰及变迁过程。这就使论文做到了资料翔实，内容丰富，结构合理，论析扎实而有说服力。该论文在他进行博士毕业答辩时，深得通讯评议专家和答辩委员的一致好评。

第三，本书的内容既反映了民国政府从事社会救济事业的普遍性，又突出了广东省社会救济事业之地域性特色。作者在写作过程中，没有局限于就广东省社会救济而论救济，而是从政府救济角度反观民国南京中央政府、广东省政府及地方基层政权三者在社会救济中的表现、地位及其互动关系。他指出：尽管陈济棠主粤时期广东省政府与中央政府的关系一直处于非正常状态，并不断挑战南京中央政府的权威——在政治上以西南两委员会为屏障与中央政府分庭抗礼，在经济上与中央政府争夺财源，在军事上大搞实力对抗，在党权及司法上亦自成系统，不听命于中央，不过在社会救济方面，广东省政府却较好地执行了中央政府的救济立法及其奖善惩恶制度，并结合本省的实际情形发布和实施了一些地方性的救济法令。当时的中央政府、广东省政府及地方基层政权这三者，虽各自扮演的角色不一，但它们缺一不可，共同描绘了当时社会救济活动的生动画面。作者在说明了民国时期政府搞社会救济普遍性之同时，更注意凸显广东省社会救济事业的地域性特点。这主要表现在以下两个方面：①广东省因地缘优势得风气之先，受西方近代救济理念的影响较早，故它在救济方面的近代化程度较高。民国时期，广东省与港、澳在出入境方面并无限制，都可自由来往，故粤、港、澳三地人员交流频繁，经贸联系特别密切。出于共同的文化圈及特殊的血缘、地缘关系，侨居港、澳之人士对省内慈善救济活动较为关注；每当重大灾害发生时，往往是粤、港、澳三地联袂进行赈济活动。在联合办赈之过程中，港、澳地区一些先进的社会救济思想及理念，对广东省政府救济活动的展开起到了较强的参照或指导作用。②本论著将广东省的社会救济事业与其乡村建设结合起来考察。它以陈济棠提出的《救济广东农村计划》作为切入点，对该计划提出的历史背景、计划的内容、计划的实施等情况进行了剖析，并将之与当时的乡村建设运动作了比较分析，进而论述了广东省政府的救济活动与社会控制的关系。作者认为，广东省政府在此时期内大力发展救济事业，一方面是出于其对自身社会责任问题的觉醒，另一方面也是为了其强化社会控制的需要——政府通过救济活动，进一步加强了对各县乡基层社会的调控与整合，从而使自己的权威、意志及统治触角深入到了城乡各基层政权。

除上述三大特色外，这部论著还展示了作者在治学方面的一些优点，如：学风纯正，论文严格遵守学术规范，凡引用他人成果均有注明；学术见解独到，论证充分。他充分利用丰富的资料，进行实证研究，对有关陈济棠主粤时期的社会救济诸问题，提出了一系列见解；文字功底较好，全文表达流畅，层次分明，图表规范；在研究方法上，能注意将历史学、政治学与社会学等多种方法结合起来。

如果要说此书的不足之处，主要是广东省社会救济之成效及其地域比较分析等方面尚待进一步深化。若能如此，则本论著当更臻完美。至于其他的问题，我想在此书出版后，将会有学界同仁及广大读者多予赐教，以匡不逮。

以上所述，只是本人读唐富满这部新作后的一些看法，权为全书之序。

甚望作者今后不断推出其他的新作，以惠学林。

周兴樑

2011 年 7 月 2 日写于中山大学 745 栋书舍

目　录

绪　论

一、选题之缘起

陈济棠治粤八年（1929—1936年），因其时治安良好、物价稳定、财政平稳、收支盈余等，而被誉为中华民国三十八年中广东省的“黄金时代”。学术界对此一直较为关注。[①] 以往的学术成果对这一时期广东省的政局、经济建设成就等方面的研究较多，而从社会史的视角来研究的成果尚属少见。本书以晚清民初的广东政局为背景，拟从政府救济事业这一个视角来管窥当时的社会。本书选题之缘起基于以下考虑：

（一）广东省在陈济棠主粤时期，政府救济事业较为突出

清末民初，广东省内政权更迭频繁，社会一直动荡不安，政府在社会救济方面举步维艰，地方士绅及各善堂充当了其主角。民间慈善事业的异常繁荣，往往是政府不能作为的折射，也是社会病态的反映。[②] 早在清末时就有人指出这一点。他们认为：“欧美各国，学者向之所讨论，政治家之所筹划，其目的专注于维持国家之生存发达，以速国民之进步，未闻有置重于慈善事业也……慈善事业，所以济弊政之穷，欲谋国利民富，端不系于此……其（欧美各国）国民蒸蒸然日致于繁荣，又岂空藉慈善事业以为补救乎。”[③]

1929年，陈济棠主粤以后，大力绥靖地方，加强对地方基层政权的控制，政府的权威得以重建。广东省政府在整顿传统慈善事业的同时，大力发展政府救济事业，由政府主办的救济设施如救济院、平民医院、育婴院、赠医施药所、仓储、水利事业等，大多得到了恢复和重建。

---

① 据统计，有关陈济棠的专著就达5部之多，如余炎光、[美] 陈福林主编的《南粤割据——从龙济光到陈济棠》（广东人民出版社，1989年），林华平的《陈济棠传》（圣文书局，1996年），凌立坤、凌匡东的《陈济棠传》（花城出版社，1998年），钟卓安的《陈济棠》（广东省地图出版社、暨南大学出版社，1999年），肖自力的《陈济棠》（广东人民出版社，2002年），等等。此外，还有近百篇学术论文。

② 周秋光先生在《民国时期社会慈善事业研究刍议》（《湖南师范大学社会科学学报》，1994年，第3期）一文中认为：“说来有趣，本来一个健全的社会，是不应当有如此发达的社会慈善事业的。它应是这个社会的畸形和变态。从这个意义上讲，对于民国社会是不能叫好的。”

③ 邓雨生编：《全粤社会实录初编》，1910年印行。

陈济棠主粤时期，广东地区的政府救济事业之勃兴自有其社会历史原因。

广东省地处沿海、毗邻港澳，自近代以来一直处于对外开放的前沿。民国时期，广东省的商品化程度较高，省内的许多农产品、丝织品及其他手工业产品大部分销往海外，对海外市场依赖度较强。1929—1933 年爆发了一场世界性的经济危机。帝国主义各国为了摆脱和转嫁经济危机，保障本国工农业的复苏，而对进口货物采取了高税率政策。广东的蚕丝、茶叶、水果等农副产品之出口量因此大减，价格低落，生产遭受到空前的严重打击；作为广东省重要经济支柱的侨汇，也因大批华侨失业回国而大为减少，致使城乡经济一片凋零。广东省与福建、江西两省为邻。陈济棠主粤时期，福建与江西两省并不太平，福建省发生了“福建事变”，江西则有国民党军先后五次“围剿”红军，邻省的动乱与战争使大批的难民、散兵汇集于广东之广州、汕头等许多城市。以上这些情形导致当时广东省城乡间破产农民、失业手工业者、灾民、战争难民等弱势群体比比皆是。在 1932 年的人口调查中，仅广州之无业人员就有近 30 万人，汕头失业人员近万人，在中山、佛山等其他城市里，亦有大量失业人员。据 1936 年 3 月 5 日国际劳工局中国分局估计，1935 年全国失业人数为 5 893 196 人，其中广东失业人数最多，为 1 578 482 人，约占全国总失业人数的 26.6%。[①] 据统计，上海 1932 年的乞丐人数约 25 000 人[②]，天津 1934 年之乞丐约万余人[③]，而广州 1935 年的乞丐竟多达 4 万余人，“若以广州市的人口总数作比例，大约十个人当中就有一个是乞丐”[④]。以上这些亟待救济的弱势群体如得不到妥善安排，他们就会铤而走险，采取“越轨的生存方式”，从而对现存社会秩序和安全构成强大挑战。在此情形下，广东省政府大力发展救济事业，这一方面是出于其对自身问题的觉醒，另一方面也是为了实现其社会控制的需要。由此可见，陈济棠主粤时期广东省大力发展救济事业，并不是为救济而救济，而是有其深刻的社会背景。

众所周知，自 1928 年“东北易帜”以来，南京国民政府在表面上实现了全国的统一，但广东、广西、山西、云南、贵州、四川等省与中央政府一直是貌合神离，其中尤以广东为甚。自“胡汉民事件”后，陈济棠在广东公

---

① 广东省立中山图书馆编纂：《民国广东大事记》，羊城晚报出版社，2002 年版，第 529 页。

② 陈冷僧：《上海乞丐问题的探讨》，《社会半月刊》，1934 年，第 1 卷第 6 期。

③ 涤亚：《救济乞丐》，《社会半月刊》，1934 年，第 1 卷第 4 期。

④ 《广州的乞丐》，《申报》，1935 - 05 - 12。

然挑战南京中央政府的权威：在政治上，他以西南两委员会为屏障与中央政府分庭抗礼；在经济上，与中央政府争夺财源；在军事上大搞对抗；在党权及司法上，广东省亦自成系统，不再听命于中央；广东与中央之间的关系一直处于非正常状态。在社会救济方面，广东省政府与中央政府的关系又是怎样呢？广东省各基层政权在政府救济活动中又扮演了什么角色呢？这是本文关注的问题之一。

（二）民国时期，广东省的社会救济事业既具有普遍性，也具有强烈的地域性色彩

第一，与内地大多数省份相比，广东省的主要灾害除了水灾、旱灾、地震等自然灾害外，它还是全国台风最厉害的省份。广东省地处低纬度，属亚热带季风气候区，雨量充沛。广东与广西、湖南、江西、福建同属我国东南丘陵区，但其河流与这些省（区）的有所不同：广西地处珠江流域的中上游，湖南、江西则分属长江流域的洞庭湖、鄱阳湖两大湖泊水系，福建的河流多为独流入海的小河流，而广东则地处珠江、韩江、九洲江、鉴江等河流的尾闾，它承受的客水面积达 35.7 万平方公里，特别是在面积不足 1 万平方公里的珠江三角洲河网区域内，承受了来自西江、北江、东江及其他河流的来水达 45.4 万平方公里，相当于其面积的 45.5 倍，这往往造成严重的洪涝灾害威胁。[①] 广东是全国大陆海岸线最长的省份，其东边的太平洋是世界最大的台风潮，受此影响，广东成为全国台风灾害最严重的省份。除台风强大风力直接造成的风灾外，台风暴雨暴潮形成的洪涝灾害也来势猛、强度大、破坏力强。此外，广东秋旱、冬旱、春旱的发生还与台风雨量是否偏少有密切关系。据史料记载，新中国成立前的 450 年间，广东洪灾年份占 90%，旱灾年份占 67%，台风灾害年均 1.5 次，可谓“十年九涝、三年两旱、二年三台灾”。[②] 据《珠江流域水利基本情况汇编》统计，珠江三角洲在 1915—1949 年中，每年受淹之农田面积（包括崩堤、山洪、洪潮区和洪泛区的淹浸）达百万亩以上的有 22 年，即平均约每 3 年便有 2 年农田受淹浸面积达到百万亩以上。每当自然灾害发生时，灾民嗷嗷待哺，老者转于沟壑，壮者流于四方。严重的自然灾害极大地制约了广东社会的全面发展。

第二，广东省因地缘优势，得风气之先，受西方近代救济理念的影响较

---

① 广东省水利厅、广东省防汛防旱防风总指挥部编：《广东水旱风灾害》，暨南大学出版社，1997 年版，第 19～20 页。

② 广东省水利厅、广东省防汛防旱防风总指挥部编：《广东水旱风灾害》，暨南大学出版社，1997 年版，第 19 页。

早，在救济方面近代化程度较高。民国时期，广东省与港、澳都可自由来往，在出入境方面并无限制，故粤、港、澳三地人员交流频繁，经贸联系特别密切。由于拥有共同的文化圈以及特殊的血缘、地缘关系，侨居港、澳的人士对广东省内的慈善救济活动较为关注，每当重大灾害发生时，往往是粤、港、澳三地联袂进行赈济。在联合办赈的过程中，港、澳地区一些先进的救济思想及理念为广东省救济活动的展开起到了较强的参照作用。

自近代以来，来中国传播上帝“福音”的外国传教士也在广东省登陆。据统计，到 20 世纪初广东省有 72 处传教士驻地（其中海南岛有 4 处），分布在全省三分之一以上的县市。在广东传教的差会及团体有 41 个，传教士人数从 1899 年的 184 人增至 1920 年的 785 人。在传教士的活动下，广东省的教堂、教徒数目日渐增多，至 1919 年，广东省有 464 个大小教堂，天主教徒约 10 万人，基督教新教信徒达 61 262 人。民国时期广东省基督徒的人数，比皖、甘、陕、川、滇诸省信徒的总和还多。①

西方宗教界人士在中国传教的同时，也一直把慈善事业作为他们传播上帝“福音”的途径之一。1835 年，美国派遣第一位传教士伯驾到中国，在广州开办“眼科医局”（后于 1865 年更名为博济医院），掀开了外国人在华医疗慈善事业的序幕。他们还先后在广州、南海、汕头、肇庆等地兴办了其他一些医疗慈善机关。如在广州有由美国富玛利女医生于 1899 年创办的柔济医院；有美国威娄姑娘于 1909 年创办的慕光瞽目院；1917 年成立的邝盘石医院；1919 年成立的两广浸信会医院等医疗慈善机关。此外，他们还在广东东莞、遂溪、北海等地兴建了不少麻风院。据统计，1919 年前，西方传教士在广东各地所设的医院和诊所不下 30 所。② 至 20 世纪 30 年代，基督教在广东省创办的主要慈善设施如下：孤儿院 31 处，收容孤儿 1 514 人；医院 22 处；安老院，收容病人 4 250 名；施诊所 35 处。③ 其中慈幼方面：天主教加拿大满地荷无原罪女修会于 1919 年创立了圣灵孤儿院、圣婴婴院；1906 年湛罗必牧师创办了两广浸信会孤儿院。抚老方面：天主教法国安老会于 1913 年创办了安老院；1922 年广东长老会传道总会创办了基督教颐老院；1922 年由东山浸信会卢连倡办了两广浸信会安老院。教育慈善方面：先后创办了真光中学（1872 年创办）、培英中学（1882 年创办）、格致书院（1888

① 赵春晨、雷雨田、何大进：《基督教与近代岭南文化》，上海人民出版社，2002 年版，第 58～60 页。

② 顾长声：《传教士与近代中国》，上海人民出版社，1991 年版，第 277 页。

③ 《时事月报》，1934 年，第 11 卷第 3 期。

年成立，1917 年定名为岭南大学）、广东女医学校（又名夏葛医学院，1904 年创办）、圣心中学（1904 年）、日新小学（20 年代初期）、明德女子中学（1931 年）等。外国传教士在从事教育及医疗等社会慈善活动时，把西方先进的医术、西药、近代医疗制度、护理教育以及全新的救济思想与理念带入了中国。这些理念起了示范与开创作用，给清末民国时期广东省的社会救济事业带来了清新的气息，也促进了广东省社会救济理念的近代化转型。

（三）对现实意义的关注也是本文选题的立足点

和谐社会是当今学界讨论的热点之一。和谐社会是指社会中的各个要素、各个群体以及各个个体相互匹配、相互理解、融洽相处的一种状态。它并非是一种空想，而是面对社会急剧变化、冲突丛生的特定背景的特定需求，即试图通过协调来化解各方面的矛盾与冲突。[①] 当今，我国正处于社会转型时期，经济在得到快速发展的同时，许多突发性公共事件以及其他社会问题亦日益凸显。据统计，1980—2003 年，东部地区在全国经济总量的比重由 50% 增加到 59%，西部与东部的人均 GDP 比率由 1：1.92 扩大到 1：2.59，中部与东部的比率由 1：1.53 扩大到 1：2.03。[②] “中国的基尼系数达到 0.45，超过国际公认的 0.4 之警戒线；如今（2006 年）中国 20% 的最贫困人口收入份额只有 4.7%，而 20% 最富裕人口收入份额则高达 50%。”[③] 随着东西差距及城乡贫富差距的进一步拉大，社会弱势群体日益增多。中国 60 岁以上的老年人口目前已达到 1.3 亿多人，占总人口比重的 10%，其中 80 岁以上高龄的老年人口高达 1 100 万，并以年均 5% 的速度递增。到本世纪中叶，60 岁以上老年人口将达到 4 亿左右，占亚洲老年人口总数的 1/2，占世界老年人口总数的 1/5。[④] 此外，中国目前还有 200 多万孤儿[⑤]、6 000 多万残疾人[⑥]，中国农村的绝对贫困人口约 3 000 万人，城镇失业下岗者中的贫困人口约 3 000 万人[⑦]。这些弱势群体最容易受到市场机制的侵害。关注弱势群体、构建和谐社会，已成为当今社会发展的必然要求，政府对之也

---

① 任剑涛、龙国智：《权力共享与利益分享：和谐社会的两个前提》，《学术研究》，2005 年，第 5 期。

② 《中国社会成员贫富差距趋拉大　社会公平问题突出》，2005－08－21，http：//news. tom. com。

③ 《耶鲁大学教授陈志武谈中国改革困局与转轨路径》，2006－01－24，http：//talk. 163. com。

④ 吴锦良：《政府改革与第三部门的发展》，中国社会科学出版社，2001 年版，第 278～279 页。

⑤ 《“六一”国际儿童节面面观》，2004－06－01，http：//www. qianlong. com。

⑥ 《全国有六百万多残疾人　听力言语残疾人最多》，2002－05－07，http：//www. xinhuanet. com。

⑦ 《我国富人回报社会少　政协建议制定慈善事业法》，《人民日报》（海外版），2005－07－12。

密切关注。[①] 因此，选择这一课题不仅具有一定的学术价值，而且具有一定的现实借鉴意义。

二、有关概念及研究对象的界定

（一）弱势群体

弱势群体是社会学、政治学等领域中常用于分析现代社会经济利益和社会权力分配中不公平，社会结构不协调、不合理的一个概念。至于什么是社会弱势群体，目前学界大多是根据自己研究或所关注的重点，从不同角度提出各自的看法。如蔡勤禹认为："弱势群体是一个贫困性、低层次性、脆弱性的社会群体。贫困性是弱势群体的根本特性，由这个特性导致其生活质量的低层次性和心理及社会承受能力的脆弱性。"[②] 王思斌认为："脆弱群体是在遇到社会问题的冲击时自身缺乏应变能力而易于遭受挫折的群体"，"弱势群体则是在社会的经济结构和权力结构中处于不利地位的群体"。[③] 杨团认为："弱势群体就是在社会各个群体中处于劣势的脆弱的一群。""弱势群体可从是否丧失具有市场竞争能力的人力资本，是否难于融入所处地域社会的社会生活、难于与其他群体享有平等的公民权利，是否远离社会权力中心和社会对于社会群体的既定评价等角度来定义。"[④] 由此可以看出，弱势群体主要是指那些在社会中处于弱势地位，具有"脆弱性的"且"易受伤害"的群体。

---

① 在2002年3月朱镕基总理代表国务院向九届全国人大五次会议所作的《政府工作报告》中，第一次正式使用了社会学界常用的"弱势群体"这个词。报告指出，积极扩大就业和再就业是增加居民收入的重要途径，并强调要"对弱势群体给予就业援助"。2002年11月8日，在北京召开的举世瞩目的中国共产党第十六次全国代表大会上，江泽民同志代表第十五届中央委员会作了《全面建设小康社会，开创中国特色社会主义事业新局面》的报告，报告明确指出，我们"现在达到的小康还是低水平的、不全面的、发展很不平衡的小康"。他在该报告中还列举了许多如"贫困人口还为数不少"、"老龄人口比重上升"、"就业和社会保障压力增大"等各项与"弱势群体"相关的事项。2005年3月5日，国务院总理温家宝在第十届全国人民代表大会第三次会议上所作的《政府工作报告》中，提出要积极发展社会事业和建设和谐社会，"加快社会事业发展；着力解决与人民群众切身利益相关的突出问题，维护社会稳定，努力构建社会主义和谐社会；进一步做好就业和社会保障工作，提高人民生活水平；加快社会保障体系建设；完善企业职工基本养老保险制度，坚持社会统筹与个人账户相结合，扩大做实个人账户试点；继续增加城乡居民收入，特别是中低收入者收入；通过多种措施促进农民收入持续增长；高度重视解决城乡困难群众基本生活问题；各地要加快建立城乡特殊困难群众的社会救助体系，帮助他们解决看病、住房、子女上学等实际困难"。

② 蔡勤禹：《国家、社会与弱势群体——民国时期的社会救济（1927—1949）》，天津人民出版社，2003年版，第2页。

③ 王思斌主编：《社会工作导论》，北京大学出版社，1998年版，第17页。

④ 杨团：《弱势群体及其保护性社会政策》，《前线》，2001年，第5期。

弱势群体是任何时代、任何社会都存在的一种普遍现象。它是一个历史范畴，常常是在某种特定时空条件下使用的概念，因此，在不同时期往往有不同的表现。本书根据陈济棠主粤时期广东省的一些实际情况，将弱势群体分为生理性弱势群体和社会性弱势群体。前者是指基于自然生理因素所导致的社会生存能力低弱的人群，如弃婴、流浪儿童、残疾人等；后者是指由社会因素所导致的暂时或永久处于较差社会生存状况的人群，这些群体具有不确定性和相对性，他们有可能通过自身的努力或周围环境的改善而改变他们的弱势地位，从而脱离弱势群体，如灾民、流民、难民、失业手工业者、破产农民、不幸妇女、弃婴、人力车夫、失业归国华侨等。

（二）社会慈善、社会救济、社会救助

在社会救济领域，慈善事业与社会救济是一对易于混淆的概念，这里有必要先就这对概念加以解释。关于慈善事业，已有很多学者分别从不同的角度对之加以解释。英国的专家把“慈善组织”定义为：为了广泛的公共利益而设立，非营利、非政府、从事各种慈善性公益活动的组织。[①] 国内也有些学者认为，慈善事业是一种民间公益性事业，与社会救济和社会福利相比，慈善事业不是由政府支持而是在政府倡导下，由民间团体自愿组织和开展活动的一种典型的支持行为。[②] 周秋光、曾桂林在《中国慈善简史》一书中认为，慈善事业是一种社会行为，是指在政府的倡导或帮助与扶持下，由民间的团体和个人自愿组织与开展活动，对社会中遇到灾难或不幸的人，不求回报地实施救助的一种高尚无私的支持与奉献行为。[③] 蔡勤禹认为，慈善是个人或组织基于博爱心理从事的扶贫济弱行为。[④] 郑功成认为，慈善事业是建立在社会捐献基础之上的民营社会化保障事业。[⑤] 也有学者认为，慈善事业系指社会以善心为动力，自愿对他人的急难与贫困进行物质援助的行为。[⑥] 由以上可以看出，慈善事业最大的特征是它的民间性与社会性，它是一种来自民间的自发性的救济行为。

至于什么是社会救济，学界也有多种认识。《辞海》认为，社会救济是

---

① 王名：《英国民间公益组织的发展及对我国的启示》，2005-06-02，http://www.blogchina.com。

② 吴锦良：《政府改革与第三部门的发展》，中国社会科学出版社，2001年版，第276页。

③ 周秋光、曾桂林：《中国慈善简史》，人民出版社，2006年版，第6页。

④ 蔡勤禹：《国家、社会与弱势群体——民国时期的社会救济（1927—1949）》，天津人民出版社，2003年版，第36页。

⑤ 郑功成：《社会保障学——理念、制度、实践与思辨》，商务印书馆，2000年版，第28页。

⑥ 张文：《宋朝社会救济研究》，西南师范大学出版社，2001年版，第5页。

"国家和社会对于无法维持生活的公民的救济。在我国，由民政部门办理，方针是依靠基层、生产自救、群众互助、辅之以政府必要的救济。在农村主要是对五保户的救济。广义的社会救济，包括发生严重自然灾害后的赈灾救灾"①。苏振芳在《社会保障概论》一书中认为，社会救济又称社会救助，"是指社会成员因自然灾害、意外事故和个人生理、心理等原因而导致生存困难不能维持最低限度生活水平时，由国家或社会有关部门给予一定的物质或资金的扶助或援助，以使其基本生活得到保障的一种社会保障措施"。他进一步认为，社会救助的对象包括三种："一是因天灾人祸等因素而导致不接受紧急救助就无法维持生活者；二是由于先天或后天的因素失去劳动能力者；三是虽有劳动能力，但因客观因素以致失业、收入中断或减少者。"② 而专门研究社会保障学的郑功成认为，社会救济的内涵，是指国家与社会面向由贫困人口与不幸者组成的社会脆弱群体，提供款物接济和扶助的一种生活保障政策，它通常被视为政府的当然责任或义务，采取的也是非供款制与无偿救助的方式，目标是帮助社会脆弱群体摆脱生存危机，以维护社会秩序的稳定。社会救济的外延，则包括灾害救济、贫困救济和其他针对社会脆弱群体的扶助措施。③ 郭强、王云骏等则进一步认为，社会救济是国家社会保障制度的重要组成部分。④ 综合上述各种观点可以看出，社会救济的对象是各种社会弱势群体，其主体虽同时包括政府和社会，但它主要突出了政府的责任意识。本书所说的慈善事业主要是指民间的慈善救济活动，而社会救济则侧重于政府的救济行为。

近来，有些学者还从社会保障领域借用了"社会救助"这一概念。⑤ 据研究表明，"社会救助"是随着现代社会保障制度的发展和完善而在近年来兴起的一个专门术语。尽管很多学者认为"社会救助"这一概念更能突出政府之救济行为，更能体现出接受救济者的人格尊严，但民国时期的大多数报刊、日记、笔录里主要使用的是"社会救济"这一概念，而很少提及"社会救助"这一术语。笔者认为，采用当时的"话语"来表达和重建当时的

---

① 辞海编辑委员会：《辞海》（下），上海辞书出版社，2002 年版，第 4493 页。

② 苏振芳：《社会保障概论》，中国审计出版社、中国社会出版社，2001 年版，第 242～243 页。

③ 郑功成：《社会保障学——理念、制度、实践与思辨》，商务印书馆，2000 年版，第 13～14 页。

④ 郭强、陈兴民、张立汉主编：《灾害大百科》，山西人民出版社，1996 年版，第 769 页；王云骏：《民国南京城市社会管理》，江苏古籍出版社，2001 年版，第 86 页。

⑤ 陈桦、刘宗志：《救灾与济贫——中国封建时代的社会救助活动（1750—1911）》，中国人民大学出版社，2005 年版；洪大用：《转型时期中国社会救助》，辽宁教育出版社，2004 年版；等等。

“语境”，显得更为合适，故本书采用“社会救济”这一概念。

（三）有关民国时期广东省政区变动的说明

民国时期，广东省增设了不少县（市、局），有些县市的名称也作了变动，为了不至于相互混淆，有必要将近代广东省的政区变动情况略作说明。

广东简称粤，古称粤东。在中国南部，南濒南海。广东的“广”由三国吴元兴一年（264）置广州而来。唐咸通三年（862）分岭南节度使东部地置岭南东道，治广州。元至元十五年（1278），置广东道宣慰司，治今广州市。这是历史上“广东作为政区名首次出现”。明洪武二年（1369）起，置广东道等处行中书省，简称广东省，过去长期与广西同属一个大区的雷州半岛、海南岛划拨广东统辖，至此今广东省的轮廓已基本形成。清顺治四年（1647）设广东行省。清末时，广东省共设 6 道、9 府、7 直隶州、3 直隶厅、79 县、3 散州及 1 厅。民初时，广东省的名称和范围与清代相同，至 1914 年完成了政区调整，设置了粤海、岭南、潮循、高雷、琼崖、钦廉等 6 道，辖 94 县。1925 年 7 月，中华民国国民政府在广州成立后，广东省政府下设广州、北江、东江、西江、南路、海南 6 个行政区，辖 94 县。1932 年，陈济棠为加强统治，在全省设有东、南、西北、中及琼崖 5 个绥靖区，统管军事行政。现将广东省在 1915 年的政区设置情形列表如下：

表 0-1 民国四年（1915）广东省政区简表

道名	县名	小计
粤海道	番禺、南海、顺德、东莞、从化、龙门、台山、增城、香山、新会、三水、清远、宝安、花县、佛冈、赤溪、高要、四会、新兴、高明、广宁、开平、鹤山、德庆、封川、开建、恩平、罗定、云浮、郁南	30 县
岭南道	曲江、南雄、始兴、乐昌、仁化、乳源、英德、翁源、连县、阳山、连山	11 县
潮循道	澄海、惠阳、博罗、新丰、紫金、海丰、陆丰、龙川、河源、和平、连平、潮安、丰顺、潮阳、揭阳、饶平、惠来、大埔、普宁、南澳、梅县、兴宁、五华、平远、蕉岭	25 县
高雷道	茂名、电白、信宜、化县、吴川、廉江、海康、遂溪、徐闻、阳江、阳春	11 县

（续上表）

道名	县名	小计
琼崖道	琼山、澄迈、定安、文昌、琼东、临高、儋县、崖县、万宁、陵水、感恩、昌江、乐会	13县
钦廉道	钦县、防城、合浦、灵山	4县
全省合计：6道，94县		

资料来源：潘理性等编：《广东政区演变》，广东省地图出版社，1991年版，第49～50页。

民国时期广东省行政区域之变动主要体现在以下两点：①县市名称的变动。1913年广东省将南雄、连州、德庆、罗定、嘉应、阳江、化州、钦州、崖州、儋州等直隶州以及佛冈、赤溪、连山、南澳等直隶厅改称为县。1914年5月9日，广东省民政厅令各县知事，改定与全国重复的县名。由此，广东新宁县改名台山县，新安县改名宝安县，东安县改名云浮县，西宁县改名郁南县，长宁县改名新丰县，永安县改名紫金县，镇平县改名蕉岭县，石城县改名廉江县，会同县改名琼东县，万县改名万宁县，昌化县改名昌江县。为纪念孙中山，广东省政府于1925年将香山县改为中山县。②增设一些县、市、局。广东省政府于1921年设置汕头市；1936年在琼崖增设白沙、乐东、保亭3县。为了加强管理少数民族等复杂地区，广东省政府在民国时期又设了三个相当于县级政权的管理局：1927年在连县、连山、阳山三县之间的瑶族聚居地设连阳“化瑶局”，1936年改为安化管理局；1932年在茂名、吴川、化县三县之间设梅菉管理局；1933年8月在潮阳、普宁、惠来三县之交处又成立南山移垦委员会，后改成南山局。到1936年，广东省除广州市外，另辖97县1市（汕头市）、3局（安化、梅菉、南山）。广东省后又于1942年设置连南县；1945年设置湛江市；1947年在广州崇文区析置芳村区；1948年设置梅茂县；1949年设置佛山、韶关、肇庆、江门、海口5市；惠阳县曾一度析置惠东县，年底又并回惠阳县。至1949年，全省总计有8个专区，1个行政委员会，汕头、湛江2个地级市，5个县级市，98个县，广州市则归中央直辖。[①] 根据上述情况可知，陈济棠主粤时期的广东省之辖地

① 参见潘理性等编：《广东政区演变》，广东省地图出版社，1991年版；司徒尚纪：《广东政区体系：历史·现实·改革》，中山大学出版社，1998年版；广东省地方史志编纂委员会编：《广东省志·地名志》，广东人民出版社，1999年版；等等。

区域包括了现在的广东省（怀集县除外）、海南省以及现属广西壮族自治区的钦州市、防城、灵山、合浦与北海市等地。

三、研究概况之回顾

（一）国内的研究情况

1. 广东省的自然灾害及其荒政

自然灾害救济是社会救济的重要组成部分。这里先就这方面的研究概况作一简单回顾。有关广东地区自然灾害方面的研究始于20世纪50年代。新中国成立不久，广东省文史馆就组织馆员编写了一本《广东气象地震史的研究初探》，作为内部出版物刊行。该馆于1961年编印了《广东省自然灾害史料》一书，该书在1963年出版了增订本后，又于1970年再次组织人力对之作了较大的修订，增加了数十万字的史料，最后于1999年由广东科技出版社出版。该书参考了大量方志、报刊等资料，是至今有关广东自然灾害史料编辑方面最全面的一本参考书。该书所辑灾害史料的发生时间，上至晋太康九年（288），下至中华人民共和国成立（1949年），内容包括水灾、旱灾、风灾、冻灾、雹灾、地震、虫灾、瘟疫等八类。20世纪70年代后为了兴办农田水利的需要，广东省水利电力部门及各地档案馆编写了大量有关自然灾害的史料集，先后出版有：《珠江三角洲农业志》（佛山地区革命委员会编，1976年）；《高要县民国时期水利建设档案材料选编》（高要县档案馆编纂，1984年）；《高要县民国时期水旱灾害档案材料》（高要县档案馆编纂，1984年）；《肇庆地区自然灾害史料》（广东省肇庆市档案馆编，1985年），该书主要根据肇庆地区有关自然灾害之文献资料编辑而成，分上、下两册，上册为水灾部分，下册为旱灾部分；《清代珠江韩江洪涝档案史料》（中华书局，1988年）；《珠江志》（水利部珠江水利委员会编，1990年）；《广东水旱风灾害》（广东省水利厅、广东省防汛防旱防风总指挥部编，暨南大学出版社，1997年）。此外，广东各县市的文史资料也都辑录了许多有关地方性的自然灾害、水利建设等的史料。如李水尧的《中山市自然灾害史料》（《中山文史》第7辑，1986年）；钟淼发的《梅县历史上的灾害》（《梅县文史资料》第10辑，1986年）；黎庆文的《高州天灾纪略》（《高州文史》第2辑，1983年）；郭志群的《大埔自然灾害》（《大埔文史》第1辑，1984年）；谢火友的《连县自然灾害史料》（《连县文史资料》第3辑，1986年）；林远玉的《揭阳县明清以来自然灾害纪要》（《揭阳文史》第5辑，1986年）；罗康的《兴宁自然灾害历史记录》（《兴宁文史》第14辑，1990年）；罗威的《北海自然灾害史考》（《北海文史》第3期，1987年）；劳逸风的《乙卯年广州市水灾》（《广州文史资料》第35辑，1986年）；何心平的《乙卯年佛山特大水灾情况》（《佛山文史资料》第5辑，1985年）；苏君藻的《肇庆甲寅乙卯洪水回忆》（《肇庆文史》第3辑，1990年）；何锡安的《三水县历史上的水患灾难》（《三水文史》第9辑，1984年）；阮克的《忆一九三五年怀集水灾》（《怀集文史》第6辑，1988年）；徐因芳的《民国时期顺德的两次特大水灾》（《顺德文史》第15辑，1988年）等。以上资料为研究广东的自然灾害提供了宝贵的史料。

20世纪90年代，适值国内自然灾害日趋严重和“国际减灾十年运动”逐渐展开，一批研究区域性自然灾害及其防治办法的综合性研究成果不断涌现。如梁必琪主编的《广东自然灾害》（广东人民出版社，1990年）一书，从自然科学角度对广东省的自然灾害进行了研究。该书在利用有关史料的基础上，从突发性气象灾害、气候灾害、水旱灾害、水土流失、海洋灾害、地质灾害、生物灾害等方面，对全省的自然灾害进行了分析，并且对灾害的预测及其防止对策提出了种种设想与方案。

有自然灾害就有荒政。荒政是中国古代救济饥荒的法令、制度与政策的统称。广东仓储的研究一直是近代广东荒政研究的重点。高惠冰在《清代前期的佛山义仓》一文中指出，清前期佛山义仓的性质是民捐民办的救灾设施，具有以租赁方式积谷、无偿赈济、民仓民管和雇工碾米散赈等不同于历代义仓的特点，原因是它建于商品经济不断发展和资本主义萌芽的时期，受到商品货币关系的影响。[①] 冼剑民则撰文进一步认为，佛山义仓是典型的城市义仓，浓厚的商业色彩是它区别于珠江三角洲其他义仓的显著标志。[②] 陈春声从社会控制的角度研究了清代广东的常平仓和义仓，认为仓储问题在更大程度上是社会问题，清代广东常平仓的演变过程实际上反映了清政府对基层社会的控制由弱到强、又由强到弱的变化过程。[③] 在研究晚清广东的荒政方面，有张文苑的硕士论文《晚清广东的救荒系统》。[④] 该文通过研究晚清广东的救荒系统，探讨了政府与地方的关系，认为水患的日益严重，需要政府的联合管理及拨款，而慈善事业的发展又成为地方社会要求自治的基础，

---

① 高惠冰：《清代前期的佛山义仓》，《华南师范大学学报》，1985年，第3期。

② 冼剑民：《清代佛山义仓》，《中国农史》，1992年，第2期。

③ 陈春声：《论清代广东的常平仓》，《中国史研究》，1989年，第3期；《清代广东社仓的组织与功能》，《学术研究》，1990年，第1期；《论清末广东义仓的兴起——清代广东粮食仓储研究之三》，《中国社会经济史研究》，1994年，第1期。

④ 张文苑：《晚清广东的救荒系统》，中山大学硕士论文（未刊稿），1999年，中山大学图书馆藏号：TN4500。

两者并行不悖地存在着。暨南大学周蕴蓉的硕士论文《抗战时期广东的灾况和社会救济》，则对抗战时期广东省的天灾人祸进行了论述。[①] 从以上分析可以看出，在广东地区的自然灾害研究方面，以往所做的工作有很大一部分是属于资料搜集，从学理上进行研究的成果尚不多见。

此外，还有相当一部分学术成果也或多或少地涉及民国时期广东地区的自然灾害及荒政等问题。如邓云特的《中国救荒史》（商务印书馆，1937年）；李文治、章有义编的《中国近代农业史资料》（第1～3辑）（三联书店，1957年）；陈高佣的《中国历代天灾人祸表》（上下卷）（上海书店，1986年）；胡思明、骆承政的《中国历史大洪水》（上下卷）（中国书店，1988、1992年）；张水良的《中国灾荒史（1927—1937）》（厦门大学出版社，1991年）；李文海编著的《近代中国灾害纪年》（湖南教育出版社，1990年），《近代中国灾害纪年续编》（湖南教育出版社，1993年），《中国近代十大灾荒》（上海人民出版社，1994年）；李向军的《中国荒政研究》（中国农业出版社，1995年）；骆承政、乐嘉祥主编的《中国大洪水》（中国书店，1996年）；孟昭华的《中国灾荒史记》（中国社会出版社，1999年）；钱钢、耿庆国主编的《二十世纪中国重灾百录》（上海人民出版社，1999年）；何炳棣的《明初以降人口及其相关问题（1368—1953）》（中译本）（三联书店，2000年）；夏明方的《民国时期自然灾害与乡村社会》（中华书局，2000年）；康沛竹的《灾荒与晚清政治》（北京大学出版社，2002年）；李文海、夏明方编的《中国荒政全书》（第1辑）（北京古籍出版社，2003年）。涉及此问题的还有一批相关的学术论文，如刘五书的《论民国时期的以工代赈救荒》（《史学月刊》，1997年，第2期）；谢高潮的《晚清荒政思想简议》（《晋阳学刊》，1997年，第1期）；莫子刚的《略论1927—1937年国民政府的救灾政策》（《四川师范大学学报》，2000年，第1期）；杨琪的《二三十年代国民政府的仓储与农业仓库建设》（《中国农史》，2003年，第2期）等。

随着研究领域的不断拓宽，一些在过去较少涉及的灾害已逐渐进入研究者的视线，如对历史上发生的时疫或传染病的研究，自20世纪90年代以来，先后有多篇力作问世。其中有曹树基的《地理环境与宋元时代的传染病》（《历史地理》第12辑）、《鼠疫流行与华北社会变迁（1580—1644年）》（《历史研究》，1997年，第1期），徐好民等的《地壳运动与疾疫流

---

① 周蕴蓉：《抗战时期广东的灾况和社会救济》，暨南大学硕士论文（未刊稿），2004年，暨南大学图书馆藏号：K/M2004/1。

行》(《灾害学》，1991 年，第 2 期)，杨俭等的《我国秦至清末的疫病灾害研究》(《灾害学》，1991 年，第 3 期)，龚胜生的《二千年来中国瘴病分布变迁的初步研究》(《地理学报》，1993 年，第 4 期)，梅莉的《明代传染病的初步考察》(《湖北大学学报》，1996 年，第 5 期)。此外还有余新忠的《清代江南的瘟疫与社会》一书。该书共分六章，分别为绪论、清代江南的瘟疫生态社会背景、清代江南的瘟情、清代江南对瘟疫的认识、清代江南瘟疫成因探析、清代江南瘟疫与社会之互动。冯尔康曾称此书为“我国大陆医疗社会史研究标志性成果”(《中华医史杂志》，2003 年，第 4 期)。于永在《20 世纪 30 年代中国农村金融救济之考察》一书中，对民国时期的农村救济活动及其成效进行了系统论述。① 在以上所论及的这些学术成果里，对笔者影响较大的有邓云特的《中国救荒史》(商务印书馆，1937 年)和夏明方的《民国时期自然灾害与乡村社会》(中华书局，2000 年)两书。邓著可谓是第一部运用马克思主义唯物史观，系统总结和论述我国历史上的救荒经验和措施的学术著作，它分析了中国历代救荒史的发展，并考察了历代救荒政策的实施。有人认为该书“以翔实的史料、缜密的分析、科学的历史观和现实主义的批判精神，成为其中的扛鼎之作，并将中国救荒史的研究推进到一个全新阶段”。② 笔者认为这些评价一点也不为过。夏著认为，从社会科学的角度来研究自然灾害是一种“迟到的繁荣”。该书利用丰富的资料，对灾害与乡村社会的内在机制进行了深刻剖析，尽管该书中的有些观点还有可商榷之处，但它的确为自然灾害史的研究提供了一种全新的视野。

2. 民间慈善救济研究

港澳台地区学界对社会史的研究，比我国内地起步要早，其在社会救济、慈善等方面的研究成果较多，且研究程度较深，代表人物有梁其姿。梁先生主要研究明清江南的慈善事业，其中《施善与教化：明清的慈善组织》一书是其代表作。该书对古代以来，特别是明清时期的慈善组织作了非常细致、深入而具有开创性的研究，并对慈善组织的公共性及其在社会发展的作用作了透彻的分析。张玉法曾进行过有关山东省现代化的研究，他在《民国初年的社会救济（1927—1937）——山东地区的个案研究》一文中提出：“民国初年山东地区的社会救济，最重要的发展是从传统的形态，发展到传

① 于永：《20 世纪 30 年代中国农村金融救济之考察》，内蒙古人民出版社，2002 年版。

② 李文海、夏明方：《邓拓与〈中国救荒史〉》，《中国社会工作》，1998 年，第 4 期。

统与近代混合的形态，显现了多元化的倾向。”[①] 这是他在深入分析山东省社会救济之后得出的一个较为中肯的结论。此外，还有江亮演的《社会救助的理论与实务》（桂冠图书股份有限公司，1990 年）一书，对民国以后的社会救济行政、政策、法规、设计方案、设施等进行了研究。香港学者游子安在其所著的《香港劝善书初探》一书中认为，香港广泛流行的善书对民间的思想影响极为深远，如广积阴功和善恶报应的观念、敬惜字纸等习惯。善书不仅反映了读书人对民众所要求的道德价值，更可了解不同时代社会价值观及民众的行为规范。作者讨论了善书与医药的关系，认为善书所附的药方成为基层社会医学推广工作的重要媒介。他在另一本专著《劝化金箴——清代善书研究》一书中，分五章论述了清代善书与清代社会的关系，并且进一步探讨了善书的传播及其劝化功能。游子安在其最新研究成果《善与人同：明清以来的慈善与教化》（*In Company With Goodness：Charity and Morality in China，1600—1930*）一书中“用一定的篇幅，介绍了华南地区的道堂和善堂，对百年以来珠江三角洲及港澳慈善事业作了认真的回顾和评价，实际上也是为华南地区社会史研究补充了不可缺少的一个侧面”[②]。冼玉仪的《早期香港东华医院史》（*The Early History of the Tung Wah Hospital*），刘润和、王惠玲、高添强编著的《益善行道——东华三院 135 年周年纪念专题文集》，李东海编的《香港东华三院一百二十五年史略》以及吴润生编的《澳门镜湖医院慈善会会史》，亦分别记述了香港的东华三院及澳门的镜湖医院在华南的一些慈善救济活动。

自 20 世纪 80 年代后，随着思想进一步解放，我国内地许多研究禁区被逐步打破，很多学者开始从政治史研究中淡出，注重于从社会下层发现历史，社会史研究渐成显学。关于广东省社会救济方面的成果，大多以清末民初的慈善事业为研究对象。如熊艳在其硕士论文《九善堂与清末民初广州社会》一文中，分析了广州九善堂的建立、活动、经费和内部操作机制以及九善堂与社会各阶层的关系，强调了善堂的“护商”性质。[③] 而黄艳的硕士论文《试论广州善堂的发展：1871—1937》，则进一步探讨了清末民初广州各善堂在地方公益活动中的变迁，同时从政府与社会的互动关系这一角度分析

---

① 张玉法：《民国初年的社会救济（1912—1937）——山东地区的个案研究》，《中华民国史专题论文集》（第二届讨论会）。

② 游子安：《善与人同：明清以来的慈善与教化》，中华书局，2005 年版，第 4 页。

③ 熊艳：《九善堂与清末民初广州社会》，中山大学硕士论文（未刊稿），1995 年，中山大学图书馆藏号：TN2866。

了广州各善堂“公”的性质。[1] 刘粤声主编的《广州基督教概况 两广浸信会史略》一书，对广州市基督教在广州的慈善活动进行了集中阐述。[2] 凌立坤、凌匡东的《陈济棠传》（花城出版社，1998 年）、钟卓安的《陈济棠》（广东省地图出版社，1999 年）及肖自力的《陈济棠》（广东人民出版社，2002 年），对陈济棠主粤时期的广东社会救济事业皆有所论及。张晓辉的《民国时期广东社会经济史》（广东人民出版社，2005 年）一书对陈济棠主粤时期的社会救济事业的社会经济背景进行了论述。此外，还有其他一些有关慈善方面的论著，对本书的写作有一定的启示作用。这些论著可归为以下几类：

第一，以知名人物的慈善思想为研究对象。如周秋光的《熊希龄与慈善教育事业》（湖南教育出版社，1991 年），朱英的《论张謇的慈善公益思想与活动》（《江汉论坛》，1999 年，第 11 期）、《经元善与晚清慈善公益事业的发展》（《华中师范大学学报》，2001 年，第 1 期），柏骏的《论张謇的慈善思想与实践》（《广西社会科学》，2003 年，第 12 期）等。这些学术成果结合历史人物的具体活动，对其慈善救济理念及活动进行了深入分析。特别值得一提的是，近来还有学人尝试将近代慈善家作为一个社会群体来加以研究，这是一个很好的学术取向，目前已有些成果问世。如廖良梅考察了以上海为中心的慈善家群体，具体分析了慈善家群体对中国慈善事业走向近代化所产生的作用、对近代中国社会带来的影响。[3] 朱浒也对义赈同人群体进行了初步研究，剖析了他们的身份地位及其社会网络资源对义赈的影响和作用。

第二，以某地域的慈善事业为研究对象，此类成果较多，尤以江南地区的研究成果为最。如张礼恒的《略论民国时期上海的慈善事业》（《民国档案》，1996 年，第 3 期），熊秋良的《清代湖南的慈善事业》（《史学月刊》，2002 年，第 12 期）。此外，王卫平、黄鸿山在《清代江南地区的乡村社会救济——以市镇为中心的考察》（《中国农史》，2003 年，第 4 期）一文中认为，清代江南地区存在着政府、宗族和民间三种类型的救济，它们各司其职、互相补充，构成了相对完整的乡村社会救济体系；并认为这些机构大多

---

① 黄艳：《试论广州善堂的发展：1871—1937》，暨南大学硕士论文（未刊稿），2001 年，暨南大学图书馆藏号：K/M2001/3。

② 刘粤声：《广州基督教概况 两广浸信会史略》，香港浸信会出版社，1997 年版。

③ 廖良梅：《社会慈善家群体对近代中国社会的影响》，《长沙大学学报》，2003 年，第 3 期；《近代中国社会慈善家群体的慈善事业述论》，《求索》，2004 年，第 12 期。

集中于市镇，使江南地区乡村社会救济事业的开展呈现出以市镇为中心的态势。吴滔在《清代江南的赈济与地方社会》（《中国社会科学》，2001 年，第 4 期）一文中，对清代江南地区的社区赈济活动进行了分析，并进一步认为，社区赈济之所以能在江南地区长期存在，一个极为重要的原因在于它能与地方社会各种资源相互融合。

第三，还有一些学者以社会变迁为背景，深刻阐析了晚清以来慈善思想是如何从传统过渡到近代的。李文海在《晚清义赈的兴起与发展》一文中认为，在晚清很长一段时期内，由朝廷和各级政府主持的“官赈”是灾荒救济的主要形式，直到光绪初年，随着社会政治生活和经济生活新的变化，才开始兴起了一种“民捐民办”，即由民间自行组织劝赈，自行募集经费，并自行向灾民直接散发救灾物资的“义赈”活动。① 朱英在《戊戌时期民间慈善公益事业的发展》一文中认为，戊戌时期民间慈善事业已开始出现近代意义的社会公益事业，其活动比传统更广泛和多元化。② 周秋光、曾桂林的《中国慈善简史》一书共分“绪论篇”、“渊源篇”、“古代篇”、“近代篇”、“当代篇”等 5 篇，回顾了中国慈善事业演进的历史，是一本关于中国慈善思想和慈善事业的重要专著。③ 周秋光还在《民国时期社会慈善事业研究刍议》、《近代慈善事业的基本特征》等文中，分析了慈善事业在民国时期的社会地位、作用及其特征。④

第四，某些近代民间慈善团体的救济活动也引起了许多学者们的关注。①红十字会。大部分学者认为该会自成立以来，在救死扶伤方面发挥了较为重要的作用。周秋光在《民国北京政府时期中国红十字会的慈善救护与赈济活动》一文中认为，以红十字会为代表的民间慈善事业在相当程度上担负起了安定社会与救助人民的责任。⑤ 池子华在《中国红十字会辛亥战时救护活动》一文中，对红会医疗队在汉口、南京的人道救护活动进行了深入分析。⑥ 张建俅在《中国红十字会经费问题浅析（1912—1937）》一文中，从借款、

---

① 李文海：《晚清义赈的兴起与发展》，《世纪之交的晚清社会》，中国人民大学出版社，1995 年版。

② 朱英：《戊戌时期民间慈善事业的发展》，《江汉论坛》，1999 年，第 11 期。

③ 周秋光、曾桂林：《中国慈善简史》，人民出版社，2006 年版。

④ 周秋光：《民国时期社会慈善事业研究刍议》，《湖南师范大学社会科学学报》，1994 年，第 3 期；《近代慈善事业的基本特征》，《光明日报》，2004－12－14。

⑤ 周秋光：《民国北京政府时期中国红十字会的慈善救护与赈灾活动》，《近代史研究》，2000 年，第 6 期。

⑥ 池子华：《中国红十字会辛亥战时救护活动》，《民国档案》，2004 年，第 1 期。

公费、政府补助三个方面分析了红会的经费问题。① 华洋义赈会。该会作为国际性的慈善团体，在很多方面给民国时期中国的社会救济带来了新理念。刘招成认为华洋义赈会为防救农村灾害，举办急赈、工赈、农赈，并在河北倡办了农村合作社。在实践上提出了“建设救灾”、“防灾救灾”等富有特色的指导思想，发展完善了一套赈灾运作机制，成为民国时期乡村建设运动的先驱。② 此外，薛毅、章鼎的《章元善与华洋义赈会》、蔡勤禹的《民间组织与灾荒救治——民国华洋义赈会研究》等著作对华洋义赈会的成立背景、组织结构以及它的主要活动进行了深入分析。宗教团体的救济活动。顾长声的《传教士与近代中国》一书认为，传教士所办的医疗和其他救济活动已成为近代中国慈善事业的重要组成部分，尽管其具有一定的虚伪性，但对于促进中国社会的救济事业有着积极作用。③ 夏明方考察了“丁戊奇荒”时期西方新教传教士对华赈灾的始末、动因与社会影响，认为其对中国绅商发起组织的义赈具有借鉴作用。④ 向常水则研究了民国时期在湘的教会力量参与兵灾救济的有关情形，提出教会的战地救济不仅缓解了战争给社会正常运转带来的压力，还有助于民间社会力量的培植以及增进国人对西方文化的理解。⑤ 总之，综观近年来的有关研究，一般都认为传教士、教会的慈善活动对近代中国社会起到双重作用，把它简单地看做“殖民主义的警探和麻药”或“文明使者”都不妥当，而应视其为“桥梁”。此外，冯尔康的《中国宗族社会》、岳庆平的《中国的家与国》等著作，对家庭、宗族等血缘组织的互助功能有所论及。郭绪印的《老上海的同乡团体》一书，根据上海市档案馆的有关史料，对全国各地驻沪的一些同乡团体及其基于地缘关系的社会救济活动进行了阐析。⑥

3. *政府救济活动研究*

20 世纪 30 年代，鉴于社会问题日趋严重，有些忧国忧时的学者开始目光向下，深入乡村社会调查，写出了大批有关社会救济方面的著作。这些著作中较多地涉及了广东省的政府救济活动。其中有柯象峰的《社会救济》

---

① 张建俅：《中国红十字会经费问题浅析（1912—1937）》，《近代史研究》，2004 年，第 3 期。

② 刘招成：《中国华洋义赈救灾总会述论》，《社会科学》，2003 年，第 5 期。

③ 顾长声：《传教士与近代中国》，上海人民出版社，1991 年版。

④ 夏明方：《清季“丁戊奇荒”的赈济及善后问题初探》，《近代史研究》，1993 年，第 2 期；《论 1876 至 1879 年间西方新教传教士对华赈济事业》，《清史研究》，1997 年，第 2 期。

⑤ 向常水：《教会对战地的慈善救济——以民国时期的湖南地区为例》，《湖南第一师范学报》，2006 年，第 2 期。

⑥ 郭绪印：《老上海的同乡团体》，文汇出版社，2003 年版。

（正中书局，1944 年），该书分上、下两篇。上篇着重考察中国传统社会救济及各国社会救济事业，下篇分门别类地对社会救济作了宏观的论述。他的另一部书《中国的贫穷问题》（正中书局，1947 年），对民国贫穷人口的数量、规模及致贫原因进行了较深入的研究。社会学家陈凌云曾赴欧美各国考察社会救济事业，所经各国计有意大利、德国、波兰、苏联、丹麦、比利时、法国、英国、美国及日本等国，回国后写出了《现代各国社会救济》一书。该书不仅详细介绍了欧美各国的社会救济事业，而且还将我国传统慈善事业与现代救济事业进行了对比，认为“我国普通所谓‘慈善’乃当局或上层阶级对于平民之一种施惠。近年来，此种观念业经根本改变，各国多认为社会救济乃政府对于人民之一种重要责任，在人民方面则为一种应享之权利……即国家为人民聚集而成，政府乃由人民组织而为人民谋福利之机关，人民有所困苦则应加以救济，人民有所需要自当俾与协助，此乃贤明政府所应负之责任也”。① 著名学者言心哲的《农村社会学概论》（中华书局，1934 年）一书，系统地研究了民国农村的各种问题，用第一手材料对农民的生活情况及农村社会的病态进行了深刻描绘。

1949 年后，国内受政治意识形态的影响，对旧政府、旧政权大多持批判态度，因此政府救济史方面的研究被视为禁区。20 世纪 80 年代以来，禁区虽被打破，但与民间慈善事业的研究相比，学界对政府救济事业的研究尚嫌不足。在这方面，通论性的著作有龚书铎主编的《中国社会通史·民国卷》，该书是目前国内第一部社会通史，它分别探讨了北洋政府、国民党南京政府及共产党三个政权的救济制度、活动及成效，并指出民国时期的社会保障制度开始由传统的社会救助向现代的社会保险、社会福利混合型过渡。② 这里特别值得一提的是蔡勤禹的《国家、社会与弱势群体——民国时期的社会救济（1927—1949）》一书。这是一本近 50 年来专门研究国民政府的社会救济事业的专著。作者从国家与社会的视角，首先从制度层面厘清了民国时期的社会救济思想、行政体制、立法和设施；又从时间层面区分政府和民间两大板块，论述了民国时期社会救济事业的业绩、效应和水平；最后，对社会救济在民国社会保障、社会安全及社会成长中所起的作用进行了深刻分析，并就如何构建现代社会保障体系发表了独到的见解。③ 但该书只是侧重于民国

---

① 陈凌云:《现代各国社会救济》，商务书局，1937 年版，第 1～2 页。

② 龚书铎编:《中国社会通史·民国卷》，山西教育出版社，1996 年版，第 535 页。

③ 蔡勤禹:《国家、社会与弱势群体——民国时期的社会救济（1927—1949）》，天津人民出版社，2003 年版。

时期有关政府救济法令、政策的梳理，对社会救济的具体活动论述不够。此外，还有陈桦、刘宗志的《救灾与济贫——中国封建时代的社会救助活动（1750—1911）》一书，分十个章节将清末各种救济主体在各种领域内的社会救济活动进行了综合论述。①

（二）国外的研究情况

日本学者对近代中国社会救济有不少研究。日本京都大学文学部教授夫马进著有《中国善会善堂史研究》一书，横跨社会科学和人文科学两方面，从社会福利事业和市民社会的形成两个彼此关联的层面，具体细致地考察了善会、善堂诞生的历史背景、形式结构、行善范围、资金来源、兴办规模、经营实况及运作过程，分析了善会、善堂与国家、行会、都市行政乃至地方社会的关系，在近代化过程中的作用等，从而将善会、善堂的全貌第一次清晰地展现出来。该书现已由伍跃、杨文信、张学锋等人翻译成中文，2005 年由商务印书馆出版发行。日本学士院《第八十九回授赏审查要旨》曾这样评价该书："1997 年 2 月京都同朋舍出版的夫马进的这部巨著，对善会、善堂这个被人们遗忘了的未开发领域的研究意义进行了重新审视，并将研究水准一下子往前提高了几个台阶。"② 该书与梁其姿的《施善与教化：明清的慈善组织》都立足于民初之前的善会、善堂。日本学者小滨正子在《近代上海的公共性与国家》一书里，从公益组织的公共特性出发，将民国前期上海的慈善事业与救火会等一并放入"公共领域"的理念下分析。③ 魏丕信对 1734—1744 年华北的荒政作了详细研究，认为明清时期中国的中央集权制和成熟、稳定的官僚制度是当时中国比欧洲抗灾能力要强的关键所在，他进一步得出结论，在当时困难条件下，明清特别是清代的官僚确实能非常有效地发挥作用，使人民能幸免于灾荒和匮乏所致的最恶劣的影响。④ 此外，黄宗智的《华北小农经济与社会变迁》（中华书局，1986 年）及《长江三角洲的小农家庭与乡村发展》（中华书局，1992 年）等著作，也较多地涉及社会救济事业。这对笔者的写作有着较重要的启发意义。

---

① 陈桦、刘宗志：《救灾与济贫——中国封建时代的社会救助活动（1750—1911）》，中国人民大学出版社，2005 年版。

② 范金民：《夫马进著〈中国善会善堂史研究〉》，《历史研究》，2002 年，第 5 期。

③ ［日］小浜正子著，葛涛译：《近代上海的公共性与国家》，上海古籍出版社，2003 年版。

④ ［法］魏丕信著，徐建青译：《18 世纪中国的官僚制度与荒政》，江苏人民出版社，2003 年版。

四、研究思路及论著架构

通过以上分析可以看出：社会救济史研究自从20世纪80年代中后期兴起以来，大批历史研究者在这片园地里辛勤耕耘着，取得了丰硕的成果，研究领域不断拓宽，研究质量亦不断提高。从总体上看，前人在社会救济方面的研究成果很不平衡，其中晚清时期的研究多于民国时期的，研究民间慈善事业的多于政府救济事业，对救济制度层面的研究又多于救济实践方面的研究。本书在前人研究的基础上，拟按以下思路及架构来展开研究。

第一，尽可能扩大研究视野。就救济而论救济，难识庐山真面目。本书试图以清末民国时期的广东社会为背景，将政府救济活动与当时社会的政治、经济态势结合起来，从政府救济的角度来反观当时的社会状况。

社会救济事业是一门交叉学科，它涉及经济学、社会学、统计学等各学科。本书在研究过程中，大量采用有关图表、数据，尽力将历史研究的实证方法与数理分析等研究方法结合起来，做到融会贯通。

第二，本书在研究过程中，重点突出广东省的地域特色。社会救济史是社会史的重要组成部分。中国幅员辽阔，东西南北差别大，在论述时当然不能用“一言堂”。有学者指出，“面对中国历史中包含的复杂状况，以往那种试图从整体上对中国社会的历史变迁给出解释的做法的确存在许多反思之处”。[①] 长期从事明清慈善事业研究的台湾学者梁其姿在法国留学时，“曾惊讶于一个小小的法国竟有如此丰富、有趣、充满人性的地方史研究成果，而庞大的中国的地方史研究却如此地贫乏”。她认为：“慈善组织有浓厚的地方色彩，越晚近者越如是。探讨地方色彩不但是件有趣的研究工作，而且有学术上的重要性。传统的中国史研究太注重历史现象的普遍性而忽视了地方的历史特色，也因而削减了历史应有的丰富性与生命力。”[②] 梁先生的这番评论是比较中肯的。

第三，在研究过程中，力争做到“表达”与“实践”的统一。大凡研究民国史的学者都能发现，在民国时期，国民政府的规章制度与其实际运作往往会有很大的误差，甚至会发生背离。美国学者易劳逸先生曾指出，中国自近代以来特别是民国时期，一直是一个文牍盛行的社会，政府的“行政蜕变为单纯的发文，结果是政治在它的起点处终止，仅仅起申诉意图的作

---

① 朱浒：《地方性流动及其超越：晚清义赈与近代中国的新陈代谢》，中国人民大学出版社，2006年版。

② 梁其姿：《施善与教化——明清的慈善组织》，河北教育出版社，2001年版。

用……（政府）每件事都是做在纸面上的，而一旦见诸于纸上，亦就被人遗忘了”[①]。黄宗智也曾提出一个“表达与实践”的分析性概念。他认为政府的表达与客观、表达与实践之间有可能一致，也可能是相互背离的。[②] 这一概念具有强烈的方法论色彩，给人们颇多启示。我们从这里可以看出，要想对民国时期的社会救济活动作出中肯的判断，就不能仅仅从国民政府的救济法令、条规出发，更应考察分析其在社会中的具体运作。因此，只有将“如何说”与“如何做”结合起来，才有可能使自己的研究成果接近于历史的真实，否则得出的结论很可能是南辕北辙的。

罗志田曾认为民国史研究的现状是“骨干已粗具，血肉尚模糊”[③]。有关民国时期社会救济方面的研究情况更是如此。为此，笔者在论述这一问题时，不仅要就有关中央政府及广东省政府制定的救济组织、法令、政策等基本骨架作一宏观描述，而且还力图结合有关文献，对广东省各基层政权的救济实践活动展开深入分析，力争使自己的研究对象的“血肉”显得更为清晰。

在以上思路指导下，本书大体按以下章节来展开研究：

绪论：主要论及选题之缘起、研究对象的界定、学术史、论文构思及其资料来源情况。

第一章：运用国家与社会关系的原理，来说明清末民国时期广东省社会救济领域中各种救济主体的兴衰及变迁过程，并为深入论述政府救济事业奠定基础。

第二章：广东省的自然灾害救济。本章主要从水灾、旱灾、风灾三个方面，来说明民国时期广东省的自然灾害及政府的应对之策。

第三章：农村救济。农村是一个非常广泛的概念。本章节以陈济棠提出的《救济广东农村计划》作为切入点，对该计划提出的历史背景、计划的内容、计划的实施等情况进行分析。此外，为加深对农村救济的理解，还将广东的农村救济活动与当时的乡村建设运动略作比较分析。

第四章：城镇各种弱势群体救济。社会往往是由各个环环相扣的系统构成的。农村的破产农民及失业手工业者，进一步加剧了城镇经济状况的恶

---

① ［美］易劳逸著，陈谦平、陈红民等译：《1927—1937 年国民党统治下的中国流产的革命》，中国青年出版社，1992 年版，第 365 页。

② ［美］黄宗智：《清代的法律、社会与文化：民法的表达与实践》，上海书店出版社，2001 年版，第 1 ~ 21 页。

③ 罗志田：《民国史研究的“倒放电影”倾向》，《社会科学研究》，1999 年，第 4 期。

化，导致城镇的弱势群体亦日益增多。本章主要从综合救济和专门救济两个角度来分析这个问题。在综合救济中，主要分析了广东省各县市的救济院和平民医院的设立及其救济活动；专门救济则根据救济对象的不同，分别从妇婴救济、难民救济、贫民救济等几个方面，对城镇里的各种弱势群体的救济活动进行论述。

第五章：失业归侨救济。华侨是近代广东省社会救济中的一支重要的社会力量。当华侨在世界经济危机的打击下纷纷失业归国时，广东省政府对这些失业归国华侨进行了积极救济。这一举措使许多归国华侨得到了合理的安置，同时也加强了海外华侨对祖国的凝聚力和向心力。抗日战争时期，海外华侨对祖国的大力支持也与此密切相关。

第六章：社会救济中的中央政府、广东省政府及地方基层政权。中央政府、广东省政府及地方基层政权是政府救济活动中的“三驾马车”。中央政府与广东省政府存在着错综复杂的关系。其中中央政府主要发挥了组织者、协调者、监督者的作用，广东省政府则是救济活动中的主要负责者，而各基层政权则是政府救济活动中的实际执行者。陈济棠主粤时期，政府在社会救济实践中的作用较为突出，政府救济事业成为陈济棠加强与维护自己统治的手段之一，体现了强烈的社会控制色彩。政府通过救济活动，也使自己的统治触角深入到城乡基层政权。

五、主要资料来源

本书采用的资料主要包括档案、报刊、碑刻、地方志、文史资料、调查资料、民国时期著述、今人著作等。

（一）档案资料

档案材料是历史研究的第一手材料，一般能反映历史事件的原貌，故较为真实可靠。本书在写作过程中，主要参考了第二历史档案馆馆藏的有关行政院、内政部、国民党中央党部等档案全宗，广东省档案馆民政厅档案全宗、建设厅档案全宗、社会局档案全宗以及广州市、中山市、东莞市、韶关市、汕头市、潮州市、揭阳市、佛山市等各市县档案馆的民国档案全宗。此外，还参阅了《中华民国档案资料汇编》中有关北洋政府与国民政府统治时期内各地方政府的报灾、勘灾及救灾等方面的史料。

（二）报刊资料

作为现代信息媒介的报刊于清末开始在中国出现，成为20世纪文献资料的重要组成部分。就有关社会救济方面的资料而言，其重要性仅次于档案资料。民国时期的有些报纸对当时许多灾害事件及救济活动等曾专门派记者深入灾区调查，对救济进展情况进行了跟踪报道，提供了许多真实可靠的原始材料。考虑到各报刊往往受政治立场的影响，因此在使用时应尽可能做到各种信息来源互相参证。本文运用的报纸主要有：《广州民国日报》、《公评报》、《大公报》（长沙）、《华字日报》、《申报》、《中央日报》等。为进一步说明救济事业在广东省各地方的实行情况，论文还较多地参考了当时广东省政府发行的公报及各县市的一些地方性公报，其中主要有《广东省民政公报》、《广东省政府公报》、《广州市政府市政公报》、《汕头市市政公报》、《九江市政公报》、《海口市政公报特刊》、《南海县政公报》、《县政周刊》（番禺）、《番禺县政旬刊》、《番禺县政月报》、《中山县政季刊》、《中山县政汇刊》、《新会县政周刊》、《潮阳县政公报》、《高要县政公报》、《揭阳县政公报》、《开平县政府公报》、《阳春县政公报》、《顺德县事月刊》、《茂名县政季刊》、《台山县政年刊》、《三水县政月刊》、《儋县县政概要》、《防城县政月刊》、《东莞县政府县政纪要》、《乐会县政纪要》等共 20 多种。

（三）地方志

地方志是记载该地区自然、社会经济活动的重要文献，并且具有“地近则易核、时近则迹真”（章学城语）的特点。因此方志亦成为本书的重要资料来源之一。本书主要引用了清末民初时期以及近年来出版的有关广东省各县市的 30 多种方志。

（四）调查资料

民国时期，有很多社会学家曾深入城乡取得了许多第一手的调查资料。这些实地调查资料来自社会的最深处，又不乏科学方法指导，是深入研究当时广东城乡社会问题的第一手原始资料以及透彻观察当时社会的重要窗口。其中涉及广东省的调查资料主要有：

（1）美国社会学家、人类学家葛学溥（Daniel H. kulp）于 20 世纪 20 年代到潮州凤凰村进行调查后，在 1925 年出版了《华南的农村生活——家族主义社会学》一书。它对我们了解潮汕一带农村的社会生活有一定的参考价值。

（2）陈翰笙的《广东的农村生产关系与农村生产力》。该书是由中山文化教育馆和岭南大学合作进行的广东农村经济调查资料。当时的调查团由著名历史学家、农村经济学家、社会学家陈翰笙负责，自 1933 年 11 月开始至 1934 年 5 月底止，先后调查了梅县、潮安、惠阳、中山、顺德、台山、高要、广宁、英德、翁源、曲江、乐昌、茂名、廉江、合浦和灵山等 16 县的农村经济概况，后又在番禺 10 个代表村里做了 1 209 户的挨户调查，同时还进行了 50 县 335 村的通信调查。根据这次调查所得的资料，陈翰笙就广东的耕地所有与耕地使用、佃租税捐利息的负担与生产力、生产率的低落以及农村劳动力等问题，作了详细分析。

（3）林缵春的《琼崖农村》。该书是中山大学林缵春教授从1934年8月2日起至同年9月8日止，共花了一个多月在海南岛的文昌、乐会、儋县、琼东四县共52个村里进行考察所取得的调查资料。它对了解当时海南岛的经济及社会救济状况有重大参考价值。

（4）《广东农村概况调查报告书》、《广东农业概况调查报告书续编》（上下卷）。这是广东省农林试验场调查科自1920年至1933年在广东各县市的实地农业调查报告书。此外还有《琼崖农业概况调查表》、《琼崖实业调查团报告书》、《南路实业调查团报告书》及《中山县农业调查报告》等，分别调查报告了民国时期广东省的琼崖、南路各县及中山县的实业和农业情况。

（5）第二历史档案馆所藏的《广东省各县县政调查表》。该统计表从组织、人口、救济、土地、财政、警卫、教育、司法、农田水利、农村经济、人民团体、礼俗、交通等方面，详细地记录了广东省各县县政情况。这是了解民国时期广东省各县市政务的重要资料来源。

（6）民国时期，岭南大学著名的社会学教授陈序经、伍锐麟曾对珠江三角洲一带如沙南、三水河口等地的疍民进行了调查；伍锐麟教授还对岭南大学附近的旧凤凰村、下渡村及广州市的六百名人力车夫的生活进行了实地调查。[①] 另外，李文海、夏明方、黄兴涛等编的《民国时期社会调查丛编（社会保障卷）》（福建教育出版社，2004年）一书，汇合了民国时期广州、昆明、北平、上海、成都等城市及部分乡村有关社会救济方面的调查资料。以上这些调查报告书对了解当时广东省各地的地方社会状况有较高的参考价值。

（五）民国时期的广东文献资料

民国时期有关广东的地方文献也是本文的重要资料之一。笔者力图利用文献研究法，尽可能多地搜集资料，然后对各种资料互相参证，认真鉴别，做到去粗取精、去伪存真，以重现史实来还原历史。

---

① 伍锐麟著，何国强编：《粤海虞衡卌一秋——伍锐麟调查报告集》，国际炎黄文化出版社，2005年版。

第一章　主从角色的互换：清末至民国时期粤省救济事业中的政府与社会

第一节　民间传统慈善事业的盛衰

国家与社会是社会救济领域中的两大主力。它们犹如车之双轮、鸟之双翼，共同推动了近代社会救济事业的发展。[①] 在人类历史长河中，国家与社会之间往往呈非对称性发展，它们在不同的时空背景下，因权势转移的变化，各自会扮演不同的角色。从静态上看，国家与社会在社会救济领域中所表现出来的模式一般可以分为以下四种类型：①弱国家、强社会；②强国家、弱社会；③强国家、强社会；④弱国家、弱社会。[②] 在这四种模式中，第一种和第二种在清末至民国时期广东省的社会救济活动中，得到了充分的展现。

自清中叶以来，广东省境内灾害频仍，内乱不息。尤其是咸丰四年（1854）的红巾军起义及咸同年间广东西路的土客大械斗，更使“地方残破，征收渐绌”。广东从此以后“有贫之实而仍富之名”[③]。这进一步使得政府在救灾方面的“干预能力显然削弱，有效地协调和控制任何大规模的活动变得越来越困难，甚至是不可能的”，由政府主持的大规模的官赈活动也“越来越难以实行了，救灾活动越来越依赖地方慈善事业，以及商业的力量”。[④] 1911 年辛亥革命后，民国肇造。民国初期，旧的秩序虽已打破，但新的秩序

---

① 日本学者岸本美绪认为，在中国传统社会中，国家与社会之间具有“机能的同型性”，即无论是国家或社会都致力于地方的安宁和协调。参见［日］小滨正子著，葛涛译：《近代上海的公共性与国家》，上海古籍出版社，2003 年版，第 8 页。

② 陶鹤山：《市民群体与制度创新——对中国现代化主体的研究》，南京大学出版社，2001 年版，第 194 页。

③ 毛鸿宾：《沥陈度支艰窘请缓解协拨各饷折》，《毛尚书奏稿》卷十二，文海近代中国史料丛刊。

④ ［法］魏丕信著，徐建青译：《18 世纪中国的官僚制度与荒政》，江苏人民出版社，2003 年版，第 4 ~ 5 页。

一时尚难建立，广东省先后经历了革命党人军政府执政、龙济光统治、桂系军阀割据、陈炯明叛变、孙中山三次在广东建立政权等时期。在此时期内，专制与反专制、独裁与反独裁、革命与反革命的较量及各军阀之间的政治纷争始终存在。由于政局动荡，军政长官更换频繁，省治亦几度易手，各县长“或一二月而易人，或仅到任而已调换，或未到任已另委他人。如此民政固无积极改善之可言，虽欲维持原状而不可得”[①]。在这种环境下，政府日益失去对社会的整合能力，政府的公共管理活动根本无从谈起，就连孙中山主政广东期间，也因“孙政不出大元帅府”而对社会救济活动显得心有余而力不足。

由于政府在社会救济方面一筹莫展、举步维艰，以善堂为主的民间慈善事业在清末民初却得到了蓬勃发展。咸丰四年（1854），广州成立了最早的善社——润身社。同治十年（1871），又建立爱育善堂，此为近代广东最早的善堂；“粤之有善堂，此为嚆矢，自是而后，城乡各善堂接踵而起”。[②] 光绪七年（1881），佛山成立了万善堂；1886 年，肇庆成立了全县唯一由社会团体集资兴办的善堂——万善堂；1895 年，汕头亦成立了同济善堂。至民初时，粤省已是善会风起、善堂林立。

这些以善堂为主的民间社会，在赠医施药、赈灾救济等方面扮演了举足轻重的角色。佛山万善堂成立后，“来往客商猝然患病者得以入院留医，死者由院殓葬，至于遇灾筹赈，尤赖堂董尽心瘁力，转危为安。由是万善堂之名誉与省城爱育、广仁并著”。佛山的务兹善堂亦“赠医施药、施棺、施粥、施衲、施茶、赠种洋痘，遇有灾变随时拯济”。佛山城西之方便医院则担负起了“所有赠医施药及施棺殓葬、捡拾婴孩等务……至于灾伤赈救亦与各善堂不分畛域，竭力赞助”[③]。1907 年的水灾导致“粤省米价飞涨，人心惶惶，莞邑饥民几酿事变……府县照会商会善堂筹办平粜”[④]。在此情形下，省城九大善堂、总商会七十二行联合香港东华医院成立了平粜总公所，举行大规模的平粜，省城内分四个平粜厂；至于清查贫户造册给票，则由各善堂分段负责：东厂地段由惠行善院调查，西厂由方便医院，河南厂由爱育堂，黄沙厂由崇正善堂负责调查。[⑤] 省城贫户按票粜米，各乡村亦由当地善堂、公所等

① 《政局》，《广州民国日报》，1924－05－10。
② （宣统）《续修南海县志》卷六·建置略。
③ 《佛山忠义乡志》（1923 年刊本）卷七·慈善志，第 6～7 页。
④ 《官商筹划平籴情形》，《总商会报》，光绪三十三年二月初二日。
⑤ 邓雨生编：《省港善堂商会行商平粜总公所》，《全粤社会实录初编》，1910 年印行。

组织运行。据记载，当时“各处领米请赈等事，必须有该乡善团或公局方准发给”。开平县因缺少善堂，虽有省港各处善团运米到赈，也难按乡给领；三水县各乡没有善堂，虽受灾极重，有乡中绅耆四出呼救，亦难取信于人。①后人评价说，善堂及商会在这次赈济中，使“饥民得食，存活甚众。足莫大之功德矣”②。1908年七八月间，东、西、北三江同时暴涨，酿成特大水灾，善堂、行商连日在广仁善堂集议，成立专门的赈济组织——救灾公所为救灾的领导机构，承担起救灾的主要任务。它从具体的施赈到请求政府拨款，及争取海内外捐款，无不竭力为之。③

1915年，广东又发生一次罕见之洪水灾害，南海、顺德、三水等县各崩决堤围数万丈，境内一片汪洋，尽成泽国，饥民依山露宿。造成这种状况的根本原因是，龙济光政权只顾搜括民脂、中饱私囊，而各地堤围年久失修。更令人气愤的是，当洪水警报发出后，政府当局仍对此置若罔闻：顺德县长借故逃避广州，全县救灾无人负责；龙济光及当时巡按使张鸣岐之流，“惟酒宴应酬，对报灾则冷淡如无睹”；“当夕阳西下，广州东堤一带，仍然游人如鲫，笙歌弦管，遐迩闻声”，竟然是一派歌舞升平的景象。据统计，这次水灾仅西江高要一县，“死者数千人，满海浮尸，惨不忍睹”。“清远阖属遍地汪洋，城内四门尚留一度……各处基围正在危急，求善团赴赈”。④政府既无望，“各地灾民纷纷向各善团求助”。灾后，《佛山忠义乡志》认为：“灾民不至于流离，众善长之力也”⑤。西人也记载说：“仅仅是由于善堂机关的努力救济才使得大量难民免于死亡。”⑥

1918年水灾，官方对此一筹莫展，“乡民颠沛流离，多以眼泪洗面，惟盼善团到来拯救”⑦。在此次救灾筹赈过程中，到处可见各善堂的赈济活动：“广州爱育善堂其规模之大、积储之厚、捐输之广、施济之宏，尤前此所未有。偶有灾荒，赈济平粜，一呼即应，其惠几遍于全省”⑧；其中方便医院“一闻灾即出赴救，不避艰险，不计远近，不避时疫，亲理病人，亲济灾

---

① 邓雨生编：《全粤社会实录初编》，1910年印行。

② （宣统）《南海县志》卷二十六·杂录。

③ 《申报》，1908-07-02、08、11。

④ 广州市委员会学习委员会办公室编：《生动的事实、鲜明的对照——乙卯年（1915）水灾与今年（1959）水灾情况对比》，第17页。

⑤ （民国）《广东通志未成稿》，第20册，灾变卷。

⑥ 广州市地方志编纂委员会办公室、广州海关志编纂委员会编译：《近代广州口岸经济社会概况——粤海关报告汇集》，暨南大学出版社，1995年版，第1152页。

⑦ 《广东之风雨》，《申报》，1918-08-18。

⑧ （民国）《东莞县志》卷十九·善堂，民国十年铅印本。

民……为各善堂之冠”[①]。通过救灾活动，民间善堂获得了社会较高的评价，舆论界赞誉九善堂、七十二行商及总商会，在救灾中“公益同举，公害同驱，公愤同伸，而总商会九善堂七十二行之名，遂轰轰烈烈于五岭之南，妇人孺子皆啧啧称道不置……盖自政界以及上下流社会，莫不注视”[②]。善堂的影响日益扩大，以至当时社会上“言救济必称善堂”。

自20世纪20年代以来，广东兵匪相寻，地方动荡不靖。尤其是旧桂系军阀统治广东时期，这些客军只知搜括祸民：“入粤四年，语其治绩，舍开番摊、卖鸦片、抽苛捐、破官产、杀人民、毙记者、劫枪炮、掠银币、夺图书、吞钦廉而外，一无所有”[③]。在动荡的政局下，各善堂的慈善活动亦日趋衰微。其原因如下：

其一，有些善堂或直接被军队占据，毁于兵燹战乱，或被其他机关挪为他用。1916年，桂军入佛山后直接驻扎于佛山广福医院达月余，该院经此蹂躏，“善气销磨，人心愈懈”[④]。揭阳县众善堂在民国初年，因“时局影响，物价昂贵，施棺赠药等事无法举办”[⑤]。创建于宣统二年的河南仁济留医院，全院有屋80间，能容病人80～100名，其慈善事业有中西医赠医、施药、留医、施衣、施粥、施棺及赠种洋痘等。自开办以来颇具影响力，有“河南方便医院”之称，但自20世纪20年代以来，“因地方多故，人事变迁”，导致“房屋失修、医药停赠”[⑥]。另外，善堂被别的机关挪用的现象也比比皆是。博罗县原有榕荫善堂一所，由绅商捐款购置铺屋两间，聘医生一人在堂诊疗，后因该堂为军队借驻，桌椅损失殆尽；[⑦] 开平县长沙爱善堂自光绪二十二年开办以来颇有成绩，民国二年后为警察借驻，蚬冈爱善堂后亦为警局借用。[⑧] 佛冈县昔有育婴堂一所，入民国后始告停闭，该地址后假为监狱之用。[⑨] 这些被占据、被挪用的善堂，以前曾是屋宇轩敞，在战火纷飞的环境下，最终壁倾垣圮，处于风雨飘摇之中。

其二，不少善堂在军阀的搜刮下，因筹资能力弱化而举步维艰。民国初

---

① 邓雨生编：《全粤社会实录初编》方便医院篇，1910年印行。

② 《上总商会九善堂七十二行书》，《广州总商会报》，光绪三十三年七月二十六日。

③ 《广东军阀史大事记》，广东人民出版社，1984年版，第133页。

④ 《佛山忠义乡志》（1923年刊本）卷七·慈善志，第7页。

⑤ 《广东省各县救济院及慈善团体调查表》，第二历史档案馆藏，全宗号：12（6），案卷号：18821。

⑥ 广州市社会局编：《广州社会局业务报告》第4编·公益栏，1934年，第2页。

⑦ 广东省民政厅编：《广东全省地方纪要》，1936年，第366页。

⑧ （民国）《开平县志》卷十·善堂，民国二十二年铅印本。

⑨ 广东省民政厅编：《广东全省地方纪要》，1936年，第216页。

期，广东省成为新旧军阀之间、革命与反革命之间反复角逐的场地。广东省在经历1913年“二次革命”阵痛后，龙济光治粤三年，拥兵割据，实行封建军事专政，维持着一支庞大的军事武装。其军费开支十分惊人：“全省岁入，供养兵者十而七八。”[①] 孙中山曾致电黎元洪说：“龙在粤三年，无恶不作，粤人恶龙，甚于洪水猛兽，此人不去，粤无噍类……万不宜留此奇凶，以祸百粤。”[②] 1916年6月，桂系军阀陆荣廷夺政广东后，军费支出膨胀，比龙济光统治广东时有过之而无不及。陆氏统治广东五年，借内外债5 000多万元，所有公产被抵押殆尽。后桂系军阀在粤军迅猛进攻和广东人民强烈反抗下，被迫退出广东离境时，还索要“开拔费”500万元，广州各团体代表商量后同意筹款50万元，作为给桂军的“送行费”。莫荣新对此不满，一再讨价还价，并进行威胁和诡骗，最后同意以所谓“让城费”150万了结此事。桂系军阀的敲诈勒索之烈可想而知。1922年因陈炯明叛变，广东又陷入混乱的状态，大量财政收入被各地驻军截留，军阀把持了收入大权，民国十三年省库收入不足1 000万元，比平常年份少一半以上。当时驻守在广州、曲江、北江的杨希闵、刘震寰“恃恢复广州功，藉口欠饷，悉将国税、历捐及禁烟、筹饷、铁路收入，归为己有，并私铸辅币，暗中运销，致金融益形紊乱”。他们还公开干预地方政务，使地方各县的县长“多出于贿求”；这些人上任后，“遂苛抽于民间，得其剩余以偿所失”。[③] 除了杨、刘的滇、桂军外，还有占领东江、潮梅的陈炯明部，久据钦廉、琼崖的邓本殷部以及陆续来粤的其他客军。当时局面正如宋子文所说：广东“全省皆为军阀把持，已无一片干净土，致大本营各部及行政各机关，徒具其名，不能行使职权，政费几至无着，财政上等于一筹莫展”[④]。1924年9月17日廖仲恺发出通电：“广东财政已濒临绝境……粤省虽号富国，而军兴以后，财政久陷分裂。厘捐粮税悉为各军截收，赌饷烟捐亦由各军支配。是全省税收，业已瓜分豆剖，点滴无遗……现在财政状况，较窘于前，而千里馈粮，军需之急，百倍昔日。”

由以上可以看出，在民国初期，无论哪派军阀取得广东统治权限，都把军事作为首务。为维持军费，他们大肆开抽赌饷、横征暴敛、滥发纸币，这种暴政与掠夺，使广东省民穷财竭，经济趋于没落。在此困境下，民众的捐

① 《政府公报》，1914-03-26。

② 孙中山：《致黎元洪电》，《孙中山全集》第3卷，中华书局，1984年版，第314页。

③ 梁尚贤：《鲍罗廷在华佚文》，《近代史资料》第101号（2001）。

④ 宋子文：《中国国民党第三次全国代表大会财政部报告》，1929-03。

款日益减少，这使以募捐收入为主体的慈善事业也陷入窘境。崇正善堂早在1921年7月即已度支不继而苟延残喘。[①] 1926年1月28日，广州教育局孙课员开会审查润身社收支数目时，润身社陈瑞廷回答道："捐款系属无定，前数年平均二三百元，近些年甚少，每年不过数十元。"[②] 广仁善堂在20世纪20年代已资不抵债，积欠债务数万元；[③] 甚至实力最为雄厚的爱育善堂也危机重重，爱育善堂同人捐款在1918年时只占总收入的0.74%，至1923年降至总收入的0.17%。惠行善院在1900—1903年捐款占总收入的44.91%，1904年占10.79%，至1923年占0.17%，1924年为0.31%，1925年为0.26%。[④] 除广州外，其他各地的善堂亦是如此。佛山原有育婴堂、方便医院及务滋善堂各一所，到20世纪二三十年代都面临重重困境。其中育婴堂"自光绪至宣统，中经三十余年，均由地方官绅合力维持，尚称安稳；迨光复后，地方多故，元气大伤，人民颠沛流离中，不暇及于签捐善款，故筹款不易，而堂中经费又告拮据也"[⑤]。佛山方便医院自民国六年后，亦因"该院经费顿告支绌，翌年拮据更甚，医院本身既负重债，而日常经费，亦乏款开支，将沦于停办之际"[⑥]。以上各善堂的财政收支状况表明，善堂因筹资弱化而导致它在社会救济活动中举步维艰。

其三，有些善堂管理不善。清末民初广东省的善堂多实行家长式管理，大小事务由总理一人来决定，尚未建立起一套民主管理制度。如创办于光绪二十七年四月的中堂博爱善堂（位于东莞县中堂墟），全堂讲师及司事工人俱由总理察其贤否以定其去取。善堂在财务管理方面，亦缺乏有效的监管制度，主要是依靠主持人自身的道德约束，甚至有的还以在神前发誓表露心迹的办法以示清白。如寿世善堂在重订章程中规定："将上年总理及堂内上下人等姓名，写具清心表文件并进支数目，同送都城隍案前焚化，以表清白。"[⑦] 创办于光绪四年的东莞县太平溥善堂，亦在章程第四条中规定："轮管值事每逢交代之日，即将经管数目详细开列，标贴本堂门口以便公览，另附誓章声明自某月某日起至某月某日止所有数目确由某某经理，如有瞒骗吞蚀，神明鉴察，子孙永远不利；若是公正无私，神明庇佑云云。焚于本堂文

---

① 《审查崇正善堂帐目》，《广州民国日报》，1925－12－05。

② 《审查润身社会善款记》，《广州民国日报》，1926－02－01。

③ 《审核善堂数目情形》，《广州民国日报》，1925－10－19。

④ 《历年进支数附录》，《惠行善院征信录》，1924年。

⑤ 南海县佛山救济院编：《南海县佛山救济院院务概览》，1934年，第3页。

⑥ 南海县佛山救济院编：《南海县佛山救济院院务概览》，1934年，第4页。

⑦ 邓雨生编：《全粤社会实录初编》，1910年印行。

武二帝案前。至每年五月十三日请各值事齐集堂内，并将本堂司事人及工人等姓名开列，亦具誓章声明司事等若立有私心，神明炳察，倘无意偶遗，敬祈宽贷云云。照前焚化以表清白。”①

管理上的混乱为那些打着慈善旗号的善棍们中饱私囊、挪用善款、以谋私利提供了机会。以方便医院为例。该院在整顿前，内部存在许多弊端，面临着重重危机。如在善款管理上就很有出入：“查自民国十四年至今，历年征信录，尚未调制，仅得其散杂数簿，略为查检，其间疑点亦多……就目前所见，除重支漏进之数屡有发见外，其最大者莫如银水一项，盖收入捐款，全属元数，而支出之款，则多属两数……出入相较，溢出银水不少。”再如在内部管理上，“查该院各部分本有专章，但实际上绝无遵照者，且无负责管理之人，自由服务，不相干涉，平时则任情放弃，有事则互相推诿，各职员工役皆无一定办理时间，或群众聚谈，或离职出院，均可随意，以致全院事务散漫废弛，百病丛生”。②

其四，有些善堂的信任危机加重，救济水平下降。由于善堂的筹资能力日趋弱化，管理又不善，其救济绩效也就越来越差。1923 年夏秋，山洪暴发，广东大部分地区一片泽国，境内灾民嗷嗷待哺，尤以博罗、东莞等县灾情惨重。然广州各大善堂目此情形却迟迟按兵不动。后经省府多次催促其施赈，南洋兄弟烟草公司亦以灾情紧急，函请各堂从速办赈，并派黄芝瑞、熊少康来省协办。善界始有四庙、方便、崇正三堂允施米药若干斤，派中西医生十余名，赴灾区赈灾。善堂赈灾的拖沓引起了民众的不满，当时的舆论谴责“积产百万”之善堂，“对此等事亦未闻有何办法，岂善堂产业徒为善长仁翁享用乎?”③ 次年三江复涨，灾情更重。各县乞赈电文纷如雪片。而各善堂对此“竟如不闻不见，不特并无丝毫准备，且更绝口不谈，较诸秦人之视越人肥，尤觉漠不关心”④。随后，善团总所召集各界会议，声言各堂经济困难，要求政府助款赈济。会议决议组织广东各界筹赈东、西、北三江办事处，赴各大公司及政府、善堂处劝捐赈济。而各善堂在善团总所的筹款活动中“捐款寥寥”。善团不仅对大的灾难赈济表现出迟缓、消极态度，对于日常的施济活动也常有办理不力的情况。严寒时节施粥、施衣，是善堂最常见

① 邓雨生编：《全粤社会实录初编》，1910 年印行。
② 《卫生局调查方便医院积弊之呈复》，《广州民国日报》，1926－05－13。
③ 《评论：请问要此善堂来做什么》，《广州民国日报》，1923－11－20。
④ 《善堂漠视》，《广州民国日报》，1924－07－08。

的善举之一。而 1929 年冬，市内贫民饥寒交迫，各善团却无人料理此事。[1] 1930 年初，刚成立不久的广州市社会局对市内的善堂进行了一次调查，其调查结果显示，大多数善堂乏人管理，堂务萧条。如回春善院无董事亦无协理，院内仅有内科医生 1 人；庸常善堂医生停诊，办事人不在堂。[2] 由此可见，到民国中后期，随着社会形势的变化，各善堂在面对天灾人祸时显得日益消极、拖沓。善团这种消极表现常受到社会讥评，以至时人哀叹“本市各慈善机关日渐衰落”。当时，《广州民国日报》连续发表了《请问要此善堂来做什么》、《善长仁翁何处跑了》、《赈灾与防潦》、《勖慈善团体》等几篇评论性文章，分别从以下几个方面对传统善堂进行了指责。其一，舆论指出善堂办善理念的落后：“其中办事人物，多属旧头脑，从太上感应而出发之人生观者，以致应做不做，不应做而做……且近代都市生活，似无须此种片面之慈善机关。”[3] 其二，舆论对善堂的腐化现象也进行了指责。各善堂由于缺乏应有的社会监督，很多善棍藉善肥私。如在方便医院，“款项之事，尽揽于司理人朱鉴泉一人，所有收条、簿籍、收入支出，皆出一手，无监督之人，无限制之法，其间流弊难保必无”[4]。一些所谓的善长们“持旗执簿沿门劝捐者，多如过江之鲫，外假赈济美名，内思敛财肥己，曾不念难民之倒悬待救也。故慈善棍徒，每遇灾难频仍之岁，则视为兴家发财之机会”[5]。其三，舆论对善堂的消极态度进行了指责：“报灾之声虽急，而善长仁翁固漠然如故，并不闻举行赈灾，岂善长仁翁平日捐募所得之钱，不过用为养尊处优、饱其私囊耶？殊令人百思不得其解也。”[6] 并进一步指出：“若有应办之慈善事业而概不办，则要此善堂做何用？要此善款何用？更要此仁翁何用？”[7] 由此看来，善堂在赈灾过程中的消极表现及其内部的贪污腐化现象，使得它在社会中的信誉度大为降低，以致出现了信任危机。这进一步导致它在以后的募捐中举步维艰和难以为继，最终陷入困顿之窘境。

除广州市外，其他各地的民间慈善事业自 20 世纪 20 年代后，也呈一片颓势。如广东东莞较出名的慈善机关——明伦堂，该堂在 20 世纪 20 年代

---

① 《社会局令各善堂举办施衣施粥》，《广州民国日报》，1929－11－28。

② 《本市慈善团体调查》，《广州民国日报》，1930－01－31；《市内各善堂院办理情形》，《广州民国日报》，1930－02－24。

③ 《九大善堂收归市政府》，《广州民国日报》，1925－10－16。

④ 《卫生局调查方便医院积弊之呈复（再继）》，《广州民国日报》，1926－05－13。

⑤ 《勖慈善团体》，《广州民国日报》，1924－08－09。

⑥ 《善长仁翁何处跑了》，《广州民国日报》，1924－07－07。

⑦ 《请问要此善堂来做什么》，《广州民国日报》，1923－11－22。

前，每年收入40余万元，“以之办理全邑教育、公益本属绰绰有余”；但自20年代以后，政府因财政竭蹶，派销大量公债，军阀复苛索诛求，名目百出，加以明伦堂的主持者未尽得法，遂有捉襟见肘之忧。到1925年时，明伦堂已是债台高筑，“所负债务达150余万元，数目之巨，殊足惊人，此巨额之债务到1934年才得以清偿”[①]。佛山万善堂之名誉，最初可“与省城爱育、广仁并著”，后因政局动荡、商务凋零而“人心浸懈”；赞翼诚善堂亦因“地方多故”而成为“颓垣废址”；万善医院“因款绌停办”；就连创办于同治年间的育婴堂也因“年捐停歇，益复难支”。[②] 肇庆的广善堂曾是全县唯一一个由社会团体集资兴办的慈善机关，1924年也因“毁于兵燹”而被迫停办。[③] 目此情形，陈济棠在当时亦曾发出感慨：“本省之有善堂，为时已久……到了近代，地方不景，满目疮痍，有的感觉救不胜救，鞭长莫及，有的藉善渔利，不能使人信仰，以致救济事业日就退化。”[④]

广东省是著名的侨乡，华侨是近代广东省社会救济事业的一支重要生力军。民国时期，广东省灾害频繁，一遇天旱或水涝，人民即挣扎在死亡线上，每逢此时，海外华侨就伸出援助之手，解囊相助。后在世界性经济危机的打击下，许多华侨因失业而纷纷回国，每年汇回国内的侨汇大量减少。因此，华侨在慈善救济方面的作用也大受影响。

清末民初时期，港澳慈善界是粤省社会救济事业中的一支重要力量。后因经济不景气，香港工商业一片凋零，社会经济陷于枯竭，地产楼宇价值狂跌，市民就业率锐减。香港慈善事业之巨擘——东华三院，也因收入每况愈下，而无力承担重大救济事务。1932年，该院总收入缩减达115 000元之多；至1933年，其收入更为锐减，年经费不敷竟达67 000余元；到1936年，该院经济状况更为恶化，“创负已深，三院总理一筹莫展，年赤字达150 000元之巨，为创院以来所仅见之现象”。[⑤]

由以上可以看出，广东省内各善堂、华侨与港澳慈善界等民间力量，在20世纪二三十年代，大多因经济上的困境及管理上的混乱而导致其在救济方面的主体地位急剧下降。

---

① 东莞明伦堂整理委员会编：《东莞明伦堂整理委员会报告书》，1935年。

② 《佛山忠义乡志》卷七·慈善志，1926年。

③ 梁剑波：《解放前肇庆市的慈善事业与医疗卫生机构概况》，《肇庆文史》第3辑，1990年，第148页。

④ 仁爱善堂编：《仁爱旬刊》，1935年，第5期，第23页。

⑤ 李东海：《香港东华三院一百二十五年史略》，中国文史出版社，1998年版，第246～247页。

第二节　政府对传统慈善事业的整顿

美国著名社会学家利普塞特指出："合法性危机是变革的转折点。"[①] 传统慈善事业或因经费支绌而举步维艰，或因经营管理不善而备受指责，使其信誉度受到普遍质疑。为了扭转窘局，20 世纪 20 年代的广州国民政府及广东省政府曾先后采取了立法管理、注册登记、核实财政收支、建立自律机制等措施，以加强对各民间慈善团体的监督与整理。

一、立法管理

1925 年夏，广州国民政府及广东省政府先后成立，当时的社会公益事业由教育局主管。同年 10 月 16 日《广州民国日报》载：省政府指责"广州各善堂为少数人所盘据把持，假仁慈之名，行欺骗之术，对省内外灾害求赈者，竟充耳不闻，不见其有一丝一粟之救溺"；省政府即令广州市政府将九大善堂收归市政府统一管理，并责令各善堂将堂内所有一切部籍契据缴存，听候审核。1926 年 1 月 26 日，"广州善团总会"成立，它作为广州各善院的总机关，负责整顿、监督广州市的慈善事业及经费收支状况，并保管其财产契据。[②] 之后，南海县依照内政部地方政府监督慈善团体条例，成立了佛山慈善总会，将境内各善堂之资产、经费、绅董姓名及办理情况，切实拟具整理办法，务使善棍不能混迹。[③] 1928 年 6 月 27 日，广东省民政厅向全省发布《管理私人慈善机构规则》。规定凡私人团体办理之慈善机构，应将名称、地段、主办人详细履历、设备情况、开办时间、收容或救济人数、财产来源等据实上报。市政府社会局成立之后，也大张旗鼓地对善堂进行审查，并制定各种慈善规则，如《广州市社会局管理私立慈善团体暂行规则》、《广州市私立慈善团体注册及取缔章程》及各种慈善活动规则等。1929 年，陈济棠主政广东后，广州市政府于 1930 年又先后制定了《广州市善团施衣施粥规则》、《广州市善团施棺施冢规则》、《广州市善团设立义学规则》等法令，分别对各慈善团体的施衣、施粥、施棺、施冢及义学等活动加强了管理。

---

① ［美］利普塞特：《政治人》，第 53 页。转引自陶鹤山：《市民群体与制度创新——对中国现代化主体的研究》，南京大学出版社，2001 年版，第 210 页。

② 《广州市善团总会章程》，《广州民国日报》，1926－01－16。

③ 南海县政府编：《南海县政季报》，1929 年，第 1 期。

1931 年初，市政府社会局责令各善堂将每月的收支结算按月报查，作为整理之根据。为防止各慈善团体在募捐活动中弄虚作假，广州市政府于 1932 年 9 月 22 日第 34 次市政会议议决通过了《广州市人民团体募捐办法》。它规定：凡本市人民团体，无论用任何名义，向市内外募捐款项，均要将事由方式、举行地点、起止日期及经手募捐人员姓名及年龄进行注册，呈报社会局核准，方得举行；本市人民团体募捐收款时，要用三联收据，其中一联给捐款人，一联缴社会局备案，一联存该团体备查，并装成簿册，编列号数，经社会局加盖骑印后，方得使用；本市人民团体于募捐完毕后，应把剩余的收据缴社会局注销，并将捐款收入总数、支出数目连同支出计算书附属表及单据呈社会局审核，并编印征信录，以昭大信。①

为进一步整顿和监管善堂，重新确立善堂的声誉与地位，广东省于 1934 年 9 月成立了广东仁爱善堂。陈济棠于同年向省政府提出了统一全省善堂组织一案，主张把广东仁爱善堂作为全省的慈善统领机关。其申述之理由如下：

善堂之设立，所以济困扶危，帮助政府维持地方安宁秩序，用意其善，际此不景气漫弥，民生日见艰窘时期，善堂之需要尤切。惟查各县市原有善堂，多属各个组织，一切作为，各自为政，不相统属。虽轫设之始，一本慈仁，而集团既多，流品自杂，不乏借此以利其私图者，驯致善棍之名，为世诟病，诚足为救济事业之玷。目善堂既纷歧杂出，募捐之际，四出征求，甲去乙来，此捐彼继；每令捐施者不胜其烦，无法应付，对于善堂印象，只有讨厌之心，而无扶助之念。是尤自堕救济事业之地位。而且所救济者，因能力及地域种种问题之关系，每患畸缺而不能普及，或且使受施者转感不适……综此种种弊端，探本穷源，胥由于缺乏统一组织，故无普遍完善之成效……皆足证救济事业须有系统之组织而后有普遍之效能。

至于如何统一全省善堂组织，陈济棠进一步提出了以下一些具体方法：

（1）广东全省善堂以广东仁爱善堂为慈善总机关，各县市原所有慈善机关概行改组为分堂，各区乡镇者概行改组为某某分堂办事处；

（2）各县市之慈善机关，现在之主持人，准一律承认为本堂社员，发给

① 《广州市人民团体募捐办法》，《广州市政府市政公报》，1933 年，第 405 期，第 3～4 页。

证书、证章，以示善举人同之旨；

(3) 各分堂职员，准由各原有社员互出三倍人数，报由本堂圈定之；

(4) 原各慈善机关所有产业，均准保留为各分堂或办事处。倘各分堂或办事处费用不敷时，报由本堂筹助之，惟各分堂或办事处每月收支均应造具预算、决算，呈报本堂审核备案；

(5) 原有慈善机关内所崇祀之三教先哲，均一律照旧保存，以资景仰；

(6) 各分堂或办事处如印发捐册，向外募捐时，须先由本堂核准；

(7) 各分堂或办事处所有人员，应受本堂指挥、监督。每月应将工作报告备查；

(8) 请政府扶助本堂统一全省组织，并请通令以后不准用其他善团名义在外募捐，以昭划一而杜冒滥。[1]

1935 年 1 月 24 日，广东省政府发出训令，核准《统一广东全省善堂组织办法》，规定全省的慈善事业由广东仁爱善堂统一领导，各县市的善堂一律改为其分堂。仁爱善堂的董事及管理人员大多是党政要员：董事长为陈济棠（国民革命军第一集团军总司令），副董事长为林云陔（广东省政府主席）、霍芝庭（广州参事会主席）、胡文虎（国民政府侨务委员）；正主任为黄国琦（第一集团军总司令部参议），副主任为詹慕禅（第一集团军司令部视察员）、王仁康（粤汉铁路局副局长）。广东仁爱善堂成立后，并不提倡对外募捐，其资金大多来自政府拨款和党政要员的派捐或垫支。从仁爱善堂董事的组成成分及其资金来源看，仁爱善堂已是一个打着社会慈善旗号的准官方机构。那么，由仁爱善堂来总管全省各地善堂，也就意味着广东的民间慈善事业已被纳入到政府救济的范围之内。

二、注册登记

为了规范各慈善机构的运行机制，1930 年前后，广东省政府要求各地的慈善机关一律进行登记注册，并核发执照。其目的是：①检查及登记各善产契据及批约；②改善各善产租额以增加收益；③厘订批约期限，俾得循序时行，使善产不致滥用，而善举得以扩充。[2] 其中广州市部分慈善团体的登记情况如下：

---

① 《统一广东全省善堂组织办法》，《广东省政府公报》，1935 年，第 284 期。

② 广州市政府编：《广州市政府三年来施政报告》，1935 年，第 385 页。

表 1-1　广州市博济医院等十二慈善团体注册及给照日期表

名称	设立时间	核准注册给照日期	执照号数
爱育善堂	1871 年	1929 年 12 月 10 日	慈字第 4 号
普善善堂	1898 年	1929 年 12 月 24 日	慈字第 8 号
最乐善堂	1915 年 1 月 23 日	1929 年 12 月 25 日	慈字第 9 号
博济医院	1835 年	1929 年 12 月 26 日	慈字第 11 号
夏葛医学院附设柔济女医院	1899 年	1930 年 2 月 22 日	慈字第 15 号
广州市下九甫联合救火会	1921 年 12 月	1930 年 5 月 23 日	慈字第 19 号
四庙善堂	1886 年 10 月 6 日	1930 年 9 月 3 日	慈字第 21 号
广州医院	1892 年	1930 年 9 月 6 日	慈字第 23 号
西关赠医所	1928 年	1930 年 9 月 16 日	慈字第 24 号
寿世善堂	1875 年	1930 年 9 月 29 日	慈字第 25 号
崇本善堂	1898 年 5 月 24 日	1930 年 12 月 22 日	慈字第 28 号
广州市复古八约救火会	1930 年 11 月	1931 年 2 月 7 日	慈字第 29 号

资料来源：广州市政府编：《广州市政府市政公报》，1934 年，第 463 期，第 60～61 页。

此外，在南海、中山、汕头等地的慈善机构也纷纷至当地主管部门进行登记备案。

三、核实财政收支

为限制滥捐、冒骗，广州市社会局曾制定了《人民团体募捐办法》，规定人民团体在本市捐募时，应先行呈报广州市社会局核准，并呈缴捐册及三联收据，加盖局印方得举行。① 1935 年，广东仁爱善堂为防止堂务人员作弊，甚至规定由广东省银行代收捐款。② 同年，方便医院在收受捐款时亦规定："一经收受捐款，当即掣回三联收据，并由经手收银人签字或盖章，交捐款人存执。"为防止伪造收据，该院于 1936 年 1 月 1 日起，改用石印精细花纹收据，仍采用三联根式，票面刊有该院正门全景之图，骑缝处上盖广东

① 广州市政府编：《广州市政府市政公报》，1934 年，第 468 期，第 151 页。
② 仁爱善堂编：《仁爱旬刊》创刊号，1935 年。

仁爱善堂图记，下盖该院图记，填银码处盖有方便医院全衔花边长方形图章，并加盖特式花样钢印，以资识别。[1]

为了保证经费不至于乱用，各地政府还要求各善堂将其进支账单张贴公示，以让公众监督。1935 年，方便医院规定每年经常费用由常务董事会编造预算并由董事会议决执行。该院在每星期开常务董事会时，由会计收支员将一星期之收支数目开列呈报审核；每月的收支数目则于下月五日以前印成总册，分送各董事及董事会审核，并标贴院内大堂任众观览。广东仁爱善堂大埔县分堂于 1935 年成立时，亦实行财政公开，对于递年收支数目分月结、年结两项。月结即每月终由常务董事将一月内之收支结算交董事会审核；年结即每年终由财政董事将一年内收支数目列具总表交董事会核算清楚，再送民众代表大会审查，无讹后印刷年刊分送各界查览，并呈报主管查核。[2]

各级政府在整顿民间慈善机构的同时，对那些积弊过深的慈善机关则予以取缔。广州明善善堂和明德善堂因善款支绌、管理不善，分别于 1927 年和 1929 年归并于城西方便医院。1933 年，广东省公安局以各地民办消防归属不一，指挥不灵，有时甚至还会妨碍消防行政之实施，遂开始整理慈善救火会，由广东省公安局暨社会局各派委员 2 人组成整理委员会，后将慈善救火会划归广东省公安局管理。1935 年，普善堂因办理腐败，“司理梁福振、谈澄宽及文牍梁涛等，朋比为奸，藉善渔利，附近居民久已人言啧啧”。广东仁爱善堂经派员调查，并取得确凿证据后，经议决按照《惩治贪污暂行条例》办理，由公安局拘获有关主办人员，并送交特别法庭进行审判，普善堂则整顿改组为仁爱善堂第二分所。[3] 城北方便医院因办理腐败，社会局亦将之取缔，并改为社会局第二赠医施药处。

四、建立自律机制

民间组织的自律机制是指民间组织团体围绕章程来制定系统的制度和规则，建立相互制约的运行机制，以指导约束内部的行为，实现自我组织、自我管理，并保证其健康发展。[4] 民间组织对公众负责是其得以存在的条件之一，因为只有对公众负责才能赢得公众的信任和支持。曾有学者认为：“虽然营利机构的诈骗行为并不鲜见，但非营利机构的责任缺失更容易招致公众

---

① 广州方便医院编：《方便月刊》，1936 年，第 2 期。

② 广东仁爱善堂大埔县分堂编：《广东仁爱善堂大埔县分堂年刊》，1935 年，第 16 页。

③ 仁爱善堂编：《仁爱旬刊》，1936 年，第 1 卷第 9 期，第 191 页。

④ 王名、刘培峰：《民间组织通论》，时事出版社，2004 年版，第 154 页。

不满，当这种邪恶伪装为善行而潜入的时候，我们感觉受到莫大的侮辱。”①自20世纪二三十年代以来，广东省各慈善组织在政府的指导及监督下，在以下几个方面建立和加强了其自律机构。

（一）建立董事会制

自20世纪20年代以来，广东省政府要求各地的慈善机关改良组织，建立董事会制，每遇重大事情，需要召集全体董事或会员共同商讨，由执行董事负责执行。1925年冬，广州市教育局因方便医院办理不善，下令该院改订院章并重新选举董事。1926年3月8日，方便医院初选出新的董事20人，同月10日进行了复选，结果选出陈卿云、梁载堂等7人为新董事。1929年1月，该院董事会议决定：取消6元年捐方有选举董事权之制，凡同人均可票选；又将董事名额增至11人，协理增至14人。方便医院经改良后在管理上呈现出新的气息，得到了较快的发展。它于同年将广州“九大善堂”之一的明德善堂收归自己名下管理。20年代末，汕头存心善堂在汕头市政当局的指导下，也建立了董事会制，采取了较为现代化的管理方式。广东仁爱善堂大埔县分堂于1935年开始设立董事会，它还规定只有下列资格之一者才能被选为该分堂董事：①名望素著，操守可信者；②曾办慈善事业著有成效者；③热心公益有慷慨捐输者；④对于慈善事业有特殊之学识或经验者。②该院各董事由附城乡镇里民代表（即原区民代表大会之附城乡镇各里代表）大会选出，并互选常务董事、财政董事各1人，任期各为3年。肇庆市广善堂曾公举热心公益之名流20多人为董事，任期2年，可连选、连任，并于董事中选出正、副董事长共3人主持工作，董事长下设秘书1人、干事2人、勤杂若干人，以负责处理日常事务。③兴宁县与善堂位于该县老街升平里，亦设有10人的董事会，由董事会推举董事长1人，再由董事长酌用经理1人、施医1人、司事1人。④

至20世纪30年代末，广东各地的大多数善堂都已建立了董事会制。董事会制的推广使救济机关有一个常设领导机构，其内部的工作人员分工清楚、责任明确。这有利于其工作效率的提高和救济活动的顺利开展。

---

① 周志忍、陈庆云主编：《自律与他律——第三部门监督机制个案研究》，浙江人民出版社，1999年版，第1页。

② 广东仁爱善堂大埔县分堂编：《广东仁爱善堂大埔县分堂年刊》，1935年，第15～16页。

③ 中国人民政治协商会议肇庆市委员会文史资料委员会编：《肇庆文史》第3辑，1990年，第148页。

④ 《广东省各县救济院及慈善团体调查表》，第二历史档案馆藏，全宗号：12（6），案卷号：18821。

（二）纯洁队伍

清除善棍、纯洁队伍，是广东省政府对民间慈善组织进行整顿的重要举措之一。1935 年后，一向积弊过深的方便医院经整顿后，管理活动进一步趋于民主化。为避免流弊，该院院章对加入方便医院的人有着较严格的规定。它要求必须由该院两人以上介绍，并经该院董事会审查合格者才能加入，同时还规定有下列 7 种情形者不得加入：①土豪劣绅有劣迹可指证者；②贪官污吏有案可稽者；③有违三民主义及其他反革命之行为者；④非因从事国民革命而曾判处徒刑者；⑤受破产之宣告尚未复权者；⑥吸食鸦片嗜好赌博者；⑦无行为能力者。

为纯洁队伍，扩大募捐范围，许多慈善机构分别以党、政、军要人任队长的形式来扩大同人。如仁爱善堂募捐队分为：军人队、政治队、民政队、财政队、建设队、教育队、国学队、市政队、监运队、公安队、妇女队、商业队、铁路队、独立队、司法队、参议队、党务队、侨务队、港澳队等 19 个队。① 方便医院在征求同人时，亦先组织征求队，分为若干队进行，设总队长一人，聘高级长官担任，以资领导。每队设队长一人，副队长一至两人，参谋、顾问各若干人。同时，该院还规定不论性别，凡赞成该院宗旨，热心慈善救济事业，且至低限度捐助经费二元者，皆可加入为该院同人。

表 1－2　1936 年 3 月方便医院征求队种类及各队长姓名

征求队种类	队长职业及姓名	征求队种类	队长职业及姓名	征求队种类	队长职业及姓名
民政队	民政厅厅长林翼中	统计队	广东调查统计局局长曾同春	农会队	南郊农会何兆雄
财政队	财政厅厅长区芳浦	广九队	广九铁路局局长李禄超	东华队	香港东华医院主席庐荣杰
建设队	建设厅厅长何启丰	粤汉队	粤汉铁路局局长李仙根	澳门队	澳门商会主席范洁朋
教育队	教育厅厅长黄麟书	兵器厂队	广东兵器厂厂长黄涛	上海队	上海大新公司陈炳谦

① 《城西方便医院征求同人捐助经费办法》，《与人方便》，1936 年，第 14 页。

（续上表）

征求队种类	队长职业及姓名	征求队种类	队长职业及姓名	征求队种类	队长职业及姓名
中大队	国立中山大学校长邹鲁	海关队	粤海关监督周宝衡	妇女队	广东女界联合会伍智梅
省党部队	广东省党部委员彭卓任	市行队	广州市立银行行长陈仲璧	平安队	霍芝庭
市党部队	广州特别市党部委员周棠	省商会队	广东省联商会主席何辑屏	明德队	邹海滨夫人梁定慧女士
陆军队	第一集团军总部伍蕃	市商会队	广州市商会主席熊少康	胜利队	陈维周夫人何璧珍女士
海军队	舰队司令部司令张之英	国医队	广东省国医学院院长黄焯南	吉祥队	林时清夫人甘树贞女士
空军队	空军司令部司令黄光锐	律师队	律师公会会长杜之林	余庆队	谢瀛洲夫人高邑荼女士
盐运队	两广盐运使司长陈维周	医师队	广州市疗养院院长李奉藻	兴隆队	张民达夫人邓涉贤女士
市政队	市长刘纪文	报界队	报界公会周琦	光大队	邓又辉夫人高慧英女士
宪兵队	广东宪兵司令部利树宗	机工队	广东机械总工会李伯祥	仁寿队	第一劳工学校校长余浣香
统税队	粤桂闽统税局局长孙家哲	航业队	航业公会谢仲虎	幸福队	广东省商联会
司法队	广东高等法院院长谢瀛洲	邮员队	邮务协进会劳百秋	和平队	方便医院主席蔡昌
省行队	广东省银行行长沈载和	邮工队	邮务公会郭添	健康队	西村士敏土厂厂长刘鞠可
安乐队	方便医院董事陈铁香	忠信队	方便医院董事谭礼庭	公益队	酒楼茶室同业公会冯侠

资料来源：广州方便医院编：《城西方便医院征求同人捐助经费办法》，《与人方便》，1936 年，第 22 页。

学界有人认为，20 世纪 20 年代广东省善堂的衰落乃是政府监管的结果。[①] 对此，有商榷的必要。

首先，善堂作为一种民间慈善事业，它的健康发展不仅需要加强其自律机制，也离不开一套完整的他律机制，而政府则是他律机制中的一种重要力量。西方许多发达国家在早期工业化时，对慈善事业也并不完全是自由放任，而是专门制定了许多有关慈善方面的法令，以使社会慈善活动能得到健康发展。英国最初是通过大法官的监督来防止慈善活动中的管理不善和诈骗行为。1601 年它又在大法官制的基础上引入了监督专员制度，强化政府对慈善机构的规制。为加强对慈善团体的监督，英国还于同年制定了世界上第一部有关民间公益组织的法规——《慈善法》，该项法规不仅划定了公益慈善组织的范畴，强调了这类组织所具有的公益性、慈善性和民间性等原则，而且提出了政府鼓励和支持民间慈善事业的法定框架，同时还规定了各慈善团体都要在慈善委员会注册，以获得其法律地位，得到减免税收的优惠，并接受公众的监督。[②] 香港东华医院自成立起，就确定了政府监管体系。1870 年香港立法局制定了《华人医院则例》，即《倡建东华医院总则》，该法则规定：东华医院设总局处理该院日常事务，总局由 6～12 名总理（旧称值事）组成，凡总理（值事）任期之改变、人选之确定，均需征得港督同意。总局制定的管理细则也需经港督赞同方可施行。华民政务司、总医官及港督会同行政局委派之其他人员，均可随时检查该院工作及设施。如总局未执行有关规定，总督有权撤销对该院之注册，并将院产充公。[③] 由此可以看出，政府对民间慈善事业进行监管，是近代政府的一项职能，它在客观上有利于民间慈善事业的健康发展。这正如有些学者所指出的，国家努力把社会力量的救济活动纳入到自己的政策制度轨道上来，让其在国家和法律所允许的范围内自由地发展，并为自己服务，这“不是对社会力量这种软性机制的扼杀和限制，很大程度上还可视为对社会力量的一种呼应”。[④]

其次，从前述有关清末民初时期广东省社会救济活动之历程，我们可以看出民间慈善事业的衰落并不是政府直接干预的结果。笔者认为，政府介入

---

① 黄艳：《试论广州善堂的发展：1871—1937》，暨南大学硕士论文（未刊稿），2001 年，暨南大学图书馆藏号：K/M2001/3。

② 王名：《英国民间公益组织的发展及对我国的启示》，2005－06－22，http：//www.chinablog.com。

③ 李东海：《香港东华三院一百二十五年史略》，中国文史出版社，1998 年版，第 2 页。

④ 余新忠：《清代江南的瘟疫与社会——一项医疗社会史的研究》，中国人民大学出版社，2003 年版，第 287 页。

慈善事业恰好是由传统慈善事业本身在管理上所存在的弊端而引起的。清末民初，民间慈善组织在一种混乱而又较少干预的局面中成长，本身缺乏一套较为完整的自律和他律机制，其难以克服的弊端主要体现在以下一些方面：慈善救济在救济方式上大都属于事后性，临时张罗，缺乏主动性；他们一般只对熟悉的地方施赈，不利于普及。就组织而言，大多慈善机构缺乏法制精神、随意性强，慈善事业主要体现办善领导者的意愿，多具“人存政举，人亡政息”的特征；另外，它还缺乏一套有效的监管系统及自律机制监督，许多善堂实行家长式管理，大小事务由总理一人来决定，难免有贪污中饱发生。政府对民间慈善组织进行登记、加强财政监管以及董事制改革，有利于慈善组织革除积弊，提高办事效率，重新确立慈善事业在社会中的信仰，也有利于民间慈善事业的可持续发展。正如梁其姿所说的：“由地方人士自行管理的机构，有时会发生舞弊或堂务松懈等问题，只有官方的权力才可以把这类流弊革除。”①

政府取消那些办理较差、积弊过深的慈善组织，并将其资本并入到那些组织健全、信誉度较高的慈善组织里，这种资本重组可以避免“大而全，小而全”资源浪费，而有利于慈善资源的优化配置和慈善组织的做大做强。清末民初时期，佛山原有育婴堂、方便医院及务滋善堂各一所，这三个慈善机关各自独立，不相联络，负责董事各异，筹款方法各殊，因其办理未能有统一规范，故成绩并不明显。1930 年成立了佛山慈善总会后，按章接管该三个机关，进行慈善资源重组，使其成效大增。其中育婴院“每年收入婴儿，数逾四千……施药则逾万宗矣，至留产室生产者年逾百人，均平安出院，从未有因不幸而遭不测者”②；方便所则“赠医人数逾二万，施药人数亦相埒，因病重留院者年约四百余，施棺殓葬约三百余，检婴约二千宗”③。广州市贫民教养院于 1933 年将以前三院合并成为广州市救济院，使慈善资源得到优化利用，成效也较为明显。曾被称为“河南方便医院”的仁济留医院在 20 世纪 20 年代因地方多故、人事变迁，致使筹款不易，业务停顿，房屋失修。它后经社会局饬令改组整顿后，恢复赠医施药，成绩斐然。方便医院经改进后，其业务也大有进展。据统计，仅 1934 年，到院就诊服药者就达 156 000 余人，入院留医者 24 100 余人，赠棺殓葬者大棺 7 700 余具、小棺 7 000 余

---

① 梁其姿：《清代慈善机关与官僚层的关系》，《中央研究院民族学研究所集刊》（台北），1988 年，第 66 期，第 94 页。

② 南海县佛山救济院编：《南海县佛山救济院院务概览》，1934 年，第 9 页。

③ 南海县佛山救济院编：《南海县佛山救济院院务概览》，1934 年，第 11 页。

具，收葬路毙者 2 257 人，可谓成绩显著。[①]

政府对慈善事业的监管与指导是现代政府的职能之一，它虽在一定程度上会抑制慈善机构办理善举的积极性，但从总体上来看有利于增强慈善机构的活力，促使其健康发展，并有助于传统慈善事业向近代化转型。

第三节　政府救济事业兴起的背景

民间传统慈善事业走向式微的同时，广东省地方政府主导的现代救济事业正在日益勃兴。可以说，当时广东省政局的稳定、社会经济的发展以及粤省政府对救济事业的重视与规划是政府救济事业兴起的三个重要支点。

一、广东政局的稳定

政府救济事业的顺利开展离不开政局的稳定。陈济棠主粤时期，粤省政局的相对稳定与陈济棠在政治、军事方面的控制政策密切相关。

胡汉民自“扣压事件”后，就已看透了蒋介石专制、独裁的嘴脸。两广随即在胡汉民主持下成立了国民党中央执行委员会西南执行部和国民政府西南政务委员会，以领导西南各省的党政军各方面工作。在西南两机构中，“陈济棠自任为常务委员之一，把实际权力都集中在自己手上”[②]。通过这两个机构，陈济棠既可与南京政府周旋，又能以两机构的名义维持内部统治。为了绥靖地方，陈于 1932 年 1 月以第一集团军总部的名义下令实施绥靖区制度，将广东各属分为东、南、西北、中四个绥靖区，并于汕头、广州、韶关、北海设绥靖公署，绥靖委员分别为李扬敬、香翰屏、余汉谋、陈章甫。其中东区绥靖公署所辖各县为蕉岭、五华、兴宁、澄海、陆丰、潮阳、连平、海丰、惠来、龙川、平远、南澳、揭阳、河源、梅县、和平、紫金、丰顺、博罗、普宁、大埔、潮安、新丰；南区绥靖公署辖阳江、阳春、电白、茂名、吴川、化县、廉江、遂溪、海康、徐闻、合浦、灵山、钦县等县；西北区辖连县、连山、阳山、乳源、翁源、乐昌、仁化、英德、曲江、始兴、南雄、云浮、开建、封川、德庆、鹤山、广宁、高明、新兴、四会、高要、罗定等县；中区辖南海、番禺、顺德、台山、东莞、新会、清远、三水、开平、恩平、增城、花县、龙门、从化、宝安、佛冈、赤溪、中山等县。1932

① 广州方便医院编：《方便月刊》，1936 年，第 2 期，第 13 页。

② 李洁之：《陈济棠统治广东真相》，《文史资料选辑》第 1 辑，第 54 页。

年7月，陈又改琼崖特区为琼崖绥靖区，成立绥靖委员会，由陈章甫兼任委员，并派陈汉光接替防守任务，8月琼崖绥靖公署正式成立后，所辖各县为琼山、儋县、崖县、陵水、文昌、澄迈、定安、临高、琼东、乐会、万宁、感恩、昌江。为配合绥靖工作，陈济棠还在各地方设置警卫队。

各地绥靖区成立后，陈济棠对广东省东江各属、海南岛等地的中共武装力量进行残酷扫荡。1931 年 8 月，当局宣称东江“匪患现已绝迹”。此外，中国共产党在其他地方建立的根据地也相继受到破坏。1932 年 3 月，陈济棠令素有“生张飞”之称的张瑞贵，率独二师 7 000 兵马“围剿”大南山革命根据地。陈部采取军事和政治双管齐下的方针，对区内的红军和人民发动猛烈的军事进攻和大规模烧杀，经过两年的血洗，大南山根据地损失惨重，红军由近 2 000 人锐减为不足 200 人，共产党员从 500 多名减至 72 名，先后还有 2 000 多名群众死难。[①] 1934 年 4 月，继张瑞贵师之后的邓龙光之第四师，以同样残忍的手段欲置大南山革命根据地于死地。到同年夏天，大南山和整个粤东地区的革命根据地在陈济棠的血腥镇压下几乎丧失殆尽。陈济棠在“绥靖”粤东的同时，又于 1932 年 5 月，命陈章甫督队进攻斜阳岛，并于年底攻占之。1932 年 7 月，陈济棠还命陈汉光率领一个装备精良的警卫旅和一个空军中队共 3 000 余众，开始“进剿”海南革命根据地。在敌人的残酷镇压下，海南革命根据地于次年 2 月归于失败。至此，历时三年的广东南部游击根据地为之消失。

陈济棠除残酷镇压广东省内由中国共产党领导的红色政权外，还大力清剿各地的匪患。民国时期的广东，“兵匪遍地”，在人多地少、土地资源匮乏的广东农村，“因为盗匪横行，常有许多肥沃的土地无人敢种”[②]。据相关记载称，仅雷州半岛就有土匪 3 万余众，闹得整个半岛鸡犬不宁。对于匪患，广东当局虽经几次剿办，仍然无法将其解决。直到陈济棠时采取了严厉的打击措施，到 1933 年，“各区积匪业已陆续肃清”[③]，为祸广东多年的匪患至此基本上得到了平息。

为了巩固自己的统治，陈济棠牢牢地控制了省政府的人事权。他在 1931 年挤走了蒋派人物陈铭枢，后推举与其关系融洽的元老派林云陔为广东省政府主席，又先后任命其长期追随者林翼中、区芳浦、黄麟书三人为民政厅、财政厅、教育厅厅长。1934 年 8 月 15 日，依据西南政务委员会颁布的自治

---

① 钟卓安：《陈济棠》，广东省地图出版社、暨南大学出版社，1999 年版，第 100 页。
② 龚骏：《广东农村经济的几个特点》，《新创造》，1933 年，第 2 卷第 1、2 期合刊。
③ 《本省各区绥靖近况》，《广州民国日报》，1933 年 4 月 18 日。

法规，广东成立了省临时参议会。在第一届省临时参议会的140名参议员中，有陈济棠背景的50多人，临时参议会的议长、副议长林国佩、彭卓任、霍广河等都是陈济棠的亲信。他们操纵临时参议会，唯陈之命是从，成为陈反映“民意”、实现“自治”的御用工具。①

县级政权是重要的基层政权，陈济棠对县及县以下的基层政权的控制也较为严密。1933年，他在燕塘军校内创办“政治深造班”，并指定省民政厅厅长林翼中亲任班主任。该班分高级组和普通组两种，前者学员需有大专学历或现任各厅股长、军中校级政训官员资格；后者学员则为高中毕业或军师旅政训人员。他们均由军政机关保荐，考试合格录取入班。高级组的学员经考试合格后调任各县市任县长、市长、省级科长和专区科长等职；普通学员毕业后则派充省级股长、科员、县级科长、公安局长等职。② 政治深造班为陈济棠培训了大批中下层的政治干部。他们成为陈济棠加强控制全省基层政权，巩固统治全省的重要工具。

为加强对基层政权人事权利的控制，广东省政府成立了考核县长、市长成绩委员会，定期对县长及县佐人员进行考核与甄别。每年将省民政厅、财政厅、建设厅、教育厅及各区绥靖公署给各县长、市长所定成绩汇合平均计算，编列成绩。省政府根据这些成绩，对各县长、市长分别予以嘉奖或申诫。县财政状况的好坏是基层政权能否正常运转的灵魂。广东省政府对县财政局长、科长的甄别也特别重视。1934年，省政府拟定好甄别暂行章程，设立甄别委员会，通令各县将现任财政局长与科长资格履历呈报财政厅，然后分批由省财政厅厅长区芳浦亲自口试。省财政厅再根据应试人员成绩，分别委派回任各县财政局长或相互调换，其未甄别口试者一律撤职，改为考选之财政局长接任。③

广东省民政厅为督察各县市行政及考察地方情形起见，规定民政厅厅长每年春、夏、秋、冬四季亲自巡视所属各县市。民政厅厅长出巡时，所视察之事项如下：①民政厅主管事项之实况；②县市政府应办事项之实况；③省政府临时委查之特殊事件；④县市地方民间的一切状况。④ 民政厅厅长林翼中于1931年6月到任后，为考察行政之得失及明了各县地方状况，于同年10月出巡汕头市，次至惠州市各县；1932年出巡新会、台山及南路各县；

① 肖自力：《陈济棠》，广东人民出版社，2002年版，第149页。

② 《通令需用公务员尽先录用政治深造班毕业学员》，《广东省政府公报》，1935年，第290期。

③ 《一年来省政设施之回顾》，《新广东月刊》，1934年，第13、14期合刊。

④ 《修正各省民政厅长巡视章程》，《广东省政府公报》，1932年，第199期。

1933年，出巡增城、从化及西北江各县；1934年视察两广边境，顺道经西江各县巡视，次至琼崖各属，并视察黎区；1935年出巡东区各属。据统计，自1931年至1935年，广东省民政厅厅长林翼中先后出巡十余次，足迹几乎遍及全省各县市。

为防止基层官员贪污腐化，广东省政府在《广东三年施政计划》中提出，惩治贪官污吏须用重典。1932年6月23日，广东省政府奉发国民政府西南政务委员会所制定的《惩治贪官污吏暂行条例》，规定凡公务员收受贿赂者处以死刑。[①] 1934年，遂溪县长赵超被该县人民控告有渎职情事，被省政府派人扣留，转特别法庭审讯究办，从犯公安局局长谭以炯被控贪污渎职，由财政厅派队扣留，转特别法庭讯办，判处死刑，由公安局执行枪决；前乐昌县公安局局长、后派驻塘村督建碉楼委员刘泽寰，因任内收受贿赂，被该县县长戴振魂发觉，电西北绥靖公署截获解省，交发特别法庭审讯，判处死刑；连山县长陈致煦贿赂渎职，也被判死刑，交公安局枪决；惠来县长李本清，渎职殃民，被扣留审讯；廉江县长李聪远违法渎职，被省政府发觉后被扣留审讯，并判有期徒刑三年。[②]

随着政局的日趋稳定，广东省政府还将自己统治的触角延伸到县级以下的区、乡（镇）基层政权。1930年，广东省开始实行《广东区自治条例草案》，规定“县以下为区，区以下为乡镇，乡镇以下为里，里以下为邻”[③]。之后，广东省政府又颁布了《广东省区公所组织章程》、《广东省乡镇公所组织章程》等。它规定区公所在县政府指挥监督之下，处理全区行政及执行地方自治事务，但区公所境内地方如设有公安分局时，关于该分局管辖区域之公安事务，应由公安分局负责办理。县政府按该区地方之广狭、户口之多寡及经济能力之大小，将区公所分甲、乙、丙三等。区公所经费，由县政府先就该区地方公款拨付，如有不敷再由县政府地方款项下筹拨。乡镇公所在区公所指挥监督下，处理本乡镇行政及执行地方自治事务，但乡镇公所辖内地方如设有公安分局时，关于该局管辖区域之公安事务，应由该分局负责办理。[④] 1935年10月，广东省政治研究会为节减经费、减轻人民负担，规定将区公安分局及所属分驻所一律裁撤，其经费拨入区、乡、镇公所。并在

---

① 《惩治贪官污吏暂行条例》，《广东省政府公报》，1932年，第192期。

② 《一年来省政设施之回顾》，《新广东月刊》，1934年，第13、14期合刊。

③ 钱端升：《民国政制史》，商务印书馆，1939年版，第673页。

④ 《广东省区公所组织章程》、《广东省乡镇公所组织章程》，《海南县政月报》，1936年，第32期，第27～29页。

区、乡、镇公所内设置警察，维护地方治安。这样，区、乡、镇公所的权力得到进一步加强。[①]

总之，陈济棠自上台后，通过军事、政治等手段，虽然严厉镇压了省内各地的民主革命力量，但积极剿匪，使困扰粤省多年的盗匪问题暂时得到解决，由此带来了社会稳定。他进而整顿广东省政府，加强对县及县以下各基层政权的建设与渗透，牢固地树立起在全省的统治。这种垂直领导体制，有利于政令的通行，也为政府救济事业的顺利推行奠定了基础。

二、经济条件的好转

著名经济学家厉以宁以“敦促国家新出台政策鼓励慈善家”为由，提出了“第三次分配”的理论。厉在谈到这个理论时表示：通过市场实现的收入分配，被称为“第一次分配”；通过政府调节而进行的收入分配，被称为“第二次分配”；个人出于自愿，在习惯与道德的影响下把可支配收入的一部分或大部分捐赠出去，可称为“第三次分配”。[②] 既然社会救济事业是社会资源的重新分配，它究竟能分配多少以及如何分配，这都与经济发展的程度息息相关。

清末民初，政局的动荡直接影响了广东政府的财政收入。据统计，广东从1912年至1929年的18年中，平均每年的财政收入为3 295万元，而平均每年的财政支出则达4 809.5万元，年平均财政赤字为1 514.5万元。至1932年5月时，政府仅军饷一项就积欠五个月之久，数逾千万元，新任财政厅厅长区芳浦接手职务时，只见库存现金100元，寒酸至极。[③] 由于财政入不敷出，政府根本无暇顾及社会救济等公共性事业。

为整顿财政，陈济棠于1932年5月将不予配合的财政厅厅长冯祝万撤职，改由其心腹区芳浦主管广东财政。广东省政府利用当时的世界性经济危机，大力吸引外资和购入国外的先进技术设备，另外还通过税捐投承，武装走私“无烟糖”、“无烟肥田料”，鼓励华侨投资等手段，使全省的财政收入逐年增加，达到了历史上的最高水平。

---

① 广东省民政厅编：《广东省五年来民政概况》，1936年，第26页。

② 但也有一些学者表达了一些不同的观点。如中国社会科学院社会政策研究中心秘书长、研究员唐钧认为，社会捐款和慈善事业还是属于“第二次分配”。参见唐钧：《慈善事业还是“第二次分配”——评厉以宁先生的“第三次分配”理论》，http://llcbw.chhxe.com/html/5/1/2/86909.htm。

③ 广州市政协文史资料研究委员会编：《南天岁月——陈济棠主粤时期见闻实录》，广东人民出版社，1987年版，第279页。

此外，广东省政府还凭借其较强的财力和外资，先后投资3 500万元推行“振兴广东”的计划，大力兴办实业，总计扩建、新建近代企业20多家。这些企业获利甚丰，其中仅西村士敏土厂每年便可得利1 700万元以上，另最早建立的3个糖厂每年亦可获利3 000万元。[①] 陈济棠主粤时，政府一面注重发展省营企业，一面大力鼓励民营企业的发展。经过几年的努力，“全省新建省营近代企业20多个，总资本从5万元发展到7 000万元；全省民营企业从几百家发展到2 000余家，总资产从1929年的650万元，发展到1936年的1 500万元左右”[②]。1935年4月，广东省政府在呈行政院文中说：“近数年来，地方安靖，正宜努力建设，充实基础。本省经营各工厂，如士敏土厂，硫酸厂，苏打厂，丝织厂，缫丝厂，水结麻纱厂，棉纱纺织厂，第一、二、三糖厂，肥料厂，啤酒厂，纸厂等，均已先后开办。”[③] 陈济棠主粤时期所创办的省营工业，不仅数量居全国之冠，而且规模也在全国首屈一指。这个时期堪称是“广东工业发展之最有希望的壮旺期”[④]。这些公私营工业，挽回了一部分利权，扩大了社会的就业人数，政府的收入也大为增加。据秦庆钧在《民国时期广东财政史料》一文中说：“在陈济棠主持粤政期间，政局较为安定。头尾六年中（1931—1936）省库岁入平均每年四千八百多万元，比之民国元年至民国十八年的国、省库合计，平均每年增一千五百万元。”其中“在陈济棠完全掌握广东政权的四年间（1932—1935），省库岁入平均约为五千六百万元，国库岁入约为四千六百万元”[⑤]。政府财政收入的增加以及物价的稳定，为政府救济事业的顺利展开奠定了可靠的经济基础。

三、广东省政府对社会救济事业的重视与规划

陈济棠主粤时期，广东省政府的精神领袖是胡汉民，政府救济事业的发动者主要是陈济棠、林云陔、林翼中、冯锐、刘纪文等。他们或曾加入同盟会，受到孙中山三民主义的熏陶；或曾留学国外，具有一定的专业知识背景。可以说，20世纪30年代初的广东省政府已是一个在一定程度上具有现代导向型的地方政府。

---

① 广东省地方史志编纂委员会编：《广东省志·财政志》，广东人民出版社，1997年版，第85页。

② 沙东迅：《陈济棠与广东建设》，《广州日报》，1989-09-18。

③ 元邦建：《论陈济棠在广东的经济建设》，《近代中国人物》第3辑，重庆出版社，1986年版。

④ 符泽初：《战前广东之工业》，中国出版社，出版年不详，第10页。

⑤ 中国人民政治协商会议广州市委员会文史资料研究会编：《广州文史资料选辑》第29辑。

新型政府的建立，为广东省社会救济事业的近代化转型提供了平台。当时，省政府在社会救济理念方面已初步摒弃了传统的“施舍”观念，而更多地凸显了权利义务思想。如陈济棠在《广东三年施政计划》中指出：“救济事业为现代政府职务之一，已经各大政治家公同。”① 广东省政府在救济实践中，为突出其组织性、规划性和主动性，于1933年把社会救济事业列入其《广东三年施政计划》中。根据该施政计划，广东省政府拟于第一年内在乡村酌量设立乡村医院，并筹设乡村养老院及残废贫民教养院；在城市多设贫民医所，筹设完善的平民医院，广设养老院、托婴所及贫民教养院，收容市面乞丐，恢复仓储，设置平民食堂及多设平民寄宿舍，以便于安置贫民。第二年内在乡村筹设完善的乡村医院，并成立乡村养老院及残废贫民教养院；在城市完成各重要城市的平民医院，并扩充各地的贫民教养院。第三年内，在乡村成立完善的乡村医院；在城市继续扩充第一、第二年内所举办的救济事业。② 为救济破产中的农村，陈济棠还提出了《救济广东农村计划》，并从洋米进口税中拨出500万元用以救济全省农村。

《广东三年施政计划》一出台，舆论界虽认为这一计划立意好，但对它的实施前景普遍持怀疑态度。《南华评论》发表文章指出：“（三年施政）计划大体固为吾人所可赞同，无庸非难者。然而中国政治所缺乏者，非堂皇冠冕之计划，而为计划之实行。革命以还，政策政纲之颁布者屡矣，昔之所谓政策政纲，与今之所谓计划类耳，皆为号召人民，规范行政之物，雇十之八九不能实行，人民遂得而目之为不兑现之支票。故今日所贵者为计划之实行，若有计划而不实行，则与无计划等耳。”该文同时还对政府能否真正实行此计划提出质疑：“《广东三年施政计划》已颁布矣，为问政府当局能牺牲一切、忍受一切，以领导全粤三千万民众，求此计划之成功否？……吾愿当局诸公，不仅以一纸计划为炫人之具也。”③ 面对舆论界的质疑，省政府作出了回应。1933年1月1日，陈济棠在西南各界庆祝民国成立22周年大会上作了《三年施政计划是准备建设新广东的计划》之讲话。他说：“现在有许多人认为计划虽好，但是实行起来恐怕有很多困难。不单这样，还有些人怀疑这种计划是政府宣传的资料，恐怕没有实行的诚意。但是兄弟敢代表政府说一句话，这次实行三年计划，政府实具最大的决心，无论怎样艰难困苦，一定要使这计划次第实现。希望人民对于政府不要有丝毫怀疑。我们虽

① 广东省政府秘书处编印：《广东省三年施政计划说明书》，1933年，第7页。
② 广东省政府秘书处编印：《广东省三年施政计划说明书》，1933年，第7页。
③ 康时：《广东三年施政计划》，《南华评论》，1933年，第3卷第9期。

然说在今天起才开始施行三年计划，但是在今天以前，换句话说在过去的几个月中，已经做了许多施行计划的准备工作，并且已经将计划一部分开始做去。”①

那么，《广东三年施政计划》中有关救济计划执行的情况，到底怎么样呢？以下将对之进行考察分析。

① 陈济棠：《三年施政计划是准备建设新广东的计划》，《陈济棠研究史料》，广东省档案馆编，1985 年。

第二章　自然灾害救济

第一节　灾情及其影响

灾害是泛指由自然或人为原因形成的，在非常广泛的范围内，使人类、物质或环境受到超出社会自身资源应付能力的破坏与损失，并由此导致了社会功能的严重毁坏。[①] 频繁而严重的自然灾害是近代广东社会动荡的重要原因之一，也是制约近代广东社会发展的“瓶颈”。民国时期广东省的灾害种类很多，主要有水灾、旱灾、风灾等。广东省灾害发生的原因主要有自然原因和社会原因。

一、灾害形成的原因

（一）自然原因

自然条件与自然环境是各种灾害形成的主要原因或重要的背景因素，它主要包括地理位置、地形、气候、水文等方面。

1. 地理位置及地形对自然灾害的影响

广东省地处祖国南疆，北依南岭，东北为武夷山，南临南海，东面有世界最大的海洋——太平洋，沿海港湾众多，岛屿罗列；北回归线经南澳岛—从化—封开，横贯省境中部，全省基本上属热带、亚热带地区。广东省之地势大体北高南低。北部、东北部和西部都有较高山脉，中部和南部沿海地区多为低丘、台地或平原，因此整个地势向南、向中倾斜。山脉走向与偏南暖湿气流成直角和斜角，气流遇阻抬升，导致山地迎风坡雨量比较多，而背风的谷地则雨水较少。广东省内四个明显的多雨区域和三个少雨区域都与此地形有关。其中多雨区域有：①粤中山地，即龙门、佛冈、清远一带，年平均降水量 2 200 毫米以上；②粤东莲花山东南坡，即海丰、陆丰、普宁一带，年降水量 2 300 毫米以上；③粤西天露山东南部，即两阳、恩平、斗门

---

① 范宝俊：《中国自然灾害与灾害管理》，黑龙江教育出版社，1998 年版，第 1 页。

一带，年降水量在 2 500 毫米以上；④海南岛五指山东南，即琼海、琼中、万宁一带，年降水量 2 400 毫米以上。三个少雨区为：①海南岛的西部，如东方县年降水量仅 900 毫米，是全省最少雨的地区，常发生冬春连旱甚至全年干旱；②西江谷地，如罗定盆地，年降水量为 1 348 毫米；③梅江谷地，如梅县盆地，年降水量不足 1 500 毫米。[①] 在某些特别干旱的地方，如粤北石灰岩地区及南部滨海地带，因河流集水面积小，渗漏严重，经常出现食水困难的情况。[②]

广东省地处沿海，其大陆海岸线长达 3 368.1 公里，为华南五省（区）之冠，且直接面临台风侵袭，它既不如福建有台湾岛之屏障，也不如广西有雷州半岛、海南岛之阻隔，因此台风灾害最突出。据文献统计华南五省（区）1949—1985 年登陆的台风（即热带气旋）共有 404 个，其中台湾 73 个、福建 65 个、海南 95 个、广西 21 个，广东则有 150 个，占总数的 37%（如包括海南在内的话，则占总数的 55%）。广东的海岸线呈东北至西南走向，当台风侵袭时，恰与台风右半圆风力大、持续时间长的强风风向正交，而且雷州湾为大尺度弯曲海岸，珠江口伶仃洋外宽内窄，汕头港、饶平柘林湾呈口袋状，这种地形使潮波能量聚积而进一步抬升，因而风暴潮灾害十分严重。[③]

2. 气候对自然灾害的影响

广东背靠欧亚大陆，面临热带海洋，地跨热带和亚热带，具有明显的季风性气候和海洋性气候等特点。夏季分别有从印度洋吹来的西南季风和太平洋吹来的东南季风，这给广东带来丰富的降水，使这里成为一个气候湿润、雨量丰沛的地区。广东多年平均降水量占全国总降水量的 6.1%，为全国平均值的 2.7 倍。[④]

广东是冷暖气团强烈交绥之地，更是台风等热带气候系统经常影响的地区。该省每年约有 20 次台风发生，其中以 7 ~ 9 月发生台风的频率最高，可占全年登陆次数的 73%。据统计，对三角洲有影响的风力超过 12.5 米/秒（7 级以上）的台风次数，从 1884—1941 年和 1946—1949 年的 62 年中有 74 次。而且台风袭击珠江口以西时，因其移向多对准河口，与潮流方向一致，

① 刘琦、魏清泉编：《广东省地理》，广东人民出版社，1988 年版，第 36 ~ 37 页。

② 广东省地方史志编纂委员会编：《广东省志 · 水利志》，广东人民出版社，1995 年版，第 4 页。

③ 广东省水利厅、广东省防汛防旱防风总指挥部编：《广东水旱风灾害》，暨南大学出版社，1997 年版，第 2 页。

④ 广东省地方史志编纂委员会编：《广东省志 · 水利志》，广东人民出版社，1995 年版，第 77 页。

故在汛期往往因为台风涌潮顶托，加重洪水的威胁。[1] 自秋季后，粤北、粤东地区或因台风雨较少深入内陆，或因台风路径偏向、台风雨偏少，极易发生秋旱。粤西和海南岛，则因春雨来得迟，春温回升又快，导致蒸发强盛，故常有春旱，冬春连旱也时有发生。[2]

3. 水文特征对自然灾害的影响

首先，河流众多，径流量大。广东全省有大小河流近 2 000 条，总长 36 000 公里；全省集水面积在 100 平方公里以上的各级干、支河流共有 640 条，尤其是珠江三角洲更是河汊密布，水道交错纵横，构成网状水系。广东地处珠江、韩江、九洲江、鉴江等江河的下游，承受外来客水多，而面积仅为 8 370 平方公里的西北江三角洲地区，竟承受了约相当其面积 49 倍的 41 万平方公里的来水。广东省三大主要河流——东江、北江、西江会于番禺出海，“三江上游，地高岭峻，无森林以吸收雨量，无大湖以停蓄水势，每当夏秋之际，潦水涨发，建瓴而下，宣泄不及，往往泛溢为灾”[3]。集水面积广导致广东省内各河流径流量大。据统计，广东省的地表水、地下水资源量及水资源总量，按面积的平均值计为全国均值的 3 ~ 3.5 倍。韩江流域的面积仅为黄河的 4%，但其多年平均流量却为黄河的 53%；[4] 珠江由西江、北江、东江和珠江三角洲诸河构成，流域面积为 45 万余平方公里，在我国的江河中居第四位，而它平均年径流量为 3 412 亿立方米，其流量是黄河的 7 倍，在全国各大江河中仅次于长江。[5]

其次，汛期长。因雨季长，故广东河流的汛期也特别长。西、北、东三江从每年四月清明以后江水渐涨至九月下旬才下降，汛期长达半年；省内每年约出现五次洪峰，这就是民间所流传的头造水（农历三月底）、四月八（农历）、龙舟水（农历五月）、慕仙水（农历七月初）以及中秋水（农历八月），其中以龙舟水最大。另西江与北江在思贤窖相通，又与绥江纬度相差不大，洪水往往相互影响，亦常会出现此峰未落、彼峰又起的现象，极易形成水灾。[6]

此外，潮汐对自然灾害亦有一定的影响。潮汐是由于太阳、月球和地球

---

① 佛山地区革命委员会《珠江三角洲农业志》编写组：《珠江三角洲农业志》，1976 年版，第 15 页。

② 刘琦、魏清泉编：《广东省地理》，广东人民出版社，1988 年版，第 42 ~ 43 页。

③ 郑肇经：《中国水利史》，商务印书馆，1939 年版，第 284 页。

④ 刘琦、魏清泉编：《广东省地理》，广东人民出版社，1988 年版，第 47 页。

⑤ 广东省地方史志编纂委员会编：《广东省志・水利志》，广东人民出版社，1995 年版，第 3 页。

⑥ 佛山地区革命委员会《珠江三角洲农业志》编写组：《珠江三角洲农业志》，1976 年版，第 12 页。

三者排列位置的特殊性而引起的。如果太阳、月亮两者同时最接近地球，而太阳、月亮、地球三者又排成一条直线，那么太阳、月亮对地球的引潮力就会达到极大值。珠江三角洲因毗邻南海，受海洋潮汐影响很大。在枯水期，海水上潮时会沿江上溯，海水受潮汐影响在东面可倒灌至惠阳铁岗，西面可到西江梧州，北面可到北江三水芦苞；在中水位时期，潮水影响可到三水和石龙；在洪水期，潮水影响范围更接近于出海口。由于全省江河口门众多，潮向十分复杂，加以各水道潮速的差异，互相交汇，故常发生顶托现象，有时出现多至二三十处的会潮点。在会潮点附近，因水流较缓慢，泥沙大量沉积，河道易于淤浅，这使灾害的程度进一步加深。①

（二）社会原因

社会原因是指由于人类的活动而引起了灾害或使灾害加剧。它主要包括以下几个方面：

其一，无计划的围垦。自宋代以来，随着中国社会的政治经济重心逐渐南移，珠江三角洲地区人口日益密集，对外贸易亦日趋发达。由于珠江三角洲位于东江、北江、西江之尾闾，洪水灾害严重，人们为了保卫生命财产安全，纷纷修筑围堤。广东珠江三角洲自宋代就开始有筑堤记载，随着时间的推移，“水患日增，乡围益密”②。据《珠江三角洲农业志》统计：宋代统治的320年间筑堤总长66 024丈（不包括滨海小围），平均每十年筑堤2 063丈；元代统治的90年间修堤总长50 526丈，平均每十年筑堤5 614丈，比宋代增长一倍多；明代统治的276年间共筑堤长220 399丈，平均每十年筑堤7 985丈，比元代又增长近五成；清代统治的268年间共筑堤长232 093丈，平均每十年筑堤长8 660丈，为宋代的四倍多；民国期间修筑的堤围更多，总计西江、北江、东江共筑围380公里，合124 540余丈。③ 由于历史的局限性，历代筑堤缺乏全面规划，堤系零乱，经不起洪水袭击，下游因此而淤积，使入海河道变浅、加长，这进一步加剧了三角洲上中游的洪涝威胁。诚如道光年间《南海县志》所载：“下游之田既多，则上游两江浩瀚之水难速泄……水高田低且以不坚之堤捍之，乌能不险而溃哉”④；“西潦之发，消长有期，其来也由一二尺至一二丈，然不流壅，五日后必消，若下流壅之，

① 佛山地区革命委员会《珠江三角洲农业志》编写组：《珠江三角洲农业志》，1976年版，第13页。

② （光绪）《顺德县志》卷四·建置略三（堤筑）。

③ 佛山地区革命委员会《珠江三角洲农业志》编写组：《珠江三角洲农业志》，1976年版，第182～200页。

④ （道光）《南海县志》卷二·金石略二（新建南海县桑园围石堤碑记）。

前涨未去，后涨又来，西北两江同涨，必有决围之患”①。由此看来，修筑堤围虽能在一定程度上防御洪水的侵袭，但无计划的围垦往往会使水位不断壅高，珠三角地区的堤围与水争高，围高水更高，到了这个时候，无计划的围垦已成为导致该地区水患频繁发生的重要因素了。这种现象早已有人指出：“广东水患与北省异，北部水患，患在无堤；广东水患，患在多堤。无堤则害多而利少，多堤则利多而害亦随之。”②

其二，乱砍滥伐导致水土流失。森林可以保护山土，调节水量，其落叶可以增加土壤的腐殖质，提高其吸水力，从而大大减少流入河流的水量和泥沙量。据统计，树木的茎叶能吸收大部分雨水量：树身、枝、干、叶各部分能含蓄雨水的22%；地面枯枝烂叶能含蓄雨水的25%；树根及土内空隙能含蓄雨水的20%。除此外，蒸发返回空中者占雨水的8%；缓流入河及渗入地下者约为其24%。由此观之，雨水降至有森林之地，只有24%流入河中，从而大大减低了潦水为患的程度。③ 因此，治水与造林应如身影相随。清代以后，随着人口的大量增加及清政府的大力提倡，广东掀起了一股又一股的垦荒热潮。乾隆时期是广东开荒围垦之最盛时期，大批树木在这期间被砍伐，植被遭到破坏。如鹤山县内“榛芜满目”④；博罗县内“邑多崇山峻岭，木皆可材……焚刈不遗余力，山几秃矣”⑤。荒山的增加使水灾也随之加剧，据1896年《四会县志》记载：“上流诸山童且崩，泥沙随水入江，江底愈积而愈浅，淫霖为灾，潦至弥速，江浅则容水少，而泛滥之势成”。

民国时期的情况比清朝更甚。由于长期战乱和民众的乱砍滥伐，广东省内山地大部分成为荒山野岭。1936年11月28日，广东省农林局公布的《近年经济建设统计》称：全省共有山地面积2.7亿亩，其中有林面积2 330万亩，占山地面积的9%；荒山面积2.47亿亩，占山地面积91%。⑥ 其中整个琼崖“一望千里，所耕所作，尚属寥寥，荒地荒山，满目皆是”。⑦ 荒山的水土流失导致了洪涝灾害频发。据《广东治河之经过与商榷》一文记载，珠江三角洲“上游童山面积过多，流域面积不广，地势泰多倾峻，如遇雨量大增，既缺乏森林为之遏阻，又无湖沼为之渊注，自必奔流入河内。河内流量

① （道光）《南海县志》卷十四·朱士奇传。
② 张念祖：《珠江水利史说略》，《华北水利月刊》，1930年。
③ 邓融：《发展广东水利建设刍议》，《新广东月刊》，1935年，第34、35期合刊。
④ （乾隆）《鹤山县志》序。
⑤ （乾隆）《博罗县志》卷九·物产。
⑥ 广东省农业志编纂委员会编辑室编：《广东林业大事记》，1994年版，第20页。
⑦ 国立中山大学农学院推广部编：《琼崖各县农业概况调查报告》，1936年，第27页。

过巨，则四面泛滥，势所必然”①。关于韩江流域的水灾成因，另有资料作如下记载：

> 五华、梅县、大埔、潮安等县，为韩江水流经过之区域，沿岸山岭，大半荒废……除多少散生林木，余皆童山赤壤，表土全失，地面龟裂甚深，暴露风日中，极易风化，一遇雨期，则陆续随流而下也。紫金、龙川等地，崩山高约一二百尺，有全山崩陷者，有崩陷过半者，其崩落之砂土则淹积山下，随雨水冲出，为害至大。此等崩山，为韩江上游、北琴江水源所在地，其冲出之砂土或淹没附近禾田，或直泻江内。五华城北之崩山，则因雨水冲刷，先成野溪，继以侵蚀，为时愈久，冲刷愈甚，至则野溪愈深，而崩溃随之。现全部山岭，经已溃烂而无完肤矣。其崩溃之注沙，分二处流出，一向西南直注大江，长凡里许；一向东南流入百二山断水，长约二里，阔约百丈，所有山谷田地，尽被淹没，成为沙坝。此外为通兴宁孔道，有石桥一座，深阔丈许，现已淹没桥面，仅露桥柱石尖而已。可见其山岭陷落土沙壅塞之甚也。荒山野岭由于没有树木涵养水源，如数日无雨，高坡之地例有旱魃之虞，一遇大雨则每多崩溃，挟沙与泥冲入河中，阻塞河流，从而使水患加剧。因此，潮梅水旱灾之惨，实为各江之冠，而尤以兴宁、梅县、大埔三县为甚。每年于夏秋之际，连日降雨必发生水灾；旱灾亦然，小旱每年必一二次，大旱每隔一二年必发生一次。②

由此可见，因森林匮乏而造成的水土流失对水旱灾害形成的影响是极大的。另外，无休止的战乱及水利事业的废弛，也是导致水旱灾害丛生的重要社会原因。

二、灾情

广东省的灾害种类包括水灾、旱灾、风灾、地震、冻灾、雹灾、虫灾、瘟疫等，其中主要有水灾、旱灾及风灾三种。

（一）水灾

广东的水灾，有洪灾、内涝、山洪和由台风引起的暴潮灾。从概念上讲，洪灾是客水入侵所致，涝灾则为本地的内水所造成。对平原地区来说，

---

① 佛山地区革命委员会《珠江三角洲农业志》编写组：《珠江三角洲农业志》，1976 年版，第 92 页。

② 广东省农林局编：《韩江水源林报告书》，出版时间不详，第 15 ~ 16 页。

洪灾是指作为客水的上游洪水，流经平原地区，越过了河道的宣泄能力或堤防的防洪能力，导致洪水泛滥、堤防溃决、农田城镇被淹，而造成农田减产失收、房屋倒塌损坏、人畜伤亡、工商企业停产停业及交通阻塞中断等灾害。涝灾，则是指因河道排水能力低或受江河洪水、潮水顶托，使堤围区内水不能及时排出，导致农田积水过深，农作物减产失收，严重时还会造成农村城镇受浸，影响群众的生活和安全之灾害。[①] 由于史料记载时往往洪灾、雨涝不分，为了叙述方便，本文将那些因降雨或其他因素所导致的洼地积水不能及时排出而泛滥所形成的灾害统称为水灾。

在民国期间38年中，广东省几乎每年都有水灾记录，较大水灾有27年次，遍及94县次。[②] 其中尤以1914年、1915年、1924年、1926年、1931年、1935年、1936年、1941年、1947年等的水灾为著。陈济棠主粤八年期间，1931年、1934年、1935年都有较大水灾。

（二）旱灾

旱灾是因长时间缺水而逐渐孕育形成的一种渐进性灾害。[③] 干旱的概念从不同的角度出发，可以有不同的定义。在灾害学上，当供水不能满足需求并造成危害时，便形成干旱灾害。在气候学上，干旱则有两种定义：一是气候学意义的干旱，指某些地区一直少降水，一般称这类气候为干旱（或半干旱）气候，亦称背景性干旱；另一类是天气学意义的干旱，指一地区由于某种原因发生天气异常，在某一时期出现降水少于多年平均值的情况，此类干旱在干旱地区、湿润地区都有可能发生。[④] 广东省在1912—1948年这37年时间内，据笔者统计其间29年有旱灾记录。其中较严重的发生在1928年、1929年、1943年、1946年等。陈主粤八年内有六年发生过旱灾，波及56县次，其中1929年及1933年的旱灾，波及范围都超过10县。

（三）风灾

影响广东的风灾主要是指台风。台风是热带海洋上空生成的剧烈旋转的涡旋气流。其中心附近的最大风力达6～7级的称“热带低压”，8级或8级以上的称“台风”，12级或12级以上的则称“强台风”。广东每年受台风影

---

① 广东省水利厅、广东省防汛防旱防风总指挥部编：《广东水旱风灾害》，暨南大学出版社，1997年版，第136页。

② 梁必骐：《广东的自然灾害》，广东人民出版社，1993年版，第46页。

③ 广东省水利厅、广东省防汛防旱防风总指挥部编：《广东水旱风灾害》，暨南大学出版社，1997年版，第227页。

④ 陈雪英、毛振培主编：《长江流域重大自然灾害及防治对策》，湖北人民出版社，1999年版，第283页。

响的时间较长，每年除1～3月外，其余各月都可能有台风来袭，其中每年7、8、9三个月是台风影响最盛的季节。现将徐家汇天文台1893—1924年的统计结果列表如下：

表2-1 广东省台风各月分布表（1893—1924）

月份	1	2	3	4	5	6	7	8	9	10	11	12	合计
次数	0	0	0	1	5	7	28	26	24	10	2	1	104

资料来源：吴尚时、何大章：《广东省之气候》，亚新地学社，1944年版，第7页。

从表2-1可以看出，广东在1893—1924年间，台风共有104次之多，其中1、2、3月份无台风记录；7、8、9月份的台风共78次，占总数的75%之多。

台风的形成有一定的动力学和热力学上的适宜条件，其中最根本的是有高温高湿的海洋面。广东省地处沿海，有着漫长的海岸线，是我国受台风侵袭最多的地区。据统计，登陆我国的台风约有70%是在广东登陆的。① 在1949—1994年这46年中，登陆广东的台风达163次，年均3.5次，占登陆我国台风总数的37%，居全国首位。这些台风不仅数量多，而且强度大，在上述这163次台风中，风力达8级以上的有133次，占81.6%，风力在10级以上的有96次，占58.9%。②

广东在1912—1948年这37年时间内，有风灾记录的达36年。陈济棠主粤八年期间，每年都有风灾发生，风灾的区域达67县，即平均每年有八九个县发生风灾。

---

① 刘琦、魏清泉编：《广东省地理》，广东人民出版社，1988年版，第41页。

② 广东省水利厅、广东省防汛防旱防风总指挥部编：《广东水旱风灾害》，暨南大学出版社，1997年版，第12页。

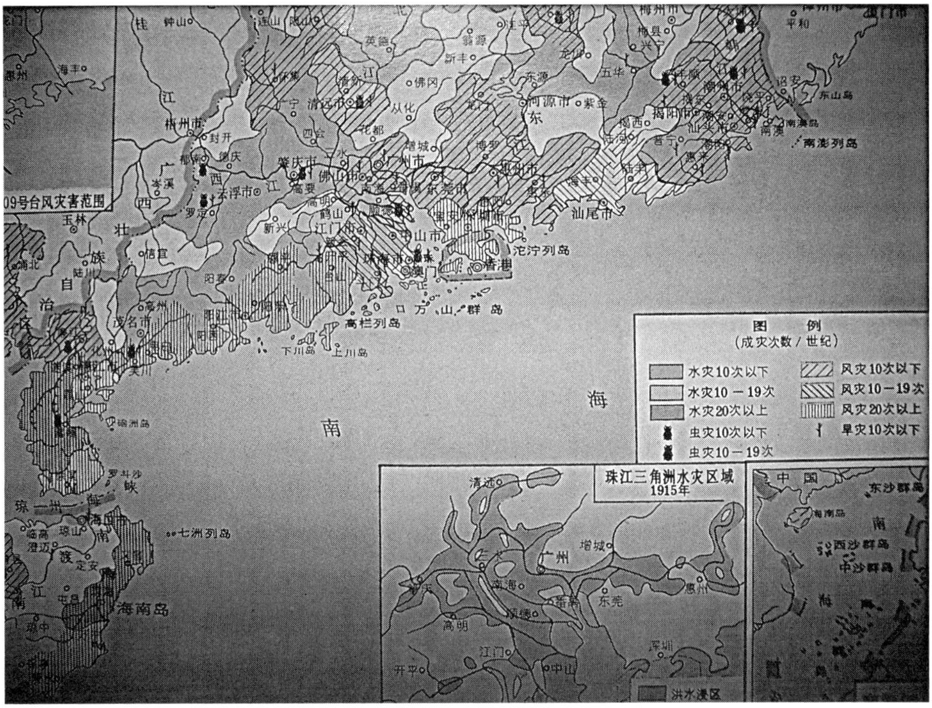

图 2－1　广东省 20 世纪水旱风虫灾害图

资料来源：广东历史地图集编辑委员会编：《广东历史地图集》，广东省地图出版社，1995 年版，第 91 页。

三、自然灾害之特点

首先，灾害之次数多、范围广。对民国时期广东省的自然灾害，已有许多学者进行过统计，但他们因所研究的方向和重点以及利用的资料不同，而得出了不同的结论。梁必骐在《广东的自然灾害》一书中认为，民国时期广东发生旱灾有 18 年次，波及 68 县次；发生水灾为 27 年次，波及 94 县次；发生风灾有 16 年次，波及 52 县次。① 夏明方曾统计了 1912—1948 年间广东省历年受灾的县数，其中受水灾者 459 县次，受旱灾者 36 县次，受虫灾者 21 县次，受风灾者 65 县次，受雹灾者 5 县次，受冷灾者 1 县次，受震灾者 10 县次，受疫灾者 16 县次，受其他灾者 4 县次，总计 617 县次。② 搜诸史

① 梁必骐：《广东的自然灾害》，广东人民出版社，1993 年版，第 34、46、59 页。

② 夏明方：《民国时期自然灾害与乡村社会》，中华书局，2000 年版，第 34 页。

实，他们的统计存在不少遗漏。笔者在参阅了大量有关广东省的地方文献及民国时期各地方志的基础上，对民国时期广东省各县发生的三种主要自然灾害的范围重新进行了量化统计，其结果如下表所示：

表 2－2 民国时期广东省的水、旱、风灾统计（1912—1948）（单位：县数：个）

年份	水灾	旱灾	风灾	总计	年份	水灾	旱灾	风灾	总计
1912	25	1	1	27	1931	37	—	22	59
1913	25	5	23	53	1932	37	25	3	65
1914	17	—	1	18	1933	13	11	21	45
1915	21	1	1	23	1934	22	1	8	31
1916	3	2	1	6	1935	34	—	6	40
1917	5	1	1	7	1936	10	2	5	17
1918	6	1	6	13	1937	20	2	12	34
1919	3	—	3	6	1938	9	6	13	28
1920	3	—	1	4	1939	2	1	2	5
1921	2	2	3	7	1940	6	6	3	15
1922	8	—	14	22	1941	7	1	9	17
1923	7	1	4	12	1942	15	—	3	18
1924	20	1	2	23	1943	1	46	3	50
1925	1	1	—	2	1944	1	2	2	5
1926	5	—	16	21	1945	1	2	2	5
1927	11	1	7	19	1946	7	35	15	57
1928	3	22	10	35	1947	69	—	5	74
1929	8	11	6	25	1948	39	26	26	91
1930	19	6	16	41	1912—1948	522	222	276	1 020

注：风灾统计中包括我国香港及澳门地区。

资料来源：广东省文史研究馆编：《广东省自然灾害史料》，广东科技出版社，1999年版。

从以上统计表格中可以看出，民国时期广东省的自然灾害不仅次数多，而且范围广。从次数来看，民国时期广东省几乎年年有灾，在1912—1948 年这37年时间内，其中37年有水灾记录，28年有旱灾记录，36年有风灾记录。如从范围来看，这37年内的水灾波及范围达522县，旱灾达222县，风灾达276县。平均每年约有14县发生程度不一的水灾，有6个县发生旱灾，有7个县发生风灾。

其次，灾害在空间分布上不均匀。根据各种文献，以县为单位来统计广东各地自然灾害发生的频度，其统计数据大致如下表：

表2-3 民国时期广东各县的水灾、风灾次数统计（1912—1948）（单位：次）

县名	水灾	风灾	县名	水灾	风灾	县名	水灾	风灾、
番禺	17	3	梅县	3	—	南雄	7	1
南海	21	6	兴宁	8	—	英德	7	2
顺德	15	6	五华	8	1	广宁	4	—
新会	9	3	河源	10	2	罗定	3	1
台山	5	7	惠来	4	4	翁源	1	—
东莞	17	5	丰顺	6	3	始兴	2	—
清远	20	5	大埔	10	2	仁化	3	1
三水	16	5	蕉岭	3	—	乐昌	7	1
增城	7	—	平远	1	—	连县	6	1
花县	4	—	龙川	16	6	连山	5	—
宝安	2	5	紫金	3	1	阳山	5	2
龙门	5	—	和平	5	2	四会	9	2
从化	7	—	连平	2	1	高明	20	1
佛冈	3	—	新丰	3	—	鹤山	13	6
恩平	2	1	南澳	4	5	新兴	1	—
赤溪	5	2	阳江	4	2	德庆	6	—
开平	5	6	茂名	2	3	封川	4	—
中山	9	5	阳春	2	1	郁南	3	1
惠阳	15	6	信宜	2	—	乳源	—	1
揭阳	8	5	电白	2	—	开建	2	—
潮阳	13	10	化县	2	—	琼山	—	8
潮安	9	3	廉江	2	2	文昌	1	9

（续上表）

县名	水灾	风灾	县名	水灾	风灾	县名	水灾	风灾
博罗	14	5	海康	3	4	澄迈	—	6
海丰	4	5	吴川	2	—	临高	—	8
陆丰	4	6	遂溪	5	4	儋县	1	8
普宁	4	2	徐闻	1	3	定安	1	6
澄海	9	5	曲江	5	—	万宁	1	7
饶平	3	5	高要	13	3	陵水	1	7
崖县	1	7	琼东	—	7	乐会	1	6
感恩	—	7	昌江	1	7	广州	—	—
肇庆	—	—	连南	2	—			

注：因旱灾记载不明确，一时无法进行统计。

资料来源：广东省文史研究馆编：《广东省自然灾害史料》，广东科技出版社，1999年版。

从表2－3可以看出，在1912—1948年这37年中，从自然灾害发生的空间范围来看，其中发生水灾十次以上的地区有番禺、南海、顺德、东莞、清远、三水、惠阳、潮阳、龙川、博罗、高要、大埔、高明、鹤山、河源等15县；而风灾发生较多的主要是潮阳、台山、海康、南澳以及整个海南岛各县。从时间段来看，民国时期广东省发生较多水灾的年份有1912年、1913年、1931年、1932年、1935年、1947年、1948年等；发生较多旱灾的年份有1928年、1932年、1943年、1946年、1948年等；发生较多风灾的有1913年、1926年、1930年、1931年、1933年、1948年等年份。

在陈济棠主粤这八年内，省内各地几乎每年都有水、旱、风灾的发生。发生水灾的范围波及180县次，也就是说平均每年有22余县发生过水灾；发生旱灾的区域共达56县，平均每年有7个县发生过旱灾；发生风灾的区域达87县，平均每年有10余县发生过风灾。由此可以看出，在陈济棠主粤八年内，广东省平均每年所发生的水灾、旱灾、风灾所波及的范围，与整个民国时期的广东相比，分别要多出8个、1个、3个县市。这充分说明，在这期间内，广东省发生的自然灾害在整个民国时期中是较为突出的。然而，为什么陈济棠统治时期会给人带来风调雨顺的印象呢？这主要是因为，在当时较稳定的政局下，政府采取了得力的救济措施，在一定程度上缓和了自然灾害给社会带来的冲击。自然灾害有较强的社会属性，在不同的社会环境下，自然灾害所带来的后果是不同的。如在战火纷飞的社会中，若发生自然灾害的话，那么它的后果也就更严重；相反，如果自然灾害发生在较为稳定、经济比较富裕的社会里，那么其给人们带来的冲击就要微弱一些。这正如美国史学家黄宗智所说的："在一个享有较多剩余的经济中，短期灾祸不会造成大规模的苦难。但在贫农经济的结构中……一年的天灾，意味着三年的困境，而连续两年的天灾，则意味着一辈子的苦难。"①

其三，灾害具有群发性。灾害群发性是指年内水、旱、风等灾害交替肆虐，有时洪涝和干旱都很突出，或出现规模不同的此旱彼涝，或干旱之后再并发台风暴雨和风暴潮。② 如1931年，清远县早造禾稻因受水灾之故，其收成仅得四成；晚造又因天旱，仅得三成。③ 恩平县1933年两发旱灾，县内稍高之地完全失收。该县于1934年6月间，又大雨倾盆，山洪暴发，被淹死者十余人，牲畜之死者不计其数，冲毁屋宇不下数百间；当年10月晚造禾稻开花之时，又为飓风所伤，继之以潦浸，收获仅四五成；冬耕再为秋霜所伤，收成极劣；加以尾冬及次年春，猪、牛瘟盛行，副产亦成绝望，致县内乡民在青黄不接时多沦为乞丐。④ 各种灾害的连发性，往往使灾民的生活雪上加霜，抵抗灾害的能力也进一步减弱。

其四，灾害的危害越来越严重。自近代以来，广东省的水患呈增多之趋势。据《顺德县志》记载："乾隆前水患未甚，已有筑堤基环村拒水者。近三十年来，则势益甚，岁益数大，率无三年不被淹浸。"到19世纪中的清代咸丰年间，顺德县已到了"水患日增，乡围益密"、"堤筑遂不得已"的地步。⑤ 清末时，时任两广总督的张之洞在1886年11月10日的奏折中写道："广肇两府水害，考诸省志，从前每数十年、十数年而一见，近二十年来，几于无岁无之。"⑥ 另据《珠江三角洲农业志》统计，晚清民国时期广东省内发生大灾害的频率也日益缩短：清代每隔15年发生一次，而民国时期则

① ［美］黄宗智：《中国农村的过密化与现代化：规范化认识危机及出路》，上海科学出版社，1992年版，第55页。

② 广东省水利厅、广东省防汛防旱防风总指挥部编：《广东水旱风灾害》，暨南大学出版社，1997年版，第14页。

③ 广东省建设厅农林局编：《农业革命》，1932年，第1期，第24页。

④ 《恩平县调查报告书》，《统计月刊》，1935年，第1卷第8号，第39页。

⑤ （道光）《顺德县志》卷七·堤筑。

⑥ 张之洞：《大修广肇两属围堤工竣折》，《张文襄公奏稿》卷十三。

每隔9.5年发生一次。[①] 据相关统计我们可以看出：珠江三角洲在未开发之前，人口稀少，灾害不怎么明显，随着珠江三角洲平原面积的扩展，河道的延长，人口的不断增长，社会财富的不断积累，再加上不合理的土地利用愈广，无计划的围垦愈多，必然会导致水患愈见严重，水灾次数愈来愈多，波及面愈来愈广，损失也愈来愈严重。邓云特曾将中国灾荒的发展趋势归结为三：其一是普遍性，即空间上表现为无处无灾、无处不荒，时间上则形成无年无灾、无年不荒的现象；其二是继起性，各种灾害相互关联，大旱之常伴以蝗灾，水旱灾害常随以疫疠等并发之势；其三是积累性，在前期无数次累积的已有“病魔”基础上，灾荒呈现出扩大再演之规模。[②]

四、自然灾害的破坏性影响

（一）灾害对社会经济造成重大损失

首先，灾害直接带来生命、财产的损失。民国时期，广东省内几乎“岁岁有灾”，每次自然灾害往往会导致生命财产的重大损失。据统计，广东省水灾为害最烈者为西江流域之南海、三水、高明、顺德、高要、丰顺等县，每年4~7月期间，遭此灾害之田亩总数在200万亩以上。1935年7月，粤省西江大水泛滥，沿江各县基围相继崩决，尤以西江四会、广宁、高要、高明为最广。其中四会县的白鹤围、黄岗围、降伏围等八围相继崩溃，围内各处尽成泽国，禾苗、杂粮、屋宇、牲畜损失殆尽，县属难民扶老携幼，露宿山巅。高明县崩决13围，被淹稻田约6万余亩，灾民七八万；广宁县属第一、二、三、四、五、六、九等区的沿河百余乡镇之灾情为数十年所未见。据中央社1935年7月9日香港电称，广宁县在此次水灾中，淹浸禾田23 961亩，塌屋978间，受灾者20 627人，受灾之惨为全省各县之冠。[③]

俗话说：“水灾一条线，旱灾一大片。”旱灾给人类带来的损失更为严重。广东省除沿江一带之田亩或毗近大山之坑田可免此项旱灾外，全省各地均有遭旱之虞，尤以晚造季节为最。

广东省因地连大海，飓风之发生无年无之，有时每年发生多至五六次，损害农耕甚大。1934年，广东省南路共发生两次飓风，第一次为该年的7月29日，第二次为10月1日。在第一次飓风中，钦县共计死亡927人，房屋倒塌8 533间，损失约达683 358元；防城死亡人数257人，受伤200人，房

---

① 夏明方：《民国时期自然灾害与乡村社会》，中华书局，2000年版，第31页。
② 邓云特：《中国救荒史》，上海书店，1984年影印本，第59~61页。
③ 《粤省西江水灾三志》，《申报》，1935-07-06。

屋倒塌 21 599 间，基围崩决 13 480 丈，沉船 269 艘，受灾人民 10 163 户，合计损失约 2 149 754 元。在第二次风灾中，海康县崩堤 17 108 丈，大小水闸损坏 7 处，伤毙人数 73 人，淹没稻田 43 274 亩，房屋倒塌 758 间，沉船 288 艘。① 1936 年，南澳县遭遇飓风袭击，第一区永福乡两三百年之古树被连根拔尽，人口死亡数 10 名，房屋倒塌损坏 198 间，船只沉没 309 只，田禾果实损失数约计 53 000 元。②

除水、旱、风灾害外，虫害每年给广东带来的损失也不少。广东省每年稻作受虫害损失达 1 130 余万担，约 300 万元；柑橘受虫害为 9 万余担，损失约百余万元。③ 据中山大学农学院昆虫部的调查，在广东的顺德、中山、清远、从化、新会、增城、郁南、高要等 8 县，危害农作物的主要虫害就有 155 种。仅就螟害而言，增城一县于 1933 年早造损失达 479 070 元，从化同期早造损失为 515 700 元。估计全省 1933 年早造螟害损失达 54 318 000 元。④ 据时人所作的调查统计，广东因各种灾害而损失稻谷数量，1935 年达 727 600 担，1936 年为 258 800 担。⑤

其次，灾害使农业生产条件恶化，严重影响其可持续发展。重大水灾对水利系统及农田的破坏特别明显。统计表明，广东省于 1931 年发生重大水灾后，全省因水灾崩决基围，在北江方面有清远属崩决 50 余处，决口长度共 30 385 华尺，决口深度共 179 华尺，损坏田亩共计 19 650 亩。在西江方面有三水属崩决共计 30 余处，决口长度共计 9 744 华尺，决口深度共 258 华尺；四会属崩决共 9 处，决口长度共计 2 946 华尺，决口深度共计 501 华尺，损坏田亩共计 409 亩；高要属决口共 17 处，决口长度共计 1 228 华尺，深度共计 187 华尺，另塌陷损坏者共 7 处；南海属除崇步围之步洲潭决口长度 500 华尺外，其余 9 处均系塌陷损坏。在东江方面有博罗属崩决共 5 处，决口长度共计 5 800 华尺，损坏农田 1 000 亩；东莞属崩决共 31 处，决口长度共计 6 174 华尺，决口深度共计 371 华尺，农田为沙所盖者仅 251 华尺。总

---

① 黄维齐：《南路风灾调查报告书》，《仁爱旬刊》创刊号；《广东省年来水灾及水利建设概况》，《农声月刊》，1935 年，第 187 期。

② 《南澳县呈报风灾巡轮覆没水兵死难情况》，广东省档案馆藏，全宗号：3，目录号：3，宗卷号：62。

③ 《农林局近年来经济建设统计及广东省农业经济情况调查表》，广东省档案馆藏，全宗号：6，目录号：3，宗卷号：376。

④ 杨少言：《广东之农业与农民》，《新广东月刊》，1935 年，第 26 期。

⑤ 李振院：《现阶段广东农产衰落的检讨》，《农声月刊》，1937 年，第 210、211 期合刊。

计东、西、北三江基围共崩决160余处，损坏农田达21 059亩。①

水灾的另一个恶果就是造成大量良田被浸淹。据《珠江流域水利建设基本情况汇编》记载，珠江三角洲在1915—1949年的35年中，每年受淹浸农田面积（包括崩堤、山洪、洪潮区和洪泛区的淹浸）达100万亩以上的有22年，即平均约每3年中便有2年受淹田面积达到百万亩以上。② 现将广东治河委员会所记载的受灾区域及洪水灾害所淹没的稻田面积列表如下：

表2-4 潮梅历年来水灾淹没农田情况表

时期	河流	受灾区域	淹没面积（平方里）
1930年7月	韩江	五华、大埔、潮安、澄海	1 500
1931年4月	韩江	饶平、潮安、澄海	1 150
1931年4月	韩江	蕉岭	—
1931年7月	韩江	饶平、潮安、澄海	800
1932年7月	韩江	丰顺、饶平、潮安、澄海	2 300
1932年7月	韩江	揭阳、普宁	750

注：1930年以前之水灾未详。

资料来源：《统计月刊》，1935年，第1卷第9期，第10页。

表2-5 广东省东、西、北三江历年水害统计表（1915—1934）

<table>
<tr><th>河流</th><th>管理机关</th><th>出险地点</th><th>出险时期</th><th>淹没面积（平方里）</th><th>善后工程（费用数目：元）</th></tr>
<tr><td rowspan="4">东江</td><td rowspan="2">前广东治河处</td><td>惠阳、博罗、东莞、增城</td><td>1915年7月</td><td>2 500</td><td rowspan="3">三项共621 762.27</td></tr>
<tr><td>同上</td><td>1922年6月</td><td>1 000</td></tr>
<tr><td rowspan="2">广东治河委员会</td><td>惠阳、博罗、东莞、增城</td><td>1931年4月</td><td>2 500</td></tr>
<tr><td>同上</td><td>1934年8月</td><td>247</td><td>94 350</td></tr>
</table>

① 广东省文史研究馆编：《广东省自然灾害史料》，广东科技出版社，1999年版，第238～239页。

② 珠江水利工程总局编：《珠江流域水利建设基本情况汇编》，1955年编。

（续上表）

河流	管理机关	出险地点	出险时期	淹没面积（平方里）	善后工程（费用数目：元）
西江	前广东治河处	高要、高明、南海、鹤山	1915 年 7 月	3 420	四项共 842 865.50
		同上	1924 年 7 月	1 800	
		高明、高要两县	1926 年 7 月	835	
	广东治河委员会	高明、高要两县	1931 年 4 月	630	
		三水、高要两县	1924 年 7 月	110	2 713
北江	前广东治河处	清远、四会、三水、南海、顺德	1934 年	1 960	—
		四会、三水、南海各县	1924 年 7 月	850	二项共 1 161 493.83
	广东治河委员会	清远、四会、三水、南海各县	1924 年 7 月	1 624	

资料来源：《统计月刊》，1935 年，第 1 卷第 9 期，第 10 页。

由表 2－4、2－5 可看出，堤围被水灾破坏及大量的农田被浸淹，大大恶化了农业生产条件，给农业生产带来重大影响。

再次，自然灾害还会直接或间接导致农业生产力的渐渐萎缩，从而进一步影响农业生产。民国时期，广东省的农民约有 75% 是佃农，佃农租田普遍为五五分租或四六分租，故佃农之收获，除给租之外，所得一半仅足糊口，难有剩余资本用以改良耕地。[①] 每次灾后，农民不仅仅资金缺乏，而且已有之资本如耕牛，也往往因牛瘟盛行而致损失，许多灾民因天灾或谷贱而致负债，被迫将农具以低价典当出去。据广东省农村经济调查组发现，广东农民借贷时，常有以衣服、什物和住屋等作抵押者，拿农具来抵押的债户，差不多平均每村有几家。[②] 北江一带典当业之质物，约一半为农民之农具，自 20 世纪 30 年代后，因农民贫困而致断质之农具过多，影响典当业倒闭者不少。[③] 1934 年，据翁源县广安押的主人兼该县商会会长刘绣廷说，该县农民

① 黄菩生：《广东粮食问题》，1937 年，第 12 页。

② 陈翰笙：《陈翰笙集》，中国社会科学出版社，2002 年版，第 108 页。

③ 黄菩生：《广东粮食问题》，1937 年，第 12 页。

典当农具的较三年前多了三倍。[①] 据琼崖4县52村的调查，在耕畜使用方面，文昌区有443户没有耕畜，占农户总数的20.6%。[②] 土地是农民的命根子，失去土地也就意味着失去了唯一的生活来源。广东农民的失地有70%~80%是先典后卖的。典出的田地，到本利过期不能还清时，就照例被债主没收；典出的田地过期不赎，也要断卖给债主。据番禺10个村在1934年的情况统计，近5年内农户典卖了5%的田地。潮安县第二区东龙村每年失去田地的农户要占农户总数的3%。[③]

此外，灾害后的物价也跟着上涨，使灾民的生产成本增加。1931年，清远县早造因水灾之故仅收得四成，晚造则因旱灾只收三成，县内杂粮亦因之价格昂贵。即如番薯一类，1930年上好之品，每担价值1元左右，1934年则售至3元有余；次品在1934年售价6毫，1935年则非2元不可。其余如养猪之薯藤，1934年每5枚铜仙2斤，至1935年则4枚铜仙1斤，然猪价极平，因此无人敢买猪仔饲养，只有将猪卖出。基于上述原因，当地人民在旧历年关受馁者不知凡几。[④] 顺德县在1930年7月连日大雨，“桑叶濡湿，无从采摘，故……急涨，其价……前时每百斤不过1元余，至1935年，九江、官山、龙江已售至8元，而顺属大良、容奇竟有售至10元者”[⑤]。

（二）灾害与人口的变动

自然灾害对社会最直接的影响，表现在对人民生命的摧残和戕害上。魏丕信曾视灾害为“人口增长制动器”[⑥]。据统计，民国期间每年发生水、旱、风、冻、冰雹和地震等灾害几乎都在30次以上，每次大灾都会造成人口大量死亡或逃离。1915年的“乙卯大水”，造成10万余人丧生，灾民380万人；1918年南澳的7.3级地震，造成全县4万余人口伤亡，临近的汕头地区也死伤无数；[⑦] 1922年在潮汕一带登陆的台风，造成6万余人死亡，灾民80余万；1943年的大旱使全省80%土地受害，饥荒加战乱致300多万人死亡。[⑧]

---

① 陈翰笙：《陈翰笙集》，中国社会科学出版社，2002年版，第107页。

② 林缵春：《琼崖农村》，1935年，第17页。

③ 陈翰笙：《陈翰笙集》，中国社会科学出版社，2002年版，第108页。

④ 广东省建设厅农林局编：《农业革命》，1932年，第1期，第24页。

⑤ 广东省文史研究馆编：《广东省自然灾害史料》，广东科技出版社，1999年版，第206页。

⑥ ［法］魏丕信著，徐建青译：《18世纪中国的官僚制度与荒政》，江苏人民出版社，2003年版，第3页。

⑦ 梁必琪：《广东的自然灾害》，广东人民出版社，1993年版，第23~59页。

⑧ 《汕头灾民八十万人》，《大公报》（长沙），1922-08-19。

在每次较大的灾害发生后，如果政府和社会救灾、赈灾不力或不及时，广大灾民为了生存，往往会选择背井离乡、出外讨生活，于是便形成了“流民”。“三日无雨水车响，一天大雨水汪汪。放下禾镰无米煮，撑只烂艇去逃荒。”这首民歌道出了解放前中山人饱受自然灾害的颠沛流离的苦况。①

我们可以从农民离村率的高低来看出流民形成的大致规模。据1934年的调查可知，广东顺德县的勒流乡及番禺的七区罗溪乡和八区长沙埠，近五年来离村的农民占人口的20%，茂名何谢村的离村率比以前增加10%，良德、大坡、谢鸡坡、杨群、平山等村增加20%，麻了坪村竟增加了50%。②

灾民为求生存而流落海外的为数极多。琼崖各属出洋做工的华侨不下数十万人。据调查表明，琼崖4县52村中，有出洋做工者占45村，占总村数的87%。如文昌之云楼村，其出洋人数竟占全村人数的50%；在乐会石头村的男子中，出洋者竟十有八九。③ 开平县人口中约有1/10是离村而又离国的，在南洋的有1万人以上，在美洲的有2万人以上。四会华侨也有2万余人，大多在新加坡。台山华侨不下30万人，其中35%在南洋、25%在美国、20%在加拿大、8%在澳洲、12%在其他各地。梅县人口的22%出外谋生。另潮安县的离村农民也为数极众，该县第六区银湖一村的壮丁只2 000人左右，出洋的在800人以上，第七区华美村里的壮丁，竟有70%出洋谋生。④ 据统计，在1912—1928年间，从汕头出口的移民为2 034 680人，入口的移民为1 304 768人，出超为729 912人。⑤ 据《樟林社会概况调查》一书统计，樟林移民率竟高达30%以上。现将其具体情形列表如下：

表2-6　樟林移民户数统计表

乡别	全乡户数	移民户数	占该乡百分比
东社	396	136	34.3
南社	1105	273	24.7

① 中山市政协文史委员会、中山水利局：《中山水利》，2000年版。

② 章有义编：《中国近代农业史资料》第3辑，三联书店，1957年版，第881页。

③ 林缵春：《琼崖农村》，1935年，第28页。

④ 陈翰笙：《陈翰笙集》，中国社会科学出版社，2002年版，第116～117页。

⑤ 汕头市政协学习和文史委员会、澄海区政协文史资料委员会编：《樟林古港——红头船的故乡》，香港天马出版有限公司，2000年版，第57页。

（续上表）

乡别	全乡户数	移民户数	占该乡百分比
西社	662	200	30.2
北社	532	193	36.3
塘西	872	276	31.7

资料来源：卢明、陈国果：《樟林社会概况调查》，中山大学社会研究所，1936年版。

此外，还有部分灾民为求生存而流向中心城市：那些“无田可耕，无工可做的男子，挨不过农村经济破产的压迫，一批一批地运集到广州的街头，当苦力或在逡巡着”[①]。即便是昔日富庶的蚕丝之乡——顺德，（缫丝厂）男工因谋生困难，多往广州或大市镇任建筑及其他苦力工作，以谋一饱。[②] 据统计，1931 年、1932 年、1933 年，广州市分别迁入 198 261 人、180 887 人、187 337 人，迁出 169 464 人、132 728 人和 154 408 人，每年增加人数分别为 28 797 人、48 159 人、32 929 人。[③] 汕头自 1858 年（清咸丰八年）开为商埠后，外来人口激增。1920 年，市内人口已超过 10 万，至 1935 年，居民又增至 19 万多人，[④] 仅 15 年间人口增加了九成以上。

“离乡别井海外谋，只为亲人免馑忧。”[⑤] 以上这些流民大多是为躲避饥荒而被迫逃亡的。可以说，民国时期广东省庞大流民群体的产生，除了城市现代化的“拉力”和农村自然经济解体所产生的“推力”外，频繁的自然灾害应是一个不容忽视的重要原因，灾荒一来，流民“潮起”，灾荒过后，流民“潮落”。民国时期著名学者吴文晖认为：“本来人口离村集市，乃是资本主义国家通有的现象。但那是因为都市工业之发达及农业之资本主义化。至于中国农民之离村集市原因，则大大不然，可以说是以灾荒为主要原因。”[⑥]《东方杂志》亦载文认为：“19 世纪中国的离村现象，除极少数靠近工业城市之区域或与工业化有关，大部分是由于天灾兵祸之驱迫而成，是被

① 石不烂：《广州的娼妓》，《生活周刊》，1933 年，第 8 卷第 47 期。

② 《产业·广东丝业中心视察》，《中行月刊》，1934 年，第 9 卷第 5 期。

③ 郭凡、陈伟民等：《分化与整合——广州百年社会变迁聚焦》，广州出版社，2001 年版，第 17 页。

④ 饶宗颐纂修：《潮州志·户口志》，民国三十八年铅印本，第 24 页。

⑤ 张国兴、刘兴邦：《五邑文化源流》，广东高等教育出版社，1998 年版，第 69 页。

⑥ 《中山文化教育馆季刊》，1937 年，第 4 卷第 1 期。

动的不是主动的，是病态的不是常态的。”[①] 广东流民正属于这种情况。

（三）灾害引起社会矛盾的激化

灾害往往是酝酿社会动荡不安的温床。据《农声》记载：民国二十五年(1936)，广东各地发生严重粮荒。海丰田乾属各乡饥民上山采摘杂草充饥，服后面黄肌瘦，继而泻痢，人人有绝命之虞。丰顺县饥民为饥饿所迫，相率上山挖食猴头草根及山苍树叶，以博一饱。茂名上龙水乡，某户家中有男女七口，往山口采摘塘虱角等野菜回家捣汁充饥，殊不知野菜寒散，久饥之人食之不能支持，导致食后仅几小时，一家七口均次第毙命。在饥荒的打击下，抢米风潮遂在各地迭起。4 月 8 日，顺德容奇发生抢米风潮，参加者有 8 000 余人。6 月 8 日，兴宁县龙田区就有 200 余人抢米，同月 14 日和 16 日，东莞虎门和博罗上南地方，也分别发生抢米风潮。连富庶的中山县亦有抢米之风。“大浦的百候村在十多年前至 30 年代后，饿死的事情就有了，谋杀盗劫的事情更多。因为杀劫等类事情而被抓去坐牢和枪毙的，每年有几十个人。”[②]

自然灾害的频发，也使部分走投无路的饥民铤而走险、入山为匪，从而近代广东盗风猖獗、盗匪蜂起。长期与广东盗匪打交道的陈济棠说：“盗匪之所以为盗匪，实因饥寒所迫。”[③] 据统计，仅雷州半岛就有土匪 3 万余众，闹得整个半岛鸡犬不宁。遂溪、海康、徐闻三县亦屡遭匪祸，其中徐闻县受害最为惨重。《雷州半岛匪祸见闻》一文说，徐闻县“离匪巢徐闻山比较近，遭受匪祸更为惨重，不少无辜村民被土匪杀害。因连年遭受匪患，民不聊生，住不宁，寝不安，童辍学，田辍耕。为了逃避匪祸，很多村民远走他乡，当时徐闻县不少村庄，鸡犬不宁，人烟绝迹，田野荒芜，令人触目惊心。据当时民间统计的数字，徐闻县受匪祸的村庄有七八百人，圩镇 20 多个。不少村庄，圩镇，一片荒凉……被土匪杀死的有 5 万多人，流离转徙他乡的五六万人，老弱幼小者因土匪抢劫，饥饿、颠沛而死的 3 万多人”[④]。据广东省农民协会南路办事处主任黄学增调查统计：雷州农民饿死，被军阀、土匪杀死的有 30 万人；徐闻县原有 28 万人口，饿死、被害死的达 19 万人，逃亡在外的有 4 万人，剩下 5. 6 万人。[⑤]

---

① 吴至信：《中国农村离村问题》，《东方杂志》，1937 年，第 34 卷第 15 号。

② 饮冰：《崩溃中的大浦农村》，《东方杂志》，1936 年，第 33 卷第 4 号。

③ 广东省档案馆编：《陈济棠研究史料》，1985 年版，第 226 页。

④ 梁国武：《雷州半岛匪祸见闻》，《近代中国土匪实录》（下），群众出版社，1992 年版，第 98 页。

⑤ 黄学增：《南路办事处会务报告》，《中国农民》，第 6、7 期合刊。

第二节 广东省政府对灾害的救济

一、政府救灾管理机构的设立

在封建社会里，我国的传统荒政虽然从未停止过，但中央政府既未设置专门的救灾机构，也无专司救灾之吏。地方各督抚、知府、知州、知县等便是该地救灾总管，救灾的主要责任在于地方。乾隆帝在谈到督抚的有关职责时，特别强调了其在赈灾方面的重任。他说："督抚为通省表率，地方之事皆其事。至于水旱震溢，灾及闾阎，尤其最重而最急者。该督抚……无论偏州下邑，亲往抚绥。"① 每当重大灾害发生时，中央政府常派员协助或主持地方救灾。派出的官员既有朝廷大臣，也有管理河务、漕务、盐务等专职官吏，甚至有当地驻军的将领。为了保证赈济实效，中央政府除派员主持、监督赈务外，还要另派要员核查办理结果。② 清朝中央政府虽制定了一套比较成熟的赈灾体系，但由于其实行中央集权制度，人治色彩较为浓厚，赈务办理的好坏及成绩大小与地方官员个人的素养、重视程度密切相关。据史册记载，清同治年间，广州西关发生大火，广州府文武官员都亲赴救火，当时广州抚台蒋益沣目睹烈火久燃不熄，羞恨之极，自摘红帽顶投入火中，以示爱民之心切，连官亦牺牲之意。③ 此事虽为人民传诵一时，但亦可说明在人治环境下，仅靠个人重视而缺乏制度建设，其救灾并不能收到较好的效果。

民国时期，中央及各地方政府比较注重救灾赈济方面的组织建设和法制建设。南京临时政府设内务部，各省设民政厅，主管全国和地方赈恤、救济、慈善及卫生等事宜。北洋军阀时期，机构变化不大，中央仍设内政部。1913 年 2 月 22 日，广东民政司改称内务司，负责地方救济事务。此后，由于政局动荡，广东成了南北军阀、新旧势力斗争和较量的场地，政府救济机关亦名存实亡。自北伐战争后，广东省内的政局渐趋稳定，为减轻动荡，恢复社会生产，广东全省筹赈总处于 1928 年 2 月 3 日宣告成立。该处在章程中明确规定：筹赈处以筹集款项、赈恤广东各属灾区、救济人民为宗旨；凡

---

① 《清高宗实录》卷三九一。

② 李向军：《清代救灾的制度建设与救灾效果》，《历史研究》，1995 年，第 5 期。

③ 广州市慈善救火会编：《广州市三十年来之救灾概略》，《广州市慈善救火总会汇刊》，出版年不详。

本省各地遇有水灾、飓风、蝗虫、兵燹等灾害者得以灾区论，由该处派员查明，分别轻重赈恤之；至于外省如有告灾请赈时，宜体察情形尽救灾恤邻之谊。该赈务处以伍观淇为处长，处长室下设秘书1人，并下辖第一、第二两课。其中第一课分文书、总务两股；第二课分筹赈、调查、宣传三股。另外，它还设有一些辅导机关，如审核委员会、赈款管理委员会等，其中赈款管理委员会由四商会各推代表1人，各大善堂互推5人共同组成。

1929年后，广东省又在一些中心城市如广州、汕头等地设立社会处，负责各地方的救济事务。广州社会局成立后，特设第二课，下辖救济、恤贫、民生、妇孺四股，其中救济股掌理关于慈善团体之监督及救济事业之举办等事项；恤贫股掌理残、废、老、幼、鳏寡、孤独之抚恤及援助事项；民生股掌理市民经济生活之促进与改善等事项；妇孺股掌理妇女保护及救济事项。[①] 1931年7月省政府为节省经费起见，于第六届委员会第五次会议议决，将赈务委员会裁撤，其救灾事项由民政厅办理。民政厅下设第一、第二、第三3科，其中第二科负责社会救济与赈恤、慈善事业之补助、监督残废及疯癫之收容等工作；第三科主要负责农民失业之救济、农民合作社会之指导与监督及工人失业之救济等事项。[②]

此外，广东省内还有一些由官民合办的临时赈济机构。这些临时机构大多因灾而起，赈济完毕后即行解散。1928年，李济深、胡汉民、李宗仁、王宠惠、孙科等人以“两粤频年革命已莫大之牺牲，再加频年灾寖，民困已深”为由，请求国民政府明令特设两粤赈灾委员会，以专责成，而资筹济。同年11月4日，国民政府特派胡汉民、王宠惠、戴传贤、孙科、古应芬、李济深、李宗仁、邓泽如、萧佛成、黄绍宏、陈铭枢、白崇禧、宋子文为两粤赈灾委员会委员。12月11日，两粤赈灾委员会正式成立，暂假铁道部为办公地址，并选举孙科、许崇灏、吴铁城、马晓军、刘纪文、傅秉常等人为两粤赈灾委员会常务委员。该委员会成立后，即请财政部于指定应拨各省赈款200万元项下，先行提取20万元为拯救两粤灾民之用。[③] 1931年之大水灾后，广州市政府发动市商会及各善堂筹垫款项，办理急赈，其后又召集各机关团体举行联席会议，并选出省党部等23个团体共同成立广东省赈灾会；

---

① 广东省档案馆编：《广州市社会局组织章程》，《民国广东政府机构沿革和组织法规选编》，第388页。

② 广东省档案馆编：《广东省民政厅组织法》，《民国广东政府机构沿革和组织法规选编》，第106页。

③ 《两粤赈灾委员会组设及办赈情形》，中国第二历史档案馆藏，全宗号：1（1），案卷号：1966，缩微胶卷号：16J-2329。

该会采用董事制，从 23 个团体中公推常务董事 5 人，内设总务、采运、募捐、财务、赈务、审核等 6 股。[①]

二、救灾方式

（一）消极救济

灾害救济一般分消极救济和积极救济两种。消极救济包括遇灾治标和灾后补救两方面，其内容均属于事后救济的消极行为。陈济棠主粤时期，广东省政府所采取的消极救济措施，主要包括急赈、平粜、农赈、以工代赈等方式。

1. 赈济

赈济是指灾后以钱款、粮食或实物等方式来救济灾民的办法，也是最流行的一种消极救灾措施。赈济的主要内容是赈谷、赈银。陈济棠主粤时期，广东省的赈济工作归民政厅来办理。民政厅自 1931 年接管广东赈务委员会的赈务以后，当年就拨出赈款 41 000 余元，棉种 100 包，另转发国民政府赈款 50 000 元，第一集团军赈款 10 000 元，第四集团军赈款 4 000 元；该厅于 1932 年共拨赈款约 10 000 元；1933 年共拨赈款约 52 000 元；1934 年共拨赈款约 78 000 余元。[②] 除省政府拨助赈款外，各县市政府也根据地方情形，大力拨款赈济灾民。[③] 现将省民政厅拨款赈济灾害的情形分述如下：

其一，广东省政府在 1931 年的救灾情况。广东于 1931 年夏发生大水灾后，中央政府财政部立即拨款 5 万元，交由广东省政府分别散赈。广东财政厅即派员前赴财政部将上项赈款 5 万元具领后，交由民政厅在省内受灾最重之英德、清远、三水、花县、四会、高明等 6 县分别散赈。其分发结果如下：计清远、英德、三水 3 县各发 9 000 元；花县、四会两县各发 8 000 元；高明县发 7 000 元。[④] 此外，对于其余受灾较轻各县市，民政厅亦根据各县受灾情形拟定拨赈办法。该厅先后发放高要县 2 000 元、南海县 1 000 元、始兴县 800 元、龙门县 700 元，另阳山、佛冈、兴宁、博罗、阳春、番禺、澄海、东莞以及增城等 9 县各 500 元。[⑤] 8 月 26 日，广东民政厅负责分发第一集团军赈款 10 000 元：其中清远、英德、三水、花县、四会、高明等 6 县

---

① 《广东赈灾会呈报成立》，《广东省政府公报》，1931 年，第 160 期。

② 《统计月刊》，1936 年，第 2 卷第 7、8、9 期合刊，第 83 页。

③ 广州市地方志编纂委员会办公室、广州海关志编纂委员会编：《近代广州口岸经济社会概况——粤海关报告汇集》，暨南大学出版社，1995 年版，第 1124 页。

④ 《呈报领款赈灾办理经过》，《广东省政府公报》，1931 年，第 160 期。

⑤ 《民厅呈报散赈高要等十三县水灾办法》，《广东省政府公报》，1931 年，第 160 期。

各750元；高要、南海、始兴、龙门、德庆、番禺等6县各500元；郁南、阳山、澄海、增城、阳春、博罗、兴宁、东莞、佛冈、河源等10县各250元。[①] 8月27日，广东省民政厅因各县再次呈请拨款施赈，以助筑秋栏。民政厅又核定清远、英德、高明、三水等4县各4 000元；高要、四会、花县等3县各1 500元；增城、龙门、阳山等3县各1 000元。[②]

其二，广东省政府在1933年的救灾情况。广东在1933年天灾人祸纷至沓来。省政府先后拨款赈济惠来县旱灾2 000元；赈济海丰、陆丰两县兵祸10 000元；赈济南山管理局兵祸30 000元；赈济蕉岭、琼东、乐会、万宁、文昌、澄迈6县风灾各15 000元；赈济蕉岭水灾1 000元；赈济徐闻匪祸及水灾10 000元，另拨款100 000元救济赣南饥荒。[③]

其三，广东省政府在1934年的救灾情况。1934年，广东各县报灾者达50余县。省政府分拨防城县、钦县前后两次风灾赈款各7 000元；先后拨款22 000元赈济琼崖各属饥荒；徐闻县匪祸善后赈款20 000元及风灾赈款1 000元；连县旱灾赈款1 000元；惠阳县、蕉岭县、定安县、大埔县水灾赈款各1 000元；遂溪县风灾赈款1 500元；海康县风灾赈款6 000元，后又加拨2 000元；合浦县风灾赈款2 000元；仁化县兵祸赈款3 000元；乐昌县兵祸赈款1 000元；总计共拨赈款77 500元。这些款项由各县派员至省民政厅具领，再由各县政府代为散赈。[④]

其四，广东省政府在1935年的救济情况。1935年入夏以来，广东各地淫雨成灾。省政府对灾情较重的高明、高要、广宁、四会、阳山、阳春、南海等县各拨1 000元，另拨德庆县赈款500元，这些款项用以先办急赈；后因全省灾区辽阔，再由省政府委员会议决拨款100 000元，用于以工代赈：计高要、四会县各20 000元，高明、广宁各14 000元，三水、清远各5 000元，南海4 000元，英德、惠阳、鹤山各2 500元，德庆、花县、郁南、云浮、封川、翁源、曲江等县各1 500元。随后，广东省政府先后转发南京政府赈务委员会拨来的五次赈款：第一次10 000元，第二次4 000元，第三次1 000元，第四次2 000元，第五次1 000元，共18 000元；这些款项于10月12日分发以下各县：高要、四会各2 700元，高明、广宁各1 800元，三水、清远各1 080元，南海900元，英德、阳山、鹤山各720元，德庆、花

---

① 《电清远等二十二县领赈款》，《广东省政府公报》，1931年，第164期。

② 《饬清远等十县再领赈款》，《广东省政府公报》，1931年，第164期。

③ 《一年来省政设施之回顾》，《新广东月刊》，1934年，第13、14期合刊。

④ 陈宝之：《二十三年省政设施之回顾》，《新广东月刊》，1935年，第25期。

县、郁南、云浮、封川、翁源、曲江等县各540元。省政府随后又转发南京政府的第六次赈款3 000元、第七次赈款2 500元、第八次赈款2 500元、第九次赈款2 000元，均系指定为各县购买什粮种子分发种户以资救济。又该年和平、阳春两县先后水灾，省政府拨发和平县赈款500元，阳春县1 000元。同年11月，海康、防城、遂溪三县均告风灾，省政府分别拨款赈灾：海康县3 000元，遂溪县2 000元，吴川县1 000元。[①] 现将广东省政府从1931年到1936年所拨赈款在各地的分配情形列表如下：

表2－7　1931年6～12月广东省民政厅分拨各县赈款一览表（单位：元）

县名	灾别	民政厅拨赈款	转拨赈款		
			国民政府拨款	第一集团军拨款	第四集团军拨款
南海	水灾	1 000	—	500	—
番禺	水灾	2 000	—	500	200
东莞	水灾	500	—	250	100
增城	水灾	1 500	—	250	100
三水	水灾	400	9 000	750	300
清远	水灾	9 000	9 000	750	300
花县	水灾	1 500	8 000	750	300
龙门	水灾	1 700	—	500	200
佛冈	水灾	500	—	250	100
高要	水灾	1 500	—	500	200
四会	水灾	3 500	8 000	750	300
高明	水灾	4 000	7 000	750	300
德庆	水灾	800	—	500	200
郁南	水灾	800	—	250	100
博罗	水灾	500	—	250	100
河源	水灾	800	—	250	100
澄海	水灾	500	—	250	100

① 《广东省政府政治报告》，《新广东月刊》，1935年，第32、33期合刊。

（续上表）

县名	灾别	民政厅拨赈款	转拨赈款		
			国民政府拨款	第一集团军拨款	第四集团军拨款
兴宁	水灾	500	—	250	100
始兴	水灾	800	—	500	200
英德	水灾	4 000	9 000	750	300
阳山	水灾	—	—	250	100
阳春	水灾	—	—	250	100
合计：99 600 元					

资料来源：广东省民政厅编：《广东省五年来民政概况》，1936 年，第 48 ~ 49 页。

表 2 – 8　1932—1934 年广东省民政厅分拨各县赈款一览表（单位：元）

县名	1932 年		1933 年		1934 年	
	灾别	本厅赈款	灾别	本厅赈款	灾别	本厅赈款
番禺	水灾	1 000	火灾	500	—	—
东莞	水灾	5 000	—	—	—	—
从化	水灾	500	—	—	—	—
龙门	水灾	500	—	—	—	—
海丰、陆丰	兵灾	1 000	—	—	—	—
惠阳	—	—	—	—	水灾	1 000
紫金	水灾	1 000	—	—	—	—
惠来	—	—	旱灾	2 000	—	—
大埔	—	—	—	—	水灾	1 000
丰顺	—	—	水灾后又旱灾	4 000	—	—
梅县	—	—	水灾	3 000	—	—
兴宁	—	—	水灾后又旱灾	4 000	—	—
五华	水灾	1 000	—	—	—	—

（续上表）

县名	1932 年		1933 年		1934 年	
	灾别	本厅赈款	灾别	本厅赈款	灾别	本厅赈款
蕉岭	—	—	水灾	1 000	水灾	1 000
南雄	—	—	兵灾	10 000	—	—
乐昌	—	—	—	—	兵灾	1 000
仁化	—	—	—	—	兵灾	3 000
连县	—	—	—	—	旱灾	1 000
阳山	—	—	水灾	500	—	—
廉江	—	—	—	—	风灾	1 000
海康	—	—	—	—	风灾	8 000
遂溪	—	—	风灾	3 000	风灾	1 500
徐闻	—	—	火灾	1 000	匪祸 风灾	20 000 1 000
定安	—	—	—	—	饥荒风灾	1 000
儋县、陵水	—	—	—	—	饥荒	12 县饥灾共拨 22 000 元，交琼崖绥靖公署分配给赈
临高	—	—	风灾	3 000	饥荒	
乐会	—	—	风灾	5 县共拨赈 15 000 元，交琼崖绥靖公署分配给赈	饥荒	
琼东	—	—	风灾		饥荒	
文昌	—	—	风灾		饥荒	
澄迈	—	—	风灾		饥荒	
万宁	—	—	风灾		饥荒	
琼山、崖县	—	—	—	—	饥荒	
昌江、感恩	—	—	—	—	饥荒	
钦县	—	—	虫灾	5 000	风灾	7 000
防城	—	—	—	—	风灾	7 000
合浦	—	—	—	—	风灾	2 000
合计	—	10 000	—	52 000	—	78 500

资料来源：广东省民政厅编：《广东省五年来民政概况》，1936 年，第 49 ~ 52 页。

表2-9　1935～1936年（1—5月）广东省民政厅分拨各县赈款一览表（单位：元）

县名	1935年				1936年（1～5月）	
	灾别	民政厅拨赈款	省政府拨款	南京赈委会赈款申钞	灾别	民政厅拨赈款
南海	水灾	1 000	4 000	900	—	—
番禺	—	—	—	—	水灾	1 000
三水	水灾	—	5 000	1 080	—	—
清远	水灾	—	5 000	1 080	冰雹	500
花县	水灾	—	1 500	540	—	—
高要	水灾	4 000	20 000	2 700	—	—
四会	水灾	1 000	20 000	2 700	—	—
高明	水灾	1 000	14 000	1 800	—	—
广宁	水灾	1 000	14 000	1 800	—	—
鹤山	水灾	—	2 500	720	—	—
德庆	水灾	—	1 500	540	—	—
封川	水灾	—	1 500	540	—	—
云浮	水灾	—	1 500	540	—	—
郁南	水灾	—	1 500	540	—	—
和平	水灾	—	—	—	—	—
平远	—	—	—	—	兵灾	4 000
丰顺	—	—	—	—	兵灾	3 000
五华	—	—	—	—	兵灾	2 000
仁化	—	—	—	—	风灾	500
曲江	水灾	—	1 500	540	—	—
翁源	匪祸、水灾	—	1 500	540	水灾	1 000
英德	水灾	—	2 500	720	—	—
阳山	水灾	1 000	2 500	720	—	—
茂名	水灾	3 000	—	—	—	—
电白	水灾	2 000	—	—	—	—

（续上表）

县名	1935 年				1936 年（1 ~ 5 月）	
	灾别	民政厅拨赈款	省政府拨款	南京赈委会赈款申钞	灾别	民政厅拨赈款
化县	水灾	2 000	—	—	—	—
吴川	水旱、虫灾、风灾	1 000	—	—	—	—
海康	风灾	3 000	—	—	—	—
遂溪	风灾	2 000	—	—	—	—
阳春	饥灾	1 000	—	—	—	—
临高	风灾	1 000	—	—	风灾	2 000
钦县	饥荒	1 000	—	—	风雨灾害	1 000
防城	饥荒	1 000	—	—	风灾	5 000
合浦	风灾	3 000	—	—	灾旱、牛瘟、地震	6 000 2 000
灵山	地震	—	—	—	地震	3 000
徐闻	—	—	—	—	风灾	—
南山管理局	兵灾	3 000	—	—	—	—
合计	—	150 000			—	31 000

资料来源：广东省民政厅编：《广东省五年来民政概况》，1936 年，第 52 ~ 54 页。

除了发放赈银外，广东省政府还发动慈善团体等施放赈粮以济灾黎。1935 年西江、北江各属发生大水灾后，仁爱善堂即派范剑江率领干事数人组织急赈队，驰往三水、四会、广宁、高明、高要等县，会同各县县长及各机关高级人员、各区乡镇团体代表等，分赴各地调查，并携带粮食、药品等急赈品，审核各地情形随地分发。计发赈米三水县 4 800 斤、四会县 24 000 斤、广宁县 24 000 斤、高要县 16 000 斤、高明县 11 200 斤、鹤山县 16 000 斤、英德 8 000 斤，另随时赠发各种凉茶及药品。

1935 年 6 月 24 日，中山县为筹赈水灾，在石岐设中山侨港商会，从该月 28 日起，暂以赈米 1 000 包为各区施粥之用，并将赈米 3 400 包分配给各区饥民。其中第一区90包、第二区20包、第三区300包、第四区90包、第七区90包、第九区300包，共计32万斤。这些赈米由该县各区、乡公所先调查各属区饥民人数，然后将赈米交给各乡长具领，以便散赈；各地发放赈米时，无论男女老少一律平均。[①]

2. 平粜

所谓平粜，是指根据丰歉情况而采用的一种调节粮食价格的方法。其做法是在收购粮食的过程中高价收买，在灾荒之年低价出售给灾民的一种救灾手段。[②] 陈济棠主粤时期，平粜是广东省在灾荒救济中常用的方法之一。

1928年秋冬间，广东省各属报告旱灾请赈者纷至沓来，广东省筹赈总处于1929年3月制定《救济旱灾各县购米平粜办法》，该办法摘录如下：

(1) 旱灾各县曾经报请本处赈济核明有案者，得来本处购领米石运回办理平粜，以资救济。

(2) 各县平粜事宜，应由各县县长督同地方团体办理。

(3) 拟办平粜各县应查明县内应买平米人口若干、须办平粜几月、需米若干，先行报告本处，以凭统筹核定。

(4) 本处发出米价以比本市行价低二成为度，所有运费各项概由各县自理。[③]

同时，省政府还一并决定拨款100万元，派员在梧州等处购办米石200余万斤，举办平粜以资救济。

这期间，省内地方各县市，如汕头、江门、高要、惠阳、清远等重灾区，亦大多根据本地实际情形，制定了一系列有关平粜的规定，并得到了较好的实施。郁南县于1929年发生旱灾时，在县城设立县仓，并制定《郁南县县仓管理细则》，该细则规定：县仓为备荒恤贫而设，凡因地方水旱灾害、时年荒歉、饿莩载道时，应办散放；凡遇旧谷既没、新谷未升、青黄不接、米价腾贵时，应办平粜；县仓散放仓谷，由县长视察灾情轻重，随时酌定每家男女丁口，散放若干，或临时磨米熬成粥饭，散放灾民；关于平粜谷价，

---

① 《粤省顺德中山饥荒》，《申报》，1935-07-06。

② 孙绍骋：《中国救灾制度研究》，商务印书馆，2004年版，第45页。

③ 《呈报订定各县购米平粜办法案》，《筹赈月刊》，1929年，第12期；《广东省政府公报》，1931年，第148期。

则不得低于时价十分之二。[①] 江门市政府为赈济旱灾，于 1930 年 5 月召集市内各机关团体组织江门市各界筹办平粜委员会。其筹款办法如下：①由商会分函各会员，每一会员筹借 50 元，作为平粜基金；②江门市平粜委员会公函市内各机关团体、善团及各承商税捐公司等，分别借款为平粜基金。其款项筹还办法为：拟将江门市中山纪念堂招商承租，演剧 6 个月，以所得租项尽数拨还。[②]

1935 年广东水灾。连平县县长黄武特组水灾筹赈办事处，于县政府内办理筹赈一切事项，并通令各区举办平粜处，将义仓储谷提取分拨给县城南门及上坪、下坪、内莞、大埠、陂头等平粜处实施平粜。[③] 中山县为救济水灾，则由侨居香港之中山殷商在港发起组织港侨商筹赈会进行募捐。7 月 24 日，该会在港购置第一批赈米 704 包后，于石岐设立中山侨港商会施粥平粜办事处；平粜米石在该县之分配如下：第一区 306 包，第二区 408 包，第三区 1 000 包，第四区 306 包，第七区 306 包，第九区 1 000 包。灾民在籴米时，应先领取平粜凭证。另规定每人一次不得超过半斤，每人每天只准籴两餐，不得多籴，以资限制。[④] 陆丰县政府则令县内各义仓开仓平粜，其平粜价格照成本亏折 10%，限每人每日购平米不得超过 5 斤。[⑤]

3. 农赈

农赈也称“农贷”，它是一种通过借贷的方式向灾民提供口粮、种子、生产工具等生活要素以帮助灾民恢复生产的灾害保障模式。[⑥] 农赈主要致力于灾后重建，使生产得以继续。它的意义诚如邓云特所言：“农民遇年歉失所，朝不保夕，则其救济之法，自以保命为先，故须急赈。迨生机既有延续之可能，为欲维持生计，须恢复生产。然灾后农民，赤手空拳，何来农本？历代论者胥以为有放贷之必要，据此则生放贷之策。放贷之种颇多，主要者即贷种食、牛具等农本，今之所谓农贷者是也。”[⑦]

1931 年 7 月广东省发生重大水灾。省政府在急赈后，为帮助灾民恢复生产，积极推行农赈。为此，省民政厅先后分拨清远、英德、三水、花县、四会、高明、高要、德庆、南海、增城、博罗、番禺等县棉种各 500 斤；分拨

① 《郁南县县仓管理细则》，《广东省政府公报》，1931 年，第 141 期。
② 《江门市组织平粜委员会筹款举办平粜案》，《广东省政府公报》，1930 年，第 95 期。
③ 仁爱善堂编：《仁爱旬刊》，1935 年，第 2 期，第 182 页。
④ 《粤省顺德中山饥荒》，《申报》，1935－07－06。
⑤ 《陆丰县灾后办平粜》，《广州民国日报》，1935－08－02。
⑥ 池子华：《中国流民史 · 近代卷》，安徽人民出版社，2001 年版，第 375 页。
⑦ 邓云特：《中国救荒史》，上海书店，1984 年影印本，第 396 页。

龙门、始兴、郁南、阳山、澄海、阳春、兴宁、东莞、佛冈、河源等县棉种各400斤。1935年四会县因水灾失收。县政府布告劝谕农民致力于冬耕，该县建设科将冬耕利益及冬耕期内适宜种植之农作物，如番薯、豆、麦、菜蔬等栽植法，编制冬耕浅说，分发各区公所，广为张贴，并指导农民多种什粮、广植菜蔬。[①] 海康县在20世纪30年代因连年灾害，粮食奇缺，县政府积极提倡冬耕，尽量利用荒地种植什粮，如番薯、芋、粟、麦、花生之类，以补粮食之不足。该县于1935年通告农民遵照下列办法生产自救：①农民对于私人荒地，务须于本年年底一律种植什粮，如该荒地业主不肯种植者，准由别人耕种，该业主不得藉端索取田租或妨碍耕种情事；②农民如利用官荒种植什粮食，准予暂免承领手续，但于本年冬种植者为限。[②] 顺德县政府为减少灾害带来的损失，劝导农民努力冬耕，补种各种杂粮，并令本县农民银行会同农林推广处及合作事业指导员，组织本县放贷杂粮经理处，购置各种杂粮种子放贷给贫民。县政府同时还通过了《顺德县放贷杂粮种子经理处放贷章程》，该章程规定：

本处为救济民食及提倡种植起见，购备适宜良好之各种杂粮种子，按照成本，作为现金轻利放贷；凡本县农民及信用合作社，或兼营生产合作社，可填具《放贷杂粮种子申请书》，由该区乡公所，或本县农林推广处，或本县合作事业指导员，介绍到本县商请放贷。凡本处认为可贷者，当与订明期限，即将种子交付。每一农户揭借种子，价值不得超过一十元，但有相当之抵押器，或有确实保证者，及以合作社全体名义揭借者，不在此限。本处放贷，一律月息七厘，如信用或兼营合作社转贷于各社员，月息不得超过九厘。[③]

针对广东省1935年的大面积水灾，南京赈务会先后在广东发放赈款12 000元，分给各地购杂粮种子。广东省农林局局长冯锐也拨借谷种240万斤，分发各县。[④] 另外，省政府还拨款10万元，连同各机关职员捐薪余款8 680余元，于1936年2～3月间派员会同建设厅，往上海等地购买花生、黄豆、青豆、苞粟、眉豆、绿豆、豌豆、缸豆等项种子，共购得各项种子

① 仁爱善堂编：《仁爱旬刊》，1936年，第9期，第118页。
② 仁爱善堂编：《仁爱旬刊》，1936年，第9期，第119页。
③ 《核准顺德县组设放贷杂粮经理处》，《广东省政府公报》，1934年，第273期，第55～57页。
④ 仁爱善堂编：《仁爱旬刊》，1935年，第3期，第118页。

6 175 包，分送各区绥靖委员公署转行分配给各县农民播种。[①] 在各级政府的推动下，广东省之杂粮产量“较之往年昔，约增五分之一”[②]。现将 1934 年广东省各县冬季作物的耕作面积及产量列表如下：

表 2－10　1934 年广东省各县冬季作物耕作面积及产量表

小麦		大麦		豌豆		蚕豆		油菜	
耕作面积	收获量	耕作面积	收获量	耕作面积	收获量	耕作面积	收获量	耕作面积	收获量
1 963 799	237 212	1 491 356	182 011	1 236 433	61 357	41 231	54 273	931 605	59 581

注：①耕作面积以旧亩计，收获量以旧千斤计。

②东莞县有紫云英耕作面积 1 849 亩，郁南县有紫云英耕作面积 3 132 亩，钦县有燕麦耕作面积 125 500 亩俱未列入表内。

资料来源：《实业部月刊》，1936 年，第 1 卷第 11 期。

4. 工赈

工赈即以工代赈。这是一种通过兴办工程募集灾民以实现赈灾的灾害保障模式，其内容主要是政府以实物形式对贫困地区进行基础设施建设投资，一方面为当地经济增长创造物质基础，另一方面为贫困人口提供短期就业和收入。[③] 工赈在民国时期广东省的赈灾活动中较为流行。1935 年清远水灾，仁爱善堂从 2 万斤赈米中拨出 12 000 斤用于以工代赈。规定由灾民担泥填筑基围，每华井土方发赈米 1 斤；其中老弱病残不能担泥者，占 3 000 斤。另重灾区发 5 000 斤，其中花塘基发 3 500 斤，小市站发 1 500 斤。[④] 第一集团军总部以东路省道各干线公路之桥梁、路基，多有被东潦冲陷者，为救济各地灾民、实行以工代赈方法起见，特派员率领阳春县难民 140 名，用民船送赴惠州交东路行车管理处，分配给各干线公路充当修路民工。[⑤]

① 广东省民政厅编：《广东省五年来民政概况》，1936 年，第 49～52 页。

② 《本省各属杂粮产额日增》，《农声月刊》，第 179、180 期合刊，第 138 页。

③ 池子华：《中国流民史・近代卷》，安徽人民出版社，2001 年版，第 372 页；朱玲、蒋中一：《以工代赈与缓解贫困》，上海三联书店、上海人民出版社，1994 年版，第 3 页。

④ 仁爱善堂编：《仁爱旬刊》创刊号，1935 年，第 68 页；《仁爱旬刊》，1935 年，第 1 期，第 194 页；《仁爱旬刊》，1935 年，第 2 期，第 187 页。

⑤ 仁爱善堂编：《仁爱旬刊》，1935 年，第 6 期，第 155 页。

在所有的赈灾模式中，工赈的确是功能强大的灾害保障模式。它把赈济、安置流民和灾后重建有机结合起来，比之单纯的“给予”要优越得多。正因为如此，工赈模式至今仍具有很强的生命力。

（二）积极救济方式

积极救济一般侧重于灾前预防。它主要包括整顿仓储、兴修水利、移民垦殖及种植树木等手段。

1. 积谷备荒

作为社会控制的一种手段，仓储制度的广泛建立，对防灾减灾有着不可低估的效应。我国积谷备荒的思想源远流长。历代以来，仓储制度虽名称各异，但皆相沿不革。广东省在康乾盛世之时，政府对省内各地仓储还比较重视。自道光二十年后，外国资本主义入侵引起中国经济结构变化，中央政府的控制力量大为削弱，加之社会动乱，仓政弊病呈恶性发展，广东省的常平仓、社仓从咸丰年间开始进入瓦解阶段，尤以咸丰四年广东天地会的兴起作为常平仓、社仓瓦解的标志。①

民国建立后，广东省政府对整理仓储较为关注，并在全省推行建仓积谷，以备荒赈济。1914 年，省政府还规定各县于每张丁米串票附加大洋 2 分，存于县库作为恢复常平仓积谷之基金。② 1923 年，广东省民政厅为防止各地仓款被军队提借，特电令南海、番禺、顺德、中山、新会、东莞、增城、花县、三水、清远、台山、宝安、赤溪等县将各县丁米串票带征附加仓款悉数解厅保管。③ 但这一制度因政局动荡，未能得到切实执行。1928 年后，广东省民政厅转发内政部的《义仓管理规则》，令各县将原有的常平仓、社仓、储备仓等一律改为义仓。到 20 世纪 30 年代，随着广东政局日益稳定，广东省政府致力于仓储的恢复与重建。1930 年省政府又颁行《各地方仓储管理规划》，将仓制分为县仓、市仓、区仓、乡仓、镇仓、义仓六等。县仓、市仓、区仓、乡仓、镇仓，各冠以县名、市名、区名、乡名、镇名，分别由县长、市长、区长、乡长、镇长负责管理，并公推地方殷实士绅组设保管委员会协助。其仓谷募集办法，则按田赋、营业税、房捐及其他产业利息比例收取。另每年青黄不接时，各仓储准许贫民借贷，等新谷收获时，再加息一分还仓。各仓于谷贵时即举行平粜，遇荒年则散谷以赈贫。后于 1935 年 4 月，广东省政府又制定保管仓捐办法，分行各县切实保存仓捐存款，将

① 陈春声：《论清代广东的常平仓》，《中国史研究》，1989 年，第 3 期。

② 广东省地方史志编纂委员会编：《广东省志·民政志》，1998 年版，第 106 页。

③ 《拟整顿各县仓捐咨财厅文》，《广东民政公报》，1930 年，第 62、63 期合刊。

各县临时地税留五成拨存仓捐。广东省政府在20世纪二三十年代积谷备荒的具体情形如下：

其一，在各地恢复义仓、县仓。义仓是专指由私人兴办的一种仓储，名称由创办人自定。1928年，广东省政府转发了内政部的《义仓管理规则》，认为义仓为储备民食之要政，应在各地大力兴办义仓。广东省各县市兴办的义仓一般都有一定的基金或资金保证。其中，潮安县城之义仓共有塭田三围：义仓隆一围1 100亩，义丰一围320亩，义合一围393亩5分。新会县之仓捐主要是由该县的丁米串票带征，无论新旧粮串一律每张带征毫银2分。茂名县绅商杨颐曾支捐办义仓积谷备荒，每年田租978石7斗，仓地共计20廒。另外，该县每户每年在钱粮附加串票毫银2分，连同利息岁入约银5 000余元。钦县自1928年起，将田租2 700余斗拨为义仓基金。灵山县每年专门拨出款项从财政厅购买公债票，并将这些公债票储作仓款；该县在宁可风、黄鹄、黄佩仁这三任县长内，共存仓捐毫银1 243元6毫1仙6文、公债票905元。顺德县因宗族势力强大，县政府令各区、乡在各宗族祖尝款项下设法筹办仓款，其办法如下：①各乡公款祖尝能各自设立义仓者，各自组织之；②各乡公款祖尝不能独自设立义仓者，得联合组织之；③各乡公款祖尝应拨几分之几，应由该乡乡保集议酌定之。连平县属内各义仓也大多由宗族兴办。如该县第一区的众姓义仓、第四区的罗姓义仓、城内的颜姓义仓和傅姓义仓、西附城的冯姓义仓、东附城的赖姓义仓、石龙乡的刘姓义仓、蔴陂乡的卓姓义仓和江姓义仓、大湖乡的曾姓义仓。以上十仓均系一姓私仓，如遇荒年则在族内进行救济。

各县市大多专门设有义仓委员会或其他类似机构对义仓进行管理。如潮安县义仓由委员会管理，其中委员会设委员长1人、常务委员2人、委员4人。这些委员均为名誉职，不支薪俸。新会县义仓设专员保管，由县长召集全县绅董投票，选举公正殷实者3人共同充当仓绅，以三年为期，期满另选。为加强财务管理，该县每年所收仓捐，一概于每月终统交仓绅保管，并由县政府将交管数额按月呈报财政厅备案，如保管人有侵挪情事，应责令照数赔偿，以持久远。在广东省政府的积极提倡下，省内各地的义仓恢复较快。据统计，全省到1934年时已有35个县设有义仓，共计义仓45个，积谷43 799担，积款达37 799.35元。现将当时全省义仓统计的结果列表如下：

表 2-11　民国二十三年广东省各县义仓数目、容量、积谷及储款统计表

县名	义仓数	容量（担）	现存谷量（担）	现存款项（元）	县名	义仓数	容量（担）	现存谷量（担）	现存款项（元）
顺德	1	2 000	300	2 200.00	梅县	1	12 500	1 954	—
龙门	1	1 500	695	2 801.35	蕉岭	1	437	81	—
增城	1	1 000	636	—	鹤山	1	1 000	1 000	—
清远	1	1 500	428	—	德庆	1	—	—	1 700.00
开平	1	600	450	2 700.00	阳江	2	1 687	650	—
惠阳	2	20 000	1 695	—	罗定	1	3 750	312	—
东莞	1	2 300	1 355	—	郁南	1	1 562	—	6 000.00
新丰	1	440	167	—	茂名	1	3 750	610	—
紫金	1	300	35	—	吴川	1	1 340	280	3 404.58
龙川	1	750	582	—	化县	1	—	—	3 676.40
和平	1	600	237	—	钦县	1	4 000	700	—
潮安	1	37 500	21 554	—	合浦	1	1 500	—	5 500.00
潮阳	1	10 000	—	—	中山	9	6 600	385	430.00
揭阳	1	1 875	1 316	—	万宁	1	5 000	—	8 194.56
澄海	1	625	234	—	崖县	1	—	100	—
普宁	1	2 000	1 979	2 669.56	南雄	1	10 000	30	—
丰顺	1	300	100	—	定安	未报	—	—	205.94
乳源	1	1 000	69	—	合计	44	137 416	43 424	39 482.39

资料来源：广东粮食调查委员会编：《广东粮食问题》，1935 年版，第 51～54 页。

广东省各地方在恢复义仓的同时，还大力兴建县仓。为督促实行此事，广东省民政厅分派专员到各县检查，并于 1934 年拟定了以下具体办法：①各县市政府应于本年内将原有仓储加以整理；②各县市局如未设有仓储者，应筹设完成；③仓廒之修葺及建筑应由地方公款拨支，呈报民、财、建三厅备案；④各仓应以仓捐存款购谷存储及每三年推陈入新一次，其未有征存仓捐之各县市局，应克日就征收钱粮拨出二成地方款内，酌拟百分之若干作为

仓捐专款，存储备用。[①] 为普及仓储起见，有些县还在县属各区、乡、镇建立区仓、乡仓、镇仓等。如和平县参议会曾于1934年间，令饬各区乡设置村社一所，规定每丁每人每年科谷二斗，妇女及15岁以下之丁口一律免科。[②] 1935年4月15日，台山县荻海区公所在第二次区务会议上讨论了关于全区按户购谷储粮实施办法：①借款港币三万元购谷，按区内各户派购存贮保管；②每丁口限购一石，由保管委员会派员封存，其无力购存者则由亲属代购存之。[③] 1936年3月13日，中山县召开了各界储粮筹备大会，决议全县成立总会，各区分设分会。总会及各分会规定：全县各属“在商店则主客借租储粮，祠庙则以公尝收益提成储粮，殷户食业则计亩储粮”[④]。

在省政府的积极提倡下，广东省各县市的仓储发展较快。在省民政厅于1934年所调查的68个县市中，有38个县市设有义仓或公仓，有积谷的仅10个县市。到1935年计已呈报设立仓储者，有清远、高要等40余县，共储谷9万余石；1936年4月，省政府派员分赴各县检查仓政时，呈报已有仓款积存者达78县，已设有仓储者达44县。现将各县仓储积谷、积款情况列表如下：

表2-12　各县仓储积谷数目一览表（含部分义仓）（单位：石）

县名	仓别	积谷石数	县名	仓别	积谷石数
顺德	县仓	214.2857	清远	县仓	305.7140
龙门	县仓	496.4285	丰顺	义仓	100.0000
电白	县仓	284.7000	龙川	县仓一所，区仓一所，乡仓五所	2 280.3710
鹤山	县仓	714.9785	开平	县仓	287.5000
吴川	县仓	520.4600	澄海	义仓	388.1500
平远	义仓	300.0000	钦县	义仓	965.0000
蕉岭	县仓	132.1420	合浦	县仓	344.0000
揭阳	县仓	1 052.6840	仁化	县仓一所，义仓一所	442.8000

① 《一年来省政设施之回顾》，《新广东月刊》，1934年，第13、14期合刊。
② 仁爱善堂编：《仁爱旬刊》，1935年，第4期，第130页。
③ 仁爱善堂编：《仁爱月刊》，1936年，第12期，第122页。
④ 中山县政府编：《中山县政年刊》，1937年，第21页。

（续上表）

县名	仓别	积谷石数	县名	仓别	积谷石数
崖县	县仓	178.0000	中山	义仓十三所	300.6900
澄迈	县仓	78.4285	罗定	县仓	281.6640
阳山	义仓	390.4860	普宁	县仓	1 413.9300
和平	县仓	143.0000	乳源	县仓	49.9350
高要	县仓	866.4300	茂名	县仓	4 600.0000
阳春	县仓	263.5710	连县	县仓	406.7300
东莞	县仓	967.8570	新丰	县仓	143.8000
化县	县仓	575.3430	南澳	义仓	85.0000
佛冈	县仓	282.4000	英德	县仓	508.0000
曲江	县仓	43 000.0000	饶平	县仓	166.7000
郁南	县仓	428.5700	信宜	义仓	1 100.0000
潮安	镇仓四所	23 759.4400	惠阳	县仓	949.2857
开建	县仓	97.1930	南雄	县仓	146.9429
梅县	义仓	4 534.9300	新会	县仓	757.3700
合计		95 304.9098			

注：①此表系根据各县呈报廿三年份积谷数目填列，因廿四年份各县积谷数饬查未久，呈报者尚少，故只以廿三年份划一列入。

②此表所列石数，系遵照部定以140斤为1石。

资料来源：广东省民政厅编：《广东省五年来民政概况》，1936年，第82～84页。

根据表2－12可看出，陈济棠主粤时期，广东省各县市的仓储业大多处于恢复和重建阶段，各仓的积谷数量较为有限。据统计，1936年广东人口数为32 958 528人①，而全省各县仓积谷仅为95 304.9098石（见上表），合13 342 690斤，每人仅得0.4斤左右。即便积谷较多之潮安县，平均每人也仅得5斤左右。

其二，在全省举行储粮运动。1933年2月，广东省民政厅通饬各县将仓

① 黄菩生：《广东粮食问题》，1937年，第49页。

款购谷备荒。同年3月份，广东省政府颁布《广东省各县储粮简切办法》，省民政厅即责成各县市同时举行大储粮，并规定自3月20日起，一个月内依照所定储额贮足。4月20日，全省军政最高机关协派视察团，前往各县分别查验。兹将储粮办法抄录如下：

（一）分饬各县切实劝导农民，并择官家荒地，播种杂粮，所有一切捐税，悉予豁免，以三年为期，期满之日，并准备价优先承领。

（二）凡属内地所产米、麦、粟、薯等粮食，一律不准运输出洋，违者除没收外，并处相当罚金。各区乡镇、公所，均负有监察之责，如有失察，亦须连带处罚。

（三）各县厅应照原列等级，分为一等、二等、三等、四等。以最低限度计算。一等县须储足一年粮，二等县须储足十个月粮，三等县须储足八个月粮，四等县须储足六个月粮，只许多储，不准减少。

（四）各县储粮数量，以县人口多寡为比例，如特别富庶之县，尤须多储；俾于必要时得移富县之粮，以济贫县之民。

（五）各县虽或设有义仓储备谷米，业已足额，审查情形仍须多储，或有余力可多储者，仍应多储。

（六）各县如向有仓捐存款经机关或私人借用者，应严令于若干日内一律退还，不得短欠。

（七）此次储粮专为备荒之用。除因天灾兵事或特殊情形时，得由主管机关核准挪用外，概不得挪用。

（八）各县仓储粮，应分别在县区乡镇之适当地点设仓储存，如无仓厂，可借公地存放，暂时不必建仓，如地方有款，以建仓者听。

（九）各县长奉到储粮命令后，限一个月内办理完竣，报由总部省政府会同派员调查。

（十）各县为储备粮食，禁止酿酒，得于必要时呈由上级主管机关核准，并体察当地情形，如应避免谷米消耗量增加，即一律改食经磨椿之糙米，禁食精米。

（十一）各县长办理储备粮食卓有成效者，于点查后，由政府予以嘉奖；其奉行不力，储不足额者，即予分别惩处。①

---

① 《国难期中粤省举行大储粮》，《中央日报》，1933－04－02；《广东省各县储粮简切办法》，《番禺县政旬报》，1933年，第2卷第7、8、9期合刊，第13～14页。

以上这些办法，虽带有急就章性质，但它使广东各县的粮食储存量较以前确实大为增加。

其三，加强对仓款的管理。加强规划与管理是仓储建设的重要环节。由于县仓、区仓、乡（镇）仓大多是由政府经管的粮仓，所以省政府把加强管理的重点放在对地方官的约束和监督上。陈济棠主粤时期，广东省政府对地方仓储有严格的盘查交代制度。凡地方官离任时，都要清点仓库存粮数量，保证仓款不被挪用。1935 年 3 月，广东省政府制定了《仓捐存款状况调查表》，通饬各县市填报考核。同年 4 月，省政府又制定整理仓款四项办法，饬令各县长遵守：①各前任挪借仓款，无论曾否呈奉核准，均应积极设法归还，纵地方款不甚充裕，亦应拟定办法，分期归还；②此后仓款务须慎重保管，倘未经呈奉本厅核准暂借，概不得挪用；③在任内呈奉本厅核准挪借之款，无论数目多少及归还期限之久暂，如遇交卸均应负责如数清还，不得诿卸，倘不清还，作交代未清论；④如向来照章将仓捐存款报告表造报者，应即查明历任征存数目，开列清单，并将现任征存数目按月列表，补报察核。其前经造报而中途停报者，并应从速继续补报。[①]

广东地处南方，气候温暖而湿润，仓储里积存的谷物易于霉变，不易久储。因此，各地方在积谷备荒的同时，大多积存有一定的仓款。具体情况可见下表：

表 2－13　各县仓捐存款数目一览表（备考栏为检查时间）

县名	数目（元）	备考	县名	数目（元）	备考
南海	14 394.026	1935 年 5 月	饶平	1 102.020	1935 年 11 月
番禺	14 732.544	1935 年 10 月	惠来	2 770.205	1935 年 8 月
东莞	4 946.661	1935 年 11 月	普宁	2 544.383	1935 年 9 月
顺德	38 430.157	1934 年 3 月	大埔	219.808	1931 年 7 月
新会	5 982.365	1936 年 1 月	丰顺	1 655.835	1935 年 11 月
台山	1 790.336	1935 年 10 月	南澳	151.906	1931 年 9 月
增城	18 996.553	1935 年 12 月	梅县	443.507	1932 年 10 月
三水	2 568.920	1935 年 12 月	五华	79.179	1935 年 9 月

① 《通饬整理仓款》，《广东省政府公报》，1935 年，第 295 期。

（续上表）

县名	数目（元）	备考	县名	数目（元）	备考
清远	1 190.527	1935 年 3 月	蕉岭	386.351	1935 年 11 月
宝安	10 140.000	1935 年 11 月	南雄	51.228	1935 年 7 月
花县	822.245	1935 年 4 月	乐昌	1 664.287	1935 年 12 月
从化	1 392.984	1935 年 3 月	始兴	3 280.496	1935 年 12 月
龙门	49.722	1935 年 11 月	曲江	447.708	1936 年 1 月
佛冈	1 861.221	1935 年 11 月	英德	2 526.753	1936 年 1 月
赤溪	770.328	1935 年 12 月	乳源	147.342	1935 年 11 月
高要	379.883	1935 年 5 月	连县	1 121.878	1935 年 9 月
四会	4 696.492	1934 年 11 月	茂名	1 913.853	1935 年 11 月
新兴	3 545.105	1935 年 10 月	电白	718.739	1935 年 4 月
高明	8 346.658	1935 年 5 月	化县	2 555.623	1935 年 10 月
广宁	2 022.760	1934 年 5 月	吴川	1 835.537	1934 年 4 月
鹤山	2 615.088	1935 年 8 月	信宜	5 717.501	1935 年 6 月
德庆	333.664	1935 年 7 月	廉江	234.059	1935 年 7 月
封川	402.386	1935 年 12 月	徐闻	7 606.092	1935 年 10 月
开建	1 695.022	1936 年 1 月	阳江	4 825.058	1935 年 6 月
开平	12 523.314	1935 年 11 月	阳春	1 010.883	1935 年 10 月
恩平	444.632	1935 年 8 月	琼山	3 263.061	1935 年 12 月
罗定	20 176.157	1935 年 11 月	文昌	191.740（大洋）	1935 年 10 月
云浮	15 334.228	1936 年 1 月	宝安	327.193	1935 年 8 月
郁南	8 996.851	1935 年 12 月	儋县	867.668	1935 年 11 月
惠阳	10 548.344	1935 年 10 月	澄迈	163.908	1935 年 10 月
博罗	11 950.080	1935 年 10 月	临高	661.635（大洋）	1935 年 6 月
陆丰	2 356.047	1935 年 9 月	乐会	364.530	1935 年 11 月

（续上表）

县名	数目（元）	备考	县名	数目（元）	备考
龙川	2 728. 106	1935 年 9 月	琼东	958. 244（大洋）	1935 年 11 月
连平	1 576. 650	1930 年 12 月	陵水	703. 954	1935 年 11 月
河源	1 324. 456	1934 年 8 月	万宁	7 541. 161（大洋）	1935 年 7 月
和平	1 253. 736	1932 年 7 月	防城	3 095. 277	1935 年 8 月
潮安	7 554. 081	1935 年 5 月	合浦	3 119. 850	1935 年 5 月
潮阳	1 409. 463	1935 年 10 月	灵山	4 976. 675	1935 年 10 月
揭阳	5 486. 826	1935 年 8 月	合计	毫洋 308 577. 757 元 大洋 9 352. 780 元	
澄海	916. 792	1933 年 7 月			

资料来源：广东省民政厅编：《广东省五年来民政概况》，1936 年，第 77～81 页。

仓款能否得到保证，是仓储能否顺利进行的重要条件。1928 年以后，粤省政局逐步稳定，广东省政府对仓款的管理制定了较为严厉的措施。对于各县市以前曾被挪用的仓款，省政府制定了如下清查办法：

（1）如系呈奉民政厅核准挪用，限令若干个月筹还者，应依限筹还具报；

（2）如系呈奉民政厅核准挪用，开征临时地税时拨还者，应一届开征地税，即行拨还具报；

（3）如系呈奉别机关核准挪用，而未呈报民政厅者应即录案呈报民政厅；

（4）如未呈准上级机关而挪用者，应即拟定最短期间筹还，具报察核；

（5）如无挪用者，亦应专案具报。嗣后各县对于上项专款，如非专案呈准本厅，及向别机关瞒呈挪用者，一经查出，即予严惩，决不宽贷。①

为保证进支账目的清白，各仓储管理委员会每年还要定期向当地政府机关上报有关收支数目。如潮安县义仓管理委员会于每年年终时将收入、支出

① 《规定清查挪用仓款匪红及领存救济基金办法》，《广东省政府公报》，1936 年，第 345 期。

各款开仓公核后，将报册呈该管县长核销。新会县在《征收仓捐管理规则》中规定，每年应照会计年度由保管人将全年本息数目结算清楚，造具清册两份呈县核明，并将一份呈财政厅备案。茂名县则成立仓董来保管仓捐，其仓董设董事二员及监察十员，他们均由地方人民公举，分担收支稽查各职。钦县曾由各界举出正绅赵殷甫、章祥纶、颜华卿三人为义仓管理委员会，各委员酌给伙食，不支薪水，并由县长加委以专责成。[①] 为了解各地义仓办理实情，广东粮食调节委员会在1933年12月的第二次常务会议上，决定拟定调查表式，由省政府转令各县如实填报，然后再交粮食调节委员会汇总。[②]

其四，粮食调节及粮食仓库的设立。民国时期，广东省内各地的粮食行情并不一样，如“广州、汕头等都市地方米粮，须仰给于外洋，而各处农村，又往往产米过剩，无为销售”。另各地粮价的差距也较大，即同为乡村地方，在南路各县是谷贱伤农，农民即使“多收了三五斗”，也无法改变增产不增收的命运；相反，在北江各地则“有米贵之患”。[③] 造成这些现象的原因，往往在于一些“地方土劣，假借禁谷出口名义，把持操纵，硬指经过墟市，即为出口，彼疆此界，禁绝流通”[④]。为了改变这种状况与困境，广东省政府于1933年重申禁止遏籴之令，并于次年4月将各地谷米宜调剂、谷价宜平衡之公告，遍贴在全省各地，同时，它又令各县市所属区长、乡长及公安分局局长，切实流通谷米，以利各地互相接济，并对敢于玩违者予以严惩。

广东省政府一方面在省内一些要地设立粮食仓库，大力储粮；另一方面又拟设立粮食调节委员会及其省内各地的通讯委员会，互通粮情，以便调节粮食价格。1935年，广东省政府正式成立粮食调节委员会，指派胡继贤为委员长，以冯锐、廖鹤洲、董凌欧、彭卓任等为委员。同时，省政府在其第六届委员会第228次会议上通过并公布了《粮食调节委员会章程》及《粮食仓库章程》。根据章程，省粮食调节委员会之职权有下列各项：①关于设立仓库储谷米事项；②关于谷米通运事项；③关于谷米时值之平准事项；④关于米捐税取缔之监督事项；⑤关于农村金融之调剂事项；⑥关于米酒酿造之取缔事项；⑦关于水利垦殖之计议事项；⑧关于农地经济之设计事项；⑨关于粮食之调查统计事项。由此可见，该会除负责调节粮食外，还兼负救济农村

---

① 《广东省办理义仓情形案》，中国第二历史档案馆藏，全宗号：12（6），案卷号：13731。

② 《调查各县义仓状况》，《广东省政府公报》，1935年，第243期，第85页。

③ 广东省档案馆等编：《三年来本省施政状况》，《陈济棠研究史料》，1985年，第284页。

④ 广东省民政厅编：《广东省五年来民政概况》，1936年，第85页。

经济之使命。关于粮食调节，当时分为平时和战时两种。平时粮食调节之事项有以下几项：①维持粮食之相当价格，以增进农民之收益；②维持洋米税收之收入，以资发展农村经济；③维持各地粮食价格之相对平衡，使全省经济得以平均发展，而免偏枯；④维持周年粮食价格之相对平衡，以稳定农村金融；⑤于重要地点储藏相当数量之粮食，以备急需。战时粮食调节的目的，则主要在于保证供给军队及人民以充足之粮食。

为了解各地粮食的生产运销情形及价格之升降，省粮食调节委员会决定：在汕头、香港、芜湖、上海、广州 5 地，各设粮食通讯员 1 人，每人每月各支津贴 15 元；在揭阳、惠州、东莞、连平、梅县、海口、北海、水东、梅菉、茂名、海丰、防城、钦县、阳江、阳春、肇庆、封川、罗定、韶关、英德、仁化、阳山、连县、翁源、龙川、石歧、陈村、电白、新兴、德庆、郁南等 31 处，各设通讯员 1 人，每人每月各支津贴 10 元。各通讯员负责调查各地粮食情形，以使消息灵通。

鉴于广东省地方辽阔，交通不甚便利，省政府为了更多地储备粮食，决定在韶关、揭阳、兴宁 3 地设立总仓库，并在英德、惠阳、海丰、增城、翁源、茂名、南雄、钦县等 8 县各设立分仓库。

2. 移民垦荒

移民垦荒不仅可以安置部分灾民，而且还可以增加生产总量，在一定程度上减轻自然灾害带来的损失。广东省各级政府在向移民发放官有荒地时，因土地利用的目的不同而有不同的管理机关。如人们承领荒地作垦殖之用，政府则依照《国有荒地承垦条例》规定手续办理，即由垦殖人先向该县政府申请，然后由县转呈财政厅核发承垦证书；如人们承领荒地用于造林，则依照《广东省荒地承领造林暂行规程》办理手续，即由农民申请经县政府审批上交后，由省建设厅核给承领造林证书。[①]

下面说说关于移民垦殖之情形。

民国初期，广东由于政局动荡，土匪横行，人口流失，荒地亦日益增加。省内“可耕陆地面积占全省陆地 30% 以上，而垦殖指数不过 10%，全省约十分之九的土地是荒山野岭”[②]。为了安置更多的流民，减少社会的动荡，缓解粮食的压力，省政府积极鼓励地方各县移民垦殖，于 20 世纪 30 年代转发了内政部《国有荒地承垦条例》。该条例规定，所谓国有荒地是指江海山林新涨及旧废无主未经垦者。另用户在垦殖之前，须向当地政府上交

① 广东省建设厅农林局推广课：《广东农业推广》第 2 号，1934 年，第 148 页。

② 仁爱善堂编：《仁爱旬刊》，1936 年，第 1 卷第 9 期，第 123 页。

《承领呈请书》，申请人经有关部门审核通过后，即可发给证书。其呈请书须记载下列各项：①承垦人之姓名、年龄、籍贯及住所；若系法人则记发起人及经理人之姓名、年龄、籍贯、住所，具设有事务所者，并记其设置之地点。②承垦地形及规划堤渠疆理之图。③承垦地面积计若干亩。④境界东、西、南、北各至何处并与某官地或民地交界，若指定该荒地之一部者并记其方隅。⑤种类：江河、海涂、滩地或树林地。⑥地势：平原、高原、山地、干地或湿地。⑦土壤、土质、土色并沙砾之多寡。⑧水利：距离河海江湖远近，一切堤岸沟渠规划建设之概要。⑨经营农业之主要事项：种谷或畜牧或种树。⑩开垦经费若干。⑪预拟建辟堤渠疆里工程及竣垦年限。此外，该条例还对有关保证金及竣垦年限作出了许多规定：政府根据不同的土地类别及亩数，规定其垦竣年限最低为 1 年，最高为 11 年；垦民在正常情况下若在规定年限内尚未垦竣者，除已垦地外即撤销其承垦权。[①] 当时，广东省移民垦殖较有成效者主要有以下几处：

政府移民垦荒的第一步就是恢复匪区的繁荣，首先是徐闻县匪区的开垦。民国初年起，由于军阀混战，兵匪横行，雷州半岛南部的徐闻县渐渐沦为匪窝，匪徒杀人抢劫，使该县民不聊生。匪乱连续达 18 年之久，造成当地人民死亡率达 80% 以上，清末时全县原有 28 万人，到匪乱结束前夕仅剩 4 万，徐闻全境成了茫茫的荒山野林，人迹罕至。1933 年土匪被肃清后，政府于适中地点创设中心垦殖农场，利用军队力量进行垦殖。待有相当之成效后，便召回军人交由人民垦殖。[②] 在开垦之前，省政府曾制定《开垦雷州半岛徐闻山章程》。该章程规定，开发南路荒地的目的是为了救济失业人民；承垦人分农户及生产有限合作社两种，均以“中华民国”人民为限，前项农户为有家属之农民，生产有限合作社至少须有社员九人以上，方得设立；承垦人请领垦地时，须具承领书，呈由徐闻县政府核准划拨土地，发给承垦证书。承领书应记载下例事项：①承垦人姓名、住所、籍贯及年龄。②承垦人最近五年内之职业。③承垦人家属、人口、年龄及其职业；承垦人为生产有限合作社时，应记载承垦者姓名、社员名额及其组织。该章程还规定每一农户承垦地之面积不得超过 50 亩，每社员承垦之面积不得超过 20 亩；在开垦时限上，规定承垦人受领承垦证书后 3 个月内，须在承领地设立界标，开始垦殖；如承垦人受领证书后 1 年，尚未从事开垦工作者，即撤销其承垦权，

---

① 中山县政府编：《中山县政汇刊》，1932 年，第 9 ~ 14 页。

② 广东省建设厅农林局推广课：《广东农业推广》第 1 号，1933 年，第 15 页。

但遇天灾等情况不在此列；承垦人在垦竣后5年，须按垦竣亩数缴纳地税。[①]

由于徐闻县是全省著名的匪区，所以政府在组织灾民垦殖荒地、重建家园的时候，为防止匪徒的骚扰，准许在农村中心建设炮楼，并由建设厅拨款补助当地灾民购械自卫，等地方秩序恢复后，再将枪械缴还。据统计，1932—1934年，广东省建设厅先后拨款补助徐闻县械弹的情况如下：下桥市68步枪40杆，子弹4 000颗；上东区金满堂村建筑碉楼费2 000元，配子弹步枪40杆；西区戴黄墟及附近乡村拨款4 000元，配子弹步枪40杆；下东区北龙村及附近乡村配子弹步枪40杆；中区迈樟村配子弹步枪20杆；合流村拨建筑碉楼费3 000元，配子弹步枪30杆；上东区百亩村配子弹步枪40杆。[②] 徐闻山垦殖场经过一年多的移民垦殖，出现了以大水桥为中心的第一中心垦殖场。它至1934年7月底共垦地2 000余亩，其中种植糖蔗达800余亩，木番薯及花生各200余亩，番薯60余亩，水稻40余亩，茶油子400余亩，苗圃100余亩。广东省政府为继续扩大垦殖规模，后又积极筹设第二中心垦殖场。[③]

其次是广东西北移垦区。1933年，广东西北区绥靖委员李汉魂为安置境内无业游民，设立广东西北移垦局，并在英德县属走马坪一带划定11 000余亩荒地作为移垦区。该移垦区按地势分为泽地、平原、山地三种，其中山地悉为村有林，泽地以20亩为一段，平原以30亩或50亩为一段，实行分段放垦。该移垦局还将附近之琵琶塘及水亭塘开浚，以事蓄水，并于每段田开凿一个水井，以防干旱。根据有关规定，垦民以户为单位，每户可领宅田5亩，耕作地50亩。垦民自领受证书日起，必须在3个月内实施开垦工作，并限3年垦竣；垦民自垦竣之日起，即取得土地所有权。西北移民局附设有繁殖场院，担任移民技术之指导，并储备优良的动植物品种，以便分配于各移民。它在垦区内还建有临时合作商店、诊病所、学校、公园、医院、图书馆、俱乐部、合作社、托儿所、乡公所、警卫队等。[④] 据统计，该区至1933年年底已有四五百名灾民移垦于此。[⑤] 西北区第一移垦区取得了一定成效之后，李汉魂又择定区内连阳属之横石塘荒地筹办第二垦殖区，并于1934年8

---

① 《开垦雷州半岛徐闻山章程》，《广东省政府公报》，1932年，第188期，第31页。

② 《拨款补助徐闻荒乡购械自卫》，《广东省政府公报》，1933年，第210期。

③ 广东省建设厅编：《广东省两年来建设事业之回顾》，1934年。

④ 中国第二历史档案馆：《中华民国史档案资料汇编》第5辑，江苏古籍出版社，1994年版，第279页。

⑤ 王叔敏：《对于广东省农垦计划之商榷》，《新广东月刊》，1934年，第13、14期合刊。

月 11 日由绥靖署派员组成第二垦殖区委员会，以指导垦殖事务之进行。[①]

再次是中山农场。1931 年，广东省政府划定中山县翠亨村水口山一带的荒山荒埠及海边坦地 4 000 余亩为垦殖区，内设农艺、园艺、畜牧三部。至 1934 年 6 月，该垦殖区内的水塘、水坝、水闸、道路、房舍等均已筑成，共垦地 2 000 余亩。[②]

在省政府的积极倡导下，广东省各地人民呈请领荒垦殖者，成绩较为显著：1931 年计有 33 宗，1932 年上半年计有 47 宗。[③] 据统计，至 1934 年 6 月，各县人民请领垦殖之地已达 496 000 余亩。

下面再看看关于移民造林之情形。

据 1936 年广东《统计月刊》记载：广东全省共有山地面积 302 516 540 亩，其中有林面积为 30 943 500 亩，约占山地面积的 10.2%；荒山面积为 271 573 040 亩，约占山地面积的 89.7%。如“（乐昌）县中林业向称发达者如六区之九峰、二区之五山、四区之河路，一望崇山峻岭……松杉夹道，十里成荫，酷暑顿消，行路称快”，至 20 世纪 30 年代时，已是“童山濯濯，触目皆然”。[④]

由于多年的战乱、匪乱及自然灾害，全省 94 县存在大面积的荒山，荒山面积远远超过各县的林地面积。全省荒山面积的总数是林地面积的近 9 倍。这充分说明，领荒造林的空间还是很大的。

为促进农民领荒造林，广东省政府在 1930 年 1 月 24 日的第五届委员会第 49 次会议上通过了《广东省承领荒地造林暂行规程》。该规程规定，凡具有中华民国国籍者，承领荒地造林时，须先具申请书，呈请该县分署，经审核后，如确系官荒，始由县公署转呈建设厅核准，发给承领书。申请书应包括承领人之姓名、年龄、籍贯及住所，荒地之名称及种类、面积、四至地界，造林经费若干，实测地图，施业计划，收支预算表等。县长收受申请书后，将请领之荒地及图标，分别切实布告，经过 1 个月，确无异议时，始得转呈。现举揭阳县第三区共安乡陂头村温汉光之呈请县属第三区共安乡水利村附近荒地造林申请书为例：[⑤]

---

① 《西北区筹辟第二垦殖区》，《广州民国日报》，1934－08－12。

② 广东省建设厅编：《广东省两年来建设事业之回顾》，1934 年。

③ 李鼎之：《广东省农业十二项设计初步工作概况》（续），《新广东月刊》，1934 年，第 15 期。

④ （民国）《乐昌县志》卷九・实业，民国二十年铅印本影印。

⑤ 揭阳市档案局藏，全宗号：10，目录号：5，宗卷号：157。

荒地之地名及种类：双坷山等处，属荒地类。

面积亩数：一百一十二亩。

境界：东与狮山毗连；西与水利山相接，以大火路为界；南至山麓；北至水田为界。

完成造林之年限：约五年完成造林工作。

施业计划：先育树苗，然后种植全山，使其滋长茂盛。十年后分期逐年砍伐时更新补植。

预计造林经费：四万一千七百元。

申请人之姓名、年龄、籍贯、住址：温光汉、四十八岁、广东揭阳县第三区共安乡陂头村第十二保。

广东省内以合浦县之荒地最多，乡民领垦者也较多。据统计，该县到1931年止，报领造林者已达30起，其承垦情况如下表所示：

表2-14 合浦县报领造林情形表

承领者	时间	面积	承领者	时间	面积
同益垦牧公司	光绪三十二年	579亩	苏耀堃等	1931年	3 600亩
吴家官	1919年	3亩	钟祥初	1931年	1 400亩
森发种植公司	1924年	1 200亩	郭禹功等	1931年	1 200亩
马湖生	1928年	4亩	吴庆昆	1931年	19亩
李叔平	1928年	340亩	姜勋甫等	1931年	500亩
广发公司	1929年	384亩	王雇龙	1931年	800亩
生生公司	1929年	585亩	务本堂	1931年	600亩
南发堂	1929年	313亩	黄闰南等	1931年	300亩
农林公司	1930年	9方里	黄耀堃等	1931年	230余亩
林益公司	1930年	290方里	花毓春等	1931年	95亩
蔡秉元	1930年	10方里	吴庆星	1931年	543亩
凌禹潘等	1930年	1 063亩	吴福兴	1931年	669亩
黄荫廷	1931年	400亩	黄德生	1931年	625亩
兴业堂	1931年	670亩	李垂昆	1931年	400余亩
黄玉槐等	1931年	185亩	邓振华等	1931年	9 100亩

资料来源：广东省民政厅编：《广东全省地方纪要》，1936年，第262~263页。

1932 年冬，中区绥靖委员派科长梁崧年、技师傅思杰和陈鼎荣，选定花县丫髻山附近荒地近千亩、荒山 2 万亩，收容灾民及失业人员垦荒种树及其他生产事业。从次年春起，由中区绥靖公署拨给开办费 7 600 元，后又拨扩充费 7 000 元，并从总司令部月支经费 580 元；至 1934 年 2 月，总计开办费及临时费共 14 600 元，经常费共 30 424 元。其中开办费及临时费用于建筑房舍及开辟区路者占 30%，开垦荒地者占 40%，购种苗者占 15%，购制农具及其他者占 15%。该林场主要从事育苗、植树、播种、造林、保育等活动，总面积为 21 500 亩，拟分十年完成。据统计，花县林场于 1935 年育苗达 734 924 棵，造林面积达 2 200 亩以上，预计 10 年后平均每年可收入 83 040 元。①

为了推进造林，有些地方甚至还制定了一些强迫造林的条规。如番禺县于 1932 年曾制定了《强迫垦荒暂行办法》，该办法规定：县内除山地、建筑地、池塘、坟墓地及沙田外的一切荒废未经开垦利用之土地，限主人于该办法公布后三个月内着手开垦，逾期不开垦者由地邻报由里长或乡长，呈报主管官署（或当地县政府）再展期一个月，届期仍未着手者即由乡公所开垦种植，以其收益全部拨为该乡公益之用；如乡公所放弃职责不筹划开垦者，一定查明严惩；凡荒地无论官荒民荒，一律须开垦种植水稻、陆稻或其他杂粮，如有借名牧场及风水邪说故意违抗者，由该管官署分别惩办。② 琼崖实业局亦曾规定：凡土地无论官荒民荒，经县政府查明认为可开垦种植者，应即分别劝导开垦；民有荒地由该管县政府招人垦者，限定 15 年内期满后，准予原有地主酌照邻地价值之半价收回管业，或参酌邻地利用状况给予适当地租。③ 1933 年，广东省政府主席兼建设厅厅长林云陔严令各县迅速筹设农林推广处，并限令各县从当年起每年造林 1 万亩。1934 年，省政府第 413 次会议通过决议，将各县举办乡村公有林，定为地方县政计划重要事项之一，并于每年秋季由建设厅、民政厅会同派员视察。鉴于各灾民购买林木种子之困难，省农林局特搜集适合于本省土质、气候之优良种子，以备人民购买，该局先后售出松树种 2 407 斤、油桐树种 3 500 斤、杉木种 10 斤、桉树种 860 两、合欢树种 40 斤、紫荆树种 36 斤、苦楝树种 24 斤、其他树种数

---

① 傅思杰：《广东中区模范农林场工作概况及今后之收益预计书》，《农声月刊》，1935 年，第 190 期。

② 《强迫垦荒暂行办法》，《番禺县政周刊》，1932 年，第 22 期，第 19 页。

③ 《令建厅转令琼崖实业局切实劝导垦荒》，《广东省政府公报》，1933 年，第 211 期。

十斤。[①]

在省政府的推动下，广东各地的开荒植林取得了一定效果，许多地方“昔日为童山荒岭，今已蔚然成林”[②]。如云浮县的县立林场设在第五区之南乡，面积约2 500亩，种植大叶桉、松杉等2万余枝。另该县各区亦设有林场：第一区设于区属之九坟，面积约1 000亩，已植树约2 000株；第二区设于区属之安塘，面积1 000亩，已植树3 000株；第三区设于区属之竹墟，面积800亩；第四区设于区属之连滩，面积为900亩；第五区设于区属之六部，面积1 400亩，已植树1万株；第六区自提倡造林后，私人造林每年约在5 000亩以上。[③]

1933年，农林局长冯锐在全省行政会议上报告称，广东省从1930年6月起至1933年10月止，经建设厅发给证书的领荒造林案共有152宗；[④] 至1934年底，省内各属人民承领荒山造林面积已达53万余亩。截至1941年止，全省各地人民承领荒地造林区396宗，共发放官荒造林面积75.25万亩。[⑤] 现将1930—1935年广东各地领荒造林的情况列表如下：

表2-15　1930—1935年广东省领荒造林情况表

年份	面积（市亩）	年份	面积（市亩）
1930年	11 499 896 300	1933年	414 926 780 335
1931年	265 387 324 890	1934年	40 486 776 555
1932年	77 850 072 740	1935年	45 732 812 960
总计：855 883 663 780 市亩			

资料来源：广东省档案馆：《农林局近年来经济建设统计及广东省农业经济情况调查表》，全宗号：6，目录号：3，宗卷号：376。

从上述可以看出，广东省政府在20世纪30年代的移民垦殖及移民造林活动取得了一定的成效。这项举措不仅可以解决部分灾民的生计问题，而且还在某种程度上减轻了自然灾害给人类带来的损害。

---

① 广东省建设厅编：《广东省两年来建设事业之回顾》，1934年，第7页。
② 《本省西北区建设成绩》，《新广东月刊》，1933年，第5期，第122页。
③ 《云浮县政调查报告书》，《统计月刊》，1936年，第2卷第12期，第67页。
④ 广东省林业志编纂委员会编辑室：《广东林业大事记》，1994年，第19页。
⑤ 广东省林业志编纂委员会编辑室：《广东林业大事记》，1994年，第26页。

3. 兴修水利

民国初期，因长期战乱，广东省内水利设施废弛失修，大部分乡民靠天吃饭。梅州地区是“大雨大灾、小雨小灾、无雨旱灾”①；海南岛因水利设施缺乏，“近河之处若遇雨水天，则水过多；遇旱时，则隔河稍远之处常患缺水”②。据统计，广东未筑围基之潮田因被水浸，“年中仅得一造收成或至全无收成者，共有六七百万亩之多，约占全耕地的15%；另加上因旱而遭病虫害之地，其损失约占全数的40%，无怪乎农业生产，日以衰落，农村经济，日以凋零”③。因水利设施落后，乡民们无力抵抗大自然的肆虐，致使迎神求雨在乡村颇为流行。梅县“自1934年入春以来，因雨量极少，井圳湖沼干涸现底，田园裂罅纵横，赤土无垠……内村一带乡民，自半月来，迎神求雨无日无之，鼓乐声、哀告声交相节奏，公安局严加阻止，未能遏止”④。陈济棠主粤时期，广东省政府为改良水利、提高乡民的抗灾能力，曾主持大力兴修水利，取得了一定的成效。

（1）广东水利管理机关的设置。

民国以前，广东省内没有设置专职的水利行政机构，水利业务历代均由省、府、州、郡、县各级地方行政长官兼管。进入民国后，因水灾呈愈演愈烈之势，省内各界公推代表联合旅京同乡，于1914年向当时北京政府请求派员疏治粤河。同年12月，北京政府在广州设立了广东治河事宜处（简称广东治河处），并任命原海军大臣谭学衡为治河处督办。这是广东最早的水利行政专职机构。治河处专管修筑堤围水闸与疏浚河道，进而兼管全省建港开埠、预防水患、发展水利和筹款施工等事项。1919年，谭学衡死后，继任督办的先后有曹汝英、孙科、汤廷光、姚雨平、林森等人。1921年11月15日，广东正式成立韩江治河处，由方养秋、廖鹤洲分别担任总理和协理，以邹鲁为名誉总理。1929年7月，民国政府公布了《广东治河委员会组织条例》，并于同年9月改治河处为广东治河委员会，下设总务、工务、财务3处，任命古应芬为委员长，胡汉民、王庞惠、孙科、吴铁城、陈济棠、陈铭枢、林直勉、林云陔、杨西岩、邓彦华、范其务、陈策、李海云为委员。为了加强对水利、水文情况的监测，广东省治河委员会先后在梧州、宋隆、后

① 李栢林：《梅州史迹纵览》，广东人民出版社，1989年版，第224页。

② 广东省建设厅刊印：《琼崖实业调查团报告书》，1932年，第6页。

③ 《全省行政会议建设事项之提案——改良各县水利增加生产案》，《新广东月刊》，1933年，第10期。

④ 实业部中国经济年鉴编纂委员会：《中国经济年鉴》，商务印书馆，1934年版，第61页。

沥、三洲、新圩、江门、叠石、韶州、英德、连江口、清远、石角、芦苞、白坭、三水、西南、赤岭、下东岸、建塘、马嘶、企石、桔头、下南、石龙桥、东莞桥、峡口、韩溪、江村、广州、鸡肠窖、港口等处设立水流观测站；又在西江上游的思隆、旧州、百色、思恩府、上林、贵县、三里、郁林、浔州、永福、修仁、桂林、英家及广东境内的连州、新兴、韶州、英德、广州、宋隆、白土、乐昌、南雄、石龙、龙川、河源等处设立了雨量观测站。

1931 年 12 月，南京国民政府公布了《广东治河委员会修正条例》，改委员长为常务委员制，任命邓泽如、林云陔、林直勉为治河委员会常务委员，肖佛成、陈济棠、陈融、胡继贤、刘纪文、罗翼群、陈策、程天固、胡毅生为委员。1934 年，国民政府行政院先后颁布了《统一水利行政事业办法纲要》和《统一水利行政事业进行办法》，决定以全国经济委员会为全国水利总机关，主办中央水利行政事宜；各省水利行政则由建设厅主管，各县水利行政归县政府主管，均受中央水利总机关的指挥监督。1936 年，广东治河委员会改组为广东水利局，直隶于南京国民政府。

（2）粤省政府水利经费的来源。

广东各级政府用于水利的专款主要来源于政府有关部门拨发的赈灾专款、专门税捐、海关税收及银行贷款等，下面分述之：

其一，海关税收。广东治河处（委员会）于 1914 年成立后，并无固定经费及工程专款。它最初仅由北京政府税务处及本省善团所办的治河分局一次拨付数万元，作为开办费及西江测量之用。其后，该会又获拨赈款数万元，供继续测量珠江及北江之用。1916 年，治河处由广东财政厅拨 13.3 万元，“列入预算，按月匀支应用，但粤库时绌，只每月拨领二三千元”；此项经费亦在 1923 年因战事而停发。之后，广东治河处在兴建重大水利工程时，都由海关临时拨款。如 1918 年，治河处获海关关余一次性拨款 100 万两，用于建筑芦苞水闸；1919 年，它又获关余 6 万元，用于兴建马嘶水闸及附近基围；从 1924 年开始，它由粤海关每月拨发关余 1.4 万两，作为治河工程费。1929 年，广东治河处改组为广东治河委员会后，其月费增至 2.5 万元。

其次，借拨洋米税。陈济棠曾在《救济广东农村计划》中提出从 500 万洋米税中拨出 350 万元，用于组设水利垦殖银公司，以兴办水利事业。按规定：乡民借洋米税用以兴办水利活动时，一般要先组成合作社，并详细拟订有关计划，然后再由政府勘明并代为设计；政府所借与的资金只能用于建筑材料，人力则全由当地人民担任；其所借资金由受益田主偿还，每亩每年摊派建筑资金不得超过1元以上，偿还期一般不得超过10年。[①] 1934年2月，省政府第六届委员会第259次会议决定在洋米税项下拨3万元修筑西江秀丽围；[②] 1934年3月2日，省政府又议决在洋米税收项下拨15万元修筑高要景福围。[③]

其三，借拨庚款。1930年，国民政府中央政治会议第226次会议议决：在中英庚款余额三分之一还本保息分配办法中，以其20%借充广东治河费。按此规定，广东治河处可分得1 680万元。1934—1936年修筑的西江西窦涌口、阮涌口两水闸的工程费97 000元和93 000元及1934年开工的要明十三围防潦工程费40万元等，都是借拨庚款完成的。[④] 1937年夏，广东省政府曾拟借用庚款发行公债500万元，计划筹款将各江围堤作一彻底整理，其全部整理工程计有13项，其中西江6项，北江5项，东江、韩江各1项，受益农田可达1 698 610亩（合1 425方公里），但后因抗战军兴，此项防潦工程未克实施。[⑤]

其四，发行水利公债。1935年，广东省财政厅拟发行1 000万元农村建设库券，用以发展本省水利、水产、蚕丝、菸棉及其他实业。省政府从这1 000万元建设券中，提取700万元用于发展水利。例如某县举办水利工程须款50万元，即由该县地方农民共同组织水利合作社发行水利工程债券50万元，由省政府担保付息与还本；若到期该社不能付息还本时，则由省政府代为付息还本。凡持票人将来可向水利合作社取偿，再由该社转向收益农田摊还。[⑥]

其五，政府鼓励社会各界力量捐款。每当重大灾害发生时，党政机关领导人皆率先提倡捐款，主张通过捐薪助赈的方式来筹集资金。1934年，防城县发生两次风灾时，该县县长张敏自捐俸薪之一半，同时电令县内所属各机关、学校、职员，暨编练处所属各级官佐，共本饥溺之心，一律按照薪饷原额再捐1/5；自1935年4月起，由发给薪饷机关分两月扣出。[⑦] 1935年，珠江流域洪水泛滥，哀鸿遍野，万家鼎沸。陈济棠令所部全体将领捐薪赈济。其办法为：尉官三级由1元起至3元，校官三级由5元至15元，将官三级由

---

① 《抄发省府关于水灾贷款救济及办理善后夏耕地工作的办法意见》，广东省档案馆藏，全宗号：6，宗卷号：390。

② 《借拨洋米税收修筑西江秀丽围》，《广东省政府公报》，1934年，第250期。

③ 《核准借款兴办景福围水利》，《广东省政府公报》，1934年，第253期。

④ 《广东水利》第4号，1933年版；《统计月刊》，1935年，第1卷第9期，第35页。

⑤ 《广东年鉴》，1941年版，第99页。

⑥ 略君：《设立水利委员会与本省民食之关系》，《新广东月刊》，1936年，第40、41期合刊。

⑦ 仁爱善堂编：《仁爱旬刊》，1935年，第1期，第194～195页。

30元至100元，多捐者不限。这些捐款由军需处从薪水项内先行扣除，结果共计捐得53 938元9角3分。① 此外，政府还通令全省各机关，凡在职公务人员亦按其薪俸等级进行一次性捐助。其捐款标准如下表所列：

表2-16　在职公务人员救灾捐款标准表

薪俸等级	捐款数额	薪俸等级	捐款数额
800元以上者	100元	500元以上者	50元
300元以上者	30元	180元以上者	15元
140元以上者	10元	80元以上者	5元
60元以上者	15元	50元以上者	1元
50元以下者	随意捐助，多捐不限		

资料来源：广东省档案馆藏，全宗号：3，目录号：1，案卷号：128。

除此之外，政府又积极发动各慈善团体、赈灾机构进行捐助。1915年，广东发生乙卯大水灾，东华三院于11月捐款15万元，用于修理景福围，并由院方派员赴肇庆管理财政、监督施工；同年12月，东华三院又拨款5万元修筑桑园围。② 1917年，香港东华医院捐助港银7.2万元，用于修筑高明县富湾水闸。③ 1931年，广东发生特大水灾，各地基围崩溃无数，香港东华医院一次性捐助17万元，帮助各属修筑各被毁基围，这批款项的分发情况可见下表：

表2-17　香港东华医院1931年捐助各属赈款表

赈济地区	赈款数额	赈济地区	赈款数额
清远县	40 000元	南海县	7 000元
增城县	7 000元	博罗县	7 000元
阳山县	7 000元	花县	7 000元
三水县	30 000元	四会县	20 000元

① 仁爱善堂编：《仁爱旬刊》，1935年，第5期，第135页。
② 李东海编：《香港东华三院一百二十五年史略》，中国文史出版社，1998年版，第302页。
③ 广东治河委员会编：《二十年来广东治河汇刊》，1936年。

（续上表）

赈济地区	赈款数额	赈济地区	赈款数额
英德县	16 000 元	高明县	14 000 元
东莞县	8 000 元	高要县	7 000 元
合计：170 000 元			

资料来源：广东治河委员会编：《广东水利》第3号，1932年，第5页。

1934年秋，广东省南路遭风灾水患，受灾最烈地区首推雷属之海康、遂溪两县。1935年1月15日，在省公安局局长何荦的组织下，海（康）遂（溪）两属修筑堤岸委员会成立。仁爱善堂即捐堤款2万元，且派人携棉衣数千件前往分发给修堤工人。① 1935年西江、北江各属发生大水灾时，仁爱善堂董事长陈济棠捐款38 000万元，分配给各重灾区建筑秋栏，以利秋耕。②

在一般情况下，各属水利经费来源渠道并不是单一的，它往往是乡民自筹、社会捐款及政府拨款同时兼有的。如1935年兴修东莞寒溪水闸时，其资金来自以下几个方面：地方筹集工费5万元，明伦堂贷款4万元，广东治河委员会贷款8万元，财政厅贷款5万元。③

（3）水利工程的修筑及管理。

在广东"言水利者，唯以围堤为务"④。围堤不但可以保护田地和收到灌溉之利，而且还能够束水归槽，提高潦水的流速与攻淤能力，使下游流量增加，从而起到畅通水流、治理河道、减轻上中游水患的作用。因此广东各地乡民纷纷修筑堤围以防水灾。

民国时期在东江方面，新建了冈下、赤顶、东岸、山尾、下南各基围，共长8万余丈，护田29万市亩；在西江、北江流域等地，新筑了华南围、容奇围、蚬洲围等几条堤围。此外，广东省治河委员会又把部分小围合并成较大的联围。如它将大榄、思霖合并为欧安围；将丰乐、院主合并成乐主围；将长利、赤顶合并为长赤围；将陈塘、鸭塘合并为陈鸭塘围；又把秀丽和俊州、崇步等围合并为要明十围；并将银江等六围合并为新江大围等。据

① 仁爱善堂编：《仁爱旬刊》创刊号，1935年，第67页。
② 仁爱善堂编：《仁爱旬刊》，1935年，第3期，第199页。
③ 广东省东莞市水利局编：《东莞寒溪水闸记》，《东莞水利志》，2001年版，第219页。
④ 梁赞燊等：《中华民国高要县志初编》（香港版），1973年版，第581页。

表 2－19　1920—1934 年广东省水利工程及经费统计表

流域	地点	工程名称	开工日期		竣工日期		用费总数（元）
			年	月	年	月	
东江	马嘶涌口	马嘶水闸	1920	1	1921	6	47 396. 14
	马嘶涌口	马嘶涌口增加工程	1923	1	1923	6	6 775. 93
	东莞县寒溪水	寒溪水闸	1933	12	1935	6	180 000. 00
	赤岭下至下南及东岸至铁岗	修筑基围	1919	12	1923	6	464 670. 65
	赤岭下	修筑基围	1926	2	1926	6	13 598. 50
	东江东岸	修筑基围	1930	1	1930	5	28 740. 35
	东江冈下	修筑基围	1928	2	1929	5	12 680. 80
	山尾及石半坝	修筑基围	1928	2	1929	5	6 949. 90
	山尾及石半坝	修筑基围	1935	2	1935	6	54 700. 00
	五乡围	修筑基围	1932	2	1932	5	5 000. 00
	五乡围	修筑基围	1933	2	1933	7	4 000. 00
	五乡围	修筑基围	1935	1	1935	6	12 900. 00
	东江独洲	修筑基围	1932	2	1932	5	5 000. 00
	东江独洲	修筑基围	1932	3	1932	5	4 000. 00
	东江独洲	修筑基围	1933	2	1933	7	3 400. 00
	东江冈头	修筑基围	1933	2	1933	7	3 200. 00
	岭冈围	修筑基围	1933	9	1935	6	21 720. 00
	勘头围	修筑基围	1935	2	1935	6	10 500. 00
	合计	18 个	—	—	—	—	885 232. 27
西江	宋隆水口及平头鹭鹚峡河蛟等处	水闸及筑堤	1923	1	1927	7	378 709. 18
	景福思霖大榄围	修筑基围	1924	7	1929	2	255 104. 40
	泰和东村良村庞村罗秀银江	修筑基围	1924	3	1932	3	59 587. 74

（续上表）

流域	地点	工程名称	开工日期		竣工日期		用费总数（元）
			年	月	年	月	
西江	大湾围	修筑基围	1930	3	1932	8	101 670. 00
	秀丽围	修筑基围	1930	3	1932	5	42 039. 08
	秀丽围西头段	修筑基围	1933	7	1935	6	30 000. 00
	西江南岸围	修筑基围	1933	2	1933	5	3 592. 13
	西江迪塘围	修筑基围	1933	2	1933	5	2 102. 97
	西江长乐围	修筑基围	1933	2	1933	4	4 999. 08
	冈灶围	修筑基围	1934	2	1935	6	1 700. 00
	香山围	修筑基围	1935	3	1935	6	8 300. 00
	合计	11 个	—	—	—	—	887 804. 58
北江	芦苞涌口	芦苞水闸	1921	3	1924	6	853 001. 00
		（增加工程）	1925	—	1932	—	207 688. 86
		（增加工程）	1933	—	1935	—	40 000. 00
	芦苞涌口	水闸行人桥	1934	10	1935	6	4 500. 00
	陈村	疏浚河道	1932	5	1933	6	90 195. 63
	青榄海	修筑基围	1932	2	1932	5	17 075. 69
	青榄海	修筑基围	—	—	—	—	2 000. 00
	青塘围	修筑基围	1932	2	1932	5	23 960. 00
	下山围	修筑基围	1933	2	1933	7	38 742. 81
	北江长村	修筑基围	1933	2	1933	4	4 965. 59
	溶塞围	修筑基围	1933	2	1933	4	9 000. 00
	合计	9 个	—	—	—	—	1 291 129. 58
韩江	梅河马口滩	凿滩	1926	12	1927	3	2 886. 00
	海河晒禾滩	凿滩	1926	12	1927	3	8 170. 50
	梅河丈八门滩	凿滩	1928	10	1929	3	1 496. 00
	梅河张河决滩	凿滩	1928	10	1929	3	6 133. 60
	梅河教师滩	凿滩	1928	10	1929	3	7 854. 00

（续上表）

流域	地点	工程名称	开工日期		竣工日期		用费总数（元）
			年	月	年	月	
韩江	梅河青草滩	凿滩	1928	10	1929	3	1 477.30
	梅河鳗村滩	凿滩	1928	10	1929	3	5 610.00
	汀河石下堤滩及铲坑滩	凿滩	1932	3	1932	4	3 000.00
	秀才洲	裁湾	1923	12	1924	12	103 070.30
	崎坎洲	裁湾	1923	12	1924	12	
	鲤鱼洲	裁湾	1923	2	1923	5	
	鳌头洲	裁湾	1924	2	1924	6	59 184.84
	蓬洞洲	裁湾	1924	10	1925	1	9 005.50
	石厝陇	裁湾	1924	12	1925	2	8 998.09
	赤窖东溪埔吕厝陇	裁湾	1932	5	1932	7	25 416.99
	普宁县河	疏浚河道	1929	12	1932	5	2 000.00
	澄海新港河	疏浚河道	—	—	—	—	1 000.00
	澄海沱济河	疏浚河道	1932	2	1932	5	1 000.00
	汕头回澜桥	修桥	1929	1	1929	11	3 297.00
	潮安北堤七珠松段	修筑患基	1931	1	1932	7	50 922.90
	潮安南堤七都祠段	修筑患基	1931	2	1932	5	13 500.00
	潮安井美乡	修筑患基	—	—	—	—	1 000.00
	潮安高厝塘乡	修筑患基	—	—	—	—	3 000.00
	潮安意溪乡	修筑患基	—	—	—	—	1 000.00
	潮安博士村	修筑患基	—	—	—	—	3 000.00
	澄海蛋家围	修筑患基	—	—	—	—	1 000.00
	揭阳三河乡	修筑患基	—	—	—	—	1 500.00
	大埔三河坝	修筑患基	—	—	—	—	2 000.00
	五华岐岭等处	修筑患基	—	—	—	—	1 000.00
	饶平第三区	修筑患基	—	—	—	—	1 400.00

（续上表）

流域	地点	工程名称	开工日期		竣工日期		用费总数（元）
			年	月	年	月	
韩江	澄海蛋家围大牙柯厝围	修筑患基	—	—	—	—	6 000.00
	五华泰兴乡	修筑患基	—	—	—	—	1 500.00
	澄海龙尾乡	修筑患基	—	—	—	—	9 000.00
	澄海陇头里	修筑患基	—	—	—	—	1 000.00
	潮安下七都	修筑患基	—	—	—	—	1 500.00
	蕉岭同福乡	修筑患基	—	—	—	—	4 500.00
	澄海县龙尾乡埔尾段及蛋家围段	修筑患基	—	—	—	—	7 751.78
	合计	37 个	—	—	—	—	360 174.80
总计		75 个	—	—	—	—	3 424 341.23

资料来源：《统计月刊》，1935 年，第 1 卷第 9 期，第 14～16 页。

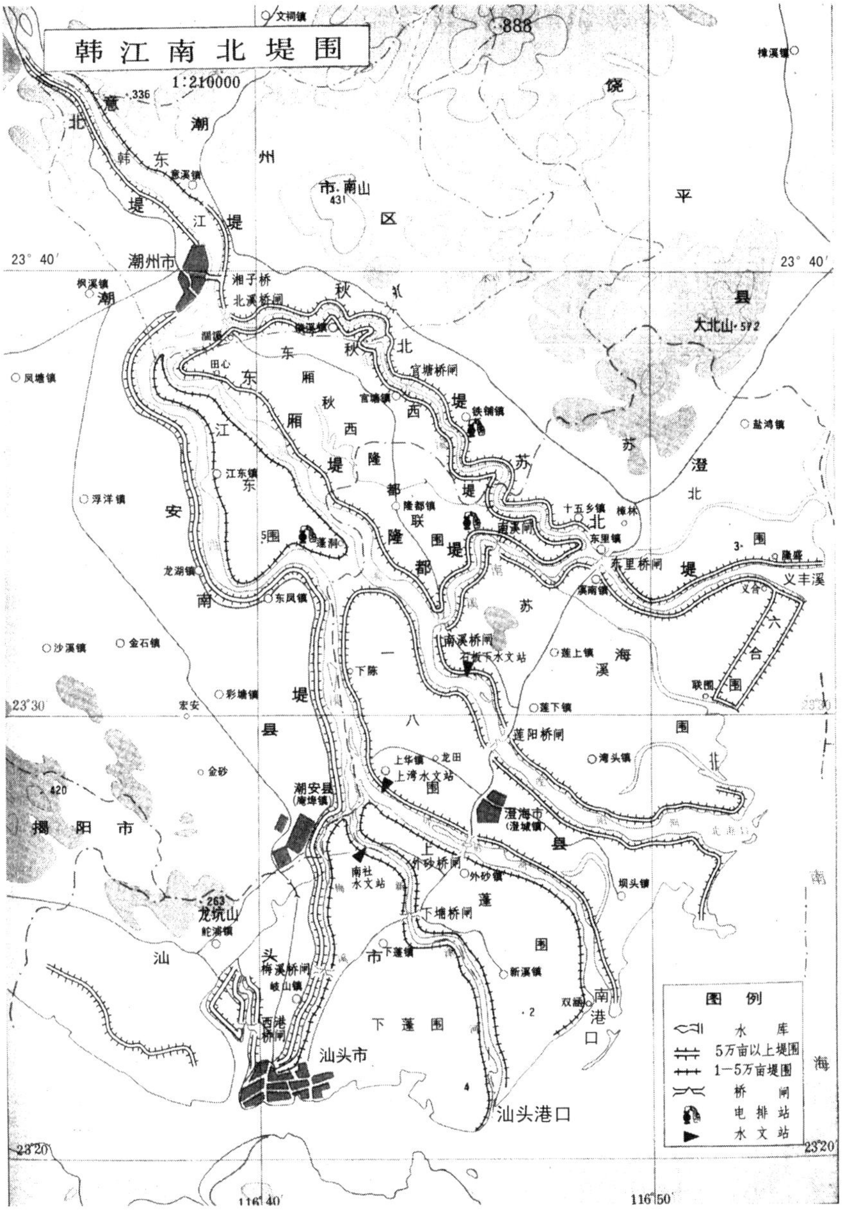

图 2－2　韩江南北堤围图

注：以上堤围图虽是 20 世纪 80 年代绘制而成的，但这些堤围的轮廓在陈济棠主粤时期内已基本成形，故标列于此。

资料来源：广东省防汛防旱防风总指挥部、广东省水利厅编：《广东水旱风灾害》，暨南大学出版社，1997 年版，图 2－38。

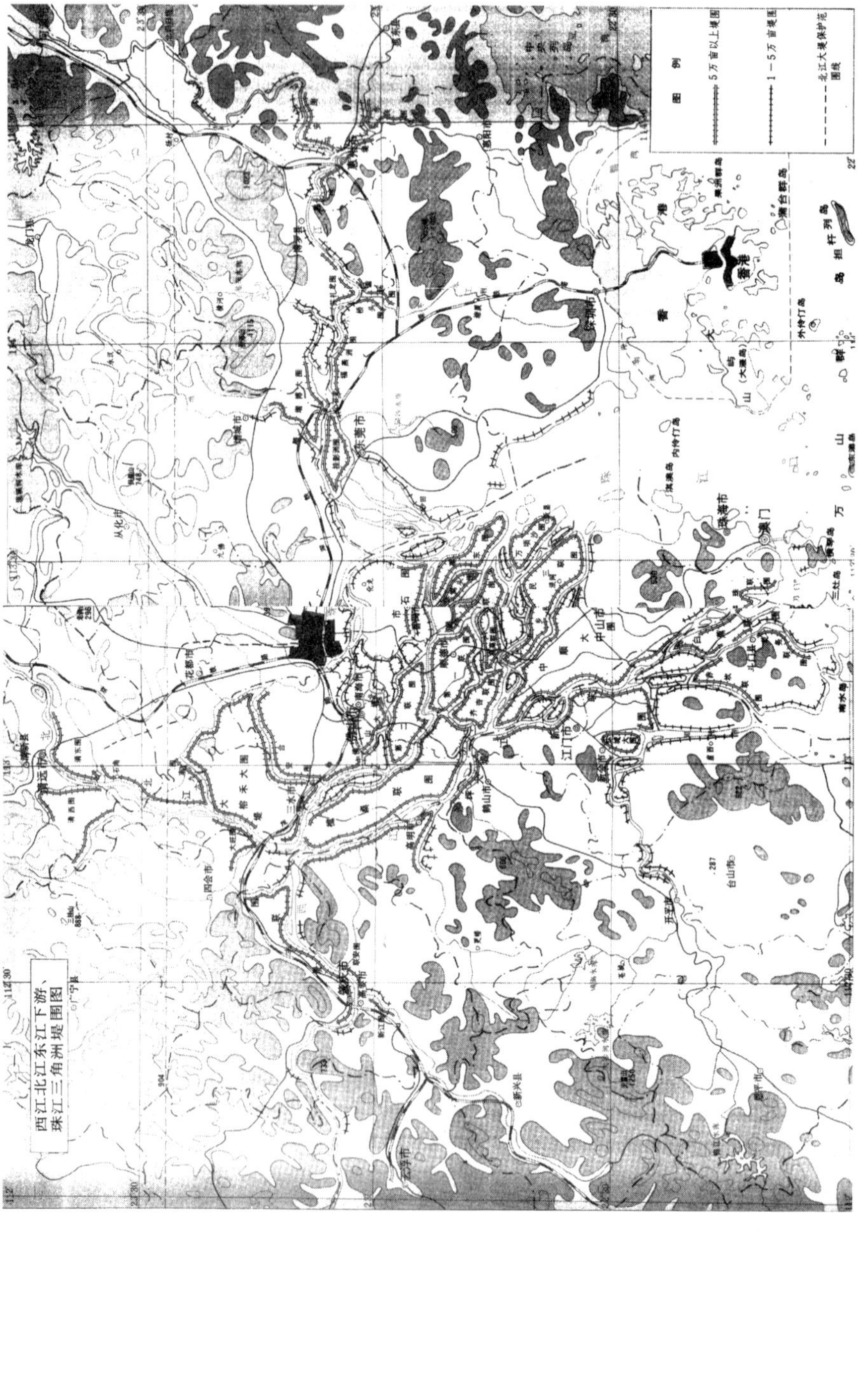

图 2–3 珠江三角洲堤围图

资料来源：广东省防汛防旱防风总指挥部、广东省水利厅编：《广东水旱风灾害》，暨南大学出版社，1997 年版，图 2–36。

除基围外，兴筑水闸也是民国时期广东省水利建设的重要内容之一。广东治河委员会主持修筑的水闸工程，主要有东江方面的马嘶水闸、寒溪水闸，北江之庐苞水闸、罗安水闸，西江方面的宋隆水闸、西窦水闸、阮涌水闸等。[①] 现将各水闸修筑的时间、地点、经费情况及其保护面积等列表如下：

表 2－20　东、西、北各江水闸修筑与利用情况一览表

水闸名称	施工地点	修筑时间	经费情况	保护农田面积（亩）
马嘶水闸	东江马嘶	1920 年 1 月开工至 1921 年 6 月完工	47 396.14 元	20 余万
庐苞水闸	北江三水庐苞	1921 年 3 月开工至 1924 年 6 月完工	853 001.00 元	捍卫耕地面积不下 10 万
宋隆水闸	西江	1923 年 10 月开工至 1927 年 7 月完工	378 709.18 元	10 余万
寒溪水闸	东江东莞县寒溪水	1933 年 12 月开工至 1935 年完工	由地方筹集工费 5 万元，明伦堂贷款 4 万元，广东治河委员会贷款 8 万元，财政厅贷款 5 万元	81 000
西窦涌口水闸、阮涌口水闸	西江西窦涌口、阮涌口	1934 年 10 月开工至 1936 年完工	西窦涌口水闸工程费 97 000 元，阮涌口水闸 93 000 元，皆由庚款借拨	98 800

资料来源：广东省地方史志编纂委员会编：《广东省志·水利志》，广东人民出版社，1995 年版，第 165 页。

自堤围诞生之日起，基围管理就一直伴随着其逐步发展。清代以前的堤围并无固定的专门机构管理。随着堤围、围垦的发展，堤围的养护维修及河道的分洪等问题提上日程，乡民纷纷要求设立有关机构加强管理。1914 年成立的广东省治河委员会是广东最早的水利行政专职机构。20 世纪二三十年代后，尤其是陈济棠主粤时期，广东省政局稳定，社会经济亦得到蓬勃发展，各县政府在各地相继设立区公所、乡公所、镇公所，政府权威逐渐由县级向

① 《广东年鉴》第 11 编，1941 年。

基层延伸。与此同时，政府对地方基层水利机构——围董（会）也加强了管理与渗透，其表现有以下几个方面：

第一，督促各基围成立围董会。1932年后，广东治河委员会先后制定了《促成围董会办法》、《广东东西北各江基围围董会组织规程》、《广东各江基围董会组织大纲》等条例；1943年，广东省第九届委员会第467次会议通过了《广东省各江基围围董会组织章程》。其中《促进围董会办法》规定：乡民向政府借支水利款项时，只有“已成立围董会者，才能核准”，也就是说，凡未经遵章成立围董之基围，如欲请求拨款或借款修理堤围，政府“不得受理”。政府在拨发水利款项的时候，并不是直接将款项发到乡民手里，而是先把乡民组织起来，以围董为单位，选出代表组成围董会。围董会从政府领取水利款项后（当然还有其他来源），再号召乡民进行基围的修筑。①

在省政府的积极推动下，广东各地之围董会如雨后春笋般地建立起来。至民国末年，各江的大多数堤围都设有围董会，或已筹备成立围董会。现将省内部分围董会成立的情况列表如下：

表2-21 各江成立围董会表（编至1933年12月底）

流域	县名	会名	会址	编号	成立时期
东江	东莞	东莞县第三区五乡围董会	—	17	1932年10月16日
	东莞	东莞县第三区独洲围董会	—	18	1932年10月22日
	东莞	东莞县第三区冈头围董会	东莞县第三区冈头村	—	1933年3月20日
西江	高要	高要县第一区景福围董会	—	50	1933年2月1日
	高要	高要县第三区大湾围董会	高要县第三区大湾围窦头墟	26	1932年6月10日
	高要	高要县第八区金东围董会	高要县金利乡金溪社学	32	1932年12月15日
	高要	高要县第一区迪塘围董会	高要县第一区后沥正街	52	1933年12月20日
	南海	南海县第八区兆安围董会	太平沙竹平祠内	24	1933年11月13日

① 《促成围董会办法》，《广东水利》第4号，1933年，第19页。

（续上表）

流域	县名	会名	会址	编号	成立时期
西江	南海	南海县第六区鼎安围董会	鼎安围罗竹墟	79	1933年5月5日
	南海、顺德	南顺五堡东西围董会	顺德第五区乐从市新胜横街	15	1933年10月1日
	高明	高明县第六区三洲围董会	高明县三洲墟冠芳栈房	40	1933年12月1日
	高明	高明县第六区秀丽围董会	同上	38	1933年12月1日
	高明	高明县第六区上下大沙围董会	同上	39	1933年12月1日
绥江	四会	四会县第三区隆伏围董会	四会县第三区三界市	67	1933年10月1日

资料来源：广东治河委员会编：《广东水利》第4号，1933年，第6页。

第二，加强对围董（会）的奖励与惩罚。政府一方面对那些在防汛抢险中有功劳的围董（会）实行奖励。如1913年广东大水，景福围围总林焕饶等人率众日夜抢救达十余天之久，结果“县属各围崩决殆尽，惟景福围一围独存”。袁世凯以该围总救护得力，电李巡按使传谕嘉奖，有“人力回天”之语，赠以匾额文曰“功成保障”。[①] 1915年，又因修堤得力，袁世凯以围绅孔庆熏、林焕饶两人于修基有功，均给奖五等嘉禾勋章，以为鼓励。另一方面，对那些办理抢救不力或有侵吞、滥支款项，营私舞弊者则由“全围过半数之代表呈请上级主管机关究办之”。

第三，对各围董（会）的财政实行监督。民国时期，各围董（会）成立后，都要由县府呈报治河会，并发给图记及当选围董委任令，限期成立并分饬旧围董会移交接管。在财政收支方面，省治河委员会规定“凡修围款项在二百元以上者，应由围董会议决之；其在一千元以上者，应呈请治河会核准；或因抢救基围不待围董会议决及呈报治河会核准，施工时得权宜处置，

① 林世恩：《高要景福围志》，1924年，第5页。

但事后仍须提出围董会议追认，及呈报治河会查核”。此外，各围董于每年六月底还须将上年收支数目分别造表呈缴治河会及该管县长查核。①

第四，加强对围董会的人事管理。民国时期，由于政府权威的下移，政府对各围董（会）的行政渗透较为明显。如1943年广东省政府制定的《广东省各江基围围董会组织章程》第六条规定：必要时由建设厅及县政府各派一人作围董；第七条规定，围董会选举方法由乡公所拟定，呈建设厅或县政府核定，在特别情况下，得由建设厅或县政府指定代表选出围董；第十二条规定：由县政府派员监督围董选举，推举出的围董须呈报县政府转呈建设厅备案颁发图记，“以重职责”。另外，各围经费的筹集、工程的实施，以至围董请假都要报建设厅或县政府“核准”。②

第五，调解水利纠纷。清代和民国时期，珠江三角洲的堤围无论是私筑还是官筑，都是“围自为政”，盲目性极大；不同水利社区的利益取向不同，“上者利其消，下者防其灌，屡生龃龉，各围自固”。因此，乡与乡之间、围与围之间甚至一围之中的利害冲突时有发生，如再加上宗族势力的介入，水利之争往往会导致大规模的械斗，有的甚至长达几十年仍是争斗不息。对水事纠纷的处理，各围董会或用众议排解，或凭自己的乡贤声望来进行劝止；不能劝阻的就讼于官，由官府动用权力强行解决。

（4）水利修筑的效果分析。

清末时期，广东政府当局对于水利事业无暇顾及，乡村水利事业形成了“年年崩堤年年修，年年修堤年年崩”的恶性循环。《广东水利》第3期曾载文说：

考之十余年来水灾及各江修围经过之情形，几于无年蔑有水灾，无年蔑有崩围。只就最大水灾次论，每次崩围少者数十，损失动以数百万计；崩围多者百余，损失动以数千万计。凡水灾一次，即赈灾一次，赈济之款，少则数万金，多则数十万金。凡崩围之后，未有不修者，修复之费少者数千金，多者数万金。据调查所知，各江干围不下二百余，各支河流域子围不下四五百。估计各每年修围用费至少数十万金，间有达数一二百万金者，其数大抵视灾情之重轻而定。至其筹款方法，计除均沾赈款外，类须核计需费多少，向田亩抽收……另各基围所有筹款，类均各自为谋。如甲围决口，须由甲围

① 广东治河委员会编：《广东水利》第3号，1932年。

② 中国水利学会水利史研究会、广东省水利学会珠江志编纂委员会编：《桑园围暨珠江三角洲水利史讨论会论文集》，广东科技出版社，1992年版，第167~168页。

乡村负担修理。虽与其他乡有唇齿关系，亦难要求资助。且地方多属贫苦佃农，要求业主出费，更非易事。因此筹款不多，工程往往因陋就简，苟且偷安。导致年年水灾，年年决堤年年修。也有甲围虽经修固，而邻乡则日久失修，潦水一至，亦受影响。

民国时期，广东省政府专门设立了水利管理机关，对农村的水利事业进行了规划，提供了资金融通的渠道。在省政府的主持下，各地修筑了一系列防洪基围和水闸。这些防洪工程虽未能从根本上防治水灾，但在保护耕地、增加农民收入方面确实起了很大作用。据记载，1931 年“东、西、北三江均发生严重洪水，如果没有芦苞水闸，广州市必遭洪水淹浸……自从东、西、北三江的防护工程开工以来，约有 578 平方公里（68.8 万亩）的田地，或已经完全免受洪水浸淹，或耕作条件得到改善”①。东江马嘶水闸建成后，仅就东莞属铜壶一带一部分计算，修围费不过三万元，而该处基围藉以保障其禾稻多一造收成，比较未修围前多获谷 60 万担，最少值银四五十万元。②西江上游之宋隆水闸及思霖、大榄两围，在未建筑之前，每年必被潦浸四五公尺，影响耕植不小；自该闸筑成之后，潦水即不能为灾，每年增收计有五六十万元左右。③

---

① 广州市地方志编纂委员会办公室、广州市海关志编纂委员会编：《近代广州中岸经济社会概况》，暨南大学出版社，1995 年版，第 1106 页。

② 《广东治河之经过与筹款之商榷》，《广东水利》第 3 号，1932 年。

③ 《广东治河工程第十一期报告书》，《广东水利》第 3 号，1932 年。

第三章　农村救济

第一节　广东农村经济的破产

20世纪30年代，在天灾人祸以及世界经济危机的打击下，广东许多农村中出现了“大农变中农，中农变小农，小农变佃农，由佃农而至失业，以至游民遍地，百业凋残”之状况。[①] 在当时，“农村危机”、“农村破产”、“农村崩溃”的呼声不绝于耳。陈济棠主粤时期的广东省政府认为，农村破产是造成整个社会出现庞大弱势群体的根源，为改善农村境况，省政府专门制订了救济农村计划。本章拟以陈济棠提出的《救济广东农村计划》为中心，说明这一计划提出的背景、经过、大致内容以及实行情况。[②]

一、农村经济破产之背景

（一）人多地少的矛盾

民国时期，造成广东省农民贫穷的原因有很多，但广东省人多地少是其重要原因之一。广东省虽处于珠江和韩江下游，但省内山区面积仍占大多数，“农作面积还不到陆地面积的15%，高原和低丘大部分没有垦殖，仍是

---

① 邓植仪：《三十年来之广东农业》，《农声月刊》，1935年，第186期。

② 早在民国时期，一些学者对救济广东农村等问题做了一些研究。黄菩生在《广东粮食问题》一书中从广东粮食生产状况、粮食消费状况以及粮食之调节与救济等角度分析了广东省粮食缺乏的根本原因以及如何解决广东粮食问题之根本办法。作者认为解决广东粮食问题要生产统制、价格统制、输入统制三位一体同时进行，并责成一个统一机关，全盘策划，全权办理，以求收整个促进之效。民国时期中山大学教授陈安仁在《广东农村之救济与建设问题》一书中从自然、政治等原因分析广东农村不安之原因，并提出通过救济农村金融、发展农村合作运动等手段来救济和建设农村。李新春在其硕士论文《二十世纪三十年代广东的粮荒问题及其对策》中认为，自近代以来，广东逐渐成为全国缺粮最为严重的省份，尤其是民国年间，广东每年需从国内外进口粮食一千多万担，这严重限制了广东社会经济的发展。作者还着重分析了广东粮荒发生的深层次原因，并从增产、调节洋米税、粮食统制三个方面分析了广东当局对此做出的反应。张晓辉、周军、章诤、李平生等学者分别对近代广东省蚕丝业的兴衰过程及其原因进行了论述。

荒弃着”。[1] 1936 年，据中国银行估计，广东全省陆地面积共 348 369 120 亩（合 645 128 方里），其中耕地面积为 40 804 400 亩，占陆地面积的 12%；而全省人口总数为 33 461 329 人，其中农户人口数为 25 641 843 人，占人口总数之 77%。由此推算，广东省平均每人只得耕地 1.22 亩，每个农夫也只得耕地 1.59 亩。[2] 据国民政府统计，全国每户平均拥有耕地 14 亩多，每人占地 2 亩 7 分，单以农民人口论，每户亦有 18 亩有余，每人占地 3 亩 6 分 8 厘。在广东，每人平均有地仅 8 分 8 厘，每个农民平均占地亦仅为 1 亩 1 分 8 厘。[3] 以上两种统计虽略有出入，但广东省人均土地拥有量远远低于全国的平均水平，却是不争的事实。

人多地少的矛盾，使得当时广东省农业佃户的百分比在中国各省中是最高的。据相关机构调查结果表明，佃农在长江流域为 40%，在黄河流域则为 13%，而在广东平均要占 70%。[4] 据统计，在中山县的 9 个区中，有 4 个区拥有 70% ~90% 的佃户；在合浦县的 9 个区中，有 3 个区的佃户占其农户总数的 90% 以上；在花县的 22 个村庄中，73% 的农民为佃农；在番禺县的 10 个被作为典型调查的村子中，至少占 52% 的人不是雇农就是无立锥之地的农民。根据用通信方式从广东省 38 个县的 152 个村子得到的资料，广东省的佃农占整个农业人口的 57%。[5] 现将 20 世纪 30 年代广东省佃农率的调查结果列表如下：

表 3－1　广东农村佃农率调查表

调查区域	佃农最低率（%）	佃农最高率（%）	佃农平均率（%）
东江十二县	—	—	65.5
中部五县	80	95	85.0
广州及附近	—	—	96.4
中山大学调查的七县	60	90	70.0

---

① 陈翰笙：《陈翰笙集》，中国社会科学出版社，2002 年版，第 61 页。

② 南京华侨半月刊社：《华侨半月刊》，1936 年，第 102、103 期合刊，第 8 页。

③ 中国第二历史档案馆：《中华民国史档案资料汇编》第 5 辑，江苏古籍出版社，1994 年版，第 535 页。

④ 杨贻书：《从三年施政计划说到华侨问题》，《新广东月刊》，1933 年，第 11、12 期合刊。

⑤ 陈翰笙：《解放前的地主与农民——华南农村危机研究》，中国社会科学出版社，1984 年版，第 3 ~4 页。

（续上表）

调查区域	佃农最低率（%）	佃农最高率（%）	佃农平均率（%）
岭南大学调查诸县	—	—	85.5

资料来源：上海中华月报社编：《中华月报》，1933年，第1卷第6期，第13页。

由以上表格可以看出，20世纪30年代广东省之农村佃农率确实居高不下。土地是农民的命根子，在以农为主的社会中，土地的多少直接关系着人们的生活水平与质量，是衡量人们生活水准的重要标准。那么在当时，普通一户农家为维持生活，所需之耕地数及年收入到底应该是多少呢？有好几种说法：①有的主张耕种上等田20亩，年收入约600元，才够一户五口的农家一年生活；[①] ②有人主张耕地约30亩，年收入290元左右，为维持最低生活之标准；[②] ③北平协和医院B. E. Read教授估计中国五口之家的农户，每年最低限度之生活费为187元；[③] ④有人认为耕地约25亩，收入150元左右，为贫穷线之标准；[④] ⑤日本帝国农会的统计进一步表明，如果一个拥有不足三点五町（56华亩）土地的农户只种稻米，其收入将无法充分满足其一年之开销。他们认为，倘要获利，起码得种三点五町（56华亩）的稻米。[⑤] 另从上海市陆行等八区百户农家种地多寡与盈亏关系表来看，耕地渐多，折亏户渐少。其中耕种30亩以下者，亏折户数最多，50亩以上者，则盈余户数多于亏折户数一倍以上。[⑥] 综合以上言论及统计可以看出，在当时农村要维持最低生活水平，至少要种30亩左右的土地。而当时广东省大多数农户耕作面积在10亩以下，远远低于最低标准，农民生活的艰难程度可想而知。

（二）农民负担过重

“农民头上三把刀，租金重，利钱高，苛捐杂税多如毛。”[⑦] 民国时期，广东省农民的负担主要体现在高额地租、高利贷以及苛捐杂税这三方面。

其一，高额地租及附租。在珠江流域、长江流域以及黄河流域三大区域

---

① 《自耕农场的标准面积》，《申报》，1937-04-05。

② 李宏略：《数字中底农家生活》，《东方杂志》，第31卷第7期，第96~97页。

③ 符致远：《商业银行对于农村放款问题》，《东方杂志》，第32卷第22期，第14页。

④ 李树青：《中国农民的贫穷程度》，《东方杂志》，第32卷第19期，第73~78页。

⑤ 陈翰笙：《解放前的地主与农民——华南农村危机研究》，中国社会科学出版社，1984年版，第17页。

⑥ 林缵春：《琼崖农村》，1935年，第27页。

⑦ 王春生：《珠江三角洲农村村治变迁》，广东人民出版社，2004年版，第43~44页。

中，从租价上看以珠江流域为最高，每亩水田租价平均为7.0元，旱地租价为4.0元；长江流域诸省次之，水田为5.2元，旱地为3.2元；黄河流域最低，水田为4.9元，旱地为3.0元。[①]

自近代以来，广东省的地租剥削率一直居高不下。据陈翰笙教授调查，广东番禺县之租额一般占产值的55%，有的超过60%；广东东部额租多占收成的一半，西江流域的额租一般占产值的百分之五六十；即便地租率较低的北江流域，额租也达到40%以上。[②]

从总体上看，民国时期广东的地租还一直呈上升趋势。这可从下表看出来：

表3-2　广东省1911—1933年田赋增长指数

地区	报告县数	水田指数			平原旱地指数			山坡旱地指数		
		1911年	1932年	1933年	1911年	1932年	1933年	1911年	1932年	1933年
广东	36个	84	105	108	76	109	110	81	109	111

资料来源：孙晓村：《近来来中国田赋增加的速率》，《中国农村》，1933年，第1卷第7期。

计算地租的剥削情况，不能光看其正租，还必须与额外附加租结合起来考虑。民国时期，广东省地主对农民收取的额外附加租的种类很多，主要有以下种类：

一是预租。地主为了高利盘剥农民和防止灾荒影响收租，大都采取预收地租的方法。如广东顺德县内无论桑田、禾田都缴纳预租，平均每亩租额为6~50元，最普通的为20~25元。[③]

二是押租，即农民向地主交纳保证金后才能佃耕地主的土地。佃农交押租后，一般照常交地租，如果欠租地主就在押金中扣除；押金不生利息，直到退佃时才归还佃农。押租制随着商品货币经济的发展而日益发展。1928—1933年，广东灵山县交租1石的田，押金由4 000文增至7 200文。[④]

---

① 丁长清、慈鸿飞：《中国农业现代化之路：近代中国农业结构、商品经济与农村市场》，商务印书馆，2000年版，第69页。

② 陈翰笙：《解放前的地主与农民——华南农村危机研究》，中国社会科学出版社，1984年版，第65~66页。

③ 陈翰笙：《广东农村生产关系与农村生产力》，中山文化教育馆，1934年版，第36页。

④ 严中平等编：《中国近代经济史统计资料选辑》，科学出版社，1955年版，第321页。

据统计，广东省普通每亩稻田的押租额为 6 元，最高达 10 元，最低为 1.5 元，乳源许多乡村里的押租等于每年谷租价值的总数。① 从押租率来看，广东省中山县许多地方是 20% ~70%；化县的那建村竟高达 90%。②

三是虚田实租，即地主出租土地的实际亩分小于名义上的亩分，而地租仍以名义上的亩分计算。如他们往往把田坎、水沟、道路、塘岸及河界一起算进去，强迫佃农按照虚田交租。

四是以大斗、大称收租。在广东普宁、揭阳等地，有的地主甚至拿软的箩筐做斗③，有的甚至造了一个装有弹弓、能上能落的斗，一伸缩相差就是 5 斤。④

五是副租，又名"苛例"，此是佃户对地主送礼和地主对佃农勒索的别称。在广东高要县，地主批田时每亩索鸡 1 只、酒 2 瓶；农民纳租时，每亩送田信鸡 1 只。在广东西江，地主派去收租的每石要另给 1 斤米、4 两肉、2 两酒，并挑走一些番薯、蔬菜之类。⑤ 在吴川的黎村，佃户交了批头，须另送鸡和猪腿。在茂名的翰田村，批头以外也须送些鸡和糯米。⑥

在各种附加租的盘剥下，地租中的附加租额往往会超过正租。惠阳县每亩地之正税只 0.38 元，而附加税和附捐却在 0.7 元以上，平均每亩的税率约在 1.2 ~1.5 元之间；合浦县平均每亩约纳税 2 元，但加上警卫捐 0.45 元和公路捐 2 元等，则每亩田须纳税 3 元；在北江的英德县，每斗田纳正税 1 元，田亩调查费 0.6 元，附加筑路费 1.4 元，共计 3 元，该处以三斗三升田合一亩，这样一亩的税捐就为 9.9 元；在西江的高要县，每亩的正税只是 0.38 元，但加上各项附税和各项地方附加捐，每亩竟要纳税捐 11 元。⑦

民国时期著名学者孙晓村说："如单单从有形的捐税上观察，还不够了解苛政暴敛的实况，而最残酷的苛政暴敛却是在征收的方式及其过程中。中国的征收制度，尤其在田赋方面，症结太深，结果使得人民常在负担之外有额外负担，以及额外的额外负担。"⑧ 民国时期，广东省各地主在催租时，或

① 瞿明宙：《中国农田押租底进展》，《中国农村》，第 1 卷第 4 期。

② 陈翰笙：《陈翰笙集》，中国社会科学出版社，2002 年版，第 80 ~81 页。

③ 严中平等编：《中国近代经济史统计资料选辑》，科学出版社，1955 年版，第 296 页。

④ 周增恬：《广东农民的仇恨和喜悦》，华南人民出版社，1952 年版，第 4 ~5 页。

⑤ 实业部中国经济年鉴编纂委员会：《中国经济年鉴》，商务印书馆，1934 年版，第 32 页。

⑥ 陈翰笙：《陈翰笙集》，中国社会科学出版社，2002 年版，第 80 ~81 页。

⑦ 《农声月刊》，1937 年，第 210 ~211 期，第 12 页。

⑧ 孙晓村：《中国田赋的征收》，薛暮桥、冯和法编：《〈中国农村〉论文选》（上册），人民出版社，1983 年版，第 365 页。

以政治特权为后盾，或直接使用暴力手段。农民向地主交租时，如谷子不好，或不能交清，或交期太迟，地主均可用斗盖或其他物件殴打农民。农民如欠租，地主还可命警察拘捕之。警察来时农民须付给警察“足皮钱”或称“路需”，有时还须给警察旅费及轿费；最凶恶的地主则出钱收买地保或练总，把农民家具贴清封锁，或起出拍卖，致使贫苦农民有家而不能归。海丰县境有一蔡姓地主，曾在高沙农民居处附近，筑屋以监守农民。农民欠租不纳者，即拘捕处以毒刑——“猴子吊”，使其父母妻子赶速设法还租，以求释放。至于地主将欠租农民拘送官府请办，更属司空见惯。① 广东高州各属地主催租之厉害，莫过于吴川和化县。在吴川，农民第一年欠租，须以月利3分至5分计算还利；第二年如还不清，地主就雇流氓“烂仔”去催租，“烂仔”索租讨债而不满所欲时，往往夺去耕牛，甚至以本利合计而取佃户的儿女作价抵偿。化县则多见军人受地主委托而下乡催租。②

农民在被租税逼得走投无路的情况下，往往被迫典押土地，卖儿鬻女。民国时期，广东省拿女儿作押还租的农民几乎每县都有。茂名县乡间10岁的女孩可押40元。③ 1929年，化县有一家佃户出卖一子以还租，那孩子9岁卖得120元；1931年该佃户又出卖了一子，5岁值90元；1933年该佃户第三次出卖一6岁女孩，得价70元用以还田租。据说化县每至清明时节，佃户迫于还欠租的时候，乡间常能听到一片卖儿声。④

其二，苛捐杂税的盘剥。农民除了要交政府规定的正赋田税之外，还要负担大量名目繁多、不胜枚举的苛捐杂税。民国时期，广东省的苛捐杂税真可谓五花八门，无奇不有。据统计，仅潮汕一带的杂捐杂税就有70余种之多，最奇特的是粪溺有“粪溺捐”，新婚者须纳“新婚捐”（或称“妇女出阁捐”、“花轿捐”），母猪与雄猪交媾有“打种捐”，产猪仔时有“猪苗捐”，猪养大后有“肉猪捐”，从他处运猪来有“生猪捐”，宰猪时有“宰猪捐”。⑤当时负责税收之稽查多如过江之鲫，使乡民饱受骚扰。⑥

民国时期，佛山的苛捐杂税似一个凶残的吸血鬼，无孔不入地吮吸着人民的膏血。一个孩子呱呱坠地，就要抽“人头税”；成年人要交“壮丁费”；上饭馆吃一顿饭，就要饭馆代扣“宴席税”；买一块饼，就由饼店代扣“饼

① 《地主对农民特权》，《中国经济年鉴》，商务印书馆，1934年版，第237页。
② 陈翰笙：《陈翰笙集》，中国社会科学出版社，2002年版，第88页。
③ 冯和法编：《中国农村经济资料》续编，上海黎明书局，1935年版，第832页。
④ 陈翰笙：《陈翰笙集》，中国社会科学出版社，2002年版，第88页。
⑤ 中山文化教育馆编辑部：《中国粮食问题》，正中书局，1940年版，第73页。
⑥ 《无奇不有的苛捐》，《生活周刊》，1933年，第8卷第13期。

税”；理一次发，也由理发店代扣“理发税”。所有厂店，都要交营业税和所得税，商品除一律抽印花税外，还要收专卖税，如茶、烟专卖税等。居民每户要交“灶头税”、“打更税”。此外，还有重重叠叠的税，如“自卫队费”、“保安费”、“房捐”、“房捐附加税”、“保甲费”、“壮丁费”等。妇女沦为娼妓，已够悲惨，却还要缴纳“花捐”。当时才2平方多公里的石湾镇，就设立3个关卡，由一群如狼似虎的伪警把守着，每次有人经过都要交“保护费”，不交或交不起的人就会遭到他们无理的搜查和迫害；如果走遍这个小镇，就得交三次“保护费”。另商品运出佛山要交“出口税”，运进佛山要交“进口税”。农民刚插完秧就勒收“看秧费”，农民到城镇收购屎尿，要交“屎尿捐”。地主阶级当权派常常巧立名目，以疏通河涌为名，向农民摊派“清涌费”。此外，还要交“学谷”，一般每户农民种地一亩交“学谷十斤，但农民子弟却上不了学”。[①]

由此可以看出，20世纪二三十年代的广东乡村，是一个“苛捐杂税繁兴，无物不捐，无事不税”的社会。[②] 陈济棠也承认广东之苛税病民：“语其种类，则穷形尽相，几于无奇不有；论其数量，则利尽锱铢，多有年仅一二十元者。总之，各县市每举办一事，便新发明一捐；一经发明，纵使所办的事停止进行，而所抽的捐还是继续抽去。各区各乡尤而效之，便复巧立名目，自行征收。于是层层敲吸，非剥至人民体无完肤不至。”[③] 繁重的苛捐杂税，一方面使广东省内许多行业因此而衰落不振，如烟草，当时每担烟草抽收生产费1元5角，教育基金附加税7角5分，特税1元，输出税5元，关税6元，共13元上下；其税额较该商品本身成本高出3倍以上。因此，粤省从前每年能出3万担的烟，至20世纪30年代后便一年年低下了。[④] 另一方面，苛捐杂税也引起了商民的抱怨与抗争。1935年汕头市各团体呼吁：“吾粤农村破产、商业困穷，其原因固多，而税捐过重尤为致命之创，彼年所有农产物皆设特税，甚至民间日用所需豆油花生仁之类亦皆征收，其始仅值百而抽十，嗣渐抽至四十有奇。社会购买力因而锐减，田野生产量已难畅销。”[⑤] 但在当时，这种声音未免显得过于微弱。

---

① 《不堪回首的岁月》，《佛山史话》，中山大学出版社，1990年版，第35页。

② 秦庆钧：《民国时期广东财政史料》，《广州文史资料》第29辑，广东人民出版社，1983年版，第56页。

③ 广东省档案馆编：《陈济棠研究史料》，1985年版，第201页。

④ 许涤新：《捐税繁重与农村经济之没落》，《中国问题》，1935年，第54~55页。

⑤ 《1935年关于各团体对各项苛捐杂税横征暴敛提出要求》，汕头市档案馆藏，全宗号：12，目录号：9，宗卷号：166。

胡适在评论民国时期中国的政治时曾说：“大多数农村所以破产，农民所以困穷，却还是由于国内政治不良，剥削太苛，搜括太苦，负担太重。现时内地农村最感苦痛的，是抽捐太多，养兵太多，养官太多。纳税养官，而官不能做一点有益于人民的事；纳税养兵，而兵不能尽一点保护人民之责。剥皮到骨了，血髓全枯了，而人民不能享一丝一毫的治安的幸福。在这种苦痛下，人民不逃亡不反抗……不做土匪，那才是该死的贱种哩！”[①] 胡适一语道出了真谛，也为农村苛捐杂税与农村破产的关系作了最好的诠释。

其三，高利贷的剥削。民国时期，高利贷在广东省极为盛行。据统计，广东农户中至少有65%是受过高利贷盘剥的。[②] 高利贷之方法及种类，各县市都有所不同。主要有：①“按借”。此为广东最通行之高利贷，即借洋1元，实收9角，按月利息1角计，此制盛行于英德、遂溪、罗定、海丰、陆丰等地。②“检贫钱”亦为9成付款，按月借息1角，3个月一还，一月利息未清，即加入母本伸算。乐昌、连县、乳源等地多行之。③“连利桥借贷”，即借洋1元，每天利息1角计，5天为期，过期不还，转利为母。此制最为敲骨惨毒，主要通行于佛山。④“捡生谷”，即在青黄不接之际，农民生计无法维持，便以所耕禾田向土劣按借米谷，言定在距刈禾一月前借谷一石，而以当时最高价计之，待收获时则用秋收后最贱价计之，利息按月加三。此制亦通行于乐昌、乳源、连县一带。[③] 在阳春县，小贩资本不足时，凡向墟中土劣借银1元，每墟须付利息由半角至2角，过期无息清还，即作复利计，如赖债过久，土劣辄饱以拳头，受者敢怒而不敢言。⑤此外还有所谓“青苗”者，即在早冬两季青黄不接时，贫农向地主借谷1石，待稻谷收成后须还2石，如借银2元，则折谷2石。[④] 广东琼崖的“五钱市”，系借洋100元，月利竟达75元。[⑤] 广东省丰顺县埔北乡农民黄菜色、黄里仁，在1933年欠下地主张元胜291斤谷，从1940年起利上加利，7年后本利竟滚到了489 798斤。[⑥] 现将广东省部分高利贷的名称、利率和流行区列表如下：

---

① 胡适：《从农村经济谈到无为的政治》，《独立评论》第49号。

② 陈翰笙：《陈翰笙集》，中国社会科学出版社，2002年版，第103页。

③ 彭侃：《广东农村经济之危机与挽救对策》，《中国经济》，1933年，第1卷第4、5期合刊。

④ 广东省调查统计局编：《统计月刊》，1935年，第1卷第8号，第44页。

⑤ 石础：《中国土地改革的伟大胜利》，出版时间不详，第15页。

⑥ 周增恬：《广东农民的仇恨和喜悦》，华南人民出版社，1952年版，第4页。

表 3－3　广东省部分高利贷名称、利率和流行地区表

序号	名称	利率及流行区
1	按借	利率超过 10%，即借洋 9 角，而契约写 1 元，按月利 1 角，通行于广东英德、遂溪、罗定、海丰、陆丰、德庆各县。
2	复利债	借洋 1 元，利息 1 分 5 厘，3 日为期，过期不还，转利为母，利又产利，通行于广东潮安、饶平、英德、曲江、普宁、陆丰各县以及汕头市郊。
3	借青苗谷	借母洋 1 元，半年还利 1 元，其利率在 10% 以上，盛行于阳江县。
4	借十交六或借十交八	借 10 元，只交 6 元或 8 元，其余借时扣除，另外每月还要算利息 3 分至 5 分不等，盛行于海康县。
5	连利桥借贷	借洋 1 元，每天利息 1 角，5 天为期，过期不还，转利为母，通行于广东佛山镇。
6	借谷债	借洋 1 元，收获时须还谷 4 斗至 5 斗（约值 3 ~ 4 元），通行于广东龙川、曲江、仁化、遂溪、佛山、惠阳、河源、海丰、陆丰各县。
7	借谷银	利息按月递增，如于 3 月间借洋 1 元，6 月收获时要缴纳价值 4 元的谷物，通行于广州近郊。
8	五钱市	本金 100 元，月利 75 元，盛行于琼崖。
9	圈仔利	借洋 1 元，每 10 日为 1 期，利 1 成，如整需期限为 1 年，则在 1 期内本利之外，每 10 元应追缴米 1 担，通行于广东海丰。
10	九出十三归	借洋 1 元，实得 9 角，1 个月后本利共还 1.3 元，通行于广东惠阳、河源等县。

资料来源：严中平等编：《中国近代经济史统计资料选辑》，科学出版社，1953 年版。

这里需要指出的是，民国时期广东各地的高利贷利率并不是固定不变的，它随着求贷者需要的迫切程度而上下波动。有资料表明，20 世纪 20 年代末 30 年代初，广东的高利贷利率呈现出不断上涨的趋势。1929—1934 年，广东茂名、新兴、信宜、英德、梅县等地增长了 10% ~40%，同一时期广东

台山附近农村则增长了119%。[①]

广东农民在被迫借高利贷时，不仅以青苗、米谷、蚕桑、猪牛和生果之类的农产品作抵押，有的地方甚至还以农民的人身为抵押品。残酷的高利贷剥削使不少借贷农民妻离子散，家破人亡。“二月卖新丝，五月粜新谷，医得眼前疮，剜却心头肉”一诗生动地道出了贫民的苦况。[②]

（三）乡村手工业的崩溃

1929—1933年间爆发了世界性的资本主义经济危机，这次经济危机席卷了所有的资本主义国家，其破坏力之大、范围之广、程度之深都是前所未有的。帝国主义为了摆脱和转嫁经济危机，保障本国工农业的复苏，对进口货物采取了高税率政策。广东省自近代以来，一直是个商品经济较为发达的地区，省内的农产品、手工业产品大多销往海外，对世界市场的依赖较重。在世界经济危机的打击下，省内的乡村工业如织布、编席、制革、花边、造纸、酿酒、制砖瓦、制伞、瓷业等一蹶不振。潮州瓷业为本省名产，以高陂、枫溪两地之瓷器为最。该地所产土碗等，行销省内外各地，20世纪20年代每年的出口货值都有200余万元；1932年因安南埠增税，瓷品出货甚少，损失尤重，碗商倒闭日多；1933年出货不过数十万元而已。南海石湾为粤省重要制造陶业之区，昔年产品畅销全省及外埠者，都在300万元以上，然而在世界经济危机打击下，失业工人达千人以上。葵业为新会县特色，每年产值10万元以上。后因南洋各地政府增收关税，使葵扇在各埠的销售量日减。该县农民多有任葵树枯坏不加采摘者，亦有将植葵之地改种柑橙等类者。顺德县的蚕业在此情形下也日趋凋零。据1934年的调查，全县年内能稍有盈余者仅占4%，进支差强相抵者亦不过4%，而每年须受亏损之累者竟达92%。[③] 另揭阳县因洋布、洋糖输入，县内的布、糖产额遂一落千丈，具体情况如下：

---

① 严中平等编：《中国近代经济史统计资料选辑》，科学出版社，1953年版，第349页。

② 何华文：《收容乞丐及救济贫民之对策》，《仁爱旬刊》，1935年，第1期，第100页。

③ 潘翼云：《广东顺德蚕农的生活》，见愈庆棠：《农村生活丛谈》，1937年，第123～124页；全国经济委员会蚕丝改良委员会：《蚕丝改良事业工作报告》，1934年。

表 3－4　经济危机前后揭阳县糖、布产额对照表

产品	昔年产额	受洋货排挤产额	相差数
蔗糖	15 000 万斤	1 500 万斤	13 500 万斤
夏布	18 000 余件	2 000 余件	16 000 余件

资料来源：广东省民政厅编：《广东省地方纪要》，1936 年，第 229～230 页。

此外，还有钦县的泥陶业、徐闻县的糖业、茂名县的皮纸业、信宜县的松脂及蓝靛业、防城县的桂心八角业、廉江县安铺墟的制瓷业、高明县的苎席业等，也大多呈衰落之势。[①]

由上可知，乡村工业的破产，使很多农民因此而失业，这进一步加速了广东农村的破产。著名社会学家费孝通在《江村经济》一书中认为："中国传统的经济结构是农工混合的乡土经济，而不是纯粹的农业经济，乡村工副业如果崩溃，各种矛盾就会出现。"[②]

二、农民生活状况

（一）农村负债率高

广东农村经济的破产，使得全省约三分之二的农户负有债务。[③] 在花县，15 个村子的全体农户中负债者占 63%。在番禺县 67 个村子所做的通信调查结果表明，在 67 个村子中，其中债户占全村农户 60% 的有 5 个村子，占 70% 的有 9 个村子，占 80% 的有 16 个村子，占 85% 的有 4 个村子，占 90% 的有 18 个村子；而番禺南部 3 个村子的农户几乎全部负债。以产丝著称的顺德县约有 70% 的农户负债。在东江流域，兴宁县有 50% 的负债农户，五华县和龙川县各为 60%，惠来县是 65%，平远县是 70%，蕉岭县是 80%，龙门县是 85%。在北江流域，连县和曲江县的农民负债率为 60%，乐昌、阳山、乳源、英德和翁源诸县是 80%。据西江流域各县的通信调查结果表明，云浮县有 40% 以上的农户负债，新兴、台山和中山 3 县均有 50% 以上的农户负债，顺德县 70% 的农户负债。[④] 在海南岛 4 县 52 村的 4 030 农户中，负债者达 2 561 户，占总户数的 63.5%，其中文昌县的 2 153 农户中，

---

① 叶雄：《振兴本省乡村工业问题之研究》，《新广东月刊》，1933 年，第 11、12 期合刊。

② 费孝通：《江村经济》，江苏人民出版社，1986 年版，第 6 页。

③ 陈翰笙：《解放前的地主与农民——华南农村危机研究》，中国社会科学出版社，1984 年版，第 94 页。

④ 陈翰笙：《陈翰笙集》，中国社会科学出版社，2002 年版，第 103 页。

负债者有 1 654 户，占总户数的 76.8%；乐会县 1 200 农户中亦有 604 户负责，负债率占 50% 以上。[①] 据全国土地委员会 1932 年 1 月统计，在被调查的 16 省 163 县的 1 745 357 户农家中，欠债者有 765 698 户，占调查总农户数的 43.87%；而在广东省所调查的 2 县共 14 538 户中，负债户数却占了总户数的 50.72%，约高出全国平均数近 4 个百分点。[②]

（二）农民生活水平极度低下

经济学有关理论认为，购买力是反映人们生活水平的一个重要指标。民国时期，广东省农民的购买力一直呈下降趋势。现将 1926—1932 这几年农民（以蚕农为例）购买力的有关数据列表如下：

表 3－5　农民购买力指数趋向表

时间	1926 年	1927 年	1928 年	1929 年	1930 年	1931 年	1932 年
农民购买力指数	100%	98.2%	83.8%	87.0%	81.5%	54.1%	52.1%

资料来源：广州年鉴编纂委员会编：《广州年鉴》卷十，1935 年，第 503 页。

从表 3－5 可以看出，广东农民（蚕农）的购买力在 1926 年时为 100%，至 1932 年时已降为 52.1%，在 6 年时间内购买力下降了近一半。农民购买力的锐减导致了农村市场的萎缩，其重要标志就是广东农村的商店大量歇业，其歇业率大大高于全国平均水平。1930—1935 年，实业部中央农业实验所曾对全国 22 省 812 县的商店歇闭情况进行过调查，现将其调查统计的结果列表如下：

表 3－6　全国商店歇业率统计表

省名	1930 年	1931 年	1932 年	1933 年	1934 年	1935 年
广东省	16.1%	15.9%	16.6%	18.2%	20.9%	15.6%
全国平均	14.4%	13.1%	13.5%	13.4%	13.9%	13.1%

资料来源：《民国二十四年全国经济状况变动调查》，《农情报告》，1937 年，第 5 卷第 7 期。

从表 3－6 可以看出，陈济棠主粤时期内，广东农村商店歇业率至少比

① 林缵春：《琼崖农村》，1935 年，第 37 页。
② 彭明主编：《中国现代史资料选辑》第 4 册，中国人民大学出版社，1989 年版，第 113 页。

全国平均歇业率高出两至三个百分点，最多时甚至高出七个百分点，其歇业情形可见一斑。

此外，农民生活费用的分配结构是反映农民生活水平的另一重要指标。农民生活的消费种类大致有：食物类，包括主食、副食；衣服类；房屋类；燃料类；杂类，包括医药、教育、娱乐、婚丧、嗜好等。19 世纪德国统计学家恩格尔（Ernst Engel）创立的“恩格尔定律”认为，人的食物支出额与全部生活消费支出额的比率是一个系数，通称为恩格尔系数，它是国际上通用的有关贫困程度的计量方法。这个定律说明：一个国家或地区越穷，则国民的平均收入中用来购买食品的支出所占的比例就越大；当这个比例达到一定程度时，其国民就需获得社会救济才可生存。按国际通例，凡人们的恩格尔系数为 58% 以上的地区被视为赤贫，51% ~58% 者被视为温饱，41% ~50% 者被视为小康，31% ~40% 者被视为富裕，30% 以下者被视为极富裕。那么当时广东省的恩格尔系数是多少呢？据 20 世纪 30 年代的有关统计可知，广东农户的开支，“有十分之三是因为疾病、婚丧或其他临时的费用；而十分之七是为了购买粮食以养家糊口，而这种粮食也只是芋头、番薯和其他比稻米便宜的杂粮罢了”[①]。由此可以看出，30 年代的广东省的恩格尔系数竟高达 70% 左右，远远超过赤贫（58%）的标准。

在各种自然灾害和世界性经济危机的打击下，在封建统治的压榨下，广东的农村频频破产，农民应付突发性事件的能力降低，到处流离失所。他们“就像永远站在齐脖子深的水中，只要有风浪吹起，就有可能被淹死”[②]。

第二节 广东省政府对农村救济活动的展开

广东农村经济的崩溃引起了许多有识之士的密切关注，省政府对此也颇为重视。广东省农林局局长冯锐在《南大经济》中指出：“各种建设若不兼顾农村经济崩溃之挽救，则一切建设均属虚伪。换一句话讲，如不挽救农村经济之崩溃，即不能挽救国家之危亡。”[③] 当时还有学者指出，“如果百分之七八十的人口是在贫穷、愚蠢、饥饿中生活着，就任你怎样地把其余的百分

① 陈翰笙：《解放前的地主与农民——华南农村危机研究》，中国社会科学出版社，1984 年版，第 95 页。

② 张建民、宋俭：《灾害历史学》，湖南人民出版社，1988 年版，第 26 页。

③ 冯锐：《挽救我国农村经济崩溃之具体办法》，《南大经济》，1933 年，第 2 卷第 1 期。

之二三十的人口解放、教育，在整个中国看来是没有什么大效果的。”① 为此，广东省建设厅农林局于1932年提出了《救济本省农业急待举办五项计划》。1934年9月，陈济棠又在该计划的基础上提出了《救济广东农村计划》。

一、农村救济计划的提出

1934年8月，西南政务会常委兼第一集团军总司令陈济棠向广东政治研究会提议，请由广东省政府在洋米税收入项下拨款500万元，用于举办救济农村事业，并委托农林局局长冯锐拟就急需举办事项之计划。1934年9月，陈又向省政府进一步提出《救济广东农村计划》，该计划包括以下一些内容：

首先，它提出了救济农村的理由。该计划认为，本省既受世界不景气之影响，又受外国经济侵略之压迫，城市与农村经济均极形衰落，不特工商品入口日见激增，即农产品亦复大宗源源输入，致以农立国于之我国，而日用必须之农产品亦须仰给于舶来。农村状况如此，百业之凋零可知。故在今日欲谋复兴城市之经济，必先自救济农村始；农村经济充裕，则城市经济自可复兴也。

其次，它确定了救济农村之原则。该计划确定广东农村各项救济事业须符合以下三条原则：第一，救济农民目前之急需，使大多数农民能获普遍之利益，以增加农村及国家经济之力量；第二，救济工作以促成农业生产现代化，增加个人之生产力及土地之生产，改良物产之品质为标准；第三，用为救济农村之款项，可由救济之事业中陆续归还，然后再将之发展农村别种经济事业。

再次，它规定了农村救济之内容。根据上述三项原则，陈济棠特以政研会委员资格，提出以下十项亟待举行之事项：

1. 择全省各地急需之农田水利陆续建设之。水利工作又可分为两种：第一，预防水灾；第二，救济抗旱。由于救济水灾是属省治河委员会之工作，故不另拟计划。至于救济抗旱方面工作，又可分为如下数种：①贷款农民安装抽水机，以便向就近河道取水灌溉；②贷款给农民掘井救旱，在不近河道之地方适用此法；③增筑水坝或临时修筑基围防水，及筑水塘蓄水。

2. 防除全省牛瘟。民国时期，广东省农村之牛只每年因受瘟疫而致死亡

① 蔡藩国：《由中国农村经济的崩溃讲到农民合作社》，《南大经济》，1933年，第2卷第1期。

损失者极多，如南路、琼崖、中区、潮梅等地每年均有牛瘟发生。省政府一方面督促各县执行牛瘟防除方法，另一方面则大量制造防除牛瘟疫苗，于发生牛瘟区域内施行普遍注射。

3. 设立本省各种重要适地农产经营区。广东有数种农特产，宜设区专门经营，以便将来大规模发展，增加本省国民经济及国家经济之力量，如其中可设者：①蔗糖经营区；②蚕丝经营区；③烟叶经营区，烟叶改良区拟在鹤山和南雄两处进行；④茶叶经营区；⑤天蚕经营区，政府拟于北江、南路、琼崖等地，各设天蚕经营区一所；⑥棉花经营区，本省北江一带气候尚属适合植棉，故宜在北江设立棉花经营区。省政府拟先设立棉花改良场，指导农民多种良种棉花，再由政府设厂收集棉花纺织纱线，或于棉花经营区附近提倡家庭纺纱，设立小规模之纺纱工厂。

4. 热带经济林业经营区。热带经济林业是本省的一种大宗出产，如树胶、高根树、柚木、咖啡、金鸡纳树、椰子等，其中尤以树胶最为重要。为减少从国外输入树胶量，本省宜于海南划地设为经济林业经营区，在经营区内自行种植上述数种经济树林，同时还指导附近一带人民保护种植此种林木。

5. 樟脑经营区。樟脑用途极广，本省拟于两阳、北江、高雷、琼崖、钦廉等区域内，各设一处樟树林及育苗圃，并由政府指导人民进行植樟工作。

6. 滑水山森林经营区。滑水山森林为本省唯一伟大之森林，其面积约有7 000余市亩，故宜另设立滑水山森林营造场。

7. 东江水源林经营区。本省河流交错，潦水之患以东江为甚，韩江次之。为从根本上减少水患，非实行水源林计划不可。

8. 增加米粮生产经营区。广东米粮自受洋米倾销后，不特不能自给自足，且每年须向外购进数千万元洋米，故宜拟订《实施增加米粮生产计划》。

9. 优良畜种经营区。拟将全省划分四个畜种区，其第一、二、三区分别设在从化、南路、中区等地，专为普通家畜，如猪、牛、鸡、鸭等经营区；第四区拟设于海南岛，专为马种改良区。

10. 完成全省农民借贷组织。由于农村金融枯竭，导致农民需经营事业之资本甚为急切，故政府应在五百万救济农村款之余款项下拨款设立省农民银行，并于各地设立农民贷款分处，尽量为农民提供各种贷款。①

---

① 广东省档案馆编：《陈济棠研究史料》，1985年版，第303～309页。

最后，它提出了农村救济之预算。在救济农村计划的基础上，广东省政府又进一步草拟了各种救济事项的预算书。具体情况见下表：

表 3-7 《救济广东农村计划预算书》（单位：元）

序号	科目	临时费预算数	每年经常费预算数	备考
一	建设农田水利计划	800 000	—	
	（1）安装抽水机贷款	200 000	—	
	（2）灌溉贷款	100 000	—	
	（3）筑坝防水或筑塘蓄水贷款	500 000	—	
二	防除全省牛瘟计划	80 000	20 000	需临时费约 8 万，经常费约 2 万元
三	设立本省各重要适地农产经营区计划	620 000	234 000	
	（1）蔗糖经营区	—	—	已在经营，不另进行
	（2）蚕丝经营区	—	—	已在经营，不另进行
	（3）烟叶经营区	100 000	100 000	①
	（4）茶叶经营区	50 000	50 000	
	（5）天蚕经营区	330 000	36 000	②
	（6）棉花经营区	120 000	24 000	③
	（7）麻经营区	20 000	24 000	④
四	热带经济作物经营区	100 000	72 000	
五	樟脑经济营业区计划	36 500	192 000	⑤
六	设立滑水山森林经营区计划	19 000	107 736	
七	东江水源林经营区计划	36 000	150 000	
八	增加米粮生产经营区计划	200 000	—	

（续上表）

序号	科目	临时费预算数	每年经常费预算数	备考
九	优良畜种经营区计划	100 000	200 000	⑥
十	完成全省农民借贷组织计划	1 765 764	—	
合计		3 757 264	975 736	总共合计 500 万元

注：①在鹤山、南雄两处分设烟叶经营区，每区需临时费 5 万元，年经营常费 5 万元，两区合计需 200 000 元。

②在北江、南路、琼崖等处设天蚕经营区各一所，每区附设天蚕丝制造场一所，计经营区每区需开办费 1 万元，又每年经营常费 1 万元，合计需 366 000 元。

③棉花经营区需开办费 2 万元，每年经常费 24 000 元，又纺纱厂设备费 5 万元，流动资金 5 万元，合计需 144 000 元。

④在顺德县内设立麻经营区需临时费 2 万元，月需经常费 2 000 元，年需 24 000元。

⑤在两阳、北江及高雷、詹崖、钦廉等五处各设经营区一年，每区需临时费 7 300元，经常费年需 38 400 元，五区合计需 228 500 元。

⑥设畜种经营区四处，每区开办费 5 万元，年需经常费亦 5 万元，四区合计需 200 000 元。

资料来源：广东建设厅农林局编：《救济广东农村计划书》，1934 年。

该预算提出后，广东省政府即将之交由冯锐、胡继贤、林崇真、林国佩、温仲琦、翁式亮、陈达村、廖崇真等 8 位委员审查。该委员会经审查后，将原提案名改为《五百万救济农村事业案》，并将其救济内容主要分为以下六项：①组织水利垦殖银公司；②设立广东省农民银行；③改良本省畜产品及农作物品种；④蚕丝事业之救济；⑤全省牛瘟之防除；⑥东江水源林之整理。

二、农村救济之经费的来源及其分配

根据有关计划的预算，农村救济所需经费主要来自洋米税收。广东省政府于1933 年9 月16 日开征洋米税，并将全省分设广州、潮梅、五邑、钦廉、琼崖五局，局下设稽征处，稽征处下设检查所或分卡。洋米税所抽税率，原每担征收大洋 1 元，后为积极挽救农村经济起见，遂又提高税率，每担洋米税增至大洋 1 元 7 角 2 分 8 厘；每担洋谷税由原征 6 角增至大洋 8 角 6 分 4 厘。据统计，自征收洋米税及农产品杂项专税后，截至 1934 年 10 月份止，共计报解税款 14 600 586 元 1 毫 3 仙。

为保证所征收的洋米税不被挪用，广东省政府特拟定洋米税款使用之原则三条：①于最短期内能增加农村之生产者；②能与施政三年计划符合者；③为直接妨害农村生产之一切苛税杂捐之抵补者。据以上原则，广东省政府又确定洋米税款主要用于兴办以下一些事业：①设立各地仓储；②大规模繁殖优良谷种，推广于各县；③复兴本省糖业；④复兴本省丝业；⑤设立肥料制造厂；⑥改良全省水利；⑦划全省为五区，设立五所大规模畜牧场；⑧扑灭全省牛瘟以增加农村生产。[①]

为使农村救济所需经费得到保障，广东省政府决定将征收洋米税所得税款先拨 500 万元，作为发展广东全省农业及救济农村经济之用。这 500 万救济农村款项具体分配如下：水利垦殖银公司 300 万元；农民银行 140 万元；农畜品及农作物品种改良费共 40 万元；牛瘟防除费 10 万元；蚕丝业制种费 5 万元；东江水源林整理费 5 万元。当然，仅仅以这 500 万元洋米税来救济广大农村，谈何容易。为了使这些洋米税发挥更大的作用，广东省政府规定这些款项可先由政府贷予农民个人或合作社，等农民或农村合作社在生产上有了成效之后，再将这些款项缴回给政府，政府再将收回的款项重新拨给另一批农民或农村合作社。如此反复地使用，以最大限度地发挥这些洋米税收的功用。

三、农村救济活动的展开及成效

从《救济广东农村计划》（以下简称为计划）可以看出，当时广东省农村救济的主要对象可分为水利建设、增加粮食产量、救济蚕农、金融救济等几个方面。下面就这几方面的救济情况分别论述之。

（一）水利建设事业

水利事业对农业的发展来说是至关重要的。在救济农村的 500 万元洋米税中，水利拨款占了 300 万，占其总数的 60%，这说明在救济农村计划的所有项目中，广东省政府把发展水利事业放在首位。为拓宽农民水利资金的筹集渠道，省政府还向银行界征集股本 300 万元，加上拨款 300 万元，共计

---

① 《确定洋米税款用途》，《新广东月刊》，1933 年，第 11、12 期合刊。

600 万元，以之成立了水利垦殖银公司。该公司的董事由政府派出 4 人、各银行或银号推举出 5 人共 9 人组成。至 1935 年，广东省政府已拨付 300 万元，上海商业储蓄银行也已放贷 140 万元，这些资金有效地保证了水利资金的正常运转。

广东省的农田分水田和旱地两种，防洪与抗旱是当时水利活动的主体。其中，筑堤防洪主要由广东治河委员会负责，其活动在前章已有论及。因此，计划中所列的水利活动主要是指防旱与排涝。当时政府为防旱主要采用了两种方法：一是指导各县积极建筑水坝、水塘基围。其工程较大者，如番禺之沙梨园水坝、高要之景福围、附城冼村之水利表证区、惠州军垦区之石碑侗水坝等。二是对于那些靠近河流的旱地，则安装抽水机，以利浇灌。广东省政府第五届委员会第 153 次会议决定向江苏无锡工艺机器厂购置灌溉机器 50 架，其中 6 匹马力者 30 架，12 匹马力者 10 架，14 匹马力者 5 架，18 匹马力者 5 架，总价为 51 500 元。省农林局先后将这些抽水机在番禺属蚌湖乡、省立一农、合浦、徐闻、江村等地安装抗旱。1934 年广东省政府建设厅又拨款 10 万元用于购置抽水机，继续借给农民，并规定农民于每造收获时分别摊缴购机款项，分三年还清。[①] 现将陈济棠主粤时期内广东省政府拨款办理灌溉及排水等情形列表如下：

表 3－8　广东省建设厅农林局近年来办理农村水利灌溉情况表

实施地点	抽水机马力（匹）	灌溉田亩（亩）	工程费用（元）	每年增加谷量（担）	经费来源
清远县公和乡牛头圩	12	900	2 600	2 100	抽水机向厅备价领用，机款分期摊还
清远县公和乡牛头圩	6	500	1 800	1 200	同上
番禺县横沙乡	6	500	1 800	1 200	同上
茂名县白沙乡	6	450	1 600	900	同上
茂名省立第一农业学校	6	200	—	—	该机为办理水利表证

① 《核准购新式农机转售农民》，《广东省政府公报》，1931 年，第 148 期。

（续上表）

实施地点	抽水机马力（匹）	灌溉田亩（亩）	工程费用（元）	每年增加谷量（担）	经费来源
番禺县蚌湖乡祺岔庄	6	500	1 800	1 000	抽水机向厅或局备价领用，机款分期摊还
新会县石步乡红门楼前	6	450	1 800	950	同上
番禺县冼村	20	1 900	40 000	3 800	同上
番禺县龙冈乡沙冈岭	12	850	2 600	1 700	同上
番禺县龙冈乡车公厅	18	1 500	3 500	3 000	同上
广西省博白县西园乡	6	550	1 800	1 100	同上
番禺县竹料乡下渡	12	850	2 600	1 800	同上
番禺县竹料乡上社	18	1 500	3 500	3 200	同上
茂名县公馆乡	6	500	1 800	1 100	同上
茂名县桂山乡	6	450	1 800	1 000	同上
茂名县合水乡	6	460	1 800	950	同上
茂名县新村	6	500	1 600	1 100	同上
合浦县县立农场	6	400	1 600	900	同上
合浦县瓦窑岭坡	6	550	1 500	1 200	同上
合浦县大地村	6	450	1 500	1 000	同上
化县唐岗乡	6	400	1 700	900	同上
南海县万镇乡	6	400	1 850	900	同上
陆丰县城猪母山	12	800	2 600	1 800	同上
阳江县报村	6	400	1 800	900	同上
防城县百禄坊	6	350	1 800	850	同上
防城县松柏乡	6	400	1 750	900	同上
阳江县外寮乡	12	800	2 600	1 600	同上
阳江县平岚乡	12	850	2 550	1 800	同上
合计	242	18 360	93 650	38 850	

资料来源：《农林局近年来经济建设统计及广东省农业经济情况调查表》，广东省档案馆藏，全宗号：6，目录号：3，宗卷号：376。

表 3－9 广东建设厅农林局近年来办理排水情况表

实施地点	抽水机马力（匹）	灌溉田亩（亩）	工程费用（元）	每年增加谷量（担）	经费来源
新会县百顷乡百顷沙	12	500	2 600	1 500	抽水机向厅备价领用，机款分期摊还
新会县丹灶乡华生围	6	200	1 800	650	同上
番禺县石门反照宏德围	14	650	2 800	1 300	同上
新会县九子河孑孑洲围	12	600	2 650	1 800	同上
新会县丹灶乡怡生围	6	250	1 800	550	同上
新会县第八区深垒乡	6	200	1 800	550	同上
顺德县罗沙乡安和围	14	600	2 800	1 200	同上
合计	70	3 000	16 250	7 550	

资料来源：《农林局近年来经济建设统计及广东省农业经济情况调查表》，广东省档案馆藏，全宗号：6，目录号：3，宗卷号：376。

从以上两表可以看出，自 1934 年至 1936 年仅 2 年时间里，广东省政府先后借拨各地用于水利事业的抽水机之马力达 312 匹，救济田亩面积达 21 360 亩，每年可增加产谷量达 46 400 担。其成效较为明显。

（二）改良农、畜业品种

1. 改良稻种

培育优良稻种，对提高农业单位面积的产量意义重大。根据计划，广东省政府先后拨款 40 万元，资助岭南大学农学院及中山大学农学院进行稻种试验，结果培育出东莞白、中山一号及竹粘三种著名之改良稻种。此外还育出其他十余种优良稻种。这些新培育出来的品种，在番禺、中山等县各乡镇试种后，均取得了明显的经济效益。据当时报道，番禺县珠村乡潘文谱家种改良东莞白一亩，每穗谷 230 余粒，比普通谷种多 110 粒，收成比普通谷种多 230 斤，亩产量达 750 斤；黄村乡黄翰池家种改良东莞白一亩，每穗谷 200 余粒，比普通谷种多 50 余粒，收成比普通谷种多 120 斤，亩产量为 650 斤；茅岗乡农户周焯种改良东莞白一亩，比普通谷种也多收 110 斤；冼村农户庐春种改良东莞白一亩，每穗谷 243 粒，收成比普通谷种多 130 斤，亩产量达 720 斤。[①] 1935 年，中山县政府发出早造优良稻种东莞白 20 担；次年，它又发出早造东莞白种 70 担，晚造中山一号及竹粘等稻种共 30 担，并从第一、二、五、六、八区内，选出农家 400 余人为试种早造农家，选出 122 人为试种晚造农家。[②] 这项工作取得了较好的效果。现将 20 世纪 30 年代广东培育出来的优良稻谷种名、特性及其两三年之收获量作一比较。

表 3－10　优良谷种产量比较表

谷造	种名	特点	每亩收量（斤）	增收百分数	试验场所
早造	新造粘十二号	早熟短秆	410.4	18.4	石牌试场
	黑督四号	早熟短秆	423.0	11.7	同上
	白谷糯（粘）二号	中熟中秆	443.6	12.9	同上
	东莞白二号	迟熟长秆	439.2	19.4	同上
	早金风二号	迟熟长秆	405.4	18.6	同上
	吊犁望三号	早熟中秆	323.5	13.7	南路育种场
	禾插四号	早熟短秆	304.7	21.4	同上
	花谷一号	早熟中秆	289.1	7.2	同上
	早白粘四号	早熟短秆	320.5	13.0	同上
	绥仔镤二号	早熟短秆	330.4	9.0	同上
晚造	竹粘一号	早熟短秆	409.4	5.0	石牌试场
	中山一号	中熟中秆	349.8	28.6	同上
	粘仔二号	中熟短秆	314.8	11.7	育种场
	恶打粘一号	中熟中秆	311.1	13.2	同上
	鼠牙二号	中熟中秆	342.8	9.7	同上

资料来源：叶雄：《改良本省谷种与增加本省粮食生产》，《新广东月刊》，1933 年，第 3 期。

---

① 《广东建设厅农林局改良试验区改良稻作表绩及绿肥效能报告书》，《广东省政府公报》第 133 期，1930 年 10 月。

② 中山县政府编：《中山县政年刊》，1937 年，第 26 页。

由上表可以看出，当时由省政府拨款培育出来的优良稻种，确实能增收不少。每亩少者可增收5%，多者可增收28.6%，大部分优良稻种每亩可增收13%左右。

2. 改良本省农畜品种及其他经济作物品种

根据计划，广东省政府在从化、南路、中区等地设立了猪、牛、鸡、鸭等家畜经营区。每区之开办费预算需5万元，又经常费每年需5万元。省政府后又在海南岛设立马种改良区。[①] 至1935年底，省政府已分别在从化、鹤山、曲江等地建立了大规模畜牧场、烟业改良场及棉花试验场，并在梅菉市等地设立了麻场，开办麻袋厂自制麻袋。

在推广农作物优良品种方面，除了东莞白、中山一号、竹粘等十余种优良稻种外，广东省政府还积极推广优良蔗种。广东省气候温和、土壤肥沃，为我国重要的植蔗产糖区。省政府为复兴和发展糖业，先后在市头、新造、惠州、顺德、潮汕等地设新式糖厂数间。为保证各糖厂有优良原料，省农林局拨款改良蔗种，繁殖世界优良蔗苗，分发各县农民大规模繁殖种用。至1935年底，该局先后培育出来的优良蔗种有P. O. J. 2878、2883、2725、2714等十多种。[②] 广东省农林局派员到菲律宾视察糖业时，亦带回52种优良蔗种，并在省内分设以下四处繁殖场进行培植改良：①新洲繁殖场，面积为450亩；②磨碟沙繁殖场，面积为120亩；③陈村繁殖场，面积为400亩；④农林局繁殖场，面积为3亩。[③] 经试种表明，这些优良蔗种的亩产量，约比本地蔗种多两三倍，产糖量亦增加一半以上。

3. 农林推广

广东省政府为了使全省农民得到实利，特在各县市成立农业推广处，凡优良农作物品种一经改良成功，该处即将已有的成果向全省加以推广。《各县农林推广处章程》规定，各农林处以普及农林科学知识、应用农林科学技能、增进农林生产、改良农民生活及贯彻推进地方农林事业为宗旨。为了保证农林推广工作的顺利进行，省政府还要求各一等县、二等县、三等县每月分别拨出1 000元、800元、600元，作为各县农林推广处经费。

培训有关人才对于农林推广来说至关重要。广东省政府于1933年拨款8 000元开办农业推广工作人员训练班。1933年7月6日，农林局趁暑假期间先行招收各大学农学院及农林专门部毕业生20名成立推广行政人员训练

---

① 广东省档案馆编：《救济广东农村计划》，《陈济棠研究史料》，1985年版，第308页。

② 《广东省政府政治报告》，《新广东月刊》，1935年，第32、33合期。

③ 广东省建设厅编：《广东省近两年来建设事业之回顾》，1934年，第15页。

班，施以短期训练。其所授科目为：①农林推广学；②农林法规；③各种农业推广设计施行法；④推广实习；⑤公文程式。按规定，各学员培训期满后，回各县任农林推广处主任或推广员等职。

在广东省政府的积极推动下，于1932年成立推广处的有顺德、曲江、开平3县，于1933年成立推广处的有番禺、南海、台山、茂名、新会、罗定、揭阳7县；于1934年成立推广处的有潮安、澄海、阳春3县。1934年8月，省政府令饬各县将农林推广处裁撤归县建设局（科）办理，以便集全县力量去推广农林生产工作。[①] 农业推广的实施程序分研究、表证、繁殖、视导、推广五阶段。1932年，农林局曾向三水、恩平、广宁、翁源、德庆、罗定、郁南、鹤山、赤溪、高要等县发放改良稻种中山一号，向三水、恩平、新会、德庆、广宁、鹤山、郁南、四会等县发放改良竹粘并取得较好成效；1934年，向全省推广东莞白700担、竹粘230担、中山一号112担；1935年又推广东莞白206担、中山一号33担、竹粘74担。除稻种外，广东省农林局还拨款向全省积极推广甘蔗、水产以及其他一些优良农畜品种。现将其推广的农畜种类及其成效之具体情形列表如下：

表3-11　优良（农畜）种苗推广状况

种类	品种	数量	估价（元）	占面积亩数（亩）	发出区域
水稻	改良东莞白	32 000斤	3 200	4 500	番禺、阳江、中山、云浮、顺德、三水、南海、新会、增城、东莞、高明、东江、潮汕、鹤山
水稻	中山一号	12 800斤	1 280	1 800	番禺、鹤山、顺德、中山、云浮、高要、茂名、罗定
水稻	改良竹粘	12 200斤	1 220	1 720	同上
甘蔗	竹蔗交配种一号	720 000棵	7 200	600	东莞、花县、徐闻、中山、合浦
甘蔗	南大红	240 000棵	3 600	200	顺德、东莞

① 《广东农林推广表》，中国第二历史档案馆藏，全宗号：422（2），案卷号：1206。

（续上表）

种类	品种	数量	估价（元）	占面积亩数（亩）	发出区域
水产	鲤	358 300 条	2 064	3 400	番禺、中山、南海、新会、顺德、三水、高要、英德
猪	大黑	12 头	480	—	番禺、云浮、鹤山、英德、中山、高州
猪	英国约赛	16 头	640	—	番禺、合浦、英德、龙川、中山、西江
猪	北赛	7 头	280	—	合浦、顺德、中山
猪	波支	4 头	160	—	云浮、三水、新会、番禺

资料来源：《农林局近年来经济建设统计及广东省农业经济情况调查表》，广东省档案馆藏，全宗号：6，目录号：3，宗卷号：376，第 1 页。

表 3－12　各项工作增加生产之统计（单位：元）

设计＼项目	目的	现在全省该项产值	外地入口数	改良后加产值	改良方法	已用开办费	再需全部开办费
繁殖优良稻种	谋求粮食自给自足	660 000 000	100 000 000	100 000 000	用改良东莞白、中山一号、竹粘等稻种普及全省稻田之一半。	20 000	100 000
改良糖蔗	增加蔗之生产及糖产	8 000 000	3 244 000	280 000 000	将现在蔗地 20 万亩增至 300 万亩，以一半面积种木蔗，每亩出糖 9 担，每年共出糖 1 800 万担。每担以 16 元计，计总值为 28 800 万元，现在年产 800 万元，增加如上数。	—	200 000
普及灌溉制度	救济干旱损失	400 000 000	—	160 000 000	利用抽水机灌溉。	40 000	100 000
牛瘟免疫	免除牛瘟损失	300 000 000	—	900 000 000	普及牛瘟血清。	30 000	300 000
改良猪种	增加子猪及肉猪生产	150 000 000	—	30 000 000	普及赛亚改良猪种于全省农民。	1 000	50 000

（续上表）

项目 设计	目的	现在全省该项产值	外地入口数	改良后加产值	改良方法	已用开办费	再需全部开办费
改良鸡种	增加肉及蛋之生产	66 000 000	—	66 000 000	普及改良鸡种于全省农民。	2 000	40 000
改良鸭种	增加肉及蛋之生产	29 200 000	—	59 200 000	普及北京改良鸭种于全省农民。	2 000	40 000
垦荒造林	增加木材生产	—	419 190	600 000 000	将全省荒山次第普及造林，30年后每年伐木100万亩即得上数。	50 000	300 000
改良农具	增加农田产率	—	—	348 000 000	改良各种农具可增加效率20%。	—	100 000
改良果树繁殖	增加果产	25 000 000	—	25 000 000	改良生蕉、柑橘、荔枝、龙眼四项之品种及栽培法。	1 000	50 000
筑围	增加潮田生产	20 000 000	—	20 000 000	将全省未筑潮田200万亩普及筑围。	—	300 000
防虫	减少虫害损失	—	—	12 250 000	防止臭屁、蚋虫、螟虫、守瓜虫四项害虫。	15 000	50 000
改良蜜蜂饲养	增加蜜糖生产	4 000 000	—	58 500 000	普及500万农户养改良蜂一群。	500	20 000
合计		1 662 200 000	103 663 190	2 658 950 000		161 500	1 650 000

资料来源：广东省政府建设厅：《广东省两年来建设事业之回顾》，1934年，第17页。

从表3－11、3－12可以看出，省农林局向全省推广改良农畜品种较多，它包括改良水稻、改良甘蔗、改良猪种、改良鸡种、改良鸭种、改良农具、改良果树繁殖、改良蜜蜂饲养等种类。其推广活动在一定区域内取得了较好的成效。

（三）防除牛瘟

牛瘟是一种分布甚广的急性传染病，最易传染者为黄牛及水牛，凡传染此病之牛只数日便毙，其死亡率往往在50%以上。据统计，民国时期，仅东莞一带，每年耕牛因患牛瘟而毙者不下3 000头，每头牛只值约百余元。广东全省每年因受牛瘟而造成的直接损失约3 000万元。农民每年受此种经济损失甚大。① 现以1931年东莞县虎门、太平一带牛瘟发生情形为例，来说明

① 广东省政府秘书处编：《新广东月刊》，1933年，第3期，第117页。

当时牛瘟流行之剧烈。

表 3－13　1931 年东莞县虎门、太平一带发生牛瘟情形

地点	发生日期	终止时期	死牛数目（头）	损失数目（元）
郊沙	8 月下旬	10 月下旬	10 余	2 000
海南栅	8 月中旬	10 月中旬	400 余	60 000
平冈	8 月中旬	10 月中旬	数十	5 000
夏冈	8 月上旬	10 月上旬	数十	5 000
上沙	8 月上旬	10 月上旬	数十	5 000
怀德	7 月下旬	9 月下旬	100 余	15 000
北栅	8 月上旬	10 月上旬	数十	5 000
赤冈	8 月上旬	10 月上旬	100 余	15 000
社冈	8 月上旬	10 月上旬	100 余	15 000
圳口	8 月中旬	10 月中旬	数十	5 000
太平墟	8 月中旬	10 月中旬	数十	5 000
虎门寨	8 月中旬	10 月中旬	数十	5 000
白沙	7 月下旬	9 月下旬	200 余	35 000
白毫	7 月下旬	9 月下旬	300 余	45 000
原街（竹溪）	4 月	7 月	1 000 余	200 000
寮步（附近）	10 月上旬	尚有	1 000 余	150 000
茶山（附近）	10 月上旬	尚有	1 000 余	150 000

注：上列各发生时间及终止时间均以牛瘟最剧烈时为标准。

资料来源：《虎门太平一带牛瘟调查报告》，《农业革命》，1931 年，第 1 卷第 3 期，第 16 页。

牛瘟给农业生产造成了极大的损失。它不仅导致牛价极高，使一般农民无力购买，而且还间接导致生产率降低，土地荒芜。1935 年，东江一带因牛瘟发生，死牛无数，该地牛价由此逐渐升涨。据东江牛贩商人言："每头牛价二百元以上者，此为稍可用之耕牛，若百数十元者，只雏牛而已。"牛价的陡涨使多数一般贫农无力购买，唯有坐视田土荒芜而已。[①] 同年，高明县

① 《东江牛价惊人贫农无力购买》，《农业革命》，1935 年，第 1 卷第 5 期。

也因牛瘟盛行，损失颇剧，该县第三、五、六等区，死去牛只十之五六，其余各区亦死去十之二三。无力购牛者，只有用人力代牛，甚至任令田地荒芜。①

一般药物对于牛瘟无济于事。灵山县附城农村自1931年9月至次年春，耕牛疫毙者竟有数百头，人心惶惶，牛市裹足。该处农民请村医用药草医治，毫不见效，至于求神拜佛、设坛建醮更是于事无补。② 在当时，只有事前给牛只注射抵抗牛瘟血清，才是最为有效的办法。为此，广东省政府拨款令省农林局从1931年起开始研造防除牛瘟的血清与疫苗，并将之分发各牛瘟区域注射瘟牛，以资救治。为扩大防除区域，省农林局从1934年开始更积极训练技术人才，以派往各县防除救治牛瘟。该局于1934年9月设立防除牛瘟注射技术人员训练班。该班第一期学员来自牛瘟高发区如高要、高明、鹤山、新兴、德庆、四会、广宁、三水、封川、开建、罗定、郁南、云浮等西江13县。各学员训练期满后举行毕业试验，凡合格者即由该局发给证书，并派回各县防除牛瘟。至1935年底，广东省农林局共举办培训班5期，毕业学员156名。另在制造牛瘟血清方面，该局自1934年9月至1935年8月，共制成血清90余万毫升，疫苗70余万毫升，并先后派员在高要、高明、徐闻、中山、乳源、化县、兴宁、合浦、海丰、潮阳、番禺、新兴、台山、顺德、普宁、万宁、蕉岭、始兴、崖县、三水、曲江、英德、南海、惠来、郁南、东莞、惠阳、广宁、鹤山、连平、连县、龙门、云浮、花县等34个县，广为注射以防除牛瘟，结果救治牛只无数，农民对此甚为信仰。为了扑灭琼崖等地的牛瘟，农林局于1935年底挑选化育班黎人20名前往农林局训练，以便各黎人学成回乡后防除当地牛瘟。③ 现将广东省农林局数年来制造牛瘟血清与疫苗及其分发注射情形，列表如下：

表3-14 牛瘟血清制造量及注射数量

年份	制成牛瘟血清量数（毫升）	发出量数（毫升）	注射牛只数（头）
1931年	75 000	50 000	1 230
1932年	100 000	80 000	1 840

① 《高明县调查报告书》，《统计月刊》，1935年，第1卷第10号，第65页。
② 广东省建设厅农林局：《农业革命》，1935年，第1卷第5期。
③ 《训练防除牛瘟注射技术人员》，《新广东月刊》，1934年，第24期。

（续上表）

年份	制成牛瘟血清量数（毫升）	发出量数（毫升）	注射牛只数（头）
1933 年	150 000	120 000	2 750
1934 年	175 000	155 000	3 020
1935 年	500 000	460 000	5 480
1936 年	250 000	200 000	2 800
合计	1 250 000	1 065 000	17 120

表 3－15　牛瘟疫苗制造量及注射数量

年份	制成牛瘟疫苗量数（毫升）	发出量数（毫升）	注射牛只数（头）
1933 年	20 000	18 000	1 750
1934 年	27 600	26 000	2 400
1935 年	130 000	110 000	9 000
1936 年	62 500	60 000	5 000
合计	240 100	214 000	18 150

资料来源：以上两表均来自《农林局近年来经济建设统计及广东省农业经济情况调查表》，广东省档案馆藏，全宗号：6，目录号：3，宗卷号：376。

从表 3－14、3－15 看来，广东省政府在 20 世纪 30 年代所制造的牛瘟血清和牛瘟疫苗逐年增加，其中 1935 年所制造的牛瘟血清约是 1931 年的 7 倍，注射牛只数也增加 3 倍以上。

（四）救济蚕农

民国时期，蚕丝业是广东省经济的重要支柱之一。关于当时粤省蚕丝业的状况，学界已有一些论著。张晓辉、周军等学者对近代广东蚕丝业的兴衰过程及其原因分别进行了论述。[①] 本节关注的重点不在蚕业的复兴运动，主要考察广东省政府对广大蚕农的救济活动。

民国时期粤省的蚕丝业经历了一个盛极而衰的过程。据统计，在

① 张晓辉：《广东近代蚕丝业的兴衰及其原因》，《暨南学报》，1989 年，第 3 期；周军：《广东蚕丝业复兴运动（1933—1938）》，中山大学 2001 届硕士论文，中山大学图书馆藏号：TN5983。

1911—1929 年，广东省仅生丝一项，就占了对外贸易总额的 60% 以上，以致“全省商业之荣枯、市面金融之盈绌及人民生计之难易，莫不与粤丝贸易有直接关系”[①]。自 1929 年后，广东的蚕丝业在世界性经济危机的打击下一蹶不振。如以全省丝厂数目论：1929 年有 146 厂，1930 年有 121 厂，1931 年有 111 厂，1933 年跌至 68 厂，至 1934 年仅存 37 厂；同时期的丝车数，亦由 1929 年的 72 455 部激减至 1934 年的 19 505 部。生丝出口数量也急剧下降：1929 年出口数为 59 228 包，1930 年为 68 911 包，1931 年为 32 283 包，1932 年为 32 735 包，1933 年为 35 900 包，至 1934 年则降至 29 069 包。而生丝的平均价格（每百斤港币计），亦由 1929 年的 977. 73 元，跌至 1934 年的 298. 95 元。因此之故，“省内经营斯业者，无论农工商十九亏折，影响全省经济实非鲜浅”[②]。顺德县是当时广东省著名的蚕区。全县丝厂在 1925 年丝业最盛时有 328 家，至 1935 年年底时照常营业者仅存 6 家，县内蚕农辍业者尤不可胜数，他们的生活更为艰难，导致“乞丐盈市，民有饥色，附近桑基多变为平地……缫丝女工，因失业而来省觅食者，日有所闻”[③]。许多“蚕农既无积粮，又无相当工作，一家数口嗷嗷待哺，窘苦异常，自蚕业衰落后，多以薯芋充饥，或买儿鬻女，状极悲惨”[④]。面对这种情势，广东省政府拟从以下一些方面对蚕农进行积极救济：

其一，改良蚕种，扩充蚕业。根据《救济广东农村计划》，省政府计划从洋米税中拨款 5 万元，用于改良蚕种。广东省政府为了改良蚕种，先后在蚕区设 8 个蚕种制造场，在全省形成了“制种网”。其中第一制造场在顺德容奇，第二制造场在龙山，第三制造场在南海官山，第四制造场在中山元镇，第五制造场在顺德大晚（再加上北区原蚕种育种场、第一原蚕种繁殖场、第二原蚕种繁殖场，共 8 所）。以前各制种场每年制交配改良种才 300 余张，经拨款扩充后，仅容奇、龙山两制种场每年就可完成 5 000 张。

广东省于 1934 年引进最新机器，在广州市河南（海珠区俗称）成立第一缫丝厂及纺织厂以改良丝业。1935 年，又向上海各处定购机械，在顺德县城设立第二缫丝厂，经改良后，相继生产出伦教绸、云绸、丝棉交织绢、党国旗及花窗帘、床布、椅垫等新丝织产品。

---

① 广东省政府编：《广东省三年推行合作事业报告书》，1935 年，第 129 页。

② 《经济恐慌下之本省工商业现状及其救济方策》，《新广东月刊》，1935 年，第 32、33 期合刊，第 64 页。

③ 廖崇真：《广东蚕丝业复兴之途》，《新广东月刊》，1933 年，第 5 期，第 167 页。

④ 《中山农民困苦》，《广州民国日报》，1933－12－08。

此外，省政府还积极扩充蚕业改良实施区。1933年7月，顺德县政府在大良设立蚕业改良实施区，隶属蚕丝改良局。次年7月1日，县政府将该实施区改为实施总区，并先后增设云路、容桂、马齐、伦教、黄连、两龙6个分区。以上各分区各有侧重点：云路分区设于顺德东乡云路坊，注重栽桑育蚕事业；容奇和两龙分区分设于第十区容奇西社和第七区龙江状元坊，注重制种特约合作事业；马齐分区设于第八区马齐巨坊镇，注重栽桑育蚕指导工作；黄连分区设于黄连十一社，注重栽桑育蚕指导及印染丝织品工作；伦教分区设于第二区伦教镇百根松路，注重改良丝织品及印染工作。后为推广起见，省农林局又各在南海县民乐官山、中山县榄镇成立分区，全省连总区在内总计设有10个改良实施区。[①] 为树立模范，陈济棠于1935年捐款8 000元，在顺德伦教镇建立中心模范蚕村，命名为“伯南中心模范蚕村”，专以改良丝织业为主要工作。村中同时还设有中心蚕农小学、托儿所、幼稚园、合作社、蚕丝竞进社、图书馆、免费治疗所等配套设施。[②]

其二，推行合作社，向蚕农贷款。将蚕农组织起来，并向他们提供贷款，是当时广东省政府救济蚕农的一大举措。现将其贷款情形列表如下：

表3-16　总分区指导下的各合作社借贷款概况表

名称	性质	社员人数	地址	股额
顺德勒流改良茧织造生产合作社	无限责任	15人	勒流西田坊叶北溪祠	股金450元，向银行借款3 000元，共3 450元
顺德黄连改良丝绵生产合作社	无限责任	21人	顺德县第六区黄连西市何氏三世祠	股金210元，向县农民银行借1 000元，共1 210元
顺德县第六区蚕农桑叶购置合作社	无限责任	100人	顺德第六区勒流镇伍地墟	股金500元，向县农民银行借3 000元，共3 500元
顺德县第二区伦教镇丝纺织品运销兼营消费合作社	无限责任	98人	顺德县第二区伦教镇郑家祠	股金490元，向县农民银行借5 000元，共5 490元

① 《顺德县调查报告》，《统计月刊》，1936年，第2卷第10期，第53页。

② 《广东省政府政治报告》，《新广东月刊》，1935年，第32、33合期。

（续上表）

名称	性质	社员人数	地址	股额
荔村养蚕生产合作社	无限责任	15 人	荔村街市外	股金 30 元，另由实施总区每造借拨款项 5 000 元
十二亩蚕具利用合作社	无限责任	—	—	即将成立
鸡洲养蚕购买合作社	无限责任	15 人	鸡洲一旧茧栈内	即将成立
十二亩五八坊养蚕合作社	无限责任	20 人	十二亩五坊及八坊内	即将成立

资料来源：《广东蚕声》，1936 年，第 2 卷第 8、9 期合刊，第 21～28 页。

由表 3－16 可以看出，由政府组织的蚕农合作社的主要业务是筹集资金，其资金来源除合作社各社员的股金外，主要来自当地的农民银行。各蚕农通过成立合作社进行贷款，既有利于培养蚕农的生产互助精神，又有利于引进优良蚕种，改良生产设备，减轻高利贷的盘削。

其三，减轻蚕农负担。蚕丝业作为广东省重要的经济支柱，是政府税收的重要来源。民国时期，蚕农因“政府税率日增，成本渐高，获利自少”①。据 1928 年广东丝业研究所报告，每 100 斤丝除原料一项外，尚需费用 481 元（因当时工值及一切什项昂贵），其中税饷一项为 99 元。现将生丝检查所编制的广东生丝出口税项统计如下：

表 3－17　广东生丝出口税项

项别	税项名称	征收原额	加征专款	折合银数
出口税	海关正税	关平 10 两	—	26. 80
内地税	厘金	6 元 8 毫 5 文	照原额加 8 毫 3 仙 3 文	14. 32
内地税	台炮经费	5 元 1 毫 4 文	照原额加 4 毫 2 仙 4 文	10. 37
内地税	广府西税	1 元	照原额加 1 毫 2 仙 5 文	2. 11
合计				53. 60

资料来源：张任侠：《广东蚕丝问题》，《广东蚕声》，1936 年，第 2 卷第 5 期，第 11 页。

---

① （民国）《顺德县志》，民国十八年影印本。

在当时的蚕区中，顺德县蚕农的负担最重。据统计，顺德县之生丝运往广州，入口每10札重80斤，西税厂厘金特税、台炮、厘税共征毫银约19元5角5分；由广州出口每10札重量80斤，海陆空关征税纹银12两，另华北水灾费1两2钱，共征毫银约29元。出入口合计，每百斤生丝纳税61元左右，其税额是江浙一带的2倍多。[①] 在蚕丝业衰落之际，1932年5月省政府第六届委员会第80次会议议决，准将生丝之西税厂厘金、特税、台炮及海关所征收之华北水灾费等项酌予减免，以减轻蚕农负担。[②] 同年6月份省政府第92次会议又决定：一律停止征收各项丝税。[③] 其停收的税种及税率如下表所示：

表3-18 各属税厂抽收丝类税率表

厂别	土丝别	每件或重量	现行税率	另加五专款
广州东税厂	丝骨	每百斤	正税银3钱，溢税银2钱，溢税银5分	带征
	茧壳	同上	同上	同上
	土丝	同上	正税银6钱，溢税银2钱，溢税银1钱	同上
	土绒	同上	同上	同上
	土线	同上	同上	同上
佛山汾水税厂	茧壳	每百斤	正溢税银4钱8分	同上
	土丝	同上	正溢税银7钱2分	同上
	土绒	同上	同上	同上
	黑纬	同上	同上	同上
	湖丝	同上	正溢税银2两4钱	同上
	黄丝	同上	同上	同上

① 据《近代广州口岸经济社会概况》一书中“粤海关民国十七年华洋贸易报告书”记载：在20世纪20年代，广东省每担蚕丝最初抽税高达100元，至1928年降为60元左右，而在上海等地，每担蚕丝不过收30元。

② 《豁免生丝出口厘金华北水灾费等救济丝业衰落》，《广东省政府公报》，1932年，第186期。

③ 《议决各属税厂丝税一律停止征收》，《广东省政府公报》，1932年，第189期。

（续上表）

厂别	土丝别	每件或重量	现行税率	另加五专款
佛山汾水税厂	丝线	每百斤	正溢锐银 2 两 4 钱	带征
	丝绒	同上	同上	同上
佛山新涌税厂	土线	每百斤	正溢税银 8 钱	同上
	土绒	同上	同上	同上
	土丝	同上	同上	同上
	黑纬	同上	同上	同上
	黄丝	同上	正溢税银 2 两 4 钱	同上
	丝线	同上	同上	同上
	湖丝	同上	同上	同上
	丝绒	同上	同上	同上
	茧壳	同上	正溢税银 4 钱 8 分	同上
黄江税厂	蚕丝	每百斤	正溢税银 2 两 8 钱	同上
潮州税厂①	黄湖丝	每百斤	正溢税银 6 两 9 钱	同上
	白湖丝	同上	同上	同上
	细丝	同上	同上	同上
	土黄丝	同上	正溢税银 3 两 4 钱	同上
	粗丝	同上	正溢税银 2 两 8 钱	同上
广州西税厂②	黄丝	每百斤	正溢税银 1 两 9 钱 6 分	同上
	白湖丝	同上	同上	同上
	线经	同上	同上	同上
	水结丝	同上	同上	同上
	土丝、土线、丝皮	同上	正溢税银 7 钱 2 分	同上
	丝骨	同上	正溢税银 3 钱 6 分	同上
	茧壳	同上	同上	同上

注：①潮州税厂又每百两带抽什款 19 两 8 钱 2 分 8 厘，另加五专款。

②广州西税厂原征丝税，经遵令饬据呈报 5 月 6 日及 26 日先后停征并呈复在案。

资料来源：《议决各属税厂丝税一律停止征收》，《广东省政府公报》，1932 年，第 189 期。

如表3－18所示，广州东税厂、佛山汾水税厂、佛山新涌税厂、黄江税厂、潮州税厂、广州西税厂等先后停止征收的丝税达35种之多，这在很大程度上减轻了蚕农的负担。

其四，增加蚕农收入。据美国人考活氏调查，广东省仅顺德县内之桑田面积就有110万亩，若能实行桑田间作，每年可收益达5 000万之巨，即使遭天灾虫害而歉收以六成折算，亦有3 000万之谱。[①] 为增加蚕农收入，广东省政府在蚕区积极推行桑田间种。桑田间种的作物主要有甘蔗及杂粮等。具体而言：

一是植蔗造糖。鉴于顺德一带蚕桑中心的农村已沦为崩溃，广东省政府为救济蚕农起见，贷款30万元给蚕农植蔗，并在县属容奇对面之霞村附近征用民田200余亩作为糖厂地址。据统计，到1935年底，顺德属内蚕农申报贷款植蔗田亩已达3 700余亩，共计贷出第一、二、三期款额达24万余元。

二是推广种植杂粮。1935年8月，顺德县政府派员从各地采购杂粮种子，在蚕丝改良实施总区及云路、黄连、马齐、容桂、伦教、两龙、元镇、官山、民乐等各分区，免费发给各农户。该活动共分五期进行推广种植：第一期为甘薯，第二期为马铃薯，第三期为豆类，第四期为各种蔬菜，第五期为早稻。1936年广东省政府又将旱稻种400担分发给各蚕农栽植。据统计，顺德县先后有6 735户实行桑田间种，推广种植杂粮总面积达10 517亩。[②]

表3－19　顺德县推广桑田间种杂粮情况

种类 项目	推行数量	推行户数	推行面积
推行甘薯苗	1 861担又16斤	1 356户	约3 850亩
推行马铃薯苗	359担	1 122户	约1 135亩
推行豆类	豌豆5 100斤，蚕豆1 999斤，边豆角35斤4两	2 689户	约3 692亩

① 欧阳铮：《从充实国家粮食说到推行桑田间作之意义》，《广东蚕声》，1936年，第2卷第5期。
② 顺德广东全省蚕业改良实施区总区编：《广东蚕声》，1936年，第2卷第5期，第5页。

（续上表）

种类 项目	推行数量	推行户数	推行面积
推行蔬菜	白菜84斤13两，芥兰8斤，芥菜9斤12两，大头菜85斤	1 568户	约1 848亩

资料来源：《广东蚕声》，1936年，第2卷第4期，第49～55页。

因顺德一带属沙质土，排水性强，故比较适宜种植小麦。1935年，广东省农林局又向该县南畔乡、大门乡、大良东乡、大良南乡、北窑乡、林头南乡、西城乡、勒竹乡、光华乡、古粉乡、龙潭乡、北水乡、马齐乡、桑麻乡、广教乡、太平乡、大良北乡、南朗乡、冲鹤乡、桂洲外村等20乡，发出小麦种33 000余斤，以推广小麦种植，广大农民纷纷于桑树行间犁松其土，辟地共6 000余亩，以栽植小麦。[①] 桑田间种的杂粮至第二年春，长势喜人，丰收在望："畎亩之中，葱茏悦目，大豆已形将成熟，即可收获；绿豆满持嫩荚，丰收已兆；眉豆紫花怒放，亦开始结实。"[②] 而在总区，桑田间种旱稻也大获丰收，"计每亩收获达六七担之多，其成绩之丰，为农村副业之罕见，各蚕农以兼植旱稻增多收益，莫不喜形于色，咸感政府之嘉惠云"[③]。

（五）救济农村金融

陈济棠主粤时期，金融主要集中于都市。《南大经济》载文认为，金融集中于都市主要有如下一些原因：一是农村经济因受种种压迫与钳制而致破产，于是信用紧缩，都市操纵金融者视农村放款为畏途，故都市金融集中；二是因农村经济破产，生产减少，不特日用的消耗品购之于都市，即米麦粉等也向都市购买，现金源源由农村流入都市；三是农村盗匪日多，稍有资产者避居城市，且农民一切赋税都要交到都市的政府中去，这亦是农村金融枯竭的源泉。[④] 当时农村中的典当业，原本为当地重要的金融流通机关，但由于饷捐之苛重、农村之崩溃、质物之滞销等因，营此业者无利可图，典当业因此而日渐减缩，致使农民资金之借贷更加无门，这给农村高利贷以更大的

① 《广东建设厅农林局工作报告》，《广东乡村工作第一次讨论会专号》，西南印书局承印，1935年版，第79页。

② 顺德广东全省蚕业改良实施区总区编：《广东蚕声》，1936年，第2卷第7期，第32页。

③ 顺德广东全省蚕业改良实施区总区编：《广东蚕声》，1936年，第2卷第7期，第91页。

④ 广州岭南大学经济学系编：《南大经济》，1934年，第3卷第2期，第49页。

发展空间。当时的舆论评价说："本省各地农工，往往因缺乏资本，生产不能有所展……其所赖以周转通融者，端赖乡间财主或当押高利贷维持之。"[①]农村金融的短缺阻碍了农村经济的发展，使濒于破产的农村经济更是雪上加霜。

为调节农村金融，扶持农村之发展，并减轻农民受高利贷之压迫剥削，广东省政府在《救济广东农村计划》中提出要完成全省农民借贷组织。1932年12月，在广东省政府第六届委员会第151次会议上，省政府主席林云陔提议筹办广东省农民银行，并拟具《广东省农民银行组织大纲》。[②] 该大纲规定，广东省农民银行之资金，以政府拨款或征收田亩捐作为款项来源，一旦筹足50万元即行开办；农民银行贷款之利息最高不得超过周息1分。[③]

广东省农民银行成立后，省财政厅为救济农村经济，使人民得以低利借贷并发展农业起见，特决定由各县设立县立农民银行，以办理调剂金融，维持农村经济等事。《县立农民银行章程》中规定，县立银行的资本总额最低为10万元，其股本之募集由县府及商会会同向当地人民招募。为了使资本得到保证，全省行政会议于1933年11月通过了《促进成立县银行办法》，它规定对二、三等以下各县民股，采用强迫募股法，即先由县政府责成各乡乡长或各镇镇长，查实列册举报，核定股数，然后按人民资产及商店资本募集股份：满1 000元者认1股，满2 000元者认2股。股金收集后，另发认股收据，购股者再凭收据换领股票。[④] 到1934年，番禺、南海、顺德等县的农民银行已相继成立。

在经济紧缩的情况下，农民的信用较差，各农民银行为了降低贷款风险，一般要求各属农民组成信用合作社。合作社以若干已有相当认识且有密切关系者共同组织，如某合作社内有9个社员欲借款，则以该合作社名义负责，向银行举借，如将来发生债务或其他事情，可由此9人负责。农民合作社向农民银行借款后，再在各社员内部进行分配。这样，合作社就成为农民向农民银行借款的一个中介性的信用机构。

1933年5月，黄麟书、温仲琦、程辟金、陆幼刚、周棠、霍广河、谭惠泉、曾同春、刘懋初、张仲新、缪任衡、黄元彬、张云、邓杰等，奉派为广东合作总社筹备员，旋设立广东合作总社筹备处。1933年12月，广东合作

---

① 《番禺农民银行办理情形及本省农村金融经济建设概况》，《新广东月刊》，1935年，第32期。

② 《筹办本省农民银行》，《广东省政府公报》，1930年，第210期。

③ 广东省建设厅农林局推广课：《农业推广》第2号，1934年，第144页。

④ 《各县银行之筹备》，《广州民国日报》，1933-11-04。

总社筹备处改组为广东省合作事业委员会。广东合作事业委员会成立后，根据广东三年施政计划的原则，参照海内外推行合作运动之经验，并针对广东之实际经济状况，拟定了该会1934—1935年度工作计划大纲。大纲规定：在农村发展合作社，以增加农业生产、繁荣农村为目的；在城市则以减少工人及一般民众之负担，并提高其生产力、改善其生活为目的。为了向全省推广合作社事业，广东省政府于1935年4月创办了合作社指导员养成所，召集广东省党务工作人员训练所及广东省地方自治工作人员200人，对之授以合作理论技能及各种有关合作之知识。该培训班6个月后有169人毕业，其中除留会服务2人外，其余皆派往各县市服务。①

在广东省政府的积极推动下，农村合作事业发展较为迅速。据统计，到1935年10月，全省已有汕头市及其他64县设立了合作事业办事处。各地合作社先后奉准登记者有194社，社员人数共17 590人股，总金额合计为131 291.3元；此外，各地奉准成立者有111社，在筹备组织中者有227社，合计532社。在这532社中，就种类而言，最多的是信用合作社，占28%，其次为生产合作社，占27%，还有消费合作社占20%，运销合作社占14%，利用合作社占4%。各县市中，以番禺县的合作社最多，共有57社，约占全省总社数的11%，另合作社较多的县还有：顺德县35社、茂名县32社、汕头市25社、东莞县20社。合作社数最少的为蕉岭、南雄二县，各仅有1社。从社员之职业来看，农民占64%，其次为商人（农工而兼营商业者）占16%，工人占10%，学界占6%。②

广东合作事业委员会自成立起，就一直把筹措及调剂农村合作事业资金列入章程中，并将放款与储蓄作为其主要业务。1935年，其放款与储蓄的业务量占全省合作社经营业务总数的35%。为规范借贷业务，广东省政府在第六届第337次省务会议上制定了《各县农民银行办理农村合作社放款通则》，现将其内容摘录如下：

（1）各县农民银行办理农村合作社放款时，均适用本通则之规定。

（2）各县农民银行放款，以贷与各县农民所组织经广东省合作事业委员会核准登记，并经各银行认为组织健全之各种农村合作社，供生产之用为原则，但对于农民个人放款及农业放款，尚认为有需要时亦得配量办理。

（3）各县农民银行对于合作社放款分为左列三种：一，信用放款；二，

① 广东省政府编：《广东省三年来推行合作事业报告书》，1935年，第1页。
② 广东省政府编：《广东省三年来推行合作事业报告书》，1935年，第85～95页。

保证放款；三，抵押放款。

（4）各县农民银行放款，利率最高不能超过月息8厘。

（5）各县农民银行放款时以半年至一年为限，但对造林、灌溉、排水、建筑等合作社放款，不在此限。

（6）各县农民银行对于借款合作社之信用程度、借款用途及一切账目，有随时调查之权，合作社亦应尽量给与调查之便利。

（7）合作社借款如有用途不实及发觉保证人或抵押品发生变更，或虚伪操纵等情，各银行得随时追还放款之一部分或全部。

自该通则出台后，各县农民银行之贷款业务就有了法规依据，从而使其做到有章可循。

在各地农民银行未普遍设立之前，广东合作总社直接拨出一部分资金贷放给各地合作社，合作社从银行借入资金后再转贷给农民。到1935年10月止，各地合作社借款共计94 970.29元，其中向广东合作总社借8 915.29元，借上海商业储蓄银行广州分行40 855元，借第一蔗糖营造场19 200元，借顺德农民银行4 300元，借番禺农民银行16 500元，借商业银号5 000元，另借私人200元（谷物运销储押合作社借款未计入）。[1] 现将全省各县市合作社向外借款的利率、数目、用途及其贷款机关等情况列表如下：

表3-20 各县市合作社向外借款表（截至1935年10月底止）

县市	社名	贷款数目（元）	利率	用途	贷款机关
番禺	第七区雅湖乡无限责任信用合作社	150	6厘	购买肥料	广东合作总社
番禺	第七区塘贝乡无限责任信用合作社	300	6厘	购买肥料	广东合作总社
番禺	第七区下高增乡东成庄无限责任信用合作社	100	6厘	资金	广东合作总社
番禺	第一区暇涡乡保证责任农业生产合作社	210.58	8厘	转贷社员作伙食费	广东合作总社

① 广东省政府编：《广东省三年来推行合作事业报告书》，1935年，第99页。

（续上表）

县市	社名	贷款数目（元）	利率	用途	贷款机关
番禺	第七区泉溪乡无限责任信用合作社	100	4厘	购置耕牛	广东合作总社
番禺	第四区棠下乡无限责任第一信用合作社	1 500	8厘	购肥	番禺县农民银行
番禺	第四区棠下乡无限责任第二信用合作社	2 200	8厘	购肥	番禺县农民银行
番禺	第四区棠下乡无限责任第三信用合作社	700	8厘	购肥	番禺县农民银行
番禺	第四区棠下乡无限责任第四信用合作社	1 300	8厘	购肥	番禺县农民银行
番禺	第四区棠下乡无限责任第五信用合作社	500	8厘	购肥	番禺县农民银行
番禺	第七区江村乡无限责任信用合作社	750	8厘	购肥	番禺县农民银行
番禺	黄村乡无限责任信用合作社	800	8厘	购肥	番禺县农民银行
番禺	第五区庙头乡有限责任种植合作社	750	8厘	购肥	番禺县农民银行
番禺	第一区鱼暇涡乡保证责任农业生产合作社	8 000	8厘	批田及购买肥料、种子	番禺县农民银行
番禺	第四区棠下乡无限责任第一信用合作社	3 600	8厘	购肥	上海商业储蓄银行广州分行
番禺	第四区棠下乡无限责任第三信用合作社	2 200	8厘	购肥	上海商业储蓄银行广州分行
番禺	第四区棠下乡无限责任第五信用合作社	1 900	8厘	购肥	上海商业储蓄银行广州分行

（续上表）

县市	社名	贷款数目（元）	利率	用途	贷款机关
番禺	黄村乡无限责任信用合作社	2 700	8 厘	购肥	上海商业储蓄银行广州分行
番禺	第五区庙头乡有限责任种植合作社	3 500	8 厘	购肥	上海商业储蓄银行广州分行
番禺	第二区萝边乡无限责任信用合作社	1 600	8 厘	购肥	上海商业储蓄银行广州分行
番禺	第五区庙头乡无限责任糖蔗生产合作社	2 080	8 厘	购肥	上海商业储蓄银行广州分行
番禺	第二区萝边乡无限责任糖业生产合作社	1 000	8 厘	购肥	上海商业储蓄银行广州分行
番禺	第二区水门乡无限责任糖蔗生产合作社	6 125	8 厘	购肥	上海商业储蓄银行广州分行
番禺	第一区东囊村保证责任农业生产合作社	5 000	8 厘	购肥	上海商业储蓄银行广州分行
番禺	第一区鱼暇涡乡保证责任农业生产合作社	6 150	8 厘	购肥	上海商业储蓄银行广州分行
番禺	第一区暇涡乡保证责任农业生产合作社	5 000	8 厘	购肥	上海商业储蓄银行广州分行
番禺	第一区东囊村保证责任农业生产合作社	607. 71	8 厘	转贷社员作伙食费	广东合作总社
顺德	第一区大良保证责任木屐运销兼购买合作社	600	4 厘	购置原料	广东合作总会
顺德	第一区旧寨乡有限责任信用兼营购买及林业合作社	500	7 厘	转贷社员作开耕费	顺德县农民银行

（续上表）

县市	社名	贷款数目（元）	利率	用途	贷款机关
顺德	第三区太平乡无限责任信用兼营购买垦殖合作社	1 500	8 厘	用于筑围	顺德县农民银行
顺德	第八区南华乡无限责任信用兼营购买垦殖合作社	800	8 厘	购买肥料、种子	顺德县农民银行
顺德	第十区容奇乡利群无限责任信用兼营购买垦殖合作社	1 000	8 厘	转贷社员作开耕费及扩充业务	顺德县农民银行
顺德	第十区桂洲乡无限责任信用兼营购买垦殖合作社	500	8 厘	用于种植	顺德县农民银行
顺德	第一区东乡云路无限责任信用兼营养蚕及消费合作社	12 500	8 厘	购买肥料、种蔗	广州区第一蔗糖营造场
顺德	第三区太平乡无限责任信用兼营购买垦殖合作社	3 750	8 厘	用于种蔗	广州区第一蔗糖营造场
顺德	第三区北窖北乡无限责任信用兼营购买合作社	1 000	8 厘	用于种蔗	广州区第一蔗糖营造场
顺德	第三区勒竹乡无限责任信用兼营购买合作社	750	8 厘	用于种蔗	广州区第一蔗糖营造场
顺德	第七区龙江乡东社无限责任信用兼营购买合作社	1 200	8 厘	购买肥料、种子	广州区第一蔗糖营造场
三水	西区阁美乡有限责任糖业信用合作社	500	6 厘	购买肥料	广东合作总社

（续上表）

县市	社名	贷款数目（元）	利率	用途	贷款机关
花县	第一区紫泥乡有限责任购买合作社	300	4 厘	购买肥料	广东合作总社
新会	第九区南朗乡无限责任运销兼营信用、购买合作社	500	4 厘	购买肥料	广东合作总社
新会	葵业无限责任生产兼营消费合作社	2 800	8 厘	转贷社员作伙食费	广东合作总社
东莞	第五区东坑乡广英有限责任运销兼营购买合作社	300	6 厘	购买肥料、种子	广东合作总社
东莞	第七区鸭翅岭乡有限责任信用合作社	300	6 厘	购买肥料	广东合作总社
台山	潮境区有限责任垦殖合作社	200	6 厘	建筑鸡舍	私人（社员家长）
惠阳	第七区响义乡有限责任消费兼营运销合作社	200	6 厘	购买肥料、种子	广东合作总社
惠阳	第七区响义乡有限责任消费兼营运销合作社	5 000	1 分 4 厘	购买肥料、种子	惠州贞盛银号、永元银号、林万合、广寿堂
潮安	第十区奄埠有限责任豆干原料购买合作社	200	4 厘	资金	广东合作总社
潮阳	第一区建筑工人无限责任信用合作社	247	4 厘	扩充营业	广东合作总社
澄海	第一区有限责任豆干原料购买合作社	200	4 厘	资金	广东合作总社
普宁	第一区鸣岗乡有限责任信用兼营购买合作社	200	4 厘	资金	广东合作总社

（续上表）

县市	社名	贷款数目（元）	利率	用途	贷款机关
梅县	有限责任缝衣生产合作社	300	6 厘	资金	广东合作总社
汕头	理发工人有限责任消费合作社	200	4 厘	扩充业务	广东合作总社
汕头	平民新村有限责任信用兼营生产合作社	100	4 厘	放款社员作生产资金	广东合作总社
茂名	第三区金塘乡有限责任购买合作社	300	6 厘	资金	广东合作总社
英德	连江站民船船员有限责任消费合作社	200	6 厘	资金	广东合作总社

资料来源：广东省政府编：《广东省三年来推行合作事业报告书》，1935 年，第 101～107 页。

由上表可以看出，广东省在 20 世纪 30 年代成立的合作社大部分是信用合作社。各合作社的借款主要用于购肥、购种等业务，这在一定程度上有利于扩大农业再生产。

农民银行的新式贷款业务在番禺、顺德、南海、中山等县取得了一定的成效。如番禺县农民银行成立后，为扩大贷款范围，先后于该县之重要墟镇如市桥、新造、东圃、高塘等处开办了贫民贷款所。[①] 该县农民银行自 1933 年 7 月 22 日开办起，至 1935 年 6 月止，营业总额共计 2 484 900 余元，其中向贫农放款 2 279 元，向农民合作社放款 5 530 元，向农村信用社借款 19 500 元，抵押放款 3 000 元，代理糖厂放款 184 000 余元。[②]

另据《农情报告》统计，1933—1934 年广东省农村的一般借贷利率情况，如下表所示：

① 《番禺县政旬刊》，1933 年，第 1 卷第 28、29、30 期合刊，第 57 页。

② 《番禺县政纪要》，1935 年，第 1 期，第 56 页。

表3－21　广东农村借贷利率情况表

	粮食（月利）	现金借贷各种利率（年利）				
利率	5.8%	1～2分	2～3分	3～4分	4～5分	5分以上
所占百分比	—	18.8%	48.2%	30.4%	0.9%	1.7%

资料来源：南京经济部中央农业实验所编：《农情报告》，1934年，第2卷第4、11期。

根据表3－21，广东各地农民在20世纪30年代的现金借贷利率以2～4分为多。而各合作社从银行借入的月息一般是8厘至1分，合作社借给农民之月利以1分至1分2厘为最多。[①] 这说明，当时广东省各农民银行的贷款率比较低，这对于防止高利贷的过度剥削、缓解农村金融枯竭还是起了一定的作用。

此外，省政府还委托典当给乡民进行贷款。典当，亦称当铺或押店，是经营各种物品（动产）抵押放款的信用机构，历代有质库、质肆、解库、长生库之称。广东省的典当在清末民初较为盛行，按其种类可分为当、按、押（也叫大押、饷押）及小押4种，其等级层次设置相当齐全。至民国20年代后，由于西方列强的侵略，国内新式银行的出现，再加上政局动荡，货币屡屡贬值，使典当业逐步衰落。据统计，1932年时广东全省仍有当铺231所，按店218所，押店776所，小押店51所，总计1 276所典押店。作为传统的农村金融组织，典当业虽然也有较强的剥削性，但确实能起到济急便民的作用。它在小额抵押贷款方面极为方便：手续简便，随当随赎，很快就能办完；不需要担保人；当期可长可短；保管较好，信用可靠等。此外，典当的利息一般比高利贷要低，只要有物可当，就可救急于一时。据统计，1934年典当贷款约占广东农村借款总额的18.4%。[②]

广东省各农民银行的款项大多数是以农民合作社为中介贷给农民的。然而农民合作社毕竟不是在短时间内能成立起来的。因此，对于那些没有成立合作社的农民的零星借款，广东省政府一般是交由当铺来完成的。其办法是：先由政府拨出相当款项给各地当铺或殷实商店附设农民贷款处，用以专门办理乡民零星贷款事务；各店铺贷款时所收月息不得超过8厘（除政府应取回6厘外，其余2厘为当地代理贷款之殷实当铺或商店收益）。各当铺或

① 广东省政府编：《广东省三年来推行合作事业报告书》，1935年，第361页。

② 严中平等编：《中国近代经济史统计资料选辑》，科学出版社，1953年版，第345页。

商店在贷款时，对贷款数目亦有一定的限度，如乡民第一次贷款不依照所认定之用途运用者，第二次便停止给其贷款。以上这种贷款业务首先是从西北区开始的，然后再逐步推行到全省其他地区。

四、农村救济活动与乡村建设运动的区别

为进一步考察民国时期广东的农村救济事业，有必要将之与民国时喧嚣一时的“乡村建设运动”略作对比。这里所说的农村救济，主要是指由政府通过拨款等手段来救济农村，以减轻农村动荡的一种政府救济行为，它与民国时期的“乡村建设运动”既有一定的联系，又有一定的区别。

应当承认，陈济棠主粤时期的农村救济活动在一定程度上受到了当时乡村建设运动影响。从大致内容上来看，这两者具有一定的类似性，它们都包括改良作物种子、防除牛瘟、组织成立合作社等内容。另广东农村救济活动主要是由广东省政府农林局负责推行的。该局局长冯锐早年曾公费留学美国，获康奈尔大学农业经济学博士；回国后任东南大学教授、河北定县中华平民教育促进会试验区主任；1931 年回广州任岭南大学农学院院长兼广东省建设厅农林局局长，开办多间糖厂和蔗种繁殖场，相继任省营蔗糖营造场经理、粮食调节委员会委员。由于冯曾在河北参与乡村建设运动，深受梁漱溟、晏阳初等的乡村建设思想的影响，故他至粤后，也把乡村建设派的一些理念带到了广东。

民国时期广东省的农村救济活动与当时的乡村建设运动虽有一定的相似性，但仔细分析，两者仍有许多不同之处，试简述如下：

首先，两者的领导力量和依靠力量不同。民国时期乡村建设运动的最初的参加者主要是一些教育和学术团体及大中专学校，如中华职业教育社、中华平民教育促进会、山东乡村建设研究院、北平燕京大学、南京金陵大学、济南齐鲁大学、江苏省立教育学院等。这些教育与学术团体及大中专院校在建立实（试）验区、从事乡村建设实验的过程中，除山东乡村建设研究院得到该省政府的资助外，一般很少与官方发生直接联系。它们既不反对官方，也不触及官方的根本利益，很少主动与官方合作，利用官方的政治力量来推进乡村建设事业。[1] 梁漱溟在山东邹平推行乡村建设运动时，把邹平县的整个行政系统实行教育机关化，甚至取消乡镇公所的自治组织，而将之变为乡学、村学，以教育力量代替行政力量。他在县以下设乡学，乡学下设村学，

---

① 郑大华：《民国乡村建设运动》，社会科学文献出版社，2000 年版，第 475 页。

其设置乡村学的目的是培养新政治习惯，训练乡下人对团体生活及公共事务的注意力与活动力。①

1935 年 10 月，全国乡村工作讨论会第三届年会在无锡江苏省立教育学院举行，参加者有言心哲、梁漱溟、晏阳初等 169 人，梁任第四组主席。该会在讨论“乡村社会推进之责任应由谁负”这个问题的时候，讨论结果认为，乡村社会“应由先知先觉之知识分子，引发乡村自治领袖及成年农民，方可推进，而无流弊。即乡村改进，应以他力（外来知识分子力量）引发自力（农民自己的力量），而达到建设之目的”②。显然，乡村建设派排斥政府，认为政府代表社会惰性、不进步性；而大凡新的潮流、新的运动、新的创造都是从社会发生的。③ 由此可以看出，在 20 世纪初中国农村经济日益走向衰落的时代背景下，乡村建设运动是以乡村教育为起点，以复兴农村社会为宗旨，由知识精英通过自下而上的方式来推进的乡村社会改造运动。而当时广东省的农村救济活动自始至终都可以看到政府的影子：《救济广东农村计划》是由政府领衔制定的，该计划的实行、经费的筹集也一直是由政府以自上而下的方式来推动的。

其次，两者的推进方式及其成效不同。在乡村建设运动中，虽有部分知识分子深入乡村与村民打成一片，但这并不是主流。他们大多数只是将此工作流于形式，并没有真正深入基层推行；有很多专门人才“未能抛去城市虚荣观念，无深入农村工作之兴趣，是以工作无恒，难收善果”。④ 对此，民国时期的一些思想评论家亦颇有微词。社会学家陈序经曾毫不客气地批评了乡村建设运动。他说，乡村建设是一种实际工作，然而十多年的乡村建设工作还未超出空谈计划与形式组织的范围，实际工作寥寥无几，就是做了也多空而无用。在各处的乡村建设实验区，宣传工作多于实际工作。陈更进一步指出，乡村建设的目标是救济乡村农民，然结果却变为救济工作人员，今后会养出一个吃乡建饭的新阶级。社会学家孙本文在肯定乡村建设运动的基础上，也曾委婉地批评了乡村建设工作。他认为乡村建设在未完成计划前只宜报告实验经过，而不可夸示其可能的成绩，以免蹈袭宣传多于实际之讥评。⑤确实，邹平也好，定县也好，乡建工作人员一走，其建设事业皆无着落，以

① 杨雅彬：《近代中国社会学》，中国社会科学出版社，2001 年版，第 263 页。

② 罗石民：《出席全国乡村工作讨论会第三届年会报告》，《广东蚕声》，1936 年，第 2 卷第 1 期，第 65 ~ 66 页。

③ 杨雅彬：《近代中国社会学》，中国社会科学出版社，2001 年版，第 264 页。

④ 廖崇真：《广东蚕业改良实施区之使命及其设施计划》，《南大经济》，1935 年，第 4 卷第 2 期。

⑤ 杨雅彬：《近代中国社会学》，中国社会科学出版社，2001 年版，第 266 ~ 267 页。

至出现了“号称乡村运动而乡村不动”的难局。[①] 而当时广东的农村救济活动，却是政府通过行政手段，在地方各县市设立农林推广机关，在县市下之各乡镇再设立分机关，进而在各乡村设立许多农业表证场。这种上下“联合发起召集乡村工作讨论会之举，聚乡村工作人员与各种专家于一堂，互相讨论实行乡村工作运动方策，此诚复兴乡村之要道”[②]。

关于政府因素在广东农村救济活动的作用及地位，笔者认为冯锐在当时讲过的一段话颇为中肯且有代表性，他说：“我国农业研究的机关和学校从兴起至今足足有二十余年，何以总不得到科学的益处而发达呢？大约就是缺乏推广制度的原故。我在六年前已觉得中国农业不能发达，就有这个根由，遂联合多位同志在河北定县做点农业推广研究的工作。努力数年，现在可算是有些少成效了，但是因为范围和经费的有限只是一种试验，不能成为制度。后来，也有好多农业机关和学校，相仿设立推广部或推广处，但是亦属零碎的工作。至于正式的农业推广制度，我以为广东现在进行着的才是最首的一个。这个制度的组织，广东建设厅农林局为全省最高的统率机关，县设有农业推广处，区乡设有农业表证场，各乡便有表证农家，务使上下得以一贯，农林局研究所得的改良方法，立即可由县推广处转达乡区表证场，指导各村表证农家去实行。如此就可摒除研究和实用间的隔膜，实际地使农民直接得到利益了。”[③]

从总体上看，陈济棠主粤时期《救济广东农村计划》的提出及实施，反映了当时广东省政府对农村中所面临的严峻问题有相当认识。陈济棠试图拨出500万元洋米税来增强农村的“造血”功能，但由于农民还贷率低，致使这笔款项难以循环利用。因此可以说，农村救济工作虽能在局部地区取得一定成效，但只能“治标”而不能“治本”，无助于挽救整个农村经济的颓势，也不能从根本上改善广大农民的境遇。

---

① 中国文化书院学术委员会编：《乡村建设理论》，《梁漱溟全集》，山东人民出版社，1990年版，第393页。

② 廖崇真：《广东蚕业改良实施区之使命及其设施计划》，《南大经济》，1935年，第4卷第2期。

③ 冯锐：《我国农业推广制度的产生》，《农业革命》，1932年，第1卷第4期，第4页。

第四章　城镇弱势群体救济

随着农村经济破产，农民购买力低下，城市工商业也因此而凋敝，歇业现象非常严重。广州地处东、西、北三江之总汇和华南经济之中心，与外国通商最早，商业繁盛，为民国时期我国四大都市之一。自20世纪30年代以来，因受世界经济不景气之影响，广州市内“大减价”、“收盘大拍卖”之旗号触目皆是，“凡百商业，无不萎靡不振”①，如衣着类商店：1932年共有39家，1933年为31家，1934年只有22家；又如首饰类商店：1933年上半年虽新开张8家，但歇业者增至25家，歇业资本达57 900元，较新开张资本多5倍有余。② 据统计，全市在1933年各商店歇业及倒闭的数目多达5 760家。③

省内其他城市亦大多呈衰落之象。据记载，佛山向为“五方杂处之区，田少人众，里多逐末，户鲜盖藏”④。至30年代时，“挟资以贾者什一，徒手而求食者则什九也”⑤。1930年《广东建设》统计，佛山石湾陶瓷业在1928年的产值为300多万元，1929年降为200多万元，1930年降到八九十万元，到1934年降至44万元。⑥ 同年佛山银业店有50余家，其中90%亏本；当押店35家中因亏本而倒闭者达7家；20多家京果海味店全因捐税倍增、价格暴跌而亏本。1934年南海县商会统计表明，佛山镇领有牌照的商户有7 000多家，实际开业的只有5 619家，歇业者达1 400家。⑦ 整个南海县在该年内的商店歇业资本为354 570元，歇业店员数达2 040人。⑧ 同年，海口市新开张商店为54家，而歇业商店有76家，歇业资本达62 596元。⑨

---

① 《广州商业益形衰落》，《中央日报》，1933－08－20。

② 《广州市商店新张歇业之回顾》，《统计月刊》，1935年，第1卷第4期，第4～6页。

③ 《广州年鉴》，1936年版，第360页。

④ 《奉宪建义仓碑》，《佛山义仓总录》卷一。

⑤ 佛山市地方志编纂委员会编：《佛山史话》，中山大学出版社，1990年版，第31页。

⑥ 佛山市地方志编纂委员会编：《佛山史话》，中山大学出版社，1990年版，第70页。

⑦ 佛山市地方志编纂委员会编：《佛山史话》，中山大学出版社，1990年版，第116页。

⑧ 广东省调查统计局编：《统计月刊》，1935年，第1卷第9号，第43页。

⑨ 广东省调查统计局编：《统计月刊》，1935年，第1卷第5号，第55页。

广东各城镇除了大批失业店员手工业者外，还有部分灾民、破产农民为求生存而流向城镇。据当时广州市社会局人士说：“广州市贫苦人口一天一天增加，每月由四乡逃来广州之贫民以数百计。”① 由上述可知，当时散居在各城镇的弱势群体范围较广，既包括城镇失业店员、失业手工业者、不幸妇女、弃婴、人力车夫等，还包括那些从农村来的破产农民、灾民、流民、难民。本章根据当时城镇救济对象的特点，将政府的救济活动分为综合性救济及专门性救济两种。

第一节　政府实施的综合性救济活动

政府的综合性救济，一般是指其救济的对象带有综合性，并非特定性和单一性。

一、综合性救济机构——救济院及平民医院的设立

（一）救济院的设立

1. 救济院的筹办情形

早在20世纪20年代时，因天灾人祸频仍，粤省广州、汕头等一些中心城市兴办了一些名称各异的救济性机关。1922年，汕头发生“八·二”大风灾，无数孤儿流落街头，生活无靠。汕头市政府乃于潮梅工艺厂旧址上创设灾民孤儿院，使孤儿获得抚养、读书、习艺之机会。20年代后期，汕头因连年兵燹天灾，许多民众因丧乱而失业，再由失业而沦为乞丐、流氓，以致市内沿门托钵者触目皆是。1925年冬，汕头市政府召集市商会及市内各善堂筹办贫民工艺院，同时附设贫民孤儿院以资收容。贫民工艺院成立后，汕头市政府即组织一个董事会以加强管理，该董事会共由29人组成：其中汕头市政府、潮梅海关监督税务司、公安局各派2人为常务董事，其他23人由市商会10人、商业联合会3人、存心善堂4人、同济善堂4人及华侨联合会2人共同组成。在20年代，汕头市贫民工艺院为“岭东唯一之救济机关”，该机关分为男人、妇女、孤儿三部，并以“肃清市内乞丐、流氓，收容鳏、寡、老弱、残废之辈，使无冻馁之忧；救济一般无业贫民，施以相当教育，使能谋生自立，以期无业游民日益减少；保育幼稚孤儿，端其基础，养成健

---

① 黄菩生：《广东粮食问题研究》，广州东城印书局，1937年版，第25页。

全之国民为宗旨”。[①]

1926年，广州市教育局在广州设立了市立贫民教养院，内分文、工两科。院内幼童白天除学习普通科学外，还学习织藤工作。该院收容计划分三期进行：其中第一期收容市内乞丐，第二期收容无业游民；第三期再推广于其他贫民。[②] 后因贫民到院者日多，旧有院址无法收容，广州市政府遂拨款逐渐扩大其规模，并于1928年将其改为广州市贫民教养院。[③]

广东省在20世纪20年代设立的综合性救济机关主要集中于一些中心城市里，且数量少、规模小。在当时，这并没有在全省范围内得到推广。

1928年5月，国民政府内政部颁布了《各地方救济院规则》，第一次将长期以来纷乱繁杂的救济设施之名称作了统一规范。它规定将各地的救济设施统一称为“救济院”，并将以下5类人作为救济对象：①无力自救之男女，年龄在60岁以上、无人抚养者；②贫苦及被遗弃，年龄在6岁以下的男女婴孩；③6岁以上15岁以下贫苦无依之幼年男女；④无人抚养的肢体残废者、盲人和聋哑人等行动不自由者；⑤赤贫者和贫苦无资经营农事或营业，年龄在15岁以上并无不良嗜好的男女。根据以上所列对象，救济院内分设养老所、孤儿所、残废所、育婴所、施医所、贷款所。[④]

1933年，广州市遵照中央政府公布的救济院条例，并参照本市情形筹设广州市救济院，制定出《广州市救济院组织章程》。该章程规定：广州市救济院设于广州石牌，直属社会局管辖；以教育无自救力之老幼残废人，并保护贫民健康、扶植贫民生计，使其能独立自营为宗旨；该院教养期限定为三年，期满考试其技能后，分别介绍职业出院，但已有技能或专长而入院者，不俟期满即介绍职业出院；教养费不敷时，得由市库补助并设法筹募。[⑤] 10月1日，广州市政府将以前的贫民教养院、惠老院、健济院等，合并改组而成立广州市救济院。

1934年3月，广州市社会局局长张远峰和省政府秘书处第三科的陈广沣鉴于“四方之无业游民源源而来”，仅依靠少数救济院难以收容救济，遂向省政府提出了《提议广东全省各县市遵照通令从速设立救济院以救济无业游民案》，省政府依此通令全省各县市“从速设立救济机关”，并进一步拟定以下几条具体推广办法：

---

① 《汕头贫民工艺院创设之缘起》，《汕头市贫民工艺院报告书》，1933年，第8期，第10页。

② 广州市立救济院编：《广州市救济院院务概览》，1935年，第4页。

③ 《广州市政府市政公报》，1933年，第441期，第101页。

④ 《各地方救济院规则》，《中华民国法规大全》（一），商务印书馆，1936年版。

⑤ 《修正广州市救济院组织章程草案》，《广州市救济院院务概览》，第13页。

（1）各县市应遵照通令设立救济院，定名为某县（市）救济院。

（2）各县市设立救济院，得仿照广州市成例，向该县（市）内征收贫民教养费。

（3）前项教养费从人民所得收入金内征收之，但最多不得过千分之一，并不得征及无收入之人民；前项教养费如向商店征收时，应照纳营业税十分之一计算。

（4）全省各县市举办救济院，应就各县市经济状况，分别先后次第办理；其先后次序由民政厅核定之。

（5）各县市筹办救济院成绩，应列入考核，分别惩奖。

（6）各县市设立之救济院，收容贫民以该县市为限，但其经费充裕，收容外籍人民者听任之意。

（7）各县市救济院章则，由各该县市拟呈主管官厅审定备案。①

在省政府的积极推动下，全省各地至1936年已有40余县市设有救济院。

2. 救济院经费来源的问题

其一，广东省政府的财政拨款。全省各县市成立救济院所需的经费主要来自省政府的财政拨款。为督促各县举办救济事业，广东省政府于1935年1月规定，凡各县募捐筹设救济院者，一律在本省赈款下捐助200元，以为倡导。因农村日濒破产，商业一落千丈，亟待救济者日众，至该年3月，全省除南海等30余县已设救济院或贫民医院外，其余各县均因绌于经费，未能着手举办。为了在各县（市、局）普设救济院，省政府决定拨款10万元，连同所存赈款6万余元共16万元，分发给经费困难各县，其办法是以各县人口为正比例，以财赋为反比例，分别拨给连平、佛冈、蕉岭、乐会、乳源、开建等6县各4 000元；拨给海丰、饶平、儋县、大埔、阳山、和平、翁源、龙门、新丰、徐闻、陵水、平远、连山、琼东、感恩、昌江、南澳等17县各3 000元；拨给惠阳、曲江、合浦、灵山、信宜、兴宁、陆丰、英德、廉江、博罗、钦县、河源、增城、普宁、南雄、五华、云浮、遂溪、惠来、德庆、龙川、恩平、郁南、连县、紫金、崖县、定安、四会、万宁、新兴、澄迈、丰顺、花县、始兴、临高、宝安、吴川、乐昌、高明、仁化、赤溪等41县各2 000元；拨给广宁、化县、电白、从化、封川等5县各1 000元；拨给梅菉管理局及连阳“化瑶局”各1 000元。省政府同时令饬各县、

① 《令查报各县市办理救济事业情形》，《广东省政府公报》，1934年，第253期。

局将这些拨款储作救济院基金，或将之存放商店生息，或购置产业收租，以所得租息为办院之用。

为进一步推进救济事业，广东省民政厅于1936年又增拨20万元给各县（市、局）作为救济基金。其中拨给连平、乐会、乳源、开建、龙川、新丰、感恩、昌江、连山、廉江、惠来等11县各4 000元，共44 000元；饶平、阳山、和平、徐闻、平远、普宁、河源、五华、云浮、遂溪、连县、紫金、丰顺、仁化、钦县、澄迈、吴川、临高、佛冈、蕉岭、南澳等21县各3 000元，共63 000元；海丰、儋县、大埔、翁源、龙门、陵水、琼东、罗定、惠阳、曲江、合浦、灵山、信宜、兴宁、陆丰、博罗、增城、南雄、德庆、恩平、郁南、定安、四会、万宁、新兴、花县、始兴、宝安、乐昌、高明、梅县、茂名、阳江、阳春、英德、崖县等36县各2 000元，共72 000元；广宁、化县、电白、从化、封川、赤溪、清远、海康、保亭、白沙、乐东、南山局、连阳“化瑶局”、梅菉局等14县、局各1 500元，共21 000元；以上总共200 000元。[①] 现将省政府拨给各县（市、局）的款项及捐款数目之具体情形列表如下：

表4-1　广东省民政厅拨给各县市局救济基金暨捐款数目一览表（单位：元）

县市名	拨款数目		捐款数目	县市名	拨款数目		捐款数目
	1935年	1936年			1935年	1936年	
东莞	—	1 000	200	儋县	3 000	2 000	200
增城	2 000	2 000	—	临高	2 000	3 000	400
高要	—	1 000	400	乐会	4 000	4 000	—
四会	2 000	2 000	—	琼东	3 000	2 000	—
高明	2 000	2 000	—	昌江	3 000	4 000	—
广宁	1 000	1 500	400	钦县	2 000	3 000	400
鹤山	—	1 000	200	灵山	2 000	2 000	—
封川	1 000	1 500	—	佛冈	4 000	3 000	—
龙门	3 000	2 000	200	龙川	2 000	4 000	200

① 《广东省政府政治报告》，《新广东月刊》，1935年，第32、33合期；《增拨各县局救济基金》，《新广东月刊》，1936年，第39期；《广东省政府政治报告》，《广东省政府公报》，1936年，第319期。

（续上表）

县市名	拨款数目		捐款数目	县市名	拨款数目		捐款数目
	1935 年	1936 年			1935 年	1936 年	
云浮	2 000	3 000	200	德庆	2 000	2 000	200
揭阳	—	1 000	200	郁南	2 000	2 000	200
潮阳	—	1 000	400	惠阳	2 000	2 000	200
澄海	—	1 000	400	陆丰	2 000	2 000	200
丰顺	2 000	3 000		海丰	3 000	2 000	200
兴宁	2 000	2 000	200	惠来	2 000	4 000	—
平远	3 000	3 000	—	电白	1 000	1 500	—
南雄	2 000	2 000	—	澄迈	2 000	3 000	—
乐昌	2 000	2 000	200	合浦	2 000	2 000	—
曲江	2 000	2 000	200	定安	2 000	2 000	—
英德	2 000	2 000	—	三水	—	1 000	400
海康	—	1 500	200	宝安	2 000	2 000	200
遂溪	2 000	3 000	200	花县	2 000	2 000	200
阳春	—	2 000	200	从化	1 000	1 500	200
崖县	2 000	2 000	—	赤溪	2 000	1 500	200
陵水	3 000	2 000	—	新兴	2 000	2 000	
万宁	2 000	2 000	—	新丰	3 000	4 000	200
普宁	2 000	3 000	200	南澳	3 000	3 000	200
翁源	3 000	2 000	—	茂名	—	2 000	400
连山	3 000	4 000	200	罗定	—	2 000	—
文昌	—	1 000	400	梅县	—	2 000	—
感恩	3 000	4 000	—	阳江	—	2 000	—
博罗	2 000	2 000	200	清远	—	1 500	—
连平	4 000	4 000	—	保亭	—	1 500	—
河源	2 000	3 000	200	白沙	—	1 500	—
和平	3 000	3 000	—	乐东	—	1 500	—

（续上表）

县市名	拨款数目		捐款数目	县市名	拨款数目		捐款数目
	1935 年	1936 年			1935 年	1936 年	
紫金	2 000	3 000	—	南海	—	1 000	—
饶平	3 000	3 000	—	番禺	—	1 000	—
大埔	3 000	2 000	—	顺德	—	1 000	—
五华	2 000	3 000	200	中山	—	1 000	—
蕉岭	4 000	3 000	—	新会	—	1 000	—
始兴	2 000	2 000	—	台山	—	1 000	—
仁化	2 000	3 000	200	潮安	—	1 000	—
乳源	4 000	4 000	200	琼山	—	1 000	—
连县	2 000	3 000	—	防城	—	1 000	—
阳山	3 000	3 000	200	汕头市	—	1 000	—
化县	1 000	1 500	300	南山局	—	1 500	—
吴川	2 000	3 000	200	连阳“化瑶局”	1 000	1 500	—
信宜	2 000	2 000	—	梅菉管理局	1 000	1 500	—
廉江	2 000	4 000	200	开平	—	1 000	200
徐闻	3 000	3 000	200	恩平	2 000	2 000	400
开建	4 000	4 000	200				

资料来源：广东省政府编：《广东省五年来民政概况》，1936 年版，第 70 ~ 76 页。

由上表可知，广东省政府在 1935 年和 1936 年两年间，共拨给各县、市、局救济基金 383 000 元，拨出捐款 11 700 元。省政府的拨款及捐款加快了省内各地救济院的兴办进程。据统计，至 1936 年 3 月止，全省各县已设平民医院者达 59 县，已设救济院者为 42 县，已设育婴堂者达 27 县，已设乡村医所者为 11 县。①

其二，募捐及派捐。这里先说说政府机关各政要及社会贤达的捐助情

① 《广东省政府政治报告》，《新广东月刊》，1935 年，第 32、33 合期；《增拨各县局救济基金》，《新广东月刊》，1936 年，第 39 期；《广东省政府政治报告》，《广东省政府公报》，1936 年，第 319 期。

况。在社会经济不景气的情况下，向社会募捐极不容易。广东省党、政、军各机关政要以及一些社会贤达为了倡导此举，率先捐款以帮助各地兴建救济院。如澄海县救济院筹委会自1935年1月18日成立以来，积极派人赴省城劝募捐款，结果获陈济棠捐款1 000元，陈济棠夫人莫氏捐500元，第二军部捐200元，广东省政府捐300元，财政厅区芳浦捐200元，民政厅林翼中捐400元（内有平民医院捐200元），陈维周捐500元，李汉魂捐200元，黄麟书捐100元，共计毫洋3 400元；[①] 河源县救济院及平民医院于1935年3月1日成立以来，由该县钟县长先后向以下人员募得捐款：陈济棠捐500元，莫氏捐300元，缪参谋长捐100元，民政厅厅长林翼中捐200元。[②] 广州市贫民教养院自成立后，也得省内军政长官们自动捐助不少，其募捐所得数目如下：

表4－2　军政长官捐款兴办广州市贫民教养院情况表

时间	捐款人	捐款数目（元）	备注
1933年10月15日至1934年3月黄国琦任院长时期	林翼中（民政厅厅长）	100	该款捐为施药费
	汪茂森（秘书）	50	同上
	翁半玄（秘书）	100	同上
	廖百玄（参议）	100	同上
	黄小玄（参议）	100	同上
	詹天眼（视察）	100	同上
	翁东曦（医官）	50	同上
	林国佩（参议）	100	同上
	何荦（公安局局长）	7 000	该款拨归工艺场、农林场施业费
	合计	7 700	

① 《军政领袖捐廉助澄海救济院》，《仁爱旬刊》，1936年，第9期。

② 仁爱善堂编：《仁爱旬刊》，1935年，第2期，第182页。

（续上表）

时间	捐款人	捐款数目（元）	备注
1934 年 3 月 5 日至 1934 年 9 月 14 日林佩国任院长时期	陈济棠（第一集团军司令）	1 000	指定拨为农林场作施业费
	陈济棠夫人莫秀英	1 000	组织施药处
	社会局拨来赛马会余款	4 339.25	指定拨为工艺场作工艺基金
	合计	6 339.25	
1934 年 9 月 20 日至 1935 年 3 月 2 日翁半玄任院长时期	陈济棠（第一集团军总司令）	23 742.90	捐建本院石牌厨房两座、浴室一座、厕所一座、水塔一座、机房一座
	陈济棠（第一集团军总司令）	2 000	该款捐助农林场
	陈济棠（第一集团军总司令）	5 000	同上
	何荦（公安局局长）	7 500	未蒙交来
	梁月姬女士	20	指定拨为残废老人组
	王玉女士	150	
	其他	70	
	合计	38 482.90	

资料来源：广州市立救济院编：《广州市救济院院务概览》，1935 年，第 16～17 页。

民国时期，海南岛大多为黎人聚居之地，岛内很多地方尚未开发，乡民经济并不富庶，募捐尤为不易。广东省政府为促进琼崖各县的救济事业起见，特组织琼崖促进救济事业总会。该会自成立后，先后收到陈济棠及其夫人捐助款 70 000 元，陈维周（陈济棠之弟）及其夫人陈佩芬捐助款 9 000 元，共 79 000 元。琼崖促进救济事业总会从中提拨 46 800 元，以属内各县人口多寡、地方民力及各县筹备救济院难易情形为分配标准，将此款分发给琼崖 13 县，用以兴办救济院和发展救济事业。其分配情形如下：

表4－3　琼崖促进救济事业总会拨给各县办理救济事业开办费用分配表

县名	决定分配额（元）	备考	县名	决定分配额（元）	备考
琼山	5 700		临高	4 000	同拨1000元给新盈港平民医院
文昌	4 000	因有华侨捐助多款，故分拨如左数	儋县	3 900	
琼东	3 800		昌江	2 300	该县已由三亚北黎省配盐仓捐项下核拨200元，故议定如左数
乐会	4 000		感恩	2 100	
万宁	3 500	内拨1 000元为基金	乐安	2 500	
陵水	4 000	内拨1 300元为基金	白沙	2 500	
崖县	2 300	该县已由三亚北黎省配盐仓捐项下核拨3 000元，故议定如左数	保亭	2 500	
定安	3 600		澄迈	3 600	
合计	54 300	以上拨银项均系大洋			

资料来源：广东省民政厅档案：《琼崖区绥靖分署函送议拨各县办理救济事业开办费分配表》，1935年，藏于广东省中山文献馆，书号：K/7.755/4112－4。

发动民众捐款也是政府募集救济院所需经费的一种重要方式。其形式主要有募捐（自由捐）和派捐（义务捐）两种，而在民间财源枯竭的情况下，带有强迫性质的派捐往往占大多数。如开平县设立救济院的筹款方法，分为义务捐和自由募捐两种。义务捐是由县属各区乡商店、税务公司、车路公司、轮船公司等额捐5万元作为教养所建筑费；自由募捐即由募捐委员会会同地方士绅组织募捐队分别向各界劝捐，规定捐足15 000元为教养所设备费，如超出此额则拨充为该院救济基金。[①]

琼崖促进救济事业总会曾在内地与外埠，分别按照不同的方法进行募

① 《开平募款办救济院》，《仁爱旬刊》，1936年，第9期，第41页。

捐。内地募捐系由各县协筹会自行举办。他们根据住户、商店及公务人员三类人，分别确定不同的募捐标准。其中住户类的捐款标准为：①凡住户有田自耕可以足食，或无田而有园产且常年收获售卖足以自给，或有不动产可以收租者为丙等，每月一次捐款 1 元；②有田自耕足食，兼有园产可以收获出息者，或有不动产可收租者为乙等，每户一次捐款 2 元；③有自耕种田园，足以自给且家有壮丁，另有其他职业入息者为甲等，每户一次捐款 3 元；④经本区乡镇长均认为殷富之家者为特等，每户一次捐款 5 元。向商店类募捐之方法为：①营业牌照登记满 200 元者为丙等；②营业牌照登记满 500 元者为乙等；③营业牌照登记满 1 000 元者为甲等；④营业牌照登记满 2 000 元者为特等，各等之捐款数目同上。公务人员的捐款方法如下：①月薪满 50 元者为丙等；②月薪满 100 元者为乙等；③月薪满 200 元者为甲等；④月薪满 300 元者为特等，各等捐款数目也同前一样。外埠募捐方法则由海口总会办理。该会视捐款多寡，分别将捐助者列名登报予以鸣谢。[①]

汕头市对外开放较早，工商较为发达，市政府自该市贫民工艺院成立后，根据市内各商号的经济能力，将之分为若干等，然后由各商号逐月分等认捐：其中捐款 4 元以上者为特等捐，4 元者为一等捐，3 元 5 角者为二等捐，3 元者为三等捐，2 元 5 角者为四等捐，2 元者为五等捐，1 元 5 角者为六等捐，1 元者为七等捐，8 角者为八等捐，6 角者为九等捐，4 角者为十等捐。在该工艺院刚成立时，市内各商号每月可捐得近 3 000 元，后至 20 世纪 30 年代时因经济不景气，每月只捐得 1 000 元左右。[②]

其三，各地方政府抽收特种税捐。救济院成立后，如何保证它的正常运转是一个重大问题。有些县市以征收特种税捐来作为救济院的维持费。如广州市救济院的前身——广州市贫民教养院，其收容的贫民不仅来自本市，而且还有很多来自省内其他地方甚至是外省者，因此每年的支出费用较高。为了保障救济院所需的日常经费，广州市公安局于 1928 年按洁净费数额，以向各商店住户开征贫教费来作为救济院之经费。后来随着救济院的规模日益扩大，广州市政府又于 1932 年将贫教费征收方法改为随地税带征，征收数额为地税的 3/10，每年分 2 期进行；1935 年，市政府又将其征收额增至 1/2，规定由地税的主、客方各自负担一半。[③] 具体情况可见下表：

---

① 仁爱善堂编：《仁爱旬刊》，1935 年，第 4 期，第 137 页。

② 汕头市贫民工艺院编：《汕头市华洋贫民工艺院董事会章程》，第 3 期，第 2～4 页。

③ 《贫教费之缘起及其经过情形》，《广州市政府三年来施政报告书》，1935 年，第 330 页。

表4－4　广州市地税及贫民教养费收入情况表（1932年3月—1935年6月）（单位：元）

年份	地税收入	贫民教养费	年份	地税收入	贫民教养费
1928年	17 199.63	—	1932年	518 348.37	226 079.65
1929年	18 438.02	60 067.81	1933年	819 614.47	237 292.15
1930年	50 969.45	88 891.48	1934年	709 216.62	205 792.44
1931年	98 194.36	155 187.27	1935年	410 382.66	121 320.55
总计	2 642 363.58	1 094 631.35			

注：地税由1928年起征，贫教费由1929年起征。

资料来源：广州市政府编：《广州市政府三年来施政报告书》，1935年，第331～332页。

此外，有些县市还采用临时拨款的方式来维持救济院的运转。如汕头市贫民工艺院成立后，市政府从1926年12月开始，每月补助该院经费400元；后随着工艺院规模的扩大，政府之补助也逐渐增加：至1928年，市政府将每月的补助费增至800元；至1933年时又增至1 300元。[①] 在有些地方，县市政府还将一些零星的、不定期的拨款或罚款用于救济事业。如1933年3月26日，广州市举行临时赛马，并发行有奖马票得盈余1万余元，市政府遂指定将这笔经费用于建筑石牌救济机关。

从上述可以看出，在陈济棠主粤时期，广东省政府在各地筹办救济院所需经费大多来自政府拨款，或来自政府征收的派捐与特别税捐。

（二）平民医院的设立

在20世纪30年代前，广东省的大多数县市并未设立乡村医院，医疗设施极为缺乏。如在广宁县，“既无一西医师，亦无一施药处，人民所恃以疗病之中医，言其医学，亦非确有师承，或研求有得者，率皆一知半解。贫民患疾病，固感于医费、医药之困难，即富者有病，亦不得一良医以调治。故一切社会卫生及防疫等行政，亦因无从措施”[②]。在增城县，“全城无一完好医院，人民疾病治疗无所，多误于庸医之手”[③]。可见，当时广大乡村乡民看病难和无钱看病的状况，确实是一个十分普遍的现象。

鉴于上述情形，广东省政府自20世纪30年代后特别重视医疗救济活

① 汕头市贫民工艺院编：《汕头市贫民工艺院报告》，1933年，第8期，第11页。

② 《广宁县政计划书》，《广东省民政公报》，1930年，第60期，第69页。

③ 《增城县政计划书》，《广东省民政公报》，1930年，第61期，第80页。

动，大力拨款在省内各县市筹设平民医院。在省政府的大力扶助及推动下，1933 年有番禺、顺德、翁源、英德 4 县依期成立平民医院；1934 年筹设成立平民医院者，有南海、东莞、台山、龙门等 33 县；设立乡村医院者，有南海、番禺、高要、郁南、崖县、澄迈、连平、顺德、揭阳等 9 县；1935 年成立平民医院者，又有新会、广宁、鹤山等 17 县以及连阳“化瑶局”、梅菉管理局；成立乡村医所的则有丰顺、乐会、四会 3 县。总计 3 年时间，全省共有 56 县（局）设有平民医院或乡村医所，此外，在 1934—1935 年，有些县还在各繁荣乡镇设立了许多医务所。如儋县在县城设立平民医院后，又于第一区中和镇设立第一医务所，于第六区海头港口镇设立第二医务所，于第四区大星镇设立第三医务所。① 揭阳县除在县城设有平民医院外，还分别于各乡镇设立第一、二、三、四平民医所及第一、二、三乡村医所。据统计，1933—1935 年间，广东省共成立平民医院 76 所，其中 1933 年成立 13 所，1934 年成立 38 所，1935 年成立 25 所。现将各县市平民医院的成立日期、经费来源及办理情形列表如下：

表 4－5　各县市筹设平民医院情形一览表

县市名	救济机构名称	成立年月	经费来源及办理情形	备考
南海县	官窑平民医院	1934 年 8 月	经费由官窑市北柴谷秤捐拨充，年约 500 元，不足之数由各界捐助。办理赠医、施药、施棺等事宜。	由厅捐助 200 元
南海县	石湾平民医院	1934 年 6 月	经费由石湾铺租捐每月附加二分，每年约 800 元。丰宁市每月补助 30 元，不足之数由士商捐助。办理赠医、施药等事。	
番禺县	平民医院筹备处临时赠医处	1933 年 12 月	经费由县府拨支，办理赠医、施药，每日平均 60 人。	
番禺县	高唐分诊所	1934 年 9 月	经费由县府拨支，每日赠医、施药平均 30 人。	

① 广东儋县县政府编：《儋县县立平民医院组织章程》，《儋县县政概要》，1935 年，第 277 页。

（续上表）

县市名	救济机构名称	成立年月	经费来源及办理情形	备考
东莞县	平民医院	1933 年 5 月	经费由明伦堂补助 300 元，县政府补助 170 余元，并拨娱乐捐及其他收给 200 余元。办理赠医、施药，每月约 3 000 余人，另设危急费留医室，以救济贫乏者。	
顺德县	大良平民留医所	1934 年 10 月	经费由县经委会每月拨 20 元并以原本来自苏院集义堂、大良同志善社、千益会等产业为基金或向各界捐助。办理赠医、施药，现时留住数人。	第一、三、四、六、七等区分设赠医所
新会县	平民医院	1935 年 6 月	已筹建第二医院，经临各费呈奉核准在半毫田亩捐项下开支，现正将预算呈厅转咨财政厅审核中。	各区乡设立乡村医所、赠医所二十余处
台山县	平民医院	1934 年 10 月	经费由县府筹拨。	
龙门县	平民医院	1934 年 8 月	经费由防务公司捐助。	
赤溪县	第一平民医院	1933 年 12 月	经费系抽收第一区防务及八十字义会附加，每月约 110 元，不足之数由第一区公所筹拨，每日平均诊治病人约 30 余名。	
赤溪县	第二平民医院	1933 年 8 月	经费系抽收第二区防务及八十字义会附加，每月约 110 余元，不敷之数由第二区公所筹拨，每日平均诊治病人约 40 余名。	
高要县	平民医院	1933 年	经费系由全县八十字义会附加，每月约收 1 200 元，另地方款每月补助 470 元，暂时留医男女共 10 名。	由厅捐助 200 元

（续上表）

县市名	救济机构名称	成立年月	经费来源及办理情形	备考
高要县	平民医院 第八区分所	1934 年 5 月	经费由金利镇拨来铺产两间，每年约收租 360 元，并由平民医院每月捐助 80 余元，办理赠医、施药。	
四会县	平民医院	1934 年 4 月	经费系由南洋募捐，现已募得 6 000 余元，并由陈总司令捐助现款 2 000 元，现将捐款建筑戏院，所有收入拨充医院经常费。1935 年 1 月全座落成，2 月收入已有 700 余元，可持久远。	
四会县	平民医院 大沙分院	1935 年 3 月	经费亦由募捐筹集。	
广宁县	平民医院	1935 年 1 月	经费每月收条银捐约 100 元，防务报效费 180 元，轮船报效费 40 元，办理赠医、施药。	
高明县	平民医院	1934 年 10 月	经费由县政府在地方款拨助，办理赠医、施药，现时留医男女共 10 余名。	由厅捐助 200 元
鹤山县	平民医院	1935 年 2 月	经费由同善堂拨来善产，每年收租息约 3 000 元，并举办日会每年约得 2 000 元及县属等省港美洲南洋等处邑人认捐共得约 6 000 余元。	
德庆县	平民医院	1935 年 2 月	经费由租铺及防务附加收入拨充，办理赠医、施药。	由厅捐助 200 元
开建县	平民医院	1934 年 9 月	每月经费约需 300 元，系由各机关团体及各防务公司按月捐助，每月到诊者约 10 余人。	

（续上表）

县市名	救济机构名称	成立年月	经费来源及办理情形	备考
开平县	平民医院	1933 年 8 月		
罗定县	平民医院	1933 年 9 月		
郁南县	平民医院	1934 年 4 月	经费由前清充公田亩折得租拨充，每日赠医 10～20 人。	
郁南县	郁南大湾平民医院	1935 年 1 月	经费由大湾市花生年租日益会津贴。	
惠阳县	平民医院	1934 年 5 月	经费由各机关捐助，办理赠医、施药。	
博罗县	平民医院	1935 年 2 月	经费由县政府及商会拨款，办理赠医、施药。	
海丰县	平民医院	1935 年 3 月	有船排一所，批商营办铺屋十余间，每年赁税及戏捐附加鱼厘冥镪等捐收入为经费。	由厅捐助 200 元
陆丰县	平民医院	1934 年 12 月	经费暂由县政府在田亩捐项下拨款，办理赠医、施药，平均每日 50～60 人。	由厅捐助 200 元
连平县	平民医院	1933 年 8 月	经费暂由县政府在田亩捐项下拨支，办理赠医施药，平均每日 50～60 人。	由厅捐助 200 元
连平县	第三、四、五区平民医院	1934 年 12 月	经费由各乡募捐。	
潮安县	平民医院	1934 年 7 月	经费由县政府月拨 300 元，每日平均赠医 30 余名。	
潮阳县	平民医院	1935 年 3 月	经费由院负担人募捐，办理赠医、施药。	由厅捐助 200 元
揭阳县	平民医院	1934 年 12 月	每月经费约 450 元，由地方款项下每月拨 100 元及防务公司每月捐助 150 元。	

（续上表）

县市名	救济机构名称	成立年月	经费来源及办理情形	备考
揭阳县	第一平民医所	1934 年 12 月	每月经费约 30 元，由地方款项下拨给。	
揭阳县	第二平民医所	1934 年 11 月	同上	
揭阳县	第三平民医所	1934 年 12 月	同上	
揭阳县	第四平民医所	1934 年 12 月	同上	
揭阳县	第一乡村医所	1934 年 12 月	每月经费约 40 元。	
揭阳县	第二乡村医所	1934 年 5 月	同上。	
揭阳县	第三乡村医所	1934 年 11 月	同上。	
澄海县	平民医院	1935 年	现正筹办中，先后成立第五、第八两区平民赠医所。	由厅捐助 200 元
惠来县	平民医院	1935 年 4 月		
普宁县	平民医院	1935 年 5 月	经费每月需 400 余元，由县地方款拨充。	由厅捐助 200 元
大埔县	平民医院	1934 年 10 月	将原惠济医局基金拨来每年约得息款 200 余元，并由南洋等外募捐维持。	
梅县	平民医院	1933 年 8 月	经费由松口各旅店代捐往过客每日收 1 毫及自本市各店户募捐。办理赠医、施药。	
兴宁县	平民医院	1934 年 12 月		

（续上表）

县市名	救济机构名称	成立年月	经费来源及办理情形	备考
南雄县	平民医院	1934 年 5 月	经费由手车公司月饷及各公中行车公司拨助，不敷之数由县政府借垫。	
乐昌县	平民医院	1933 年 9 月	经费抽收附城及坪石商店铺底捐。	
始兴县	平民医院	1934 年 7 月	经费由南韶公路租项下每月拨给 430 余元，又行车管委会按每月拨给 100 元及由县政府在田亩捐项下每月拨 200 元。	
茂名县	平民医院	1933 年 6 月	由厅捐助高州医院 400 元，其名为高州医院，实与平民医院同。	
电白县	平民医院	1934 年 10 月		
化县	平民医院	1934 年 4 月	经费每月约需 300 余元，由地方筹拨。	由厅捐助 200 元
琼山县	平民医院	1935 年 3 月	将原有公医院改组，县政府原拨经费不敷由田亩捐及募捐拨助。	
廉江县	平民医院	1934 年 7 月	经费由地方款每月拨 200 元，分中西两部，平均每日到诊者 50 ~ 60 人。	由厅捐助 200 元
文昌县	平民医院	1935 年 2 月	经费每月需 310 元，除由琼崖促进救济事业总会每月拨助大洋 800 元外，余向地方筹措并设各区平民医院所 9 处，每月共支 450 元。	由厅捐助 200 元
定安县	平民医院	1934 年 6 月	经费由地方款项下拨支。办理赠医、施药。	
乐会县	平民医院	1935 年 5 月		
乐会县	第一、三、四、五各区平民医院	1935 年 1 月		

（续上表）

县市名	救济机构名称	成立年月	经费来源及办理情形	备考
琼东县	平民医院	1935 年 3 月	经费系募得基金大洋 5 000 元，另由县警卫经费管委会每月拨助大洋 30 元。	
乐东县	平民医院	1935 年 9 月	经费由厅指导饬由该县建设费项下每月拨 100 元并录案呈奉省政府核准备案。	
崖县	平民医院	1934 年 5 月		
崖县	第三区平民医所	1934 年 3 月		
陵水县	平民医院	1934 年 4 月	经费现尚无着，仅资生院拨来田产一项，院内设中西医师各一人。	
万宁县	平民医院	1934 年 9 月	常年经费分向各区乡募捐。	
感恩县	平民医院	1934 年 5 月	经费全年大洋 2 680 余元，现因经费短绌暂行停诊。	
防城县	平民医院	1934 年 8 月	经费由各界捐助以充基金，设公医押生息以作经费。办理留医留产及施赠贫苦医药。	
合浦县	平民医院	1935 年 5 月	除由募捐基金生息及置产收租外，每月由南区绥靖署拨助 200 元。	
徐闻县	徐闻山医务所	1933 年 8 月	经费每月 590 元，由厅在赈款项下拨给。办理赠医、施药。平均每日 30 ~ 40 人，颇具成绩。	医务所系由厅设置
丰顺县	平民医院	1935 年 2 月	因经费困难先设平民医所。	
丰顺县	第二、三、四、五各区平民医所	1935 年 2 月		
翁源县	平民医院	1933 年 1 月	困经费困难暂先设平民医所一间。办理赠医、施药。	

（续上表）

县市名	救济机构名称	成立年月	经费来源及办理情形	备考
英德县	平民医所	1933 年 1 月	暂先设平民医所一间，县城二间，望埠、含光各一间。	
儋县	平民医院	1935 年	因经费困难暂先设平民医所及第一、四、六各区设立分所，办理赠医、施药。	由厅捐助 200 元
澄迈县	平民医所	1934 年 8 月	经费由县地方款拨支。	
连阳“化瑶局”	平民医所	1935 年 7 月		由厅拨给医药费 1 000 元
梅菉管理局	平民医所	1935 年 8 月		由厅拨给医药费 1 000 元
中山县			已据呈报平民医院现在筹设中。	
三水县			已据呈报平民医院现在筹设中。	由厅捐助 200 元
清远县			已据呈报平民医院现在筹设中。	
宝安县			已据呈报平民医院现在筹设中。	由厅捐助 200 元
花县			已据呈报平民医院现在筹设中。	
从化县			已据呈报平民医院现在筹设中。	
佛冈县			已据呈报平民医院现在筹设中。	
新兴县			已据呈报平民医院现在筹设中。	
封川县			已据呈报平民医院现在筹设中。	
恩平县			已据呈报平民医院现在筹设中。	由厅捐助 200 元
云浮县			已据呈报平民医院现在筹设中。	由厅捐助 200 元
龙川县			已据呈报平民医院现在筹设中。	由厅捐助 200 元

（续上表）

县市名	救济机构名称	成立年月	经费来源及办理情形	备考
河源县			已据呈报平民医院现在筹设中。	
和平县			已据呈报平民医院现在筹设中。	
新丰县			已据呈报平民医院现在筹设中。	由厅捐助200元
紫金县			已据呈报平民医院现在筹设中。	
饶平县			已据呈报平民医院现在筹设中。	
南澳县			已据呈报平民医院现在筹设中。	
五华县			已据呈报平民医院现在筹设中。	由厅捐助200元
平远县			已据呈报平民医院现在筹设中。	
蕉岭县			已据呈报平民医院现在筹设中。	
仁化县			已据呈报平民医院现在筹设中。	
曲江县			已据呈报平民医院现在筹设中。	
乳源县			已据呈报平民医院现在筹设中。	
连县			已据呈报平民医院现在筹设中。	
连山县			已据呈报平民医院现在筹设中。	
阳山县			已据呈报平民医院现在筹设中。	
吴川县			已据呈报平民医院现在筹设中。	
信宜县			已据呈报平民医院现在筹设中。	
海康县			已据呈报平民医院现在筹设中。	
遂溪县			已据呈报平民医院现在筹设中。	
徐闻县			已据呈报平民医院现在筹设中。	由厅捐助200元
阳江县			已据呈报平民医院现在筹设中。	
阳春县			已据呈报平民医院现在筹设中。	
临高县			已据呈报平民医院现在筹设中。	由厅捐助200元

（续上表）

县市名	救济机构名称	成立年月	经费来源及办理情形	备考
昌江县			已据呈报平民医院现在筹设中。	
钦县			已据呈报平民医院现在筹设中。	由厅捐助200元
灵山县			已据呈报平民医院现在筹设中。	
汕头市			已据呈报平民医院现在筹设中。	

资料来源：广东省民政厅编：《广东省民政厅奉行本省三年施政计划主管事项进度情形纪要》，1935年版，第51～63页。

从表4－5可以看出，广东省各地的平民医院主要创办于1933—1935年这三年间。在上表所列的98个县（市、局）中，除38个县（市、局）因时间仓促，或因经费一时难以筹集而处于筹设之中外，其余各县（市、局）到1935年时，都已设有平民医院。各平民医院的经费主要来自各地方政府的直接拨款或由政府征收的特种税捐，其业务主要是负责向贫民施行赠医、施药、施棺等救济活动。

二、综合性救济活动实况

（一）救济院运行实态分析

分析各救济院的运行实态，是深入观察和认识救济院的重要手段。

陈济棠主粤时期，广东省各县市的救济院是一种综合性的救济机构。其综合性主要体现在以下几个方面：

首先，它的救助对象广泛，它几乎包括了孤儿、贫民、无依老人、残疾人、乞丐、流民、囚徒等在内的各种弱势群体。广州、汕头等一些中心城市因交通较为便利，人口密集，其救济院所收养的对象相对来说也比较广泛。如汕头市贫民教养院自成立后，即将乞丐、流氓、战俘、散兵、鳏寡、老弱、癫狂、残废、失业者、无赖、小窃、被虐婢女、雏妓、童养媳、南洋各埠归国贫侨、无依孤儿等群体，列为收容救济对象，计常年留院人数有800人左右。

广州救济院前身为市立贫民教养院，系由广州市教育局于1926年创办。该院最初创办时，因地方狭小未能尽量收容。故市政府决定自1932年5月起在石牌鲤鱼岗及独树岗增建贫民宿舍31座，可收容贫民约2 000余人。1933年10月1日，市政府又将贫民教养院、惠老院、健济院合并改组而成立广州市救济院。[1] 随着救济院规模的扩大，该院根据当时的社会情形，将收留对象的范围进一步扩大，其救济对象约可分为以下五类人：①因手工业衰落而致失业者（如纺织工人等）；②因农村经济没落来都市仍无法立足者；③南洋侨工失业回国者（如锡矿工人、种植树胶工人等）；④因天灾之流行而致流失者；⑤因沾染不良嗜好而致堕落者。[2]

一般来说，救济院收容、救济的对象主要是由各院自行收容，但也有由别的机关送来的。如广州市贫民教养院收容贫民约来自以下五种情况：①由社会局送来者，此类多属年老无依或残废，因无自救能力而沦为乞丐者；②由民政厅函送者，此类多属失业华侨归国而无处栖身者；③由各公安局送来，此类多属自杀遇救后无所安置者；④由其他各机关或私人介绍来者；⑤由该院自行收容者。从总体上说，第一项约占收容人数总数的89%，第二项约占总数的4%，第三项约占总数的4%，第四项约占总数的1%，第五项约占总数的2%。[3]

其次，相对于一些专门性的救济机关来说，救济院的救济规模较大。如广州市救济院每年大约新收容人员1 000名左右，常年留院人数达4 000~5 000左右。这可从以下的统计数据中体现出来：

表4-6　广州市救济院收容贫民人数统计表（1935年2月）

类别	男（人）	女（人）	合计（人）
原有人数	2 671	1 824	4 495
新收人数	49	40	89
死亡人数	38	16	54
出院人数	18	6	24
现存人数	2 664	1 842	4 506

资料来源：广州市社会处编：《广州市社会统计汇刊》，1935年，第1页。

民国时期，汕头市是广东省第二大城市，它作为岭东之重镇，水运四通八达，素被称为“粤东之门户，华南之要冲”，是粤东、赣南和闽西的交通

---

① 《广州市政府市政公报》，1933年，第441期，第101页。
② 广州市立救济院编：《广州市救济院院务概览》，1935年，第8页。
③ 广州市立救济院编：《广州市救济院院务概览》，1935年，第25页。

枢纽及进出口商品的集散地。其“商业之盛，仅次于广州”①。该地因地理位置的关系，市内流动人口向来较多。据统计，汕头市贫民工艺院在1933年之留院人数达762人，其中神经部共222人，男人部共351人，妇女部共106人，孤儿院共83人。全省一般县市各救济院收容的数量多者达百余人，少则几十人。如东莞县救济院每年收养孤儿50人左右，犯人也经常有30～40人。②

再次，各院被救济者的来源地具广泛性。在天灾人祸的打击下，民国时期的人口流动较为频繁，各县市救济院里的受济者往往不局限于本地，有些来自全省各地，甚至是来自外省。如1934年3月5日至9月15日，广州市救济院曾先后收容并资遣回原籍的贫民就有：河南省89名，湖北省56名，江西省21名，江苏省4名，山东省1名。③ 现将广州市贫民教养院及汕头贫民工艺院救济的对象按籍贯来分，列表如下：

表4－7　广州市贫民教养院所救济的贫民籍贯比较表（1929年）

籍贯	人数（人）	百分数	籍贯	人数（人）	百分数
番禺	550	25.73%	开平	22	1.03%
南海	270	12.63%	从化	18	0.84%
顺德	108	5.05%	梅县	18	0.84%
东莞	108	5.05%	罗定	14	0.66%
花县	106	4.96%	恩平	11	0.51%
高要	102	4.77%	云浮	11	0.51%
惠阳	98	4.59%	博罗	11	0.51%
新会	80	3.74%	河源	11	0.51%
增城	78	3.65%	潮安	10	0.47%
三水	57	2.67%	英德	9	0.42%
清远	44	2.06%	新兴	8	0.37%
四会	34	1.59%	龙门	7	0.33%

① 陈铭枢：《募捐汕头贫民工艺院基金启》，《汕头贫民工艺院报告书》，1933年，第8期。
② 罗菁：《东莞救济院史略》，《东莞文史》，1999年，第30期，第182～184页。
③ 广州市立救济院编：《广州市救济院院务概览》，1935年，第30页。

（续上表）

籍贯	人数（人）	百分数	籍贯	人数（人）	百分数
茂名	31	1.45%	合浦	7	0.33%
高明	31	1.45%	宝安	6	0.28%
鹤山	29	1.36%	阳江	6	0.28%
台山	27	1.26%	其他省县	193	9.03%
中山	22	1.03%	总计	2 137	100%

表4－8　1933年汕头市贫民工艺院留院贫孤人员籍贯比较表

籍贯	人数（人）	籍贯	人数（人）	籍贯	人数（人）	籍贯	人数（人）
潮安	81	澄海	61	饶平	27	汕头市	19
惠州	8	海丰	10	梅县	26	云南	2
丰顺	18	普宁	54	陆丰	21	湖南	7
揭阳	75	廉州	1	大埔	22	湖北	2
五华	8	高州	2	江苏	10	安南	3
蕉岭	2	广州	42	江西	4	福建	8
南澳	5	新会	4	安徽	4	暹罗	3
潮阳	107	顺德	1	河南	1	广西	7
琼洲	1	兴宁	11	甘肃	1	山东	2
惠来	75						

资料来源：汕头华洋贫民工艺院编：《汕头华洋贫民工艺院报告书》，1933年，第8期。

表4－9　1933年汕头市贫民工艺院收容的精神病人籍贯比较表

籍贯	人数（人）	籍贯	人数（人）	籍贯	人数（人）	籍贯	人数（人）
梅县	12	惠来	14	大埔	9	湖南	3
广州	18	琼州	3	揭阳	40	广西	4
惠州	8	潮阳	105	五华	4	福建	—
南澳	3	普宁	14	汕头	14	浙江	2

（续上表）

籍贯	人数（人）	籍贯	人数（人）	籍贯	人数（人）	籍贯	人数（人）
潮安	64	丰顺	7	上海	2	河南	1
饶平	8	澄海	57				

资料来源：汕头华洋贫民工艺院编：《汕头华洋贫民工艺院报告书》，1933 年，第 8 期。

从以上表格可以看出，广州市贫民教养院（广州市救济院前身）和汕头市贫民工艺院所收容的贫民，大多来自珠江三角洲及韩江三角洲各县。如广州市贫民教养院里的贫民主要来自番禺、南海、花县、增城、东莞、顺德、三水、中山等离广州市较近的一些县市；汕头市贫民工艺院里的贫民也主要来自离汕头市极近的潮阳、潮安、澄海、揭阳等县。当然，这种分布局势并非绝对，它还要受到交通状况、人口密度、经济情形及有无灾荒、社会动荡等社会因素的影响。如惠阳离广州并非最近，但因其一直是重灾区，并且公路交通比较方便，因此来广州的贫民人数也较多。

最后，各救济院的救济设施和内容多种多样。我们先来看其救济设施的情况。

因各地的具体情形以及财力不一，各救济院的救济设施及其救济手段也有较大差别。广州市救济院的设备比较完备，主要包括房舍、工场、农林场、运动场、施医所等。其中工场又包括了印刷场、藤器场、竹器场、木器场、草棉毛织品场、家庭化学工业场、缝纫场、编制场及其他工业场；农林场包括了园艺、畜牧、苗圃、造林四类。省内各县的救济设施不尽相同，如平远县救济院内主要设有养老所、孤儿院、残废所、育婴所、施医所、贷款所等机构；鹤山县救济院自 1935 年元旦成立后，对于院内之养老所、育婴所、残废所、济良所、助产所、孤儿所、习艺所、平民寄宿所等予以积极办理；中山救济院由县长兼任院长，内分养老、孤儿、育婴、残废、赠医、贷款等部；增城县救济院自成立后，院内分为施医所、戒烟所、养老所、育婴所等；台山县救济院位于台城东门外，院内设有养老所、习艺所、育婴所、孤儿所、残废所 5 所；揭阳县立救济院位于城区进贤门外，设有养老所、残废所、贫民教养所、育婴所；英德县救济院院内分养老所、孤儿所、残废所、育婴所、施医所、贷款所等。[①] 由此可见，各地方救济院里的救济设施

① 《广东省各县县政调查表》，中国第二历史档案馆藏，全宗号：12（06），案卷号：21385。

并非单一的，其综合性特征较为突出。

接下来看看各院的救济内容。陈济棠主粤时期，广东省各县市的救济院大多立足于生产救济，注重教养兼施。在救济内容上主要包括传授文化知识、习艺、借贷、医疗及留院救济等方面。

对被收容救济者传授文化知识及对其进行道德感悟是救济院开展救济活动的一项重要内容。广州市救济院在院内设置觉堂，并于堂中悬挂“觉”字。每日轮派职员向贫民解释“觉”义，使贫民晓然觉悟其致贫的原因，咸知安身立命之道。该院经常敦请社会名流到场向贫民作演讲，注重灌输公民常识、党义、识字、算术等有关科目。该院还在教养所少壮组内设有贫民学校一所，招收学生七八十人，由教育干事、教员等分任管教。其贫民功课内容主要包括普通科学训育及工艺农林浅说两方面。其中普通科学涉及浅易国文、三民主义、算术、常识、简易簿记、货币识别等内容；工艺及农林浅说则主要包括藤织品、椰羽品、草织品、竹织品、印刷品、机制等项目。另其惠老所内附住小童70余名，每日天气稍凉时，教员即集小童于树下，各持课本，温习背诵旧课，然后再转入觉堂听讲常识，或唱有益身心之歌曲。此外，该院在残废组内设有盲童学校一所，内有学童三四十人，并有盲人教员给盲童教授凸字、音乐、歌曲等科。①

汕头市贫民工艺院对于贫民的思想道德教育尤为注意，院内设有工读学校、贫民夜校、感化院。该院对于孤儿，设有幼稚园及新学制前、后期小学，依其年龄大小分级教授；对于成年男女则施以平民教育及进行德智育之讲演，有时也请军政长官及一些名人、热心教育家到院演讲有关公民道德、社会常识、科学卫生、本院章则等内容。此外，该院还通过播放电影、幻灯片等方式来启发贫民，使其养成自立人格。②

东莞市救济院针对孤儿和犯人制定了一条院训：“明耻立信，勤工守法”。该院孤儿和犯人每周上课一次，由训育员对他们进行思想品德教育。中山县救济院规定每周对被救济者举行集合训话，训练内容极为丰富，主要包括怎样做人、清洁运动、学与做、救济的真义、善恶因果、真正的自由平等、养成良好的习惯、合作的要义、卫生常识、计划的生活、怎样服务、人格的修养、人格堕落的原因及救济、知与行、国家和我们的关系、什么叫新生活、乞丐与盗贼等。该院内还增设“做工才有出路”、“懒惰就是病源”、“不振作便堕落”、“自食其力才算好汉”、“打破命运改进生活”、“不受苦中

① 《成立以来整理之经过及设施情形》，《广州市救济院院务概览》，1935年。

② 汕头市贫民工艺院：《汕头市贫民工艺院报告书》，1933年，第8期，第10页。

苦难为人上人"、"积极的救济要大家自救"、"人可穷志不要穷"、"要从工作中找乐趣"等格言牌，这些格言牌每月更新一次。[①]

做工习艺几乎是当时所有被救济者的必修课。台山县救济院内设有习艺所，由工师教授艺童学编藤器、竹器等手工业。揭阳县立救济院内设有藤科、木履科、织席科、织布科等。中山县救济院将被收容者分守卫、司厨、印刷、订装、工务、木工、农作、制帚、造笔、理发、挑水、担粪、车缝、浣衣、清洁、杂务等十六组，并分别指定工作，同时派壮健贫民分日代县立简易师范学校挑运泥石数月（每日约派二十名）。该院还设有小规模畜牧场，饲养鸡、鸽、猪等，又在院内空地辟园艺场两处，试种粟米、丝瓜、茄瓜、豆角及树苗。该院的木工场负责制作院内所需的字架、字盆、胶柜、棺木、书架、报夹等，并修理桌椅、窗门、板櫈各件。汕头市贫民工艺院内设有藤、竹、织、木、草屐、绳、花钵、园艺等科[②]，其办理"甚得社会人士称许"[③]。东莞市救济院收养孤儿的目的是让他们衣食有着，并授予手工技艺，使其获得谋生本领。该院内的手艺实习工场设有织染科（含织布、织毛巾、染布三个工种）、草鞋科（含打草鞋、扎扫把、织粪箕三个工种）、雨伞科（专做油纸雨伞）三个技艺科。[④]

广州市救济院的惠老院内，除衰弱疾病等不能工作者外，其余根据个人情况几乎每人都有相当之工作。如健步善言者被编入药品负贩团，每人每日除归还药本外，可得溢利四五毫；勤谨耐劳者则被介绍到市内各报馆推销报纸，每人每月可得工资 9 元；稍有营业知识者，救济院则代其设法筹些资本，贩卖杂物、菸草、糖果、粉果、生果、麦面食等，每人每月可获溢利八九元；此外，每日出外充当临时雇工者 80 余人，每人每日可得工资三毫。该院的妇女组内有打纱者，有粘纸盒者，有缝纫者，有刺绣者，有补绽者，有削箸者，有临时出外充雇工者，虽获利无多，然亦足以自给。[⑤] 另该工艺场内还设有扫把、草鞋、纺纱、藤工、织带、织竹、织冷、缝衣、木工等工艺种类。其中扫把科之产品计 11 种，每日工作人数 150 余人，出品扫把约 200 把；藤器科出品计有 17 种，每日工作人数 20 余人，出品各种凳椅 10 余件；织带科的出品计 5 种，每日工作人数 20 余人；竹器科出品计 4 种，每

① 中山县政府编：《中山县政年刊》，1936 年，第 65 ~ 66 页。

② 汕头市贫民工艺院：《汕头市贫民工艺院报告书》，1933 年，第 8 期，第 10 页。

③ 林柏梁：《对于贫民工艺院扩充改进之意见书》，《汕头救济院复兴记》，1944 年，第 145 页。

④ 罗菁：《东莞救济院史略》，《东莞文史》，1999 年，第 30 期，第 182 页。

⑤ 广州市立救济院编：《广州市救济院院务概览》，1935 年，第 38 ~ 39 页。

日工作人数30余人，出品各种竹器20余件；毛巾科出品计有3种，每日工作人数10余人，出品各种毛巾五六打；草鞋科出品计3种，每日工作人数30余人，出品各种草鞋60余对；木工科出品计有11种，每日工作人数10余人，出品各种椅凳10余件。为了帮助广州市救济院推销其工艺产品，广州市政府要求市属各机关团体尽量向救济院订购相关用品。同时，该院自己也组织贫民肩挑员沿途叫卖。据统计，该院仅扫把一项，每月可销售4 000余把。

为帮助贫民进行农艺工作实习，广州市救济院特于石牌设立农林场，场内分垦殖、农艺、畜牧各科。凡被送入该场工作之贫民，每10人为1组，设组长1人，并分别拨给耕地2～5亩。据统计，农林场所属田地面积共3 900余亩，其中开辟森林3 000余亩，其余为田艺、稻作、水田共43亩，甘薯、豆角6亩，玉米5亩，花生5亩，蔬菜地分别种植矮瓜、番茄、苦瓜、芹菜等21种蔬菜。①

为提高被收容者学习工艺的积极性，许多救济院还将工艺品的溢利按比例分配给艺徒。如中山县救济院“择其成绩优异者给以工资，以示鼓励”②；广州市救济院内工艺院的学员学习期满后，照给工值，其“工资之多寡视工作成绩而定，平均每名每日可得工资二角或角余”；而该院农林场里的“收成多寡及售价若干，均为各组贫民所有”。③

贷款业务也是救济院的业务之一，仅在少数救济院里实行。如平远县救济院曾以毫洋200元为基金，向贫民提供小额贷款。每人贷款额一般为5元至20元，以1个月为限，概不收息。该院还规定贷款对象须合下例3条：①年龄在15岁以上，确无不良嗜好者；②自愿做小本营业或曾为营业而确无资力者；③具有殷实铺保或妥当人担保者。该院贷款自“办理以来，一般贫民咸称便利”。④

施医是当时各地救济院较为普遍的一种业务。平远县救济院内专设有施医所，聘请医务主任1人，有经验医生9名，轮值到院义务赠医，平均每日赠医达30余人。此外，它还于每年春季聘请医生购办痘苗、药品，以办理赠药、种痘等业务。据统计，该院在1935—1939年共赠诊5 392人，施出药

① 广州市立救济院编：《广州市救济院院务概览》，1935年，第44页。

② 仁爱善堂编：《仁爱旬刊》，1935年，第4期，第128页。

③ 广州市立救济院编：《广州市救济院院务概览》，1935年，第40页。

④ 平远县立救济院编：《平远县立救济院概况》，1939年，第10～14页。

剂达3 103贴。[1] 广州市救济院为便利该院贫民诊疗疾病及辅助卫生防疫事项，也专设有施医所。该所对于本院内的病者留医均不收费；如非本院贫民，则只赠医不赠药。[2] 汕头市贫民工艺院内设有贫民医院和神经病院，负责院内病者留院之用。南海县佛山救济院的施医范围较广，它包括赠医、施药、留医、检婴、施棺等项目。具体情形可见下表：

表4-10 南海县佛山救济院赠医、施药等情形统计表

时间	赠医	施药	留医	医愈出所	检婴	施棺殓葬
1931年	10 762人	11 209剂	213人	25人	1 020人	171具
1932年	15 728人	15 747剂	297人	113人	1 162人	241具
1933年	19 930人	19 068剂	377人	156人	1 454人	276具

资料来源：南海县佛山救济院编：《南海县佛山救济院院务概览》，1934年，第74～86页。

留院救济是各救济院的一项经常性工作。各救济院对那些老、弱、病、残等不能从事劳作者，大多采取留院救济的办法。如中山县救济院在1936年收容残废乞丐300余人，所有膳宿衣服等项均由院中供给。[3] 台山县救济院收容男女病民30余名，每日给两餐稀饭，其育婴所每月收养弃婴百余口，大多婴儿交乳媪抚养，未交乳媪领养者则由堂女以代乳品哺养之。广州市贫民教养院的残废盲哑股，在1929年收容盲男86名，盲女126人，盲目幼童5名，孤盲男159名，寡盲女129名，共505名。该院规定每室住4人，夫妇可同居，余则男女分住；每月给被收留救济者各发粮食费4元，每人每餐食肉五钱，一荤一素。至冬天时，该院还发给每人毯一张、棉衣一件、单夹衫裤各一件、草席一张、床板凳一副等。[4] 汕头市贫民工艺院实行养、教、医、艺相结合的原则，其中属“养”的设施主要有育婴堂、孤儿院及养老院。

现以汕头市贫民工艺院为例，将该院收留救济、工艺、贩卖工艺产品及其他救济方面（包括财政收入及支出方面）等综合性救济之情况列表如下：

---

① 平远县立救济院编：《平远县立救济院概况》，1939年，第10～14页。
② 广州市立救济院编：《广州市救济院院务概览》，1935年，第37～64页。
③ 仁爱善堂编：《仁爱旬刊》，1935年，第4期，第128页。
④ 梁锡辉：《广州市残废救济事业之过去、现在与将来》，出版年不详，第5页。

表 4-11 汕头市贫民工艺院有关综合性救济业务情形

收容方面	年度	全年总收容人数	实存留院教养人数		备注
	1927 年	963 人	356 人		因收容贫孤，陆续由商号及家属领出院或资遣回原籍，故实存如左
	1928 年	972 人	387 人		
	1929 年	1 276 人	532 人		
	1930 年	1 446 人	605 人		
	1931 年	1 498 人	654 人		
	1932 年	2 075 人	809 人		
	1933 年	2 887 人	762 人		
财政收入方面	年度	全年商号月捐	其他特别补助费	全年总收入	备注
	1927 年	28 027 元	9 764 元	37 791 元	本院经费毫无基金，自民国二十年每月由市库补助毫洋 1 000 元，不敷之数由特别捐，以资维持
	1928 年	28 275 元	13 578 元	41 853 元	
	1929 年	20 451 元	27 781 元	48 232 元	
	1930 年	26 018 元	20 526 元	46 544 元	
	1931 年	22 102 元	50 760 元	72 862 元	
	1932 年	22 919 元	54 725 元	77 644 元	
	1933 年	23 495 元	73 918 元	97 413 元	
财政支出方面	年度	全年伙食费	其他衣服、教育、赈恤、薪金、药料、工料、资遣等费	全年总支出	备注
	1927 年	15 864 元	22 068 元	37 932 元	市政府自民国二十二年十月份起补助毫洋1 300元
	1928 年	18 318 元	24 993 元	43 311 元	
	1929 年	21 467 元	25 805 元	47 272 元	
	1930 年	30 280 元	32 622 元	62 902 元	
	1931 年	34 392 元	43 864 元	78 256 元	
	1932 年	37 981 元	48 854 元	86 835 元	
	1933 年	44 772 元	46 107 元	90 879 元	

（续上表）

	年度	孤儿人数	贫民人数		备注
教育方面	1927 年	82 人	230 人		本院孤儿教育分幼稚园及新学制小学科，贫民教育以普通演讲、幻灯演讲施以感化教育
	1928 年	90 人	252 人		
	1929 年	96 人	342 人		
	1930 年	97 人	405 人		
	1931 年	90 人	564 人		
	1932 年	63 人	746 人		
	1933 年	83 人	679 人		
	年度	习艺人数	出品成绩估价银数		备注
工艺方面	1927 年	127 人	3 378 元		本院工艺队分藤工科、竹科、木科、绳科、园艺科、手工科等，因性之所近而使肄习之
	1928 年	152 人	4 182 元		
	1929 年	208 人	6 172 元		
	1930 年	252 人	14 291 元		
	1931 年	224 人	17 899 元		
	1932 年	280 人	22 940 元		
	1933 年	307 人	24 784 元		
	年度	神经病人数	疾病人数	养老残废人数	
其他救济方面	1927 年	52 人	57 人	119 人	
	1928 年	70 人	60 人	121 人	
	1929 年	89 人	72 人	142 人	
	1930 年	139 人	80 人	155 人	
	1931 年	186 人	86 人	158 人	
	1932 年	207 人	85 人	221 人	
	1933 年	222 人	77 人	103 人	

（续上表）

	年度	购置银数	贩卖银数	所得利益	备注
贩卖出品方面	1927 年	3 269. 523 元	3 304. 374 元	958. 005 元	
	1928 年	4 108. 283 元	4 182. 067 元	1 077. 874 元	
	1929 年	6 592. 910 元	5 576. 770 元	1 808. 001 元	
	1930 年	13 051. 917 元	14 910. 663 元	3 739. 071 元	
	1931 年	16 018. 286 元	17 848. 630 元	4 987. 398 元	
	1932 年	21 461. 820 元	21 487. 447 元	亏 884. 940 元	本年因行情冷淡致亏本
	1933 年	22 853. 890 元	28 199. 930 元	4 571. 055 元	

资料来源：《本院最近七年院务统计比较表：自民国十六年至廿二年》，《汕头华洋贫民工艺院报告书》，1933 年，第 8 期，第 52 页。

至于其他各县、市救济院的兴办时间、经费来源及其办理情形，可参见下表：

表 4－12　各县市救济院办理救济情形一览表

县市名	救济院名称	成立年月	经费来源及其办理情形	备考
南海县	第二九江贫民教养院	1934 年 2 月	佛山九江两处原各有救济院一间，收容贫民 100 名。	1929 年已设第一佛山贫民教养院一间
番禺县	养老院	1934 年 10 月	收容无依老人男女共 60 余名，每星期四赠医处派医生到院检查健康两次，遇有疾病即时诊治。	1932 年已设习艺所一间，计有艺徒 250 名
东莞县	救济院	1934 年 9 月	共收容 112 名，经费由明伦堂拨助，不敷之数由县政府补助，现先成立贫民教养院及孤儿院两部。	
顺德县	贫民教养所	1935 年 3 月	现收容贫民 150 名，分习各种工艺，经费由自治经费拨来。	1934 年 9 月已设习艺所一间，由厅捐助救济院 300 元

（续上表）

县市名	救济院名称	成立年月	经费来源及其办理情形	备考
新会县	贫民教养院	1935 年 4 月	分设养老及育婴所，育婴部于九月间据报已成立，开始收容婴孩养育。	
增城县	救济院	1934 年 8 月	经费由县属各处防务、禁烟两项拨充，分设贫民教养所收容无依老人数十名，并育婴所收容女婴十余名。	由厅拨给基金 2 000 元
高要县	救济院	1934 年 11 月	将原养济院修葺改为救济院，收容老弱、残废贫民男女共 40 余名。	1934 年 11 月已设习艺所一间，由厅捐助救济院 200 元
四会县	教养所	1935 年 9 月	经费就地筹集，现已收容贫民 50 名，教以机织、竹织、席织等。	由厅拨给基金 2 000 元
高明县	养老所	1935 年 2 月	经费由县政府在地方款项下拨支，现时收容男女贫苦老人共 80 名。	由厅拨给基金 2 000 元
广宁县	救济院	1935 年 7 月	将原养济院改为残废所，现收容瞽目 37 名，并附设育婴所。	由厅拨给基金 1 000 元，并另捐助 200 元
鹤山县	救济院	1935 年 1 月	经费由地方款项下拨支 6 000元及征收县属各墟市生猪牛捐，并由县属赌商自由认捐及向海内处募捐维持，现收容男女贫民共 114 名。	由厅捐助 200 元
封川县	救济院	1935 年	经费由厅将昔筹赈总会核准该县习艺所经费 6 278 元全数拨给。	由厅拨给基金 1 000 元

（续上表）

县市名	救济院名称	成立年月	经费来源及其办理情形	备考
龙门县	救济院	1935年9月	向各界募得捐款约2 000元，连本厅拨给3 000元共5 000元，以4 500元为基金生息及店户粪溺费每月约105元拨充经费。	由厅拨助基金3 000元，并另捐助200元
云浮县	教养院	1935年3月	经费由税契产值附加拨充。	由厅拨基金2 000元
潮安县	教养院	1934年10月	经费由县每月拨助约3 000元，征收商户月捐每年约得10 000元，现时收容贫民男250名、女32名，分习藤、竹、木、缝及园艺等工艺。	
揭阳县	救济院	1934年12月	每月经费约700余元，由县政府在地方款及本院息金与县属绅商月捐拨充，办理贫民教养及养老育婴等事项，现时收容贫民男女共60人，男女婴孩72名。	由厅捐助200元
潮阳县	教养院	1935年3月		由厅捐助200元
澄海县	教养院	1935年3月		由厅捐助200元
兴宁县	救济院	1935年7月		由厅拨给基金2 000元，并另捐200元
平远县	教养所	1935年3月		由厅拨给基金3 000元
南雄县	救济院	1935年9月		由厅拨给基金2 000元

（续上表）

县市名	救济院名称	成立年月	经费来源及其办理情形	备考
乐昌县	教养所	1933 年 9 月	经费由陈总司令捐助 3 000 元及慈善奖券 4 000 余元，现时收容 12 人。	由厅拨给基金 2 000 元，并另捐助 200 元
曲江县	救济院	1935 年 8 月	分养老、教养、育婴三所。养老及教养二所收容人员 20 名，育婴所尽量收容。	
英德县	救济院	1935 年 4 月	经费由陈总司令、陈运使捐助 2 500 元，余由县筹措。	由厅拨给基金 2 000 元
海康县	养老所	1934 年 5 月	经费由戏歌捐附加各店户月捐拨充。现收容贫民 21 名，残废贫民 34 名。	由厅捐助 200 元
遂溪县	教养所	1935 年 3 月		由厅拨给基金 2 000 元，并另捐 200 元
阳春县	教养所	1933 年 8 月	全年收入捐款及租息 80 元，字义会报效等费约 1 000余元，现由县政府呈奉省政府拨给 1 000 元之补助。	由厅捐助 200 元
琼山县	教养所	1935 年 1 月	经费由田亩捐项下拨助及向各乡区募捐，现时收容贫民 17 名。	
琼山县	养老所	1935 年 6 月		
崖县	教养所	1934 年 9 月		由厅拨基金 2 000 元
陵水县	教养所	1935 年 8 月	暂先成立习艺一部。	由厅拨基金 3 000 元
万宁县	教养所	1935 年 7 月		由厅拨基金 2 000 元

（续上表）

县市名	救济院名称	成立年月	经费来源及其办理情形	备考
防城县	救济院	1935年11月	救济院已建筑完竣，尚无款开办。	
普宁县	救济院	1935年12月		厅拨给基金2 000元
翁源县	救济院	1935年9月	全年经费480元。	厅拨给基金3 000元
连山县	救济院	1935年6月		厅拨给基金3 000元，并另捐助200元
文昌县	救济院	1935年10月	收容老人并征集贫民教养。	由厅捐助200元
感恩县	救济院	1935年12月		厅拨给基金3 000元
博罗县	救济院	1935年12月	内设托婴所及中、西医部。	厅拨给基金2 000元，并另捐助200元
紫金县	救济院	1935年11月		厅拨给基金2 000元
乳源县	救济院	1935年11月		厅拨给基金2 000元，并另捐助200元
化县	救济院	1935年11月		厅拨给基金1 000元
乐会县	救济院	1936年4月	办理养老、贫民教养、婴儿三所。	厅拨给基金4 000元
琼山县	救济院	1935年11月	办理施诊赠医事宜。	
钦县	救济院	1936年2月		厅拨给基金2 000元，并另捐助200元

（续上表）

县市名	救济院名称	成立年月	经费来源及其办理情形	备考
中山县			已据呈报，救济院还在筹设中。	
三水县			已据呈报，救济院还在筹设中。	厅捐助200元
宝安县			已据呈报，救济院还在筹设中。	厅拨给基金2 000元
花县			已据呈报，救济院还在筹设中。	厅拨给基金2 000元，并另捐助200元
从化县			已据呈报，救济院还在筹设中。	厅拨给基金1 000元，并另捐助200元
赤溪县			已据呈报，救济院还在筹设中。	厅拨给基金2 000元，并另捐助200元
新兴县			已据呈报，救济院还在筹设中。	厅拨给基金2 000元，并另捐助200元
开建县			已据呈报，救济院还在筹设中。	厅拨给基金4 000元，并另捐助200元
开平县			已据呈报，救济院还在筹设中。	由厅捐助200元
恩平县			已据呈报，救济院还在筹设中。	厅拨给基金2 000元，并另捐助200元
连平县			已据呈报，救济院还在筹设中。	厅拨给基金4 000元

（续上表）

县市名	救济院名称	成立年月	经费来源及其办理情形	备考
河源县			已据呈报，救济院还在筹设中。	厅拨给基金2 000元，并另捐助200元
和平县				厅拨给基金3 000元
饶平县				厅拨给基金3 000元
大埔县				厅拨给基金3 000元
梅县				
五华县				厅拨给基金2 000元
蕉岭县				厅拨给基金4 000元
始兴县				厅拨给基金2 000元
仁化县				厅拨给基金2 000元，并另捐助200元
连县				厅拨给基金2 000元
阳山县				厅拨给基金3 000元，并另捐助200元
吴川县				厅拨给基金2 000元，并另捐助200元

（续上表）

县市名	救济院名称	成立年月	经费来源及其办理情形	备考
信宜县				厅拨给基金2 000元
廉江县				厅拨给基金2 000元
徐闻县				厅拨给基金3 000元
阳江县				
定安县				厅拨给基金2 000元
儋县				厅拨给基金3 000元
临高县				厅拨给基金2 000元，并另捐助200元
琼东县				厅拨给基金3 000元
昌江县				厅拨给基金3 000元
灵山县				厅拨给基金2 000元
佛冈县			据呈报救济院因筹款困难尚未举办。	厅拨给基金4 000元
龙川县			据呈报救济院因经费无从筹措尚未举办。	厅拨给基金2 000元
新丰县			据呈报救济院因地瘠民贫筹款维艰尚未举办。	厅拨给基金3 000元

（续上表）

县市名	救济院名称	成立年月	经费来源及其办理情形	备考
南海县			据呈报救济院因经费困难尚未举办。	厅拨给基金 3 000 元，并另捐助 200 元
汕头市			据呈报救济院现正在筹设中。	

注：以上凡拨基金者皆声明为救济院及平民医院基金。

资料来源：广东省民政厅编：《广东省民政厅奉行本省三年施政计划主管事项进度情形纪要》，1935 年，第 41～50 页。

由以上可以看出，广东各地的救济院规模较大，设施多样，其收容救济的人数较多，救济对象的种类范围几乎涉及了当时所有的弱势群体。

（二）政府医疗救济活动

1. 医疗救济的背景

广东省内河网密布，气候温暖湿润，这为病菌微生物的繁殖生长提供了孕育土壤，也为传染病的传播流行提供了自然条件。广东在民国时期几乎每年都有程度不一的瘟疫发生。据统计，在 1911—1936 年这 25 年时间里，省内发生天花 8 年次，发生鼠疫 10 年次。[①] 这期间，广东各地的医疗状况极为落后，省政府在论及这一问题时亦承认："各县乡村的卫生设备，十分简陋。人民有病，为着缺乏医院而抵受的痛苦，几于十人而九。"[②] 由于广大乡村地域闭塞、文化落后，因此乡民迷信之风异常炽盛。他们一旦得病，即延请神汉、巫婆来做法术。如三水河口的蛋民若患疾病，对于巫道符水则极为迷信，往往先用符咒后延医生，致患病者多死于非命；广州下渡村居民遇有疾病，只知祈神求药，甚少延医诊治。至病危失常态时，则说鬼神附身，便请南巫先生与茅山师傅入屋捉鬼。[③] 乐昌县乡民"有病，则燎火使妪持衣招于门，延巫逐鬼咒水画符，夜则角声呜呜达旦……其降乩者、放阴者、问仙娘

① 广东省文史研究馆编：《广东省自然灾害史料》，广东科技出版社，1999 年版，第 649～651 页。

② 陈济棠：《整理与建设要同时并重》，广东省档案馆编：《陈济棠研究史料》，1985 年版，第 209 页。

③ 伍锐麟著，何国强编：《粤海虞衡卅一秋——伍锐麟调查报告集》，国际炎黄文化出版社，2005 年版，第 241、431 页。

者，妇女奔走若狂，所在多有。[①] 惠阳县“男妇均迷信神权，有病不信医药，求服神方”[②]。遂溪县“乡民患病，独鬼神是求，不知医药是何事”[③]。

医疗机构的缺失以及乡民的迷信成风，使广东省每年都有不少人因传染病而丧失生命。现将广州、汕头两地的一些具体统计数据列表如下：

表 4 – 13　民国二十年广州市民患急性传染病的发现数及死亡数表
（1931 年 7 月至 1932 年 6 月）

病情	霍乱	天花	伤寒	猩红热	赤痢	白喉	脑脊髓膜炎
发现数（人）	891	349	543	7	255	112	166
死亡数（人）	341	2	41	1	4	5	33
死亡率	38.3%	0.6%	7.6%	14%	1.6%	4.5%	19.9%
总计发现 2 323 例，死亡 427 例，平均死亡率为 18.38%							

注：是年并无鼠疫发生，故不列入。
资料来源：《广州市政府市政公报》第 410 期，1932 年，第 70 页。

表 4 – 14　民国二十年下半年汕头市法定传染病治愈人数及死亡人数统计表

伤寒或类伤寒	斑疹伤寒	赤痢	天花	鼠疫	霍乱	白喉	流行性脑膜炎	猩红热	总计
治愈人数	61	2	9	1	11	8	—	1	93
死亡人数	35	—	73	7	2	6	—	—	123
总计	96	2	82	8	13	14	—	1	216
百分比	44.44%	0.93%	37.96%	3.70%	6.02%	6.48%	—	0.46%	100%

资料来源：《汕头市市政公报》，1931 年 12 月—1932 年 4 月，第 76 ~ 80 期合刊，第 50 页。

① （民国）《乐昌县志》，民国二十年铅印本影印，成文出版社，第 114 ~ 115 页。
② 《民厅令饬各县革除陋俗》，《广东省民政公报》，1930 年，第 62、63 期合刊，第 190 页。
③ 《民厅令饬各县革除陋俗》，《广东省民政公报》，1930 年，第 64 期，第 161 页。

由表4－13、4－14可知，广州在1931年7月至1932年6月间，共发现传染病2 323例，其中死亡427例，平均死亡率为18.38%；汕头市在1931年下半年患法定传染病者216人，死亡人数达123人，死亡率竟高达60%左右。另据统计，1931年、1932年、1933年三年中，广州市因各重大传染病而死亡的人数达1 974人，其中天花580人、赤痢536人、霍乱493人、伤寒或类伤寒365人。[①] 由此看来，传染病确实给人们的生命带来极大的威胁。

在民国时期，广州、汕头的医疗水平及医疗设备在全省来说，应该是排在前列的。这两地的医药人员与设备统计数据如下：

表4－15　广州、汕头医药人员与设备统计表

地域	西医（人）	中医（人）	药剂士（人）	助产士（人）	接生婆（人）	医院（所）	病床（张）	西药房（间）	中药铺（间）
广州	909	1 972	97	1 747	—	21	1 981	79	598
汕头	44	306	1	37	—	8	555	36	98

资料来源：国民政府主计处统计局编：《中华民国统计提要》，1935年，第385页。

传染病在医疗条件较好的广州、汕头两地，尚且给人们的生命带来严重的威胁，可想它在其他各地的危害情形就更为严重了。如1932年11月下旬，佛山痘症流行，死亡者每天平均在30人以上；[②] 1934年普宁县鼠疫流行，仅该县南径龙门村第一批就死亡700余人；[③] 1935年春海丰县发生春瘟病症，“送至平民医院治理者，每日平均有50名以上，尤以五至七岁小儿为多，外区贫民因远道觅医较迟，致死亡者有十余宗”[④]。

2. 政府的救济举措

由上述可知，广东常发的传染病主要有天花、霍乱、痢疾、伤寒、白喉、猩红热、流行性脑脊髓膜炎等。其中霍乱、痢疾、伤寒多发生于夏秋，时人常称之为夏令病；天花是春季时令病；白喉、猩红热、流行性脑脊髓膜炎多发生于春秋时节，时人称之为秋令病。根据这些规律，广东省政府于每年春、秋两季举行种痘运动，以预防天花等疾病发生；在夏、秋季则推广注

① 国民政府主计处统计局编：《中华民国统计提要》，1935年，第384页。

② 广东省文史研究馆编：《广东省自然资料史料》，广东科技出版社，1999年版，第649～651页。

③ 汕头市卫生志编纂领导小组办公室编：《汕头卫生大事记》，1988年版，第9页。

④ 《海丰发生春瘟》，《广州民国日报》，1935－03－12。

射霍乱、伤寒、赤痢等疫苗，以预防秋令病流行。

先说说种痘之情形。天花是由天花病毒引起的一种急性传染病。这种传染性极强且死亡率高的疾病几乎每年都要光顾广东，是当时危害广东人民生命的一把利剑。牛痘术于嘉庆十年（1805）春由澳门葡商带到中国后[①]，成为当时预防天花的唯一有效的办法。广东省各县市政府一般于每年春、冬两季举行种痘运动，并进行广泛的社会宣传与动员。1930年6月份，广州、汕头、香港等地发生一种急性传染病，患者多至殒命。广州市卫生局于该月14日至16日组织多支演讲队到各区进行演讲，并制印防疫布告和五彩石印宣传图书多种，在市内各繁华地点张贴。[②] 汕头市在每次种痘前，亦由卫生科"缮写纸质标语，张贴市内各马路与通衢，或用布质标语横挂各大马路，并制玻璃片标语分发各电影院放映以于宣传"[③]。1933年春，饶平县和汕头市相继发生脑膜炎症，汕头市政府即印制传单20 000份分发各店户，[④] 又绘制夏季传染病彩书图式2 000张及预防传染病浅说20 000份，分发市内茶楼酒店饮食物馆，广为张贴，同时制造大量口罩发给市民配戴。[⑤] 中山县卫生局在进行防疫注射之前，亦先拟具布告、图书等各种宣传品。[⑥] 该县从县政府收入项下划出5%作为卫生行政经费，同时制定《厉行种痘定期接种预防血清疫苗办法》。它规定：①每年施行各区七岁以下儿童之强迫种痘，严禁旧法种苗；②七岁以上儿童逾期不种痘者处罚家长；③扩大种痘宣传，嘱托医院医师及慈善团体机关以求普及；④各区如需要种痘人才时，得设传习所养成之；⑤印发各种传染病浅说指示民众以预防方法。[⑦]

各地对种痘防疫的宣传形式灵活，内容广泛。这对于各项防疫政策和措施的落实，尤其在引起市民对防疫的重视和如何进行防疫方面起到了较好的作用。

民国中后期，广东省各县市政府实施的种痘活动，大致可分为以下两种：

---

① 余新忠：《清代江南种痘事业探论》，《清史研究》，2003年，第2期。

② 《广东省民政公报》，1930年，第62、63期合刊，第186页。

③ 《汕头市市政府二十一年十二月份办事报告表》，《汕头市市政公报》，1933年，第86期，第10页。

④ 《汕头市市政公报》，1933年，第88期，第7页。

⑤ 《汕头市市政府二十二年七月份办事报告表》，《汕头市市政公报》，1933年，第93期，第6页。

⑥ 《中山县县政季刊》，1933年，第3期。

⑦ 《中山县政汇刊》，1932年，第41页。

第一，城市的种痘运动。

民国时期，广东省的医疗设备、医护人员及慈善机构大多集中于各大、中城市及县城里。城里的种痘运动一般是由各县市政府设立的卫生局（科）负责的，卫生局（科）一般免费发放疫苗，并委托城里的各医院、善堂等向市民进行施种。南海县城由县卫生科委托县立医院于春、秋两季赠种牛痘。① 海口市在市内得胜北街的海南医院和南门的惠爱医院内各设种痘所一处，每年分春、冬两季施行免费种痘，其种痘经费由市卫生局拨支，并由该两院医生分任施种。②

广州市政府专门成立了卫生局负责全市的卫生事务。市卫生局下设秘书处、第一课、第二课、第三课。其中第一课分设防疫、取缔二股。防疫股主要负责：①关于一切防疫之设计及实施事项；②关于传染病院、麻风院、疗养院之管理事项；③关于制售疫苗血清及一切细菌学药品之检验及取缔事项。广州市每年的种痘运动均由卫生局分春、冬季举行。因天花易于此时期传染，且蔓延快，事前一般是由卫生检验所制备大量疫苗，供给所属各院及各医院团体等，以便如期举行施种。如广州市第12届种痘运动之施种地点有20余处，委托医生多名担任施种。③

1933年海珠铁桥通车后，广州市区扩大，南北连成一片。市卫生局为普及防疫起见，在市内四区各设巡回诊疗车一辆，车内配带药物，并设中医师一员、护士二员、警役一员，每日巡回区段之内，以便施行流动种苗治疗。④ 现将广州市卫生局历届种痘情形列表如下：

表4-16 广州卫生局历届种痘运动情况统计表

届次	时间	受种人数（人）
第三届	1928年3月10日—20日	16 324
第四届	1928年12月15日—1929年1月31日	11 930
第五届	1929年3月1日—7日	13 320

---

① 广东省民政厅编：《广东全省地方纪要》，1936年，第97页。

② 《海口市市政计划书》，《广东省民政公报》，1930年，第61期，第47页。

③ 广州市政府编：《广州市政府市政公报》，1933年，第413期，第57页。

④ 广州市卫生局编：《广州市卫生行政之检讨》，1935年，第24页；《实行巡回注射防疫苗》，《越华报》，1933-06-27。

（续上表）

届次	时间	受种人数（人）
第六届	1929 年 12 月 13 日—23 日	12 880
第七届	1930 年 2 月 11 日—3 月 8 日	33 745
第八届	1930 年 12 月 10 日—31 日	22 760
第九届	1931 年 3 月 13 日—4 月 11 日	24 111
第十届	1931 年 12 月 15 日—30 日	15 625
第十一届	1932 年 2 月 25 日—3 月 10 日	30 356
第十二届	1932 年 12 月 1 日—1933 年 1 月 16 日	133 130
第十三届	1933 年 2 月 10 日—3 月 5 日	56 613
第十四届	1933 年 12 月 1 日—20 日	37 613
第十五届	1934 年 2 月 20 日—4 月 20 日	46 578
合计		454 985

资料来源：《广州年鉴》卷十三，1936 年版，第 4 页。

1930 年，汕头市卫生科成立，科内设保健、洁净、防疫 3 个股。[①] 汕头市每年的种痘运动都是由市政府组织种痘队为市民免费种痘；为普及起见，市政府还委托一些医院或慈善机构，如市立医院、红十字会、福音医院、同济医院、存心善堂、诚敬善社、延寿医院、益世医院等，同时进行免费赠种。如该市 1932 年秋季的种痘运动从 11 月 21 日起至 12 月 19 日止，计施种 28 天，共为 20 943 人施种，其中由汕头市政府种痘队施种者 8 167 人，由市政府委托各医院、善堂代种者 9 230 人，而发痘苗给各学校校医为员生免费施种者 3 546 人。[②] 其具体情形如下表所示：

① 汕头市卫生志编纂领导小组办公室编：《汕头卫生大事记》，1988 年版，第 8 页。

② 《汕头市市政府二十一年十二月份办事报告表》，《汕头市市政公报》，1933 年，第 86 期，第 10 页。

表 4－17　民国二十一年秋季汕头市种痘人数统计表（单位：人）

团体名称	受种人数	团体名称	受种人数
市政府种痘队	8 167	觉民中学	136
市立医院	2 518	时中学校	156
诚敬施医所	941	海滨师范学校	90
福音医院	1 456	正始小学校	1 060
存心施医所	758	回澜中学校	168
同济医院	1 019	同济中学校	680
红十字会	659	大中中学校	275
延寿施医所	986	若瑟学校	246
益世医院	893	真光幼稚园	128
贫民工艺院	247	普益社	85
市立女子中学	275	总计	20 943

资料来源：《汕头市市政公报》，1933 年 2 月，第 86 期，第 1 页。

第二，乡镇的种痘运动。

陈济棠主粤时期，广东省各乡镇因医院和慈善机关少，其种痘运动主要是由各区、乡（镇）公所或公安分局负责进行。

番禺县政府每年于春季天花流行时期，即购备痘苗分发各区领用施种。该县每区分设种痘所一所，县内第三、六、七、八等区种痘所系由各区公所联合当地慈善团体协同办理。[①] 台山县每年由县库拨款，通令各公安分局及区、乡公所就地设立种痘所，分春、冬两季举行赠种牛痘运动。[②] 鹤山县于每年春夏期间，亦由各区、乡公所聘请医生分赴属内适中地点赠种洋痘。[③]

中山县自 1929 年 2 月 13 日被国民政府定为模范县并直属中央后，该县的防疫、卫生、救灾、保护森林等事项，都归由县公安局来办理，县内各区、乡（镇）的防疫种痘工作则由各区公安分局负责实施。1935 年冬，中山县政府向全县发布了《中山县政府廿四年冬季种痘办法》。它规定：除县内第一、第二、第三、第四、第五、第六区由县政府派医官办理外，其余各

① 《番禺县政纪要》，1935 年，第 2 期，第 20 页。
② 广东省民政厅编：《广东全省地方纪要》，1936 年，第 176 页。
③ 《广东省各县县政调查》，第二历史档案馆藏，全宗号：12（06），案卷号：21385。

区令该区公所及公安分局委托各区的医师就近定期施种；各民众种痘须依照各区医师所定时间听候施种，概不收费。为确切了解施种人数，县政府制有《种痘人数调查表》，分送各区种痘处备用，然后由该处医师每日按格填列，每星期汇交该管公安分局转呈县政府，以资统计。[①] 现将该县 1933 年春季种痘情形列表如下：

表 4－18　1933 年春季中山县公安局举行种痘运动时各区受种人数统计表（单位：人）

区别	受种人数		总计
	男	女	
第一区	13 264	7 000	20 264
第二区	3 322	2 788	6 110
第三区	1 228	1 106	2 334
第四区	2 103	1 727	3 830
第五区	2 750	2 206	4 956
第六区	900	90	990
第七区	185	90	275
第八区	375	323	698
第九区	1 493	1 041	2 534
合计	25 620	16 371	41 991

资料来源：中山县政府编：《中山县政季刊》，1933 年，第 4 期，第 24 页。

由上述可以看出，陈济棠主粤时期，广东省政府在种痘方面取得了一定的成效。据已有的统计表明，每年春、秋两季，广州市种痘之人数有 8 万余人，汕头市为 4 万余人，中山县每年种痘人数也有四五万人；即便是省内一些较偏远的县市，也开始实行防疫种痘，如始兴县救济院为谋儿童健康及预防天花流行起见，特于 1935 年 12 月 1 日令饬县内贫民医院赠种牛痘，不取分文，结果来院求种者络绎不绝；[②] 平远县在种痘方面虽不能说已得到普及，但施种人数也不少：它于每年春季除聘请医生驻院赠种外，还分派数队到各乡村举行普遍赠种，平均每年受种男女在 15 000 人以上，该县救济院在

① 中山县政府编：《中山县政年刊》，1936 年，第 55～56 页。
② 仁爱善堂编：《仁爱旬刊》，1936 年，第 9 期，第 119 页。

1936—1939 年间，免费种痘达 49 008 人。①

其次，说说注射疫苗的情况。与天花不同，霍乱、伤寒、赤痢、脑膜炎等病易发生于春夏之交及夏秋之交，所以省内的防疫运动一般在每年的这期间定期举行，当然有时会因特殊情况而提前或延期。如 1934 年 2 月下旬，香港发生流行性脑膜炎，每周有 20 余宗，蔓延颇迅速。为预防起见，广州市决定自 3 月 8 日起，提前一个月举行防疫注射运动。截至 4 月 7 日止，共有 1 945 人接受注射，其中男 1 251 名，女 694 名。该运动至 5 月 10 日结束时，受种人数达 3 846 人。② 1935 年 5 月 21 日至 7 月 20 日，广州市卫生局、卫生区事务所及各医院，在各区分期注射霍乱、伤寒、赤痢等疫苗，并规定以 20 天为一期。期满后，因天气炎热，注射者仍纷至沓来，市卫生局疲于应付，后再展期办理，结果统计受种人数共为 8 031 人，其中男为 4 637 名，女为 3 394 名。

民国时期，广东省的防疫运动主要集中于城镇，其规模也远不能跟种痘运动相比。广州市自 1929 年开始注射疫苗，现将 1929—1934 年防疫注射情况列表如下：

表 4－19　广州市卫生局历届注射疫苗人数汇计表（单位：人）

年份	脑脊髓膜炎	伤寒	霍乱	赤痢
1929 年	—	982	682	—
1930 年	—	693	757	409
1931 年	—	475	1 187	500
1932 年	1 264	2 708	9 833	2 665
1933 年	2 650	1 953	4 371	492
1934 年	3 846	—	3 156	—
合计	7 760	6 811	19 986	4 066

注：编制此表时，伤寒、赤痢尚在注射中。
资料来源：《广州年鉴》卷十三，1936 年版，第 4 页。

广东的防疫运动在一些小城镇里大多是临时举行的。如中山县救济院一

① 平远县救济院编：《平远县立救济院概况》，1939 年，第 10～14 页。
② 《广州市政府市政公报》，第 461 期，第 97 页；《广州市政府市政公报》，1934 年，第 465 期，第 183 页。

遇疫症发生，即临时设立检疫所、隔离室等；清远县有救济机关4所，顺德县有救济机关20余所，台山县有救济机关12所，遇有流行症发生时，它们都临时举行防疫运动。[①] 现将中山县公安局注射预防霍乱疫苗情况列表如下：

表4-20　中山县公安局注射预防霍乱疫苗成绩表（单位：人）

区别	代办处	受注射人数	区别	代办处	受注射人数
第一区	县兵处治疗院	714	第五区	公安分局	—
	侨立中山公医院	276	中山港区	本局治疗所	220
	铁城医院	120	第七区	公安分局	—
第二区	公安分局	—	第八区	公安分局	—
第三区	公安分局	—	第九区	公安分局	—
第四区	公安分局	79	总计		1 409

注：①各区公安分局代办处系由各区分局送请各乡村医师或接生机关办理。

②第二、三、五、七、八、九区代办处注射工作尚未完竣，故附阙如。

资料来源：中山县政府编：《中山县政季刊》，1932年，第2期，第97页。

广东省政府在民国时期的免费防疫种痘运动，虽没有做到全省普及，但疫苗注射毕竟使传染病的流行范围和烈度大为减小。据统计，广州市在1932年上半年发现脑膜炎患者148宗，死亡31人；后经注射疫苗，1933年脑膜炎病只发现46宗，死亡8人；全市在1932年上半年发现霍乱患者887宗，死亡341人，1933年同期未发现有此病流行；[②] 1935年1—9月，广州市患法定传染病者616人，其中死亡17人，死亡率仅为3%左右。[③] 这说明，由于防疫运动的推行，广东省传染病患者数量及其死亡率皆已大为降低。

除了上述各种传染病外，麻风病也是危及近代广东人民生命的一把利剑。据民国时期统计，麻风病患者在我国主要分布在岭南、江南及山东省等地区，其中“广东、云南麻风之多为全国之冠，而尤以广东为最”[④]。为减少麻风病毒的传染，政府首先在广州及汕头等人口较密集、麻风病人较为集

① 《广东省各县县政调查》，第二历史档案馆藏藏，全宗号：12（06），案卷号：21385。

② 《广州市政府市政公报》，1933年，第432期，第80~81页。

③ 《统计月刊》，1935年，第1卷第9期，第21页；《统计月刊》，1935年，第1卷第10期，第23页；《统计月刊》，1936年，第2卷第5期，第9页。

④ 陈邦贤：《中国医学史》，上海书店出版社，1984年版，第382页。（本书根据商务印书馆1937年版复印）

中的地方设立麻风院。汕头市政府在1924年1月于潮阳港口拐头山建成汕头市麻风院，可收容60～80名麻风病人。该院之经常费及疗养费则完全由市政厅负担，该院年需1万余元。该麻风院原定名额为60人，而实际收容120余名。房间光线不足，设备不全，病者轻重不等，有初发而尚无传染者，肢体残废而不可救药者，皆同居其中。医生每星期前往诊治两次，有时除有基督教士宣传福音外，绝不与外界接触。1932年，广州市政府建成东郊麻风院，该院可收容60～80人，系暂时收容之用，一旦收满之后，就解送至东莞石龙或稍潭麻风院。据统计，1931年解送石龙麻风院安置者共156名，送稍潭麻风院安置者44名，1932年解送石龙麻风院两次共65名，解送稍潭麻风院两次共54名。1933年分批解送石龙和稍潭两麻风院安置者，共228名。①

后因麻风病人日益增多，广东省政府又于麻风病情较严重的高明县增设一新麻风院，预计收容病人1 500名，约需建筑费20万元、购置费5万元、每月经费16 000元。后奉准分期进行，先由预备金项下拨助6 500元，于1935年底将首期工程完成，可增收200余名。为救济海南岛的麻风病人，琼山县政府拨荒地30余亩，并将旧城墙拆卸的砖石拨为建筑麻风院之用。1932年10月，粤省政府拟于省内五个绥靖区内，各设麻风院一所，以便收容。后决定先将琼山、石龙、汕头院大加扩充，使每处可容麻风病人增至1 000人左右。预算石龙约需建筑费13万元、购置费33 000元、每月经常费11 084元；琼山及汕头两处各需建筑费169 000元、购置费42 900元、每月经常费14 409.2元。1935年底，广东省民政厅提拨55 000元，分拨高明、琼山、汕头、东莞、合浦等各地麻风院建筑费各1万元、设备费各1 000元。扩建后，使每处可容病人1 000人左右。② 广东省政府在麻风救济方面的积极态度得到了社会的好评。医学顾问麦雅谷博士在《中国麻风与移民问题》一文中说，广东省政府在救济麻风问题上，虽然是“不彻底的”，但“其工作量，胜过各省所做的总和”。③

---

① 广州市政府编：《广州市政府市政公报》，第451期，第100页。

② 广东省民政厅编：《广东省五年来民政概况》，1936年，第88～89页。

③ 中华麻风救济会：《麻风季刊》，第4卷第2期。

表 4－21 广东省政府补助各地麻风院的经费表

麻风院名称	政府资助情况	麻风院名称	政府资助情况
汕头市立麻风院	投资近 2 万元建成，另由汕头市政府每月拨 1 140余元	东莞麻风院	每月由广州市财政局补助毫洋 750 元，东莞明伦堂补助 400 元，东莞县政府每年补助 740 元
东莞稍潭麻风院	每月补助 1 400 元	赤溪县大衾麻风院	每月补助 150 元，另由赈款项下拨捐 1 000 元
广州市东郊麻风院	市财政局拨款 2 万元	高明县麻风院	拨首期建筑费 6 500 元
扩建高明麻风院、琼山麻风院、汕头市麻风院、东莞石龙麻风院、北海麻风院五院建筑费各 10 000 元，设备费各 1 000 元，合计 55 000 元			

据当时统计，政府在广州、汕头等城市所办的麻风院收容的麻风病人大多不是来自本市，而是来自全省各地，如 1931 年由其他各县解送来广州收容的共 328 人，1932 年共解送 322 名。其中 1933 年 6 月 3 日，广州东郊麻风院收容染有麻风的男女 40 人中，新会县 2 人、四会 1 人、花县 4 人、顺德 2 人、客家 1 人、云浮 2 人、广西省 1 人、台山 3 人、宝安 2 人、中山 2 人、番禺 2 人、新兴 1 人、南海 3 人、高要 2 人、博罗 1 人、清远县 3 人、英德 1、罗定 1 人、东莞 2 人、高州 1 人、惠州 1 人、惠阳 1 人、鹤山 1 人。① 为减轻广州市的财政负担，1922 年广东省政府规定，凡各县市解送麻风病人到广州市卫生局（后改为广州市东郊麻风院），收容者每名应先交半年口粮 19 元 2 毫（每月为 3 元 2 毫），后因物价上涨，从 1933 年开始又将病人口粮标准提高到每月 4 元 5 毫，即先交半年粮 27 元（各县解送麻风病人到院应先行解送半年口粮）。② 该法令公布后，得到各地方较好的配合。1933 年中山县分庭函送麻风病人彭标一名，请麻风院安置，第三区分局呈解麻风人区亚权，由医官将麻风病人两名取血检验确有麻风杆菌，将两麻风病人连同半年口粮费毫洋 38 元 4 毛函送广州。③ 汕头市麻风院于 1936 年经扩建后改称为广东省东区麻风院，收容病人数额由以前 80 人左右增至 500 人。因收容人

① 广州市政府编：《广州市政府市政公报》，第 434 期，第 5 页。

② 陈同昶：《防杜疯病办法案》，《广东省政府公报》，第 213 期，第 33 页。

③ 中山县政府编：《中山县政季刊》，第 5 期，第 41 页。

数增多，每月所需经费也由以前的1 000多元增至3 800元。为减轻汕头市政府的财政负担，汕头麻风院采取按周围各县的等级来共同分摊的办法，其比例为：潮属占50%，惠属占30%，梅属占20%。各属在所派范围内，又分若干份，计一等县负担两份，二等县一份半，三等县一份。如潮属有一等县三个，占六份；二等县三个，占四份半；三等县四个，占四份，整个潮属各县共占十四份半。① 政府这种规定使城乡各地在收容麻风病人方面的协作性得到加强。

最后，说说赠医、施药的情形。民国时期的广东省政府在医疗救济方面，除免费给易感群体种痘防疫外，还对贫民进行赠医、施药。除广州市外，广东省内其他一些县市的赠医、施药工作或由当地县立医院负责，或由县救济院负责，或由县内各平民医院负责。如南海县立医院曾专设赠医施药处，该院自1933年8月至1935年底，赠医人数共为166 693人，平均每月赠医达6 174人；② 廉江县平民医院自1934年7月成立后，院内分中医、西医两部，平均每日到诊者五六十人；③ 番禺县平民医院临时赠医处平均每日赠医60人，该县高唐分诊所自1934年9月成立后，平均每日赠医、施药30人；赤溪县第一平民医院平均每日诊治病人约30名，该县第二平民医院平均每日诊治病人约40名；东莞县平民医院每月办理赠医、施药3 000余人，该院还设有免费留医室，以救济贫乏患者。

广州市因人口密集，政府专门指定由社会局和卫生局负责向贫民赠医、施药。1932年10月，市社会局在广州长堤一带设立第一赠医施药处；同年该局接管城北方便医院所有善产后，即将之改为第二赠医施药处。综计第一、第二赠医施药处每日就诊平均在160人以上。④ 为扩大赠医、施药的范围，市社会局于1933年11月16日又在河南海幢公园内开设第三赠医施药处。现将各处赠医、施药情形列表如下：

表4-22 广州市社会局赠医施药处诊病人数统计（时间：1935年2月；单位：人）

地点	内科	外科	合计
第一赠医施药处	1 038	739	1 777

① 广东省政府编：《广东省政府公报》，第255期，第33页。

② 《南海县政月报》1934年1月—1936年5月，第3～34期（其中缺1935年7、8月）。

③ 广东省民政厅编：《广东省民政厅奉行本省三年施政计划主管事项进度情形纪要》，1935年，第51～63页。

④ 《广州市政府市政公报》，1933年，第415期，第82页。

（续上表）

地点	内科	外科	合计
第二赠医施药处	1 119	—	1 119
第三赠医施药处	774	952	1 726
总计	2 931	1 691	4 622

资料来源：广州市社会局编：《广州市社会统计汇刊》，1935 年，第 1 页。

除社会局外，市卫生局也积极进行赠医、施药活动。1935 年 6 月 22 日，广州市政府通过了《广州市卫生区事务所赠医章程》，它将市内分为六个卫生区，其中第一区设在教育路，第二区设在东川路，第三区设在圣心路，第四区设在吉星路，第五区设在长寿路，第六区设在海幢路。以上六处卫生事务所先后各设赠诊处一所，医生在赠医、施药时不取分文，使贫病市民受益匪浅。[1]

表 4－23　1936 年 4—5 月广州市各卫生区赠医、施药情况列表（单位：人）

类别 时间	第一区	第二区	第三区	第四区	第五区	第六区	总计
1936 年 4 月	1 382	1 972	1 755	1 844	1 686	1 278	9 917
1936 年 5 月	1 507	2 330	1 666	1 825	1 702	1 421	10 451

资料来源：《广州市政府市政公报》，1935 年，第 535 期，第 91 页；《广州市政府市政公报》，1935 年，第 538 期，第 144 页。

从以上两表可以看出，广州市社会局和卫生局每月赠医、施药的规模确实不小，其中社会局所设的三所赠医处每月诊病人数达 4 000 余人，各卫生区平均每月赠医人数竟达万余人。

广州市除了由社会局和卫生局直接赠医、施药外，还积极引导民间慈善机构参与其中。现以广州方便医院为例来谈谈民间慈善组织的转型与赠医、施药活动。广州方便医院肇始于 1899 年夏天由广州各行商联合发起成立的城西方便所，1901 年更名为城西方便医院。方便医院创办之初，其经费来源有限，主要来自广州及港澳绅商集资和捐款。经多年募捐，至 1920 年前后，

---

① 仁爱善堂编：《仁爱旬刊》，1935 年，第 1 期，第 192 页。

方便医院扩展到病房 16 间，收容 100 多人，收容对象为异乡旅客、官吏随从、役夫及劳苦大众。其主要业务为：赠医施药、招待病侨、急赈救灾、殓葬施棺、带受华侨骸骨等。除此之外，它还在中国近代史上一些著名的革命事件中发挥过积极作用。1922 年 4 月 27 日，黄兴率同盟会起义失败，72 名烈士尸骸暴露街头一直无人敢收殓，后由方便医院出面与清政府交涉，将烈士尸骸殓葬于今日黄花岗七十二烈士墓。基于此，方便医院在清末被誉为“九大善堂之首”。在清末的广州，“善堂为行商代表”[①]，其日常管理通常也由商人负责。方便医院最初实行传统的轮值管理制，院内“由七十二行商担任办理”，“递年推举两行为总理，两行为协理”。[②] 其中总理是实际负责人，其主要职责是管理院内财务收支，协理为总理之佐，而值理又为协理之佐。一般情况下，院内总理、协理、值理轮流值日，大小事务由总理一人来决定，院中钱银各事亦“概归当年总理专管”。在此家长式管理制度下，院内所经办之事往往缺乏有效的监管制度，它主要依靠主持人自身的道德约束，甚至以在神前发誓表露心迹的办法以示清白。由于缺乏严密的管理制度，那些打着慈善旗号的善棍们往往借此机会大肆中饱私囊、挪用善款、以谋私利。方便医院管理的混乱，使得它在社会中的公信度降低，进而导致社会捐款大为减少，在 20 世纪 20 年代曾数度有停办之议。

20 世纪 20 年代中后期，随着广州市政府及广东省政府的先后建立，政府权威得以确立。素称“办事最著，极得人民信仰”之方便医院的衰落情形引起了政府的关注。为了扭转窘局，广州市政府曾先后制定了一系列的相关法规，建立健全董事制，加强财政收支管理，扩展同人队伍，以便加强对广州方便医院的监督与整理。

在政府的监管下，方便医院逐渐实现了从传统到现代的过渡，它的管理制度更为完善，组织更为严密，财务收支更为透明。随着其社会公信度的增长，政府与社会各界的捐款较以前亦更为踊跃。如荣德公司捐款修筑守望室围墙，华侨胡文虎捐巨款建筑高岗留医洋楼一座，简氏亲属捐建西医诊症室一间，赵大光药房捐建中医诊症室一间；此外，陈济棠夫人每年捐助巨款，广州市公安局局长也很热心，所有分局查获贼赃私货均送该院。在 20 世纪 30 年代初，由于较早地实现了制度转型，方便医院接受的社会捐款令其他慈善机关难以望其项背，在市内可谓是独占鳌头。

随着收入的增加，方便医院办善设施也日益完善。广州明善堂和明德善

---

① 陈惠普：《粤商自治会函件初编》，1908 年，第 1 页。

② 邓雨生编：《全粤社会实录初编》，1910 年印行，第 1～3 页。

堂分别于1927年和1929年归并于方便医院。方便医院在城北双井街明善堂故址设立第一分院，办理门诊以赠医、施药。至1936年，全院占地面种约1万平方米，分东、西两大病院，东为男院，西为女院。中部建有礼堂、财务会计室、留医挂号处及来宾招待室；后部为医生楼，楼上为医务处及医生宿舍，楼下为中药部及外科诊察室等。其中东院病区内分积德、行善、红杏、碧桃、玉兰、金菊、宜春、中路、强华新大楼上下、回春、特别区、生字、超等楼、婴儿楼、南洋、濠边、北公、东一巷、东二巷、新区、太平、区头、区尾、临时区等共24处。西院病区分真光楼上下、汾阳、喜色、深仁、厚泽、吉祥、如意、欣然、回春、新西院共10处。东、西两病院除单人病房52间按不同等级酌收房租外，其余大房的病床共有976张，全部免费。至1936年，方便医院总、分院聘任中医18人、西医3人、义务代院赠理接生之助产士60余人，雇用职员40余人，男、女工110余人。方便医院自20世纪30年代改制后，随着建筑规模和工作人员的增多，其救济业务亦日益扩大，除了涉及施药赠医、收葬路殍外，另在水旱灾害、施棺殓葬、赠理接生、招待各埠病侨、代收侨民骸骨等方面也是积极救济，不分市内市外。

方便医院在政府与社会各界的支持下，不仅度过了艰难时期，而且重新焕发出新的活力，这进而使它的救济成效日益彰显。据统计，仅1934年，到院就诊服药者就达156 000余人，入院留医者24 100余人，赠棺殓葬者大棺7 700余具、小棺7 000余具，收葬路毙者2 257人，可谓成绩显著。[①] 1935年，该院门诊内科部赠医、施药45 329人，门诊外科部赠医、施药40 813人，门诊西医部赠医、施药28 459人，城北第一分院门诊赠医、施药52 368人，全年门诊赠医逾15万余人。[②] 据相关统计，方便医院在20世纪30年代平均每月收留赠医人数为当时各医院的五倍左右。[③] 由于该院办理较有成效，因此在当时被称为华南最大的慈善机关。

第二节 政府实施的专门性救济活动

专门性救济活动是指救济的对象具有特殊性或单一性，主要包括妇婴救

---

① 《广州城西方便医院》，《方便月刊》，1936年，第1、2期。

② 《广州城西方便医院》，《与人方便》，1936年，第1页。

③ 广东省调查统计局：《统计月刊》，1936年，第6页。

济、难民救济、贫民救济等。

一、妇婴救济

（一）不幸妇女救济

不幸妇女，一般是指“贫困无以为生或被人虐待，因而失去普通公民所应受之自由的妇女”[①]。陈济棠主粤时期，广东省的失业妇女、娼妓以及被买卖的婢女比比皆是。据1932年的人口调查表明，广州市内无业人口共281 058人，其中女子有259 158人，占92.2%。“妓院的大门总是朝着穷人的妻女敞开”，不少失业女工为了求生存，“被迫在城里拍卖皮肉”。[②] 王书奴曾在《中国娼妓史》一书中指出：“女子本来只有两条生路：第一为‘卖劳动’，第二为‘卖性’。‘卖劳动’已绝望，那么只得走入‘卖性’的一途了。”[③] 据广州市社会局调查，该市在20世纪20年代末经公开注册登记的娼妓就有1 362名，另未经注册登记的私娼约有2 600名。[④]

广东省内大量被拐卖的女子也是不幸妇女的重要组成部分。20世纪30年代，由于广东农村经济日趋破产，南海、顺德一带的缫丝女工成批失业，“来省觅食者日有所闻，从前之不落家女，现在已急于求嫁，甚至有所谓女奴市场”[⑤]。她们“离乡别井而赴广州、港、澳等处为人佣工，或操妓生涯者，几至不可数计。更查此辈妇女由乡来省寻工之后，因供过于求、谋生不易之故，其生活之困苦实有甚于乡间，是故每为一般拐匪所乘，借引荐谋工之名，将各妇女诱贩卖于从化、北江各地。其年轻貌美者，闻所值动辄三五百元，一般女工入彀其中而被拐卖者，不知凡几”[⑥]。南路各地主的家中所养婢女多至20余人，主人的女儿出嫁时也有婢女随从。[⑦] 据民国时期著名社会学家陈翰笙的调查表明，在顺德、番禺、中山和新会各县的农村，有将近两万名农家姑娘被带到香港，以“妹仔”的身份做婢女，此外还有大批被买进和卖出的农家姑娘向本省各城市涌去。[⑧] 陈还对当时广东省买卖妇女的现象

---

① 柯象峰：《社会救济》，正中书局，1944年，第153页。

② 石不烂：《广州的娼妓》，《生活周刊》，1933年，第8卷第47期。

③ 王书奴：《中国娼妓史》，生活·读书·新知三联书店上海分店，1988年版，第339页。

④ 王书奴：《中国娼妓史》，生活·读书·新知三联书店上海分店，1988年版，第333页。

⑤ 张任侠：《广东蚕丝问题》，《广东蚕声》，1936年，第2卷第5期，第6页。

⑥ 《国际劳工通讯》第10号，1935年7月。

⑦ 冯和法编：《中国农村经济资料》续编，上海黎明书局，1935年，第832页。

⑧ 陈翰笙：《解放前的地主与农民——华南农村危机研究》，中国社会科学出版社，1984年版，第121页。

进行了如下记录：

广东农村中有许多幼女被出卖为猪花的。农村中五六岁女童的代价在广州附近只百数十元。收买者教养她们到十五六岁，再转卖给富家当侍妾，因此而获千金的利益，俗称为“槽猪花”。农村中出来的婢女的数量却蒸蒸日上。在香港一个地方，注册的婢女有2 794名，未注册的还差不多有两万。潮汕一带要出卖的妇女太多，所以去年（1933年）一年内价格大跌：以前十二三岁婢女卖价100至170元，现今（1934年）连中人费也在内跌至60至130元，潮州称侍妾为“二人”，“二人”往往不可转卖。以前“二人”的价格普通是200至500元，现今（1934年）跌至150元至300元。两年以来，潮安农村中被第三军的排长、连长、营长等收买去的妇女，至少有四五百名。①

由此可见，当时广东城乡买卖妇女现象已相当严重。

为救济那些不幸妇女，广东省政府在20世纪30年代主要采取了设所收容、立法规范、设立妇女习艺所等救济手段和举措。

1. 设所收容

广州、汕头等一些中心城市是一些不幸妇女比较集中的地方。各市政府一般由公安局设立济良所，对广大妇女予以收容救济。在其他没有专门设立济良所的县市，此项工作大多是由当地的救济院来承担的。1921年，广州市政厅成立后，在广州市公安局下附设济良所，专门收容不幸妇女。该济良所收容妇女的来源较广，主要包括“被诱拐抑勒来历不明之妓女，受人虐待不能自由之妓女，不愿为娼之妇女，无宗可归、无亲可给之妇女，及被主人虐待逐出之婢女”等五类。②

1928年8月，汕头市市政会议通过了该市公安局局长孙我东提出的关于设立济良所以救济一般被压迫之妇女的议案。该提议后经省政府第四委员会第100次会议议决准予备案。1931年，汕头市公安局、市商会、市妇女救济会及汕头市政府社会科等机构共同组织成立了济良所筹备委员会。该会成立后，通过举办筹建济良所游艺会，筹得大洋1 702元；此外，它还积极向各富商捐得大洋4 500元。在筹备资金有了着落后，汕头市政府于1931年10

① 陈翰笙：《陈翰笙集》，中国社会科学出版社，2002年版，第119～120页。

② 广州市政府编：《广东省会警察厅附设济良所试办章程》，《广州市市政概要》，1921年，第114页。

月间开始兴筑济良所工程，该工程于 1932 年 3 月竣工并交付使用。次年 8 月，汕头市政府成立了由 5 人组成的济良所管理委员会，其中翟宗心市长为主席，另 4 委员由公安局、市商会各指定 1 人，全市慈善机关合指定 2 人共同组成。9 月，市政府刊发图记，令汕头市济良所正式运营。[①] 现将广州、汕头、南海等县市收容救济不幸妇女的情况列表如下：

表 4－24　广州市公安局附设济良所出、入所妇女事由情形类别表

事由别	入所人数（人）	出所人数（人）				
		择配	给领	送解	病故	总计
无依妇女	12	—	3	7	—	10
虐逃妓婢	23	4	16	—	—	20
迷路女童	23	—	17	3	1	21
被拐为妓者	4	—	3	1	—	4
迷路妇女	24	—	17	5	—	22
被拐妇女	18	—	13	4	—	17
不愿当娼者	6	2	2	—	—	4
私逃妇女	4	1	—	1	—	2
流荡妇女	9	1	2	1	1	5
投水妇女	3	1	2	—	—	3
弃妾	2	—	2	—	—	2
被迫为妾者	1	—	—	—	—	—
求离异妇	1	—	—	—	—	—
其他	26	3	13	5	—	21
合计	156	12	90	27	2	131

资料来源：广州市政府编：《广州市政概要》，1921 年，第 92 页。

① 《呈民政厅呈复济良所筹备经过情形并年度出支概算书经奉核准由》，《汕头市市政公报》，1933 年，第 89 期。

表 4－25　汕头市济良所救济不幸妇女情况列表（部分）

时间	救济活动
1933 年 5 月	济良所收容妇女韩林氏由汪汉秋具领为妻；妓女卓妹由邓碧腾具领为妻；婢女罗阿香由方长区具领为妻；妓女李月红由生父具领回家完聚；妓女柯小金珠由苏贵廷具领为婢女；陈素兰由史石州具领为妻；妓女叶阿梅由刘全具领为妻。以上俱遵章具结请领出所且均由市政府核准备案。
1933 年 8 月	济良所收容妇女花凤娇由颜永光具领为妻；金小红由张志英娶为妻。
1933 年 11 月	济良所收容妇女花秀莲由方健女具领为妻；小苹果由刘耀明具领为妻；花玉仙由谢心白具领为妻；小兰花由任温具领为妻；陈八花由生父陈滕具领回家完聚；罗爱梅遵令具缴商店保结出处，候法院传讯。
1933 年 12 月	济良所收容妇女花雪兰由生母具领回家完聚；妓女卢新来由陈怀桐具领为妻。
1934 年 2 月	济良所收容妇女吴清花由黄淡具领为妻；李长汀由孙权江具领为妻。
1934 年 4 月	济良所收容妇女花翠英由郭呼山具领为妻。
1934 年 5 月	济良所收容妇女林赛花由萧流具领为妻；花玉兰由陈亚森具领为妻。
1934 年 6 月	将济良所新收妇女 14 名函送贫民工艺院习艺择配。

资料来源：《汕头市市政公报》，1933 年 7 月—1934 年 7 月，第 91～105 期。

表 4－26　南海县佛山救济院三年来安置分发被虐妓、妇、婢女情况统计表

发来机关	奉到日期	妓女或婢女姓名	本院安置
南海县政府	1931 年 12 月 23 日	婢女张凤歧	同年 12 月 23 日核准由李洪具领为育女。
南海县政府	1932 年 3 月 5 日	婢女洪娥	同年 3 月 21 日核准由李相具领为妻。
南海县政府	1932 年 3 月 5 日	婢女李妹	同年 3 月 14 日核准由赵富具领为妻。
南海县政府	1932 年 7 月 5 日	婢女徐玉妹	同年 7 月 5 日核准由李赵氏具领为育女。

（续上表）

发来机关	奉到日期	妓女或婢女姓名	本院安置
南海县政府	1932 年 7 月 30 日	婢女陈荔芳	1933 年 2 月 26 日核准由其婶母陈李氏领回完聚。
南海县政府	1932 年 8 月 3 日	妓女吴秋好	同年 10 月 23 日核准由符平求具领为妻。
南海县政府	1932 年 8 月 22 日	婢女陈来喜	现在院辖育婴所留养。①
南海县政府	1932 年 9 月 30 日	婢女林七蝶	同年 11 月 7 日核准由宋文柱具领为妻。
南海县政府	1933 年 1 月 21 日	婢女庐旺	现在院辖育婴所留养。①
南海县政府	1933 年 3 月 17 日	婢女叶四	同年 11 月 15 日奉令解回南海县政府发落。
南海县政府	1933 年 10 月 19 日	婢女洪少英	1934 年 1 月 6 日核准由潘应佳具领为妻。
合计	妓女吴秋好 1 人、婢女张凤歧等 10 人		

附注：①婢女陈来喜、庐旺因年纪细小未能择配，故暂留养。

资料来源：南海县佛山救济院编：《南海县佛山救济院院务概览》，1934 年 3 月 10 日印，第 67 ~68 页。

从上面已有的统计资料可以看出，救济机关所收容救济的不幸妇女主要是妓女、婢女、无依妇女、被拐妇女、流荡妇女、迷路妇女等。凡是被济良所或救济院收容的不幸妇女，其出路一般可分为择配、给领、送解、病故等几种情形。其中年幼之婢女大多被其亲戚领回，或由其他可靠之人领养；而那些成年的不幸妇女大多以择配为最主要的出路。各救济机关对于来院择配者都有较严格的规定，如广州市济良所有如下规定：到济良所娶妻之人，一定要经双方同意，并保证无假冒及卖奸、转卖等事；具领之事由警察厅调查属实后发给证书为凭。①

2. 立法救济

1932 年，广东省政府转发了南京政府内政部的《禁止蓄奴养婢办法》。

---

① 广州市政府编：《广东省会警察厅附设济良所试办章程》，《广州市市政概要》，1921 年，第 114 页。

该办法规定：凡非雇佣关系之奴婢，不论以买卖、赠与或慈善关系而蓄养者，均依照本办法禁止之；蓄婢的查禁，由各直辖市政府及各省所属之县市政府督饬警察机关调查，由首都或直隶于省之公安局会同警察机关执行；婢女解救后，凡与东家关系继续维持者，一律改为雇佣关系，发给工资，受雇用者有随时解除关系的自由；双方关系不继续者，依下列方法予以救济：未成年且有家可归者，送其回家，如无家可归或家属无力抚养、不愿收留者，应送当地救济院或慈善机关抚养；已成年的男女均须自由择配或另谋职业，如一时无相当配偶而有失业冻馁之虞者，当地政府须酌送救济院或慈善机关，给予安置。①

针对各地盛行的买卖妇女之风，广东省政府还于 1935 年 5 月发布通令，饬各县布告严禁人民买受来历不明之妇女为妻妾，并令各区、乡、镇长亲自告谕居民，毋贪图一时之便宜，致与匪徒同罹法网。②

3. *设立妇女习艺所*

为救济社会上的不幸妇女，广东省女界名流邹鲁夫人梁定慧、陈维周夫人何碧珍、黄冠章夫人江瑞云及谢瀛洲夫人高邑茶等 30 余人，特在广州市小北登峰路横枝岗设立广东妇女习艺所，免费收容无依妇女习艺。该习艺所自 1933 年 9 月成立后，至 1935 年已收容妇女 200 余人。习艺所内分文科、工艺科两种，其中工艺科专授裁缝、编织等手艺。为扩大收容范围，她们又于 1935 年筹建第二分所。③ 汕头市济良所管理委员会曾在所内举办民众学校，教员依照初级小学课程对不幸妇女授以生活必需之知识与普通学术之灌输，再教以女红、针锈等手艺，以期他日出而谋生。④ 另外，有些边远地区的县也设立了妇女救济机关。如陆丰县政府因县内妇女生活窘迫，致使私娼充斥，为图救济亦设一习艺所，专为收容一般初犯淫妇私娼者习艺，寓惩教兼施之意。⑤ 西北区绥靖委员会因韶州市失业者日众、危机四伏，为救济不幸妇女起见，特设立平民工艺厂一所，专门招收各界妇女学习各种工艺，使之有一技之长，便于自立谋生，进而减少失业、增加生产。⑥

（二）婴孩救济情况

我国的溺婴现象早在战国末期便已蔚然成风。至清末民国时期，广东乡

① 《禁止蓄奴养婢办法》，《中华民国法规大全》（一），商务印书馆，1936 年版。
② 广东省民政厅编：《广东省五年来民政概况》，1936 年，第 6 页。
③ 仁爱善堂编：《仁爱旬刊》，1935 年，第 3 期，第 169 页。
④ 仁爱善堂编：《仁爱旬刊》，1935 年，第 3 期，第 170 页。
⑤ 仁爱善堂编：《仁爱旬刊》，1935 年，第 3 期，第 172 页。
⑥ 《西北区筹设工厂近讯》，《广州民国日报》，1935－03－19。

村社会在经济窘迫的情况下，溺婴之风更烈。如郁南县“社会习俗重男轻女，故子女稍多之人，若复产女婴则恒多溺死。政府三令五申，悬为厉禁，然穷乡僻壤，恶习犹存”[①]；海丰县“惟重男轻女亦成牢不可破之观念，勒死女婴之事，时有所闻。盖因初生女孩，若与他人抚养，照例须给五六元与承受者，贫苦乡愚，一钱似命，毋宁将其置之死地为快”[②]；据广东省第五区巡察黄遵庚呈报：“云浮县溺女之风，甲于全省。凡妇女年登三十岁以上，不论贫富，几乎无人不曾行此种举动……该县女婴为其父母溺毙者，约占十分之二，每年受此恶风枉死者在一千以上”[③]。为阻遏此种不良的溺婴之风，广东省政府主要采取了以下一些举措：

其一，立法规范，严禁溺婴。民国时期的广东省政府注重从立法上对溺婴行为进行规范。1934 年 12 月 15 日，国民政府西南政务委员会制定了《严禁溺毙女婴恶习及收养婴孩办法》，并在其第 3159 号训令中明确规定：“遗弃或溺毙婴孩经查明属实者，送法院依法论罪；各县市政府应依照广东省三年施政计划关于救济事业之规定，设立托婴所；凡贫民或被遗弃之男女婴孩均得送托婴所收养，婴孩以年在五岁以下者为限；收养男女婴孩年满五岁以上者应送入孤儿所。”与此同时，省政府还为此制定了较为具体的措施，规定：①每区设育婴堂一所，如系贫乏不能自行抚养，即送入抚养；②由民政厅饬县发出布告，从严查禁，如再有溺女行为，一经察觉或被告发，即由县将其父母解送该县法院，依法从重拟罪，同时由县令饬所属文化机关广为劝谕，并分令各区酌设育婴堂，使贫民无力者送入抚养，藉资救济。[④]

其二，设立育婴所。设立育婴所收养被弃婴儿是民国时期广东省政府反溺弃的重要举措。在省政府的积极推动下，省内许多县市的育婴所先后得以恢复和重建。其中广州市于 1935 年 10 月投资 54 800 元在前清业已废弃的育婴院旧址上建立了新院。至该年年底，广东省内有 20 余县设有育婴所（院）。现将各县市育婴所办理情形列表如下：

① 《郁南县调查报告书》，《统计月刊》，1936 年，第 2 卷第 3 号，第 70 页。
② 《海丰县调查报告》，《统计月刊》，1936 年，第 2 卷第 5 期，第 66 页。
③ 《核准云浮县妇女溺女救济办法》，《广东省政府公报》，1930 年，第 133 期。
④ 《广东省政府公报》，1930 年，第 133 期，第 17 页。

表 4－27　各县（市）的育婴所办理情况表

县市名	育婴所名称	成立年月	经费来源及办理情形
顺德县	大良育婴所	1935 年 1 月	经费由大良市政处每月拨 50 元自治经费，筹委会每月拨 20 元，每月约得溢利 90 元。
顺德县	陈村育婴所		经费由原育婴堂基金拨充及捐款，办理育婴施诊工作。现时收养婴儿 20 余名。
云浮县	育婴所	1935 年 3 月	经费由云都行车公司报效及车站租等每月捐约 220 元，并开办牛房养牛取奶以育婴孩，现时收容女婴 19 名。
潮安县	育婴所	1934 年 10 月	有水稻共 200 余亩及铺屋 11 间，每年共收租息 2 000 余元，又当铺利息每年 70 元，县政府拨助 2 000 元，并募捐拨充经费。现时收容女婴 46 名。
丰顺县	育婴所	1935 年 9 月	
乐昌县	育婴所	1934 年	原有铺屋租息及室兴局按月拨款补助，收容女婴 10 名。
海康县	育婴所	1934 年 5 月	收容女婴 7 名。
琼山县	育婴所	1935 年 6 月	
台山县	育婴所	1934 年 10 月	收容男女共 10 名，经费由台城天主堂每月捐助 100 元，现成立习艺所一间，开始收容贫民分习各项工艺。
清远县	育婴所	1934 年 12 月	现时收容女婴 22 名。
德庆县	育婴所	1934 年 2 月	经费由防务附加铺租、田租等拨充，收养婴孩 26 名。
罗定县	育婴所	1934 年 9 月	经费由泷江医院拨给，现时收容女婴 16 名。
郁南县	育婴所	1934 年 4 月	经费由地方捐款及政府拨助，收容男女婴孩共 14 名。
惠阳县	育婴所	1934 年 7 月	
海丰县	第一育婴所 第二育婴所	1934 年 11 月	经费由独立第四师呈奉总司令核准将海丰禁烟局防务军报效费每月 500 元拨充。

（续上表）

县市名	育婴所名称	成立年月	经费来源及办理情形
陆丰县	育婴所	1935 年 4 月	经费有铺业 8 间，每月收 20 余元，田租每年收入 200 余元，并有附加出口糖捐等拨充。现育女婴 18 名。
惠来县	育婴所	1935 年 1 月	收容男女婴孩共 10 名。
茂名县	育婴所	1934 年 6 月	
电白县	育婴所	1935 年 3 月	
澄迈县	育婴所	1935 年 5 月	
合浦县	育婴所	1935 年 5 月	经费由各善士捐助，现育婴儿 40 余名。

资料来源：广东省民政厅编：《广东省民政厅奉行本省三年施政计划主管事项进度情形纪要》，1935 年，第 41 ~50 页。

由表 4 –27 可以看出：各县市的育婴所主要是在政府的资助下于 1934 年和 1935 年两年间建立起来的。各育婴所大多以收容女婴为主，其中云浮、潮安、乐昌、海康、清远、罗定、郁南、陆丰等县的育婴所里全是女婴。另据统计，海丰县的育婴堂在 1935 年收容了 213 名婴儿，内竟无一男婴；[①] 揭阳县立救济院育婴所收容的 123 名婴儿也全是女婴。[②] 从总体上看，在广东各地溺毙的婴儿中，99% 是女婴。[③] 因此，在当时“溺毙女婴”也就成了“溺婴”的代名词。

由于缺乏固定的资金来源，各育婴所的设施较差，故婴儿死亡率也较高。佛山救济院育婴所“每年收入婴儿，数逾四千，然类多病至危殆或染重症，故救治不及而死者亦占半数，其余医愈出院者只余下半数之大部份，放养及留所者约占二百余人”。据统计，该院在 1931 年、1932 年、1933 年分别收入婴儿 3 230 人、3 984 人、4 293 人，但不治婴儿分别有 1 908 人、2 110人、2 314 人，其死亡率竟分别高达 59. 1% 、52. 9% 、53. 9% 。当时许多死亡婴儿被遗弃路边，导致“附郊道路常有婴儿尸体暴露，蝇蚋蛄嘬，臭

---

① 仁爱善堂编：《仁爱旬刊》，1935 年，第 3 期，第 172 页。

② 《揭阳社会救济机关团体、收容婴儿月报表》，揭阳市档案馆藏，全宗号：1，目录号：5，案卷号：102。

③ 杨子慧编：《中国历代人口统计资料研究》，改革出版社，1996 年版，第 1309 页。

气薰人”。[①]

其三，设立婴孩寄托所。据1932年的广州市人口调查表明，全广州市1岁至5岁的幼童有95 706人。一般的劳力女工往往拖男负女，这不仅仅有碍工作，而且不利于婴孩发育。[②] 佛山的一些工厂对于那些已婚的妇女有诸多限制，如不准带小孩进厂；怀孕生孩者不给产假、不让休息、不留机位等。在这苛刻条件下，已婚女工所生儿童之夭折率十分惊人。据公记隆丝织厂对184名女工的调查，她们中生有子女共701人，其子女15岁之前饿死、病死的有286人，夭折率达41%；因生活所迫孩子被丢弃或卖掉的有79人，占11%。这两项加起来共占其子女总数的52%。[③] 为方便妇女劳工上班，又不影响幼童的成长，全省许多县市积极筹设托婴所。

广州市婴孩寄托所于1932年12月1日在小北成立，后为普遍起见，市社会局又于河南、东关、西关三处各增设一所。据统计，1933年已成立托婴所的县份有罗定、茂名2县；1934年成立了托婴所的有潮安、乐昌、海康、台山、清远、郁南、惠阳、海丰、增城、东莞、揭阳等11县；1935年成立托婴所的有顺德、云浮、丰顺、琼山、德庆、陆丰、惠来、电白、澄迈、合浦、新会、广宁、曲江等13个县，全省在这三年内共有26县成立了托婴所。[④]

各县市的婴孩寄托所主要是为了保育妇女劳工之婴孩，减轻其劳工之牵累而设。从下表可以看出，这些婴孩大多数来自贫苦家庭，他们的父母亲主要从事小贩、泥工、佣工、拉车等职业。

表4－28　广州市婴孩寄托所婴孩父母职业情况比较表

类别	父	母	类别	父	母
小贩	20	20	耕田	2	—
泥工	8	29	当差	2	—
佣工	16	6	养猪	—	2

① 《南海县佛山救济院院务概览》，1934年，第2～9页。

② 仁爱善堂编：《仁爱旬刊》，1935年，第7期，第24页；广州市政府编：《广州市之婴孩寄托所》，1934年，第1页。

③ 佛山市地方志编纂委员会编：《佛山史话》，中山大学出版社，1990年版，第106页。

④ 广东省民政厅编：《广东省民政厅办理三年施政计划主管事项简明表》，1935年，第73～76页。

（续上表）

类别	父	母	类别	父	母
织布	1	19	打纱	—	2
拉车	18	—	粘烟仔印花	—	1
车作	9	6	理发	—	1
伙夫	4	—	苦力	—	—

资料来源：广州市政府编：《广州市婴孩寄托所》，1934 年，第 35 页。

有些地方如合浦县等，还成立了与婴孩寄托所性质相近的农忙托儿所。该县政府在 1935 年通饬各区公所分别筹设农忙托儿所，以资收容日间无人监护之幼儿。其办法如下：

第一，将县属农村分期设立农忙托儿所，凡有完全小学之乡村在第一期内各设一所，依次推行其他各乡村；

第二，创办人由乡公所协同乡小学负责举办。所长一职，或由小学校长兼任，或另行聘人充任，视地方情形而定；

第三，收容幼儿，应于农忙时收容一岁至六岁、日间无人监护的幼儿，施以适宜之教育及保养；

第四，设备所址：祠堂庙宇及公共房屋皆可辟为所址，唯所内须筑有乡村化的游乐园，布置假山、矿石、小池，以供儿童们的游玩，并设卫生、谈话、唱歌、游戏、图书等科教育之；

第五，经费：除由区、乡公所筹划外，不足之数由县拨充之，其预算由区、乡公所配定，由县核定；

第六，办理时间：每年三、四、七、八、十一等五月为办理时间，但可依照地方情形权宜变通。①

现以广州市婴孩寄托所为例，来说说托婴所运作的大致情形。

首先说说所内设施及入所手续。1932 年，广州市社会局婴孩寄托所正式成立。其内部的设备较全，除办公、会客、储物、员役住宿各室外，还设有：能行婴孩居室一所、哺乳期婴孩室一所、检验及储藏药品室一所及游戏

① 仁爱善堂编：《仁爱旬刊》，1936 年，第 1 卷第 9 期，第 119 ~ 120 页。

场、园林、运动场、住室、晒衣场、办公室等设施。[①] 其中能行婴孩居室内置小长椅、小方桌、小圆桌各若干，准备婴儿会食、弄玩具或上课之用；设小藤床若干，床上置褥子一张、被子一张、枕头一个，以备婴孩就寝之用；另有玩具架一个，高度以三四岁婴孩能自取玩具为度，架上置玩具若干，玩具以无危险性并能增进婴孩知识、吸引婴孩兴趣为原则，如皮球、响铃、积木及藤编的、木制的小鸟兽、小人儿等；墙壁上悬挂“党旗”、“国旗”和名人肖像、彩色的山水、动物、植物、儿歌等挂图，以供婴孩阅览，藉作教育婴孩之用，以资增进知识、发生美感。游戏场上置三轮儿童车、木马、小椅子及小席子，以备婴孩自由玩弄。园林内遍植花草树木，并豢养雄鸡、鸽子、鹦鹉、家猪、兔子之属，以便婴孩游览，藉增进其对于天然景物之常识。园之后端辟有一小运动场，场地遍铺细沙，置小秋千、跷跷板、滑板及适合婴孩运动之器具，以供儿童锻炼身体之用。

婴儿入托婴所需办理入所手续，其具体办法是：先由其亲属至所挂号，之后由该所派员调查，如请求者确系劳动工人，每日出外做工，家庭无人代为照顾，且经医务员检验确无传染病者，即准注册入所寄托。为了加强管理，市社会局还专门制定了《婴孩寄托所收受婴孩办法》，它规定：

> 第一，收容寄托婴孩之年龄，以出生满月后至四十二个月为限；
> 第二，每日收受寄托时间自早晨六点起至同日下午七点为止；
> 第三，凡本市劳工之婴孩确无别人代为保育，其身体健全无传染病者，均得送所寄托；
> 第四，凡送婴孩来所寄托者须遵守本所收受婴孩规则；
> 第五，本所系义务性质，凡有婴孩来所寄托者，只须依章办清手续即便收受，绝对不受分文；
> 第六，本所寄托之婴孩，如隔三日不见送来，又不声明理由者，即除名另补他人。[②]

托婴所抚育婴儿的内容主要有饮食、卫生、教育等项目。在饮食方面，托婴所根据婴儿年龄大小，分别给予不同的食物。其具体情形如下表所示：

---

① 广州市政府编：《广州市之婴孩寄托所》，1934 年，第 6 ~ 14 页。
② 《婴孩寄托所收受婴孩办法》，《广州市政府市政公报》，1935 年，第 489 期，第 123 ~ 124 页。

表4－29 广州市婴孩寄托所饮食情况表

年龄	食物	每日次数	每次相隔时间	备注
1个月至3个月	牛奶或奶粉	5次	2.5小时	分量视婴孩消化力如何而加减之
3个月至6个月	牛奶或奶粉	4次	3小时	同上
6个月至10个月	牛奶或奶粉、麦糊或米糊	4次	3小时	同上
10个月至15个月	牛奶或奶粉、粥饭	4次	3小时	牛奶每日一餐，其余以粥饭食之
15个月之后	膳食或饼食	4次	3小时	

资料来源：广州市政府编：《广州市婴孩寄托所》，1934年，第35页。

在卫生方面，托婴所对住室、用器、衣服、被子等，经常进行消毒，并每年为婴孩及保姆种痘一次；在教育方面，比较注重教养兼施。该所自1934年1月起规定：凡婴孩年龄在30个月以上者，应在每日有一定的学习时间，教以读书、识字、唱歌、游戏及普通常识等，并注意养成其清洁、整齐、礼仪、自治、和平、友爱、团结、合群等习惯。托婴所的设立在某种程度上减轻妇女劳工之牵累，使其安心做工，又有利于婴孩身心的发育成长。

以上所述育婴堂及托婴所内大多采用了现代西方的财务制度和后勤制度。会计和庶务成为育婴堂中最重要的管理人员。其中会计主要负责经理领款、收取房地各租、发放薪水津贴和工人工资、填造每月支付概算决算册表等。这说明广东传统的慈善组织自民国以后在政府的引导下已经慢慢融进了现代的因子。

二、难民救济

人口学把难民称为是人口强制迁移的一种社会现象；其实质是“由于天灾人祸、种族压迫、宗教迫害、政治迫害、阶级剥削、国界变更以及其他种种原因，使得大批人口被迫离开家园，辗转流徙，沦落他乡，过着艰难困苦的生活”①。根据难民形成的原因，社会学一般把难民划分为四类：经济难

① 刘铮主编：《人口学辞典》，人民出版社，1985年版，第379页。

民、自然灾害难民、战争难民和政治难民。经济难民是指为了改善自己生活而“自愿”流离失所的人；自然灾害难民是指由不可抗拒的外力，如地震、严重水旱灾害等造成的被迫流离失所的人；战争难民是指受到战争威胁，为躲避战乱而背井离乡之人；政治难民是指因政治原因而寻求避难的人。因本文在第二章里对自然灾害有所论及，故本章所说的难民，主要是指一些战争难民（既包括省内的又包括外省来的）。陈济棠主粤时期，广东省各级政府及社会各界对难民的救济情况，分述如下：

（一）梅、潮、汕一带战区难民救济

1927—1928 年，广东省梅、潮、汕以及海丰、陆丰一带因长期遭炮火的蹂躏，致使战后难民丛生。为了安置难民，实行战区重建，广东省于 1928 年正式成立了广东全省筹赈总处。该处救济难民的手段主要有散赈、筹设习艺所、以工代赈等。

1. 散赈

在战火的摧残下，民间生存艰难，捐款尤为不易。广东省政府从 1929 年 2 月 15 日至 5 月 15 日共拨出赈款 1 156 130 余元，用来赈济难民。现将赈款之来源列表如下：

表 4 – 30　广东省政府赈款之来源表（单位：元）

时间	税捐附加		铁路车脚附加		
	广东财政厅	广州市财政局	粤汉铁路	广九铁路	广三铁路
1928 年 5 月	192 191.85（毫银） 1 430 839.00（中央纸）	—	31 370.22（毫银） 25 237.00（中央纸）	20 582.19（毫银） 2 387.00（中央纸）	—
1928 年 6 月	149 552.07（毫银） 401 244.00（中央纸）	22 824.00（中央纸）	5 763.55（毫银）	—	9 712.86（毫银）
1928 年 7 月	124 447.01（毫银） 398 271.00（中央纸）	16 674.00（中央纸）	15 678.44（毫银）	5 054.30（毫银）	5 152.35（毫银）
1928 年 8 月	455 260.52（毫银）	29 900.00（毫银）	17 215.61（毫银）	4 304.63（毫银）	2 950.79（毫银）

（续上表）

时间	税捐附加		铁路车脚附加		
	广东财政厅	广州市财政局	粤汉铁路	广九铁路	广三铁路
1928 年 9 月	280 276.55（毫银）	—	—	—	2 755.44（毫银）
1928 年 10 月	237 547.50（毫银）	15 857.00（毫银）	—	5 727.03（毫银）	7 332.81（毫银）
1928 年 11 月	203 041.37（毫银）	215.00（毫银）	—	—	—
1928 年 12 月	90 525.18（毫银）	—	—	71 680.75（毫银）	1 000.00（毫银）

资料来源：广东全省筹赈总处编：《筹赈月刊》，1928 年，第 1～7 期。

从表 4－30 可以看出，广东省政府救济难民的赈款主要来自于各种税收附加及粤汉铁路、广三铁路、广九铁路的车脚附加等财政拨款。

为办好赈济难民的活动，广东省筹赈总处于 1928 年组织成立了散赈委员会。该会先后在海丰、陆丰、惠东、普宁设立四个分处，并在河婆、汕尾、汕头设立办事处。另外，还将全省划分为八路，每路各派专员负责调查灾情。现将各路划分情况及所辖灾区列表如下：

表 4－31　各路务赈专员及所辖灾区一览表

路别	专员姓名	所辖灾区
第一路	伍榕	海丰、陆丰
第二路	郭业	惠来、普宁、潮阳、丰顺、平远
第三路	萧毅	东莞、南海、花县、清远
第四路	石静山	惠阳、五华、紫金
第五路	赖镇宇	仁化、南雄、乳源
第六路	何惠伯	鹤山、高明、封川、德庆
第七路	江侠	文昌、琼山、定安、澄海、临高
第八路	范峙琼	琼东、乐会、陵水、万宁

资料来源：广东全省筹赈总处编：《筹赈月刊》，1928 年，第 7、8 期合刊。

筹赈分所在各地调查灾情之前先制定有关的调查表格。灾情调查主要包括以下几个方面：有无工作能力、职业及养活之程度、有住房否、有动产否、有不动产否、有倚靠否。各所调查完毕后，再根据调查情况填写如表4－32的《实施散赈调查表》。之后，筹赈总处再根据灾情大小，将灾民分为甲、乙、丙、丁、戊、己五等：甲等即无工作能力、无业、无产且无靠者；乙等即稍有工作能力、无业、无产且无靠者；丙等即有工作能力、无业、无产且无靠者；丁等即有工作能力，但职业甚苦，不足养活，无产且无靠者；戊等即有工作能力，有产而产不足养活，无业且无靠者；己等即有工作能力，职业仅足养活，无产且无靠者。①

表4－32　实施散赈调查表

姓名	有无工作能力	职业及养活之程度	有住房否 有动产否	有不动产否	有倚靠否
审定等级	备考				

资料来源：广东全省筹赈总处编：《筹赈月刊》，1928年，第7、8期合刊。

散赈委员会在划分灾民等级后，即依据筹赈总处所拨发的赈款、赈品数量，将各灾区应分配的数额计算出来。最后，再根据散赈计算的标准及等级，将各灾区应领赈人姓名、款物数量分别列表编号。这些手续办妥后，散赈委员会即布告散赈日期、地点及应领赈人姓名，在各乡市广为张贴宣传。关于灾民应领取的款物及数量，一般由散赈人员预先填入领据内。为防止冒领等作弊事件，散赈人员要求灾民在领取款物时自行签名，若不能写字者得请人代签，自己再加盖指模。此外，筹赈总处还进一步规定，各领赈人须觅本乡市内两人在领据内连署证明，凡未经领赈人、证明人暨发票人签名或盖章者，视为无效；散赈人员如发觉冒领款物者，应即指证以便送官究办。赈物发放完毕后，散赈委员会还须汇齐各乡村之散赈报告表及领赈收据暨将全县散赈经过情形一并呈报总处。② 从这里可以看出，当时的散赈活动确实有

① 无工作能力是指老弱幼稚及废疾无能力工作者；无业是指无职业；无产是指无屋、动产及不动产；无靠是指并无大力量的人，由亲友完全照应其衣食住者。

② 广东全省筹赈总处编：《筹赈月刊》，1928年，第7、8期合刊，第52页。

一套较为完整的程序。

第一次赈济完毕后，广东全省筹赈总处奉省政府核准，又在陆丰、海丰、花县、文昌、惠来、普宁等重灾区施赈约 90 万元。[①] 现将这几批赈款发放的地区及数量列表如下：

表 4－33　广东省 1927—1928 年救济兵灾难民（战后重建）急赈拨款表

拨款地区	拨款批次	拨款数目（元）	救济方法及目的
海丰县、陆丰县	第一批	80 000	办理施粥、平粜及散发谷种之用
海丰县、陆丰县	第二批	6 000	专为救济碣石等处难民居住之用
海丰县、陆丰县	第三批	30 000	办理以工代赈之用
惠来县	第一批	5 000（申毫银 6 000 元）	由分处施赈
惠来县	第二批	15 000	同上
普宁县	第一批	5 000（申毫银 6 000 元）	同上
普宁县	第二批	15 000	同上
五华县		10 000	办理急赈
紫金县		8 000	同上
河源县		8 000	同上
砰石		7 000	同上
新丰		2 500	同上
仁化		2 000	同上
汕头总商会		5 000	转托各善团救济海丰、陆丰、惠阳、普宁及潮阳各属留居汕头的难民
汕尾		500	收容难民及施粥用

资料来源：《广东全省筹赈总处成立经过的情形》，《筹赈月刊》，1928 年，第 1 期，第 3 ~ 4 页。

战争过后，由于大多房屋被战火所毁，乡民缺衣少食，因此政府在赈济

① 广东全省筹赈总处编：《筹赈月刊》，1928 年，第 7、8 期合刊，第 1 页。

初期大多实行急赈。等乡民安顿以后，筹赈总处会进一步采取拨款修堤、筑路、以工代赈等积极救济手段，以帮助难民恢复生产和重建家园。现将其消极救济与积极救济的情况列表如下：

表 4－34　政府对难民实施的消极救济与积极救济情形表

时间	支出总额（元）	消极救济（元）	积极救济（元）	其他（元）
1928 年 5 月	大洋 19 879. 76 毫洋 174 683. 35 中纸 300. 000	大洋 19 879. 76 毫洋 172 961. 53 中纸 100. 00	—	毫洋 1 721. 82 中纸 200. 00
1928 年 6 月	毫洋 17 911. 45	毫洋 17 000. 00	毫洋 626. 00	毫洋 285. 45
1928 年 7 月	毫洋 48 434. 38	毫洋 7 000. 00	毫洋 40 563. 46	毫洋 870. 92
1928 年 8 月	361. 25	—	—	361. 25
1928 年 9 月	毫洋 67 197. 03	毫洋 2 000. 00	毫洋 61 936. 54	毫洋 3 260. 49
1928 年 10 月	毫洋 242 315. 42	毫洋 6 144. 92	毫洋 236 000. 00	毫洋 170. 50
1928 年 11 月	毫洋 218 045. 28 港纸 500. 00	毫洋 15 630. 00	毫洋 201 500. 00	毫洋 915. 28 港纸 500. 00
1928 年 12 月	毫洋 314 918. 52 港纸 201. 05	毫洋 246 493. 99	毫洋 68 000. 00	毫洋 424. 53 港纸 201. 05
1929 年 1 月	毫洋 1 188 844. 64	毫洋 117 624. 77	毫洋 1 070 956. 27	毫洋 263. 60
1929 年 2 月	毫洋 199 438. 64	毫洋 6 475. 00	毫洋 191 500. 00	毫洋 1 463. 64
1929 年 3 月	中纸 517 229. 13	中纸 448 428. 23	中纸 64 700. 00	中纸 4 100. 90
1929 年 4 月	中纸 153 556. 75	中纸 654. 00	中纸 151 796. 69	中纸 1 106. 06

资料来源：《筹赈月刊》，1928 年 5 月—1929 年 3 月，第 1～12 期。

从表 3－4 我们可以看出，消极赈济和积极赈济都是重要的赈济手段。随着赈济活动的步步展开，消极赈济的数量呈下降趋势，而积极赈济的数量随时间推移多呈上升趋势。

2. *筹设地方习艺所*

为收容救济遭受战火蹂躏的灾区难民，广东省民政厅厅长朱家骅提议筹设习艺所。这样既可以防止他们啸聚作乱，又能教其谋生本领。为此，广东省筹赈总处于 1928 年制定了以下一些习艺所的运作规则：

第一，地方习艺所应先收容该地不务正业之游民，次及无产无能之平民，分别教诫之；

第二，顽于游民务须设法收容及严格教诫，使能作正当职业，毕业后使不复为游民；

第三，地方习艺所内教育分两大类，一为养成博爱互助之精神，以三民主义教育为主要；一为养成有直接及间接生产能力。（说明：所指游民即市井无赖地痞、恶丐等，凡不务正业、不安本分而其能力足以扰乱社会秩序者皆属之。）①

在省筹赈总处的有关原则基础上，地方各县市往往根据当地具体情形，制定了一定的收容救济标准。如番禺县游民习艺所曾规定以下收容之标准：

第一，游手好闲、常有强暴言论之行为者；

第二，玩劣成性、不受约束、有犯罪之虞者；

第三，非残废老弱，而以乞丐为生者；

第四，出狱人无一定职业，而有再犯之虞者；

第五，受缓刑或伪释之宣告，经法院许可其入所习艺者；

第六，未达责任年龄犯罪，经法院许可其入所习艺者。除上项所列外，如有贫困无依自行请求收容者，亦得酌量收容之。

在广东省政府的支持下，省筹赈总处从 1928 年底开始拨款在各地积极筹办习艺所。这些习艺所先在海丰、潮安、南海、番禺、中山、新会、顺德、东莞、台山、佛山、江门等县市设立，然后再向全省推广。现将广东省政府在 1928—1929 年拨款筹建习艺所的情形列表如下：

表 4－35　各地习艺所赈款之发放情形

项目	时间	数目（元）	项目	时间	数目（元）
潮安县平民教养院	1928 年 12 月 13 日	2 000.00	高要县筹办地方习艺所	1929 年 3 月 4 日	10 000.00
海丰县游民习艺所	1929 年 1 月 15 日	30 009.19	广宁县筹办地方习艺所	1929 年 4 月 16 日	7 000.00

① 广东全省筹赈总处编：《筹赈月刊》，1929 年，第 9、10 期合刊，第 198 页。

（续上表）

项目	时间	数目（元）	项目	时间	数目（元）
北区善后公署平民工厂	1929 年 2 月 5 日	20 000. 00	阳江县筹办地方习艺所	1929 年 4 月 30 日	15 000. 00

资料来源：《筹赈月刊》，1928 年 11 月—1929 年 3 月，第 7 ~ 12 期。

被收容救济的流民一向习惯于游手好闲，受不住管束，因此，艺徒乘每周外出做工之机私行逃走的现象屡见不鲜。如番禺县习艺所计自 1932 年 5 月开办起至 1933 年 4 月份止，已逃走艺徒 47 名。基于此，各地习艺所在收容艺徒时，往往采取强制手段。如番禺县政府曾通令各区、乡、镇公所，凡抓获潜逃者，每名赏银 5 元。①

各地习艺所大多以培养难民的谋生手段，使其不危害社会为目的。番禺县游民习艺所在初设时就规定：该所为寓惩戒教养而设立，以收容县属无业游民，使之受相当教育，以感化其顽劣性质，并令其习藤工、竹工、木工等简易工艺与农业技术，俾能自谋生计为宗旨。阳春县习艺所亦以招收失业民众，使之学成一艺，图谋将来生活为宗旨。

为达此目的，各习艺所在救济方式上注重教养兼施。几乎所有艺徒都要接受工艺训练。如顺德习艺所将难民分为农业班、工业班、牧畜班 3 个班，并对之教以简易相当之农工技术；开平习艺所内设有木工、织造、藤器、麻类品、葵类品等工艺；番禺县习艺所内设有农场、工场、劝销场、运动场、课室、宿舍等，艺徒以每日做工 5 小时、上课 3 小时为原则。

为保证艺徒出所后能自立生活，各习艺所一般会将工农场出品所得盈利的一部分分配给艺徒。如开平县习艺所每日将工价的三分之二分配给艺徒；番禺县习艺所则将收益的 40% 归工作者，在艺徒获得一定谋生本领后，各县市政府均给出所艺徒发放证书。②

由此可以看出，习艺所不仅是一个教养机关，同时又是一个生产机关。它既能培养难民的谋生手段，又能消弭社会的不稳定因子，从而有利于政府当局加强对地方的控制。

---

① 《令发各区在逃艺徒姓名年籍表仰所属严缉解办案》，《番禺县政旬刊》，第 10、11、12 期合刊，第 78 页。

② 以上资料来自：顺德县党部发行：《顺德半月刊》，第 2 期；《广东省政府公报》，第 171 期，第 22 页；《广东省政府公报》，第 177 期，第 49 页；番禺县政府编：《番禺县政周刊》，第 23 期，第 16 页；《核定阳春县贫民习艺所简章》，《广东省政府公报》，第 188 期。

（二）救济因上海兵燹而回粤之难民

1932 年，日本帝国主义在上海发动“一·二八”事变之后，上海闸北一带成为一片废墟，大批粤籍难民经上海市广东同乡会救济会分批遣送回粤。为救济这些回粤难民，广州市社会局于 1932 年 2 月 29 日召集各界会议，讨论筹款办法，并成立筹赈会。① 为了方便难民回乡，社会局转饬广九、广韶、广三等铁路及各江轮渡准予难民免费搭乘车轮。广东省政府在第六届委员会第 66 次会议上，议决拨款 1 万元以救济上海回粤难民，同时派省政府秘书陈元瑛、周棠前往慰问，附送白米 6 000 斤、饼干 710 磅，分发给各难民。② 据统计，该项救济活动自 1932 年 2 月开始至 6 月 23 日结束，该筹赈会共支出毫洋 66 834.43 元。

此外，广东省政府还积极动员社会各界对“一·二八”事变后的回粤难民进行救济。广州方便医院曾垫出 1 万元，购棉衣 5 000 件寄给上海广肇公所代赈难民。香港东华三院在此次救济活动中，直接资助从上海乘轮船经港回粤之难民达 16 000 余人；另外，该院还拨款 6 万元在上海设立旅沪广东同乡工艺习艺所，收容难民，教其学习职业技能，以谋生计。③

（三）筹赈来粤之赣、闽难民

20 世纪 30 年代，国民党在江西对革命根据地先后发动了五次“围剿”，战后产生了大量难民。据统计，江西省在 1933 年的难民数目就达 500 余万，灾区蔓延至十四五县。难民因缺乏食物，只用树皮和泥作饼充饥，有的因求食不得而投河自缢，大部分难民纷纷远离家乡，去外地求生。因当时的广东省政局较为稳定，经济发展较为迅速，大量江西难民成群结队聚集到广州、汕头等中心城市，以行乞为生。为救济这些难民，广东省各级政府采取了一些积极措施。

1933 年，广东省政府第六届委员第 66 次会议议决准拨 1 万元，并在方便医院筹赈淞沪兵灾难民款项内拨借 2 万元，共筹足 3 万元，用以救济江西来粤之难民。④ 1934 年 5 月 2 日，广州市救济院将江西广信、横峰来粤难民男女共 21 人设法遣送至上海，每人发放回籍川资 6 元，共计 126 元。⑤

1934 年，江西筠门岭战役结束后，广东省政府第六届委员会第 281 次会

---

① 广州市政府编：《广州市政府三年来施政报告书》，1935 年，第 388 页。

② 《拨款救济上海回粤难民》，《广东省政府公报》，1932 年，第 180 期，第 15 ~ 16 页。

③ 李东海编：《香港东华三院一百二十五年史略》，中国文史出版社，1998 年版，第 102 ~ 103 页。

④ 《广州市政府市政公报》，1933 年，第 432 期，第 79 页。

⑤ 《广州市政府市政公报》，1934 年，第 463 期，第 57 页。

议决定由各机关捐款救济筠门岭一带的难民及失业人员。在此次捐款活动中，省政府、民政厅、财政厅、建设厅、教育厅、公安厅、省银行、粤汉路局、士敏土厂各捐1 000元，缉私处、省农林局各捐500元，高等法院捐300元。另广州市各机关捐款如下：市财政局、电力管理处各捐300元，土地局、工务局各捐200元，公用局、卫生局、社会局、教育局、自来水管理处、市立银行、自动电话管理委员会各捐100元。① 以上所有款项，全数拨给用于江西灾区重建。

1934年9月5日，省政府转发了南京政府内政部的《铁路轮船运送难民章程》。该章程规定："凡持有各省、市政府所发给之难民出境护照，或领有民政部赈务委员会或各省、市政府难民证明书者，皆得称为难民；凡难民经行国有各铁路或搭乘国营招商局各轮船时，其所有运费概记内政部账。"② 但由于当时广东省与中央在政治、军事上搞对抗，广东省运送难民所需之运费当然难以由内政部报销了。

与广州相比，汕头市在20世纪30年代救济难民散兵的任务更为艰巨。汕头市毗连闽、赣两省，又为岭东工商业集中地点、韩江出入之门户。因地理位置特殊，当时各处难民散兵到此求生者，"平均每日都有十多起，有或千数百人之多"。为救济这些难民散兵，广东省政府曾拨款2万元给汕头市政府，作为救济经费。汕头市政府亦联合市公安局、市商会及其他团体，组织临时救济难民散兵委员会，专门负责募捐救济、办理资遣等事宜。③ 该会成立后，规定凡难民散兵有100名以上者为大帮，100名以下者为小帮。其中，大帮由该会垫款筹集资遣费，小帮则由市内的存心、同济、诚敬三善堂按4∶4∶2的比例来分担资遣费用。④

1931年初，福建长汀大量难民涌入潮汕。汕头市政府即发出布告，规定自1931年1月6日起至10日止，将旅汕长汀难民予以登记，以便于救济。⑤ 同年还有江西难民600余名、散兵约500名逃至汕头市，他们均缺衣少食，状极可怜。汕头市政府、市商会各自垫出大洋500元和3 000元，将这些难民、散兵予以遣返。其中第一批散兵300余名运往上海，另数百名瑞金难民

---

① 《广州市政府市政公报》，1934年，第464期，第58页。

② 《广州市政府市政公报》，1934年，第475期，第10页。

③ 《汕头市市政公报》，1934年，第98、99期合刊。

④ 《1933年关于筹募救济资遣难民散兵的文书材料》，汕头市档案馆藏，全宗号：12，目录号：9，宗卷号：13。

⑤ 《布告长汀难民限日投报以便救济》，《汕头市市政公报》，1933年，第86期。

亦经筹备就绪，专候轮船载返回原籍。[①] 1933 年 8 月，江西瑞金难民 34 人过境，汕头市政府函知潮汕铁路公司，准予难民免费搭舟车转道返回原籍，以免流落。[②] 现将汕头市政府各月资遣难民、散兵之情形列表如下：

表 4-36 汕头市政府 1933—1935 年救济难民、散兵情形表

时间	遣送难民情况	遣送难民机关	资料来源
1933 年 4 月	赈济福建长汀留汕难民 57 人，共发赈款 111 元。	汕头市政府	《汕头市市政公报》第 90 期
1933 年 6 月	由汕头市政府垫出大洋 500 元，市商会垫出大洋 3 000 元，将江西瑞金难民 1 000 余名分批遣送。	汕头市公安局	《汕头市市政公报》第 91 期
1933 年 8 月	将江西瑞金难民 34 人遣回原籍。	汕头市临时救济难民散兵委员会	《汕头市市政公报》第 94 期
1933 年 12 月	遣送散兵 200 余名。	各善堂	《汕头市市政公报》第 100、101 期合刊
1934 年 1 月	遣送兵夫及难民 55 名过境。	公安局及各善堂	同上
1934 年 2 月	遣送各部队散兵及难民 950 人。	汕头市临时救济难民散兵委员会	同上
1934 年 3 月	遣送各地难民、散兵过境者 1 900 余人。	汕头市临时救济难民散兵委员会	《汕头市市政公报》第 102、103 期合刊
1934 年 4 月	汕头市临时救济难民散兵委员会举办第二次筹款大会。	—	《汕头市市政公报》第 104 ~ 107 期合刊
1934 年 5 月	资遣各地难民、散兵 580 余人过境。	汕头市临时救济难民散兵委员会	同上

① 《绥靖公署呈报奉令关于设法安置难民散兵办理情形由》，《汕头市市政公报》，1933 年，第 91 期。

② 《汕头市市政府二十二年八月份办事报告表》，《汕头市市政公报》，1933 年，第 94 期。

（续上表）

时间	遣送难民情况	遣送难民机关	资料来源
1934 年 11 月	资遣各地难民、散兵 200 余人过境。	汕头市临时救济难民散兵委员会	《汕头市市政公报》第 108 ~ 111 期合刊
1935 年 1 月	资遣各地难民、散兵 220 余人过境。	同上	同上
1935 年 6 月	资遣各地难民、散兵 53 余人过境。	同上	《汕头市市政公报》第 115 ~ 118 期合刊
1935 年 7 月	资遣各地难民、散兵 91 余人过境。	同上	同上
1935 年 8 月	资遣各地难民、散兵 32 余人过境。	同上	同上
1935 年 9 月	资遣各地难民、散兵 27 余人过境。	同上	同上
1935 年 10 月	资遣各地难民、散兵 37 余人过境。	同上	《汕头市市政公报》第 119 ~ 121 期合刊
1935 年 11 月	资遣各地难民、散兵 37 余人过境。	同上	同上
1935 年 12 月	资遣各地难民、散兵 39 余人过境。	同上	同上

由表 4 – 36 可以看出，自 1933 年初汕头市临时救济难民散兵委员会成立后，该会每月资遣的难民、散兵少则几十人，多则千余人。当然上表记载还有很多遗漏。据统计，汕头市政府自 1933 年初至 1935 年止，共资遣难民、散兵 7 500 余人，其经费支用大洋 15 000 余元。① 其中仅 1935 年 1—8 月间，该会资遣之人数为 1 894 名，发出的遣送金额达 4 010 元 8 角 2 分

① 《汕市救济难民散兵》，《广州民国日报》，1934 – 08 – 23。

9厘。[①]

三、城镇贫民救济

贫困是一种复杂的社会现象，学者们曾从不同的角度对之加以阐释。因其本身具有很强的抽象性，其含义是不确定的，往往随时间和空间以及人们思想观念的变化而变化。[②] 通常来说，贫困可分为绝对贫困和相对贫困。绝对贫困是指享有保证维持生命所需的最低限度的饮食和居住条件，相对贫困则是指享有当时当地生产力水平下相对数量最少的消费资料和服务。[③] 本节将要论及的贫民一般是指绝对贫困，它既包括从农村来的灾民、破产农民，也包括那些城镇缺衣少食、没有住所、过着贫穷而游荡生活的弱势群体。

（一）住宅救济

陈济棠主粤时期，因天灾人祸，大批破产农民流入城市，充当苦力、散工，甚至沦为乞丐。这些涌入城里的贫民群体连吃饭问题都难以解决，住房更谈不上。他们大多日间做工，晚上则躲在"骑楼底"（马路两旁的行人路，广州特有的建筑）和海珠桥脚一带露宿，生活十分悲惨。[④] "至于苦力贱业之流，财不足以举租，信不足以邀保（注：入伙保租为当时广州市必具的手续），惶惶然无地可容，无家可归，夜间纵横卧息他人檐下者，若恒河沙数，是广州现状。"[⑤] 据1932年广州市人口调查报告，市内人口为1 042 630人，其中无住所者共5 760人。这些无住所者如按职业来分则有：小贩215人，失业者4 050人，散工128人，更夫2人，执地者72人，乞食者276人，苦力1 017人。[⑥] 在20世纪30年代，汕头市内无住所的贫民大多居住在自己搭盖的篷寮里，以致市内篷寮触目皆是。据统计，汕头市篷寮贫民总计2 000余户，共16 000余人。[⑦]

为了解决贫民的住宿问题，广州市政府在市内劳工聚集之地建了许多劳工住宅；汕头市政府则在市内建有平民新村以安置这些无住所的贫民。以上

---

① 《1933年关于筹募救济资遣难民散兵的文书材料》，汕头市档案馆藏，全宗号：12，目录号：9，宗卷号：13。

② 陈成文：《社会弱者论：体制转换时期社会弱者的生活状况与社会支持》，时事出版社，2000年版，第15页。

③ 蒋月：《社会保障法概论》，法律出版社，1999年版，第41页。

④ 广州市社会科学研究所编：《广州社会研究文集》第1辑，1984年版。

⑤ 《新广州》，1932年，第1卷第6期，第24～25页。

⑥ 《广州市政府市政公报》，1933年，第402期。

⑦ 汕头市平民新村筹建委员会编：《汕头市筹建中山公园·平民新村报告书》，1932年，第2期。

两地当时在解决贫民住宿方面非常具有典型性。

1. 广州市之劳工住所的兴建及其救济情况

1930年3月广州市政府公开招商投承在大南路旧军事厅地址兴筑平民宫。开投工程时，有永益、开源、粤华、亨利、朱权记等五家参加竞投，以开源公司取价最低投得。① 平民宫是广州市建筑的第一处平民住所。该工程于1931年8月建成，共花费资金7万余元。平民宫建成后于同年的12月15日正式招收平民入住，只收男性住客，禁止女性入住。② 平民宫共分四层，楼下地层为水厕、浴室、饭堂、厨房等设备；二楼为普通寝室，寝具用木制碌架床，共100张；三、四楼为铁床，共200张，并有会客厅、阅书报室、教室、游戏运动之器具场所等。③ 第一间平民宫开幕后，因其租价较低，要求居住者很多，“异常发达”。市民请求入宫居住者，很快就遇到“额满见遗之感”。④ 广州市政当局有见于此，决定再行在盘福路、前鉴路等处增建平民宫数间。其中有两间的规模比大南路的大，以收纳有眷住客为主，其余的仍照大南路的平民宫方式办理。

改设平民宿舍是广州市政当局为方便平民住宿所采取的又一项措施。1930年7月，市政府计划将城北方便医院旧址改设平民宿舍，次年4月修缮完成。这是广州市改建的第一处平民宿舍。平民宿舍内设备完全，购置有碌架床200张；除睡室外，设有礼堂、客厅、食堂、浴室、图书室等；不仅准备有个人使用的枕、帐、床、席、器皿等物，还安装了电灯、电话、自来水等公用工具。⑤ 随后，市政府改组了贫民教养院，将原来附设的平民留居所改为第二平民宿舍。由于贫民教养院收容的贫民日益增多，旧有院址已不敷用，市政府于是在石牌鲤鱼岗及独树岗增建平民宿舍31座，可容贫民2 000余人。⑥ 这些平民宿舍的设备也是比较齐全的，吸引了大量的平民前来居住。

为了区别这些平民宿舍，按照其成立的先后，市政当局对它们分别冠以“第一”、“第二”等字样。根据广州市档案馆所藏社会局档案显示，民国时期广州市的平民宿舍至少有五处。

由于大量劳工人口的涌入，广州市政府除了修建平民宫外，还专为劳工建筑了一些劳工住所以解决他们的居住问题。这些劳工住所主要有劳工安集

---

① 《广州市市政公报》第346号，第19页。

② 广州市政府社会局编：《广州市政府社会局法规汇编》，1937年编，第21页。

③ 《新广州》，1932年，第1卷第5期，第103页。

④ 《新广州》，1932年，第1卷第6期，第103页。

⑤ 《广州市市政公报》第360号，第82、83页。

⑥ 《广州市市政公报》第436号，第42页。

所、劳工住宅及车夫住院。

劳工安集所主要是为了方便晚上露宿的劳工而设，白天不能在所内留宿。当时建筑的劳工安集所主要有两处：第一劳工安集所位于海珠桥南边斜坡，1934 年 10 月建成并开办；第二劳工安集所位于海珠桥北斜坡，共有床位 312 铺，可容 500 余人，所内还设有自来水、电灯等设施。该所附近从事小贩、拉车等贫民大多入住于此①。

广州市政府还先后在市内贫民聚居之处建有多所平民（劳工）住宅。其中筑于八旗会馆故址的第一、第二劳工住宅，于 1935 年 4 月竣工，同年 5 月 1 日入住。该住宅分单人式和住宅式两种：其中单人式有床位 300 铺，住宅式有住房 16 间。筑于河南义居里的第三、第四劳工住宅，也于同年 8 月间建筑完竣，于 9 月 16 日入住。该住宅内有单人式床位 24 铺、住房 16 间。广州市政府规定这些劳工住所专为劳工而设，非贫困劳工者不能入住，以符名实。

除了建筑劳工安集所和平民（劳工）住宅外，广州市政府还在市内建筑车夫住宅。人力车是一种用人力挽拉、供人乘坐的单座车辆，据传由日本人高山幸助在 1870 年首创。19 世纪末人力车被引入广州后，至 20 世纪二三十年代达到鼎盛。据统计，1933 年广州的人力车有 6 000 多辆，人力车夫达 13 000 多人。② 广州市人力车夫的工作每天分两班，第一班由上午 6 点至下午 3 点，第二班由下午 3 点至第二天的 6 点，因此，每辆人力车一般都是由两名车夫承租。人力车夫不仅工作时间长、劳动强度大，而且收入亦极为微薄，生活条件艰苦。他们吃的是一些粗麦余饭，其住所往往是由车夫头目包租的，在一间狭旧的房里分设数十张卡式的床，车夫每日或按月纳回租银。人力车夫的生活境遇引起了广东省政府的关注。1935 年 4 月，广东省政府通过了“请改良人力车夫公司之组织及车夫之生活以恤苦力”一案。其内容有：①改良理由：查本省各县市人力车夫公司之组织，多不完备，只知造车租赁得值便了，对车夫生活均不顾及，至有工头包租，克扣头钱，不善阿谀，遽遭逐斥，或引吹而诱博，寅无卯粮，或露宿风餐，易染恶疾，种种弊病，笔难尽述。此种颠连之苦力生活，实有改良之必要。②改良方法：第一，由省政府饬主管机关调查各县市人口之多少，与各路途之长短，而定车辆之多寡，以免供过于求，妨碍车夫之谋生，并核算车辆每日之损耗，规定每日每辆最低之租值。第二，各人力车公司务须建筑车夫宿舍，地点由政府

---

① 《广州市市政公报》第 486 号，第 92、93 页。

② 广州市政府编：《广州市政府市政公报》，1933 年，第 451 期，第 66 页。

指拨或各公司购筑或租赁，以足收容各车夫住宿为度，同时收最低廉之宿费，对宿舍之空气与清洁务须特别注意，以重卫生。[①] 为此，广州市财政局从 1935 年 8 月起，在手车捐收入项下提取 20% 之数目专款存储，以备需用。计当月共收捐款 63 708. 37 元，提取 20%，共 12 741. 67 元；9 月份收捐款 63 708. 37 元，提取 20%，计 12 741. 67 元；10 月份收捐款 72 108. 36 元，提取 20%，计 14 421. 67 元。从 8 月到 10 月共三个月内共提取款数为 39 905. 01 元。这些专款全存于广州市银行，以备建筑车夫公寓之需。为进一步减轻人力车夫的负担，广州市社会局还规定，各车商在收取车夫住宿费时，每人每天只准收半毫。[②]

现将广州市政府在 20 世纪 30 年代建筑的平民（劳工）住宅及其住户等情形列表如下：

表 4－37 广州市社会局修建的所有劳工住所情况表

名称	地点	地址面积（华井）	容量	建筑价值	建筑公司	开放时间
平民宫	大南马路平民宫	—	可住 300 余人	—	—	1931 年 12 月
第一劳工安集所	海珠桥南便桥脚	37. 93	单人式可住 228 人	6 300 元	义和公司	—
第二劳工安集所	海珠桥北便桥脚	54. 65	单人式可住 312 人	8 200 元	泰孚公司	1935 年 5 月 11 日
第一劳工住宅	八旗会馆第一号	36. 36	家庭式可住 48 人	20 500 元	泰孚公司	1935 年 5 月 1 日
第二劳工住宅	八旗会馆第二号	37. 92	单人式可住 300 人	24 700 元	义和公司	1935 年 5 月 1 日

① 广东省政府编：《广东省政府公报》，1936 年，第 293 期，第 50～51 页。
② 广州市政府编：《广州市政府市政公报》，1933 年，第 485 期，第 121 页。

（续上表）

名称	地点	地址面积（华井）	容量	建筑价值	建筑公司	开放时间
第三劳工住宅	河南义居里第一号	23.05	单人式可住248人，家庭式5伙	48 600元	泰孚公司	1935年
第四劳工住宅	河南义居里第二号	31.27	家庭式27伙	41 600元	义和公司	1935年
劳工住宅	大南路平民宫侧	38.33	单人式可住432人	49 000元	广昌公司	1936年6月19日
劳工住宅	东较场讲古寮之东	58.13	单人式可住88人	底价约30 968元	由公安局办理	1936年6月19日
劳工住宅	黄沙兆福新街附近	54.10	单人式可住304人	底价约37 963元	由公安局办理	1936年6月19日

资料来源：广州市政府编：《广州市政府市政公报》，1931年5月—1936年7月，第432～533页。

表4－38　广州市第一劳工安集所之居民情况统计（1935年2月）

来源	苦力（人）	人力车夫（人）	土木工人（人）	机器工人（人）	其他（人）	合计（人）
由本市来	754	505	45	14	13	1 331
由外县来	2 984	1 420	137	21	25	4 587
由外省来	80	56	10	6	4	156
合计	3 818	1 981	192	41	42	6 074

资料来源：广州市社会局编：《广州市社会统计汇刊》，1935年，第2页。

由表4－37、4－38可以看出，这些劳工住宅都是由政府拨款兴建的，其建筑地址位于海珠桥脚、八旗会馆、河南义居里、大南路等一些贫民聚居之地。仅广州市第一安集所在一个月之内（1935年2月）入住的贫民就达6 074人，这说明劳工（平民）住宅确实为那些苦力、人力车夫、土木工人等无住所之贫民提供了安身之地和生活上的便利。

为加强劳工住宅的管理，广州市社会局制定了相应的组织章程及管理规则，并聘请专门人员管理。这一时期经广州市行政会议议决通过并核准执行的章程和规则主要有：1931 年的《广州市政府社会局平民宫组织规则》、1932 年经修正通过的《广州市平民宫管理规则》、1934 年 11 月 30 日通过的《广州市第一劳工安集所管理规则》、1935 年 2 月 21 日准予照办的《广州市劳工住宅组织章程》及《广州市劳工住宅管理规则》、1935 年 3 月 6 日准予备案的《广州市第一劳工安集所章程》、1935 年 4 月 16 日公布的《广州市社会局平民宿舍组织章程》、1935 年 10 月 12 日准予照办的《广州市第三、第四劳工住宅管理规则》、1936 年 3 月 6 日公布的《广州市救济院组织章程》等。[①] 这些组织章程为保证各平民住所的正常运转起了重要作用。

为减轻贫苦劳工负担，广州市政当局所建筑的一系列平民住所基本上是福利性质的，租金非常低廉。其中平民宫租值分两种，都以半个月为期，甲种铁床每位每期 2 元，乙种碌架床每位每期 1 元；另设短期床位，每日收租值 2 角；床被等卧具及水电设施免费供住客使用。[②] 平民宿舍每位床位月收租金 8 毫，电灯、自来水不另收费。[③] 广州市第一劳工安集所对本市所留宿的劳动工人，每晚每名收取住宿费铜仙 2 枚，日间不得在所留宿。[④] 广州市劳工住宅分单人式住室、家庭式住室两种，除单人式住室设备床铺外，所有家私用具，概由住客自备。费用一般为单人式住室每月 8 毫，水电费一概在内；家庭式住室每月 4 元，电费包括在内，但水费自备。[⑤] 在广州市第三、第四劳工住宅内的家庭住室又有细分：甲种一厅两房，每月租金 8 元；乙种一厅一房，每月租金 6 元；丙种两房，每月租金 6 元；丁种每房每月租金 3 元。[⑥] 各种住室的设置也适当有所区分，以满足不同住客的需求。低廉的租金与完备的设施使一般平民能够负担，解除了他们无处居住之苦。时人黄欣在谈到广州的平民留居所时曾发出这样的感叹："在这'米珠薪桂'、'寸金尺土'的广州市，这何异是一块'乐土'！我们普通人家的设备，对之远大有愧色，则市内无处住宿之平民留居之后，不是如登仙界了吗?"[⑦] 尽管言语中不乏溢美之词，但是各平民住所为居住者提供的极大方便还是值得肯

---

① 各组织章程及管理规则分见《广州市政府社会局法规汇编》，1937 年 11 月，广州市档案馆藏。
② 《广州市政府社会局法规汇编》，1937 年编，广州市档案馆藏，第 21 页。
③ 《广州市政府社会局法规汇编》，1937 年编，广州市档案馆藏，第 23 页。
④ 《广州市政府社会局法规汇编》，1937 年编，广州市档案馆藏，第 25 页。
⑤ 《广州市市政公报》，第 492 期，第 6、7 页。
⑥ 《广州市市政公报》，第 515 期，第 68、69 页。
⑦ 《广州市市政公报》第 364 号，第 4 页。

定的。

2. 汕头市平民新村的有关情况

早在陈济棠主粤前的 1928 年，汕头市市长陈国榘就召集市内各团体联合成立了筹建平民新村委员会，并决定将平民新村建于市内夏港岭龙舌铺，以全市一个月租捐的三分之一作为建筑平民住宅经费。第一期平民新村于 1929 年完工，共建有甲等住宅 32 间，每间可容 12～16 人；乙等住宅 80 间，每间可住 6～8 人，合计全村共可住 900 至 1 200 人。为便利平民生活，新村内还设有市场一所、消防所一间、公共厕所一间、平民学校一间。①

平民新村筑成后，对其加强管理至关重要。1929 年，汕头市政府制定了《汕头市平民新村章程》。该章程规定："凡属汕头市民，向营正当职业，而确系贫穷无力且搭盖席棚或草棚者，得为本村村民；凡入住村民，须得本市居民三家以上之联名保证，连同本人填具申请书者，经核准方得迁入。"该章程还规定，凡有不良嗜好者、不务正业者、有精神病者、有麻风病或其他传染病者及行止不端者，皆不得为平民新村的村民。②

至 1930 年，汕头平民新村入住人数已达 800 余人。后因请求迁入新村者源源不绝，翟宗心市长于 1932 年又扩建甲等住宅 22 间，扩建后可住居民共 1 300 余人。为筹集扩建资金，汕头市政府于 1933 年 1 月 6 日下午 2 时，召集市内各界在市政府礼堂开会，讨论筹备建筑平民新村筹款游艺大会事宜。③ 结果收到如下数笔款项：广东省东区绥靖公署拨来毫洋 5 000 元，收汕头市公安局交来游艺会入场名誉券毫洋 2 561 元 3 毫 5 仙，汕头市中山公园第 50 期奖券溢利毫洋 5 538 元 8 毫 4 仙 6 文，汕头市商会垫款大洋 3 800 元等 15 柱，合计大洋 19 379 元 1 毫 9 仙 1 文。④ 1935 年李源和市长用这些款项又新建甲等住宅 35 间。汕头市平民新村几经扩建后，可入住人数增至 14 400 人。⑤

为了使房屋的维修和管理费用得到保证，各平民住宅一般都要向有关贫民收取少量的租金。其中广州第一、第二劳工安集所每床铺每晚取租 2 仙；

---

① 陈良士：《汕头市之平民新村》，《汕头市市政公报》，1935 年，第 115～118 期合刊，第22～30 页。

② 《广东省民政公报》，1929 年，第 45 期，第 23 页。

③ 《笺函市商会各善堂等请于本月六日出席讨论筹建平民新村筹款游艺大会事宜由》，《汕头市市政公报》，1933 年，第 86 期，第 16 页。

④ 《扩建汕头市平民新村工程收支清册》，汕头市档案馆藏，全宗号：12，目录号：12，案卷号：51。

⑤ 汕头市平民新村筹建委员会编：《汕头市筹建中山公园·平民新村报告书》，1932 年，第 2 期。

第一、第二劳工住宅单人式住宅每铺收月租 8 毫，住宅式每间收月租 4 元。在汕头市平民新村，甲等住宅每间收月租 2 元，乙等住宅每间收月租 1 元。[①]

3. 住宅救济的配套设施

广东省政府在一些贫民比较集中的城里所设立的劳工安集所（平民新村），不仅是为了能给贫民解决住宿问题，它在住宅区内还备有一些教育、介绍职业、贷款等配套救济设施，以便养成贫民的谋生技能或为其提供谋生机会。

先说说教育设施的情况。《汕头市平民新村章程》规定：凡本村住民年在 16 岁以上、50 岁以下无重大疾病者，须择一正当职业或入学校、工厂学习，不得闲居，其有意违抗者得随时令其迁出；本村平民学校成立后，凡满 6 岁至 12 岁之儿童均应送入就学。[②] 为此，汕头市平民新村设有平民学校一间，共收取学生 50 人，学员所有纸张及文具都由该校经费支给。学校自创办起至 1935 年底已有 9 期毕业生。另外，平民学校还附设民众夜校，每期亦招生 50 人，并以 6 个月为期，至 1935 年时，夜校先后已有 7 期毕业生。[③] 广州市社会局为灌输平民知识起见，特组织通俗演讲会，敦请该市名流到平民宫进行演讲。如 1933 年 11 月，各名流人士先后在平民宫作了“广州之平民”、“平民之需要”、“怎样解决生活问题”等报告，到场听讲者十分拥挤。[④]

其次，说说劳工住所（平民新村）内的职业介绍情况。20 世纪二三十年代，随着农村经济的破产和城乡工商业的凋敝，失业率呈直线上升。据当时报道称：“粤农村都市经济均日趋崩溃，现在不特居农村者，已十之六七达到不能生活之境地，即居都市者，亦大半失业旁途，难以自给。”[⑤] 据 1932 年广州市政府的调查，全市失业人数高达 78 581 人之多。[⑥] 汕头市在 1934 年 10 月 1 日的调查中，该市人口总计为 191 356 人，失业人数竟达

---

① 陈良士:《汕头市之平民新村》，《汕头市市政公报》，第 27 ~ 30 页；《汕头市政府廿二年三月份办事报告表》，《汕头市市政公报》，1933 年，第 89 期，第 7 页。

② 《广东省民政公报》，1929 年，第 45 期，第 23 页。

③ 陈良士:《汕头市之平民新村》，《汕头市市政公报》，1935 年，第 115 ~ 118 期合刊，第22 ~ 30 页。

④ 《广州市政府市政公报》，第 441 期，第 60 页和第 446 期，第 67 页。

⑤ 《大晚报》，1935 年 5 月 13 日，转引自朱其华《中国农村经济的透视》，上海中国研究书店，1937 年版，第 107 页。

⑥ 林缵春:《救济广东农村经济应以农产品工业化为前提》，《农声》，1933 年，第 165 期，第 36 页。

15 945人。[①]

随着失业人数的增加，广州市的“荐人馆”（介绍职业店）达到60余家。这些“荐人馆”所介绍的职业多属职工、仆役等，平均每家每日可介绍3～5人，全市“荐人馆”每日约可介绍240人。其介绍费约为工人工钱的两成。如每人每月工值以8元计，全市职工、仆役每日须负担384元介绍费，每月须负担11 520元介绍费，每年须负担132 400元介绍费。[②] 由于“荐人馆”为私人经营，主要以谋利为目的，工人之工作适合与否，“荐人馆”并不关心。有些“荐人馆”甚至故意唆使工人改换雇主，因为改换愈多，其所得之利愈厚，结果使许多“荐人馆”非但不能介绍职业，反而制造失业。[③]

为减轻失业工人的负担，广州市社会局一方面对私营“荐人馆”进行立法规范。它在《拟定私营职业介绍所规则》中规定：凡私营职业介绍所，须到社会局职业介绍所呈请登记；凡经核准之私营职业介绍所，向雇工所取之酬金不得超过雇工一月工资的1/10，雇主酬与介绍所之酬金不得超过雇工一月工资的1/10；雇工试用期不得超过3日，试用期满双方已成立雇佣关系时，介绍者应得之酬金由雇主垫付，不得向工人需索；凡私营职业介绍所，如有勒诈及剥削工人情事，得由雇工或雇主呈报社会局惩办之。[④] 另一方面，市社会局拟联合组织职业介绍委员会。该局于1934年12月6日召集各界代表会议，并拟出组织章程一份。该章程规定：第一，职业介绍委员会是为解决失业职工工作问题而设的；第二，职业介绍委员会置委员15人，其中社会局派代表2人，市党部派代表2人，另广州总商会、省商联会、省民协会、市商会、市商协会、广东总工会、广东工联会、机工会、海员工会、女联会、妇协会、省青整会各派代表1人；第三，职业介绍委员会主要负责下列各项：①关于职业介绍所章程及规定之拟定；②关于失业职工登记之审查；③关于失业职工介绍方法之研究；④关于失业职工介绍与雇主接洽事项之讨论；⑤关于其他失业职工有利事项之研究。[⑤]

经充分筹备后，广州市职业介绍总所于1935年6月15日在社会局正式成立。后又在大南路平民宫及第一、第二平民宿舍设立分所。为扩大宣传，

---

① 《广东省汕头市现住人口职业概况统计表》，《汕头市市政公报》，1935年，第119～121期合刊。

② 《广州市政府市政公报》，1935年，第497期，第237页。

③ 何华文：《收容乞丐及救济贫民之对策》，《仁爱旬刊》，1935年，第1卷第1期，第105页。

④ 《广东民政公报》，1929年，第51、52期合刊，第269页。

⑤ 《两周间之广州市社会》，《广东民政公报》，1929年，第50期，第245页。

社会局拟于各公园及繁华的十字路口，设置职业介绍公告牌及总所、各分所的电话号码；它还分函各社会团体、商店、工厂，如有雇用职员须到该所登记，以便量才介绍。该所自成立至同年 11 月底止，不到半年时间共有 508 人到所请求介绍职业，其中到总所者 359 人，到第一分所者 132 人，到第二分所者 8 人，到第三分所者 9 人。[①] 据统计，1935 年 8 月至 12 月到所登记之人数共有 1 894 人（男 1 242 人，女 652 人），其中从事店员学徒类的有 617 人（男 525 人，女 92 人）；从事工友艺徒类的有 276 人（男 237 人，女 39 人）；从事佣工类的达 1 001 人（男 480 人，女 521 人）。[②]

最后说说小贩贷款的情况。政府为了安置更多的游民，拓宽失业者的就业途径，积极鼓励他们从事小贩经营。鉴于大多数从事小贩经营的贫民缺乏资金，广州市社会局于 1935 年 8 月制定有关章则，规定将 1934 年冬赈会的 1 700 元余款拨作小贩贷款基金；凡在本市有一定居址，且有殷实商店或殷实人负责担保者，都可以申请小贩贷款；小贩贷款额分为 5 元、10 元、15 元三种，暂不计息。[③] 同年 10 月 1 日，社会局的小贩贷款处正式成立。该处自开办后不到半年时间，各小贩到局遵章申请贷款者有 270 余人，经核准贷出者共 121 宗，贷出金额为 1 580 元。据统计，贫民在从事小贩经营时，其营业种类以贩卖卷烟及生果者为最多，食品类次之，衣服类又次之。贷款人的籍贯以南海、番禺、新会、顺德等县为最多，年龄则以 16 岁至 30 岁者占多数。[④]

小贩贷款处自成立以来，前来申请贷款者甚为踊跃。社会局为普遍起见，决定自 1936 年起，在河南（海珠区俗称）、黄沙、东门增设 3 所小贩贷款处，这些小贩贷款处均附设于平民住宅区内。[⑤]

（二）季节性救济

季节性救济主要分为酷暑救济和冬赈两种。

1. 酷暑救济

1934 年 6、7 月间，粤省天气奇热，为历年所罕见。为防止城市流民、无住所之贫民中暑，第一集团军总部副官处、总部军医处、省公安局、广州市卫生局、广州市社会局及各大善团代表共同负责组织酷暑救济会。该会成

① 《广州市政府市政公报书》，1935 年，第 509 期，第 145 页。
② 《广州市政府市政公报》，1936 年，第 525 期，第 129 页。
③ 《广州小贩贷款暂行简章》，《广州市政府市政公报》，1935 年，第 512 期，第 34 页。
④ 《广东省政府政治报告》，《新广东月刊》，1935 年，第 32、33 合期。
⑤ 《社会局增设小贩贷款处》，《广州市政府市政公报》，1936 年，第 525 期，第 129 页。

立后，制定了如下一些救济办法：①施茶。该项由社会局及善堂主办。其中社会局负责在长庚路至太平南路以迄长堤以东地段内设立施茶地点 50 处；西关及河南一带地段则由各善团担任，设立施茶地点 70 处。茶叶一般由各善团派员向各药茶商劝送，然后汇交社会局分施。②注射预防疫苗。由卫生局检验所制备疫苗，分送卫生局、军医处、公安局分往施种。③开放公用街喉，以供市民汲饮。此项由公安局办理。④饮用水消毒。卫生局制备绿化药液以便为食用水消毒。⑤卫生宣传。由卫生、公安两局拟传单散发，并派员演讲。⑥临时救济人力车工人。此项由社会局办理。⑦施赠解暑药品。酷暑期间，卫生局通令市内各公立、私立医院将赠医时间延长，以应市民去除暑病之需要。⑧搭盖棚厂作为贫民避暑之用。[①] 广州市社会局曾先后在市内择定以下 12 处搭盖棚厂：①河南凤安桥附近一座；②河南同福东路赤沙岗一座；③海珠新填地两座；④黄沙西一座；⑤黄沙米埠大街口一座；⑥广九车站白云路东石闸一座；⑦东较场一座；⑧金字湾市立医院左边一座；⑨西华路新华巷内一座；⑩东堤八旗会馆旧址一座；⑪连新路一座；⑫小北园左道边一座。以上每座棚厂可容百余人，各厂内均备有茶缸，日夜雇备工人专司其事。[②]

广东省内的其他各县市也举行了规模不一的酷暑救济活动。三水县西南公安分局在酷暑期间，为保护人民卫生起见，特聘请镇内名医组设暑假赠诊所，另还制定暑期救护箱数十个，“由各岗警背负身上，如遇马路上有中暑情形发生，即予以救济”[③]。广东大埔县同善堂每年都设酷暑救济会，该会施药地点除该堂本部外，另在县内繁华地段如工头岗车站、小靖中间角车站、狮子口两轮渡、洋子冈老凉亭、黄泥夹凉亭、警卫编练处第 123 中队、注陶义和号、大埔医局等处设立分会。[④] 每至炎热天气，汕头市政府亦设立暑期赠医处。1935 年 7 月，汕头市政府将市内分作六区，每区设立赠医处；同时聘请中医士 18 名及西医士 15 名为赠医医生，自该年 8 月 1 日起在各区赠医处开始赠诊。[⑤]

---

① 广州市政府编：《广州市政府三年来施政报告书》，1935 年，第 449 页；《广州市政府市政公报》，1934 年，第 470 期，第 138 页。

② 广州市政府编：《广州市政府三年来施政报告书》，1935 年，第 389 页。

③ 仁爱善堂编：《仁爱旬刊》，1935 年，第 2 期，第 185 页。

④ 《大埔同善堂最后三年办理情形》，《广东仁爱善堂大埔县分堂年刊》，1935 年，第 7 页。

⑤ 《汕头市市政府二十四年七月份办事报告表》，《汕头市市政公报》，1935 年，第 115 ~ 118 期合刊，第 18 页。

2. 冬赈

1934年年底，因各处难民流入广州市内者源源不绝，致使市内露宿者比比皆是。广州市社会局局长张远峰于该年12月25日，特函邀市内各界组设冬赈委员会。该会共设委员15人，其中社会局3人、商会2人、女联会2人、慈善界6人、公安局2人；然后从这15名委员中选举黄载堂等6人为冬赈常务委员。[①]

为保证冬赈所需经费，第一集团军总司令陈济棠、广东省政府主席林云陔、广州市市长刘纪文及霍芝庭各捐500元以为倡导。[②] 该届冬赈会自1935年1月4日开始，至1935年3月10日宣布结束。在此期间，广州市社会局先后在市内搭建5个庇寒所。其中第一、第二庇寒所位于东堤八旗会馆旧址，第三庇寒所在黄沙米埠街口，第四、第五庇寒所在海珠新填地。为防止入所贫民受冻，社会局购备旧军毯1 000余张，将之分配给各庇寒所。现将各庇寒所的收容救济情况列表如下：

表4－39　广州市冬赈委员会庇寒所平均每日收容贫民人数表（1935年2月份）

地址 周别	东堤第一所（人）	东堤第二所（人）	黄沙第三所（人）	海珠第四所（人）	海珠第五所（人）	合计（人）
第一周平均	203	211	186	222	215	1 037
第二周平均	201	203	163	222	215	1 004
第三周平均	204	211	128	222	215	980
第四周平均	203	210	145	222	215	995
平均	203	209	156	222	215	1 004

资料来源：广州市社会局编：《广州市社会统计汇刊》，1935年，第4页。

广州市政府还积极发动其他团体进行冬赈活动。每届隆冬，仁爱善堂派该堂职员于深夜亲自沿街散发大宗棉衣、棉胎；它还派员押运御寒物到其他各县市协同地方政府或地方团体共同办理。据统计，该堂1935年共施赠棉衣60 305件、棉胎593件，将之分给合浦、钦县、防城、海康、遂溪、徐闻等县灾民及广州市各监狱囚徒、各街边道旁的贫民乞丐，乃至其他各处慈善

① 仁爱善堂编：《仁爱旬刊》创刊号，1935年，第18页。
② 《广州市政府市政公报》，1935年，第489期，第165页。

机关。[①]

1935 年 12 月 13 日，广州市社会局联合广东省公安局、市商会、女联会、本市各慈善团体等成立第二届冬赈会，并在市内择定 4 处地方设立庇寒所。其中第一所设在东堤，第二所设在黄沙，每所可容 220 人；第三、第四两所均设在长堤新填地，每所可容 160 人。庇寒所自同年 12 月 21 日开放以来，每晚床位多数住满，秩序较好。为维持庇寒所的正常运转，省内各军政要员纷纷捐款资助。其中陈济棠捐款 500 元，陈夫人莫氏捐款 500 元，省政府捐款 500 元，市政府捐款 500 元，省公安局捐款 500 元，霍芝庭捐款 600 元，以上共捐赠款 3 100 元，[②] 这大大有利于冬赈活动的展开进行。

广东省有些县市除了在县城设立冬赈会外，还在各区、乡（镇）设立其分会。如三水县政府在 1935 年年底成立冬赈会总会后，即令各区、乡（镇）限文到 3 日内成立区、乡或镇冬赈分会，各分会以 3 个月为期，就近延聘有学历、有经验医生若干名在各会赠医或兼赠药，并征集其他赈品及时散发给贫民。[③] 1935 年隆冬，南海县政府拨款购置棉衣 5 000 件，计发给佛山救济院 1 000 件、九江救济院 600 件、西岸五区公所 400 件、其他每区各 300 件。此外，南海县政府还专门拨款给县内佛山救济院及九江救济院，以办理施粥事项。[④]

从以上论述我们可以看出，陈济棠主粤时期，广东省政府对城镇各弱势群体的救济问题确实较为关心。省内各级政府在救济实践中，不仅通过救济院及平民医院对这些亟待救济的弱势群体进行综合性救济，还对妇婴、难民、无住所的贫民等特殊群体进行了专门性的救济，这使得政府的救济活动既有一定的广度，又有一定的深度。以上救济活动设施多样、方式灵活，救济对象的范围几乎涉及了当时所有的弱势群体。

---

① 《一年来布施部工作概况》，《仁爱旬刊》，1935 年，第 6 期。
② 《广州市政府市政公报》，1936 年，第 525 期，第 138 页。
③ 仁爱善堂编：《仁爱旬刊》，1936 年，第 9 期，第 116 页。
④ 仁爱善堂编：《仁爱旬刊》，1936 年，第 9 期，第 115 页。

第五章　失业归国华侨救济

广东省是全国著名的侨乡。自近代以降，粤省沿海一带或因战乱频仍，或因经济凋零，许多居民纷纷背井离乡去海外谋生，以至出现了有海水处就有华侨之盛况。在民国时期，“下南洋”与“闯关东”一样，成了当时人们到外地谋生的一种时髦话语。长期以来，华侨身居海外，心系桑梓，他们对国内的革命事业和经济建设作出了重要贡献。1894 年，孙中山于檀香山创立兴中会，参与组织的华侨占全体成员的70%。在此后的辛亥革命和孙中山在广州三次建立革命政权的日子里，华侨曾踊跃捐资输财，积极为革命筹措巨额经费，体现了广大华侨对革命的贡献和特殊作用。基于此，孙中山曾高度评价“华侨为革命之母”。

华侨不仅仅是“革命之母”，也是民初广东省社会救济事业中的一支重要的生力军。早期华侨乘槎浮海，异域谋生，他们有着浓厚的乡土情怀和强烈的家族观念。民国时期，广东省灾害频繁，一遇天旱或水涝，人民即挣扎在死亡线上，每逢此时，海外华侨就伸出援助之手，解囊相助。中国政府自中华民国临时政府、北洋政府以至南京国民政府都对华侨采取了一定的保护措施。然而自 20 世纪 20 年代末以来，因受世界性经济危机的冲击，大批海外华侨纷纷失业归来。广东省政府对这些失业归国华侨进行了积极救济。本章试根据有关的档案、报刊及著述等资料，对 20 世纪 30 年代陈济棠主粤时省政府救济失业归国华侨的活动加以探析。①

---

① 目前学界大多关注华侨对国内革命和建设所作出的贡献，而对政府的救侨活动关注不够。关于 20 世纪二三十年代广东省对失业归国华侨的救济活动，袁丁、李亚丽在《国民政府的救济难侨活动（1931—1937）——以广东为中心》（《华侨华人历史研究》，2003 年，第 1 期）一文中已有一定的研究。该文所用的资料来自《广东救济失业回国华侨概况》（广东省政府民政厅编，1932 年）一书，主要论述了广东省政府在 1932 年之前对东南亚华侨的救济活动，而对 1932—1935 年间广东省政府的救侨活动尤其是对旅墨（西哥）归侨的救济尚未涉及。本章将在已有成果的基础上，结合有关资料，对广东省政府在 1929—1935 年的救侨活动作一全面论述。

第一节　救济归侨的社会历史背景

一、世界性经济危机的影响

1929 年爆发了一场世界性的经济危机。这场危机首先从美国开始，迅速波及全球各地。作为世界原料重要生产地的东南亚也深受其影响。东南亚地区是广东省华侨较为集中的地方，他们主要从事种植树胶和采办锡矿等工作。据统计，在约 300 万亩英属马来亚胶园之中，华侨所经营者占 100 万亩以上；新加坡之树胶加工业（即胶厂业）亦几乎完全为华侨所独占；马来亚之锡产量占全世界锡产量近 1/3，而该地锡矿由华侨经营者占总矿数的 60% ~70%。在世界经济危机的打击下，南洋的树胶、锡矿皆“销售停滞，存货山积，价格便一落千丈”①。当时每担树胶的价格已由以前 60 多元狂跌至二三十多元，甚至十五六元。与树胶业相比，锡矿业的行情更惨。每担锡矿的成本 80 元左右，在经济危机爆发前，每担锡矿的市场价格是 120 元左右，而经济危机爆发时每担的市价仅为 60 元，远不及成本，因此大批锡矿工人亦停产失业。此外，工商业也深受经济危机的影响。以前在暹罗通衢要道常无铺位可租，而 1935 年时，“有吉铺招租者，比比皆是”。菲律宾的华侨大半属广东籍。他们主要从事商务，因生意清淡而失业者有如狂潮之增长。据当时报告，“自 1931 年以后，南洋经济衰落的程度更日趋深刻化。这当中我侨失业人数……其实数最少在一百万以上”②。其中在 1932 年一年间，仅南洋英、荷属的华侨失业回国者，总数就达 283 890 人。③

二、当地政府与土著对华侨的排斥与压迫

在经济危机的影响下，东南亚地区各殖民地政府又大肆推行排华政策，这些排华政策主要有以下几种：其一，制定种种虐待华侨之苛例。截至 1933 年，各国政府虐待华侨之苛例已达 113 种，其中仅暹罗就有 17 种之多。④ 该国对华侨商店定有各种条例，将华人逐出经营多年的贩盐、烟草销售、出租

---

① 《海外侨讯丛刊》，1935 年，第 1 期，第 155 页。

② 《侨务月报》，1931 年，第 1、2 期合刊，第 25 页。

③ 何华文：《收容乞丐及救济贫民之对策》，《仁爱旬刊》，1935 年，第 1 期，第 99 页。

④ 《各国虐待华侨条例调查》，《汕头南海华侨互助社社务报告》，出版年不详。

车、屠宰、销售猪肉、碾米、捕鱼、锡矿业、树胶业等行业。他们还通过《外侨登记条例修正案》，关闭了许多侨校和侨报，驱逐华侨，袭击华侨报馆、侨宅等事件亦屡见不鲜；一些华商甚至因汇款回国而遭监禁，弄得整个华侨社会惶惶不可终日。[①] 菲律宾之华侨商店除要交其他税款外，每年仍须纳营业税 140 元以上。新加坡政府则修改律例，公开制止华侨汇款、捐款，且先后查封了崇文俱乐部、芙蓉书报社及瓜腊吡商会，拘禁数十人。[②] 其二，各国限制华侨入境。如马来亚严格限制男性中国移民入境。其在 1931 年 1 月规定：华侨每月入境不得超过 5 328 人；自 1932 年 6 月 1 日起又规定每月只许香港、汕头、厦门、海口 4 埠共进 1 000 人。同样，安南、金边等地也以“无工可做”为词，拒绝侨胞入境。有些地方为防止华侨入境，还大幅度提高入口税。如暹罗之华人入口税由 40 余铢增到 100 余铢；荷属东印度在 1925 年前华人登岸仅收税 25 盾，1929 年增至 100 盾，至 1935 年 4 月 1 日起增至 150 盾，且要求华侨将随身携带的现金在登岸时缴交，否则不准登岸，待华侨缴完现金后，仍须当地商店盖章担保，始得自由谋生；[③] 菲律宾要求华侨在入境时，须缴 500 元至 1 000 元之保证金；安南将入境华侨须交的人头税分为数级，其每年纳税之高者在 100 元以上，次为 60 元、20 元、8 元不等，妇女也须纳税 50 仙。[④] 其三，各国漠视华侨之权益。华侨在菲律宾登岸时，必暂拘于“监狱式之水厝”，或继之以一两日之徒刑。[⑤] 据记载，1930 年 9 月 10 日，南洋荷属婆罗洲西区首府坤甸的华侨寓区被人纵火，当地官府不准救火，兵警全袖手旁观，有的甚至趁火打劫。后据调查，此次火灾共焚毁店铺 252 间，受灾侨民 3 000 余人，损失总值在 400 万盾以上。此次火灾后，当地政府无粒米赈济，且趁机掠夺华侨地盘，迫令华侨迁埠，不准在原地建筑房舍。[⑥]

在世界性经济危机的冲击和各殖民地政府排华政策的迫害下，失业华侨纷纷回国，络绎不绝。据侨务委员会报告，1933 年的出国人数为 132 000 人，而归国人数达 278 000 人，为出国人数的两倍多。在广东省的潮州、揭

---

① 方金英：《东南亚“华人问题”的形成与发展》，时事出版社，2001 年版，第 42 页。

② 《关于失业归侨救济事项》，第二历史档案馆藏（行政院档），全宗号：2，案卷号：2617～2620，缩微胶卷号：16J－1175。

③ 谢雪影编：《潮梅现象》，汕头时事通讯社，1935 年版，第 45 页。

④ 杨贻书：《从三年施政计划说到华侨问题》，《新广东月刊》，1933 年，第 11、12 期合刊。

⑤ 杨默村：《危机密布下南洋华侨》，《新广东月刊》，1934 年，第 20 期。

⑥ 《赈济荷属打拿根南洋婆罗洲火灾被灾难民》，中国第二历史档案馆藏，全宗号：2，案卷号：327。

阳两处，前往南洋及暹罗谋生者向来颇多，而在 1932 年的归国者竟达 102 000 人，出国者仅 49 800 余人而已。潮、梅一带以前每年经汕头出洋谋生的人约有 15 万之众，1932 年则减为 2 万余人。① 海南岛自南洋商业衰败后，每年由南洋返琼华侨至少有五六千人，而由本岛赴南洋各埠者仅有少数殷富而已。② 据海关检疫所、黄埔分所、南石头分所调查所得，仅 1930 年上半年因失业而归国者有 48 000 余人，而 1931—1933 年的回归迁移比迁出多 24.17 万人。③ 由于大批失业华侨回国，我国的海外侨民人数大减。据统计，我国在 1930 年约有海外华侨 1 182.6 万人，但到 1935 年时，只有 760 余万人了。④ 关于汕头市华侨出、入国人数情况可参见下表：

表 5－1　汕头市华侨出、入国人数统计表（1930—1934 年）

时间	出国人数（人）	入国人数（人）
1930 年	123 724	94 604
1931 年	80 199	80 075
1932 年	36 799	69 919
1933 年	44 694	59 525
1934 年	56 880	41 510
合计	342 296	345 633

资料来源：广东省调查统计局编：《统计月刊》，1935 年，第 1 卷第 5 期，第 43 页。

三、归国失业华侨对广东省的影响

1. 华侨汇款减少

民国时期，侨汇是广东省经济的重要支柱之一。它在弥补贸易逆差、维护对外收支平衡方面，曾起过重要作用。广东籍华侨人数占全国侨胞的 70%，其侨汇占全国侨汇的 85%。⑤ 据中国人民银行华南区分行计算，1931 年的侨汇相当于我国入超的 51%，1935 年相当于入超的 92%。在 20 世纪 30 年代，因大批华侨陷于失业之中，侨汇日益减少，其中宾叻、暹罗两地的侨

① 《银行周报》，第 17 卷第 40 期，1933 年 10 月 17 日，第 3～4 页。
② 林缵春：《琼崖农村》，1935 年，第 29 页。
③ 广东省档案馆编：《华侨与侨务史料选编》，广东人民出版社，1991 年版，第 97 页。
④ 余醒民：《没落中的华侨经济》，《经济评论》，第 2 卷第 11 号，1935 年，第 4 页。
⑤ 广东省档案馆编：《华侨与侨务史料选编》，广东人民出版社，1991 年版，第 211 页。

汇在1930年时为10 000万元，后逐年减少：1931年为9 000万元，1932年为7 500万元，1933年为7 000万元，1934年为5 000万元；琼岛乐会县石头村的侨汇以前每年约有万元，1935年时只有2 000余元了；[①] 中山县以前每年要收到华侨汇款3 000余万元，1931年还有2 000万元光景，1933年至多只是200万元；台山县在1930年所得侨汇有4 000余万元，至1935年时不过以前的十分之一二罢了；梅县以前的华侨汇款每年有500万元，1934年时降为200万元；潮安的银湖一村以前每年可得20万元的华侨汇款，到1935年时，仅有4万元。[②] 现将广东各地的华侨在20世纪30年代的侨汇数目列表如下：

表5－2　汕头华侨汇款统计表

时间	汇款数目（元）	时间	汇款数目（元）
1930年	110 000 000	1933年	62 800 000
1931年	94 200 000	1934年	47 000 000
1932年	70 700 000	1935年	55 000 000

资料来源：南京华侨半月刊社编：《华侨半月刊》，1936年，第99、100期合刊，第13页。

表5－3　1931—1936年广东华侨汇款估计表（单位：国币元）

年份	香港	汕头	海口	合计
1931年	250 000 000	94 200 000	1 000 000	345 200 000
1932年	200 000 000	70 700 000	1 000 000	271 700 000
1933年	190 000 000	62 800 000	1 000 000	253 800 000
1934年	139 000 000	47 000 000	1 000 000	187 000 000
1935年	212 000 000	55 000 000	1 000 000	268 000 000
1936年	—	—	—	320 000 000

注：本表数字根据中央研究院社会科学研究所调查估计；其中1936年数字根据中国银行估计。

资料来源：南京华侨半月刊社编：《华侨半月刊》，1936年，第102、103期合刊，第7页。

---

① 林缵春：《琼崖农村》下篇，1935年，第79页。

② 陈翰笙：《陈翰笙集》，中国社会科学出版社，2002年版，第101页。

从以上两表可以看出，汕头市在1934年的侨汇仅相当于1930年的42.7%，香港、汕头、海口三地在1934年的侨汇总量只相当于1930年54.2%。在经济危机的打击下，广东侨汇锐减情形于此可见一斑。

2. 侨乡的社会救济事业形势严峻

侨汇是侨户最重要的生活来源。由于过分依赖侨汇，侨户很少在农业上投资，导致农业生产长期停滞不前。如著名的侨乡台山县在19世纪有相当一部分侨属家庭，男的出洋，女的在家料理家务，她们“耕者不及十之二三，其余则坐食而已”[①]。侨汇的涌入也使“民风渐入奢靡，冠婚之费，动辄数百金”，从而形成外购内销、以消费为主的畸形社会现象。[②] 自20世纪20年代末，因失业华侨大批回国，“广东的农村一面因为华侨汇款减去十之七八而更是急剧地贫穷化；一面又因为华侨返乡而增加许多无业的游民”[③]。这进一步导致城乡需要救济的弱势群体数量随之上升。丰顺县乡民生活“多赖南洋华侨汇款接济，连年南洋商业衰落，限制入口，侨胞纷纷失业归国，汇回款项骤减十之七八，影响所及，农村因而破产。地方顿增多数失业人民，（他们）既无工作，惟有坐食，向持为生利者，今反为分利之人，生活益觉困难”[④]。1933年6月，汕头市商会主席陈道南电呈省政府说：“潮、梅各属向无大宗出产，历年地方生活全赖外洋侨胞寄款接济。近年各埠受世界商业不景气影响，侨胞纷纷失业回国，汇寄批款十不存一，重以各项捐税叠增，原有现金搜括净尽，地方财源早告枯竭。”[⑤] 当时的《银行周报》对此也有如下一番评论：“民国二十年间，南洋工商业受衰落影响，失业华侨回乡者日众。往昔华侨每年汇款回乡约有五千万元，此项现银经过汕头银业界运用资财，作活动流通金融，农村购买力亦因而增加，此为过去潮汕金融之活跃情况。二十年以后，归侨既众，生利者变为分利之人，兼以暹罗、安南、新加坡等处限制华工入境，抽收华人进口税，每人出洋非预筹二三百元旅费莫办，所以潮、梅少壮青年在生活上、经济上毫无出路。以前每年经汕出洋谋生人士，约十五万人之众，去年（1932年）减为二万余人……潮、梅农村何常有谷，丰年收割尚不敷三个月之食，何况今年又值饥馑之岁乎。

① 郑德华、成露西：《台山侨乡与新宁铁路》，中山大学出版社，1991年版，第21~25页。

② （光绪）《新宁县志》卷八·舆地略下。

③ 陈翰笙：《广东农村生产关系与生产力》，1934年，第66页。

④ 《中国经济年鉴》，1934年版，第61页。

⑤ 陈道南：《呈省政府据市商会电呈农商交困倒闭频仍等情复查属实应否准如所请以资救济由》，《汕头市市政公报》，1933年，第90期。

洋米销路深入闽、赣各山村中，农村焦敝情形可想而知。”①

第二节　救侨工作的酝酿及救侨机关的设立

多数回国华侨因离家已久，与亲戚朋友较多隔阂。他们初入国门时，无依无靠，故只好流离于街头，缩瑟于路旁；其中老者、弱者不免成为饿殍，强者、壮者或沦为匪盗。失业归国华侨的艰难处境引起了政府和社会各界的注意。广州的归侨团体——海外同志社最先将这一问题提上救济日程。1929年10月，该社分别向广东省政府、省民政厅、省建设厅、国民党广州市特别市党部等党政部门上书，呼吁救济华侨，并从以下四个方面力陈救济华侨的必要性与重要性：

夫南洋侨众，粤籍故多，此致遣回，定当不少。我粤处民穷财尽之秋，而失业游民骤增此数。此不得不为之设法救济者一也；侨民少离乡井，老大归来，家之不存，彼将焉往。此不得不为之设法救济者二也；侨民囊空如洗，告贷无门，幸而安贫守身，亦比流为乞丐。此不得不为之设法救济者三也；不幸而饥寒交迫，非分心生，比之匪人，铤而走险。微特有防地方治安，抑亦有乖政府优待华侨之至意。此不得不为之设法救济者四也；何况祖国有难，华侨筹赈义捐靡遗余力，过去事实，人所共知。今华侨失业，彼便归来，我政府与国民宁忍坐视而不救?②

在海外同志社的积极推动下，广州市社会局于1930年11月邀集华侨工业联合会总会、华侨互助社、海外同志社、贫民教养院等十多个华侨团体，先后两次召开了华侨团体会议，并在11月28日的第二次华侨团体会议上通过了《救济失业归国华侨委员会章程》。该章程规定：为救济失业归侨起见，决定组织成立广州市救济失业归国华侨委员会；该会附属于市社会局，并以社会局局长为主席，华侨团体为委员，其宗旨是协助政府救济失业华侨；该委员会在组织上设常务委员7人，候补委员3人，主任5人，干事若干人；该会同时下设6个股，即总务股、筹款股、调查股、招待股、设计股、交际

① 《银行周报》，1933年，第17卷第40期，第3~4页。

② 广东省档案馆编：《华侨与侨务史料选编》，广东人民出版社，1991年版，第300页。

股等。①

救济失业归国华侨问题亦引起了广东省政府的注意。1930 年 12 月 23 日，省政府发布救济失业华侨训令谓："华侨失业回国，或被当地政府压迫出境者络绎于道，调查其数竟达 40 万有奇。对此归国华侨，既无收容之地，又乏枝栖之寄"，遂决定在广州、汕头设职业介绍所，筹设募捐队，并申请中央拨款派员到南洋设法救济。为此，广东省政府即联合省、市各党政机关及工商慈善华侨等团体各代表，于 1931 年 1 月 21 日在广州市一德路组设广东省救济失业回国华侨委员会，推定广东省政府、省党部、广州总商会、海外同志社等 13 个机关社团为保管委员；选出广东省建设厅、方便医院、华侨互助社广州分社、爱育善堂、香港总工会驻粤办事处等五机关团体为审核委员会委员；选出市党部、贫民教养院、社会局、印缅革命同志联合会、华侨工业总会为监察委员会委员。同时还颁布了《广东省救济失业回国华侨委员会组织章程》，该章程在《救济失业归国华侨委员会章程》的基础上经修改而成，它规定救济失业回国华侨委员会设常务委员 7 人，候补委员 3 人，主任 5 人，干事若干人；委员会下由以前的 6 个股改为 5 个股，即总务股、筹款股、调查股、设计股、交际股。其中，总务股职掌收发文件、典收会章、撰拟文牍、会计出纳、编制统计等事项；筹款股则负责调查回国华侨人数及登记、调查各埠华侨生活状况及各实业场矿雇佣人数；设计股协助政府筹办大工厂或其他实业之设计，联络殷富华侨投资与兴办实业之设计以及介绍职业之设计等；交际股办理遣送失业回国华侨回原籍及职业介绍等事宜。②之后，广东省政府核准拨现款 10 万元为该会办理经费，并指定由救济失业归国华侨委员会在广州、汕头、海口三地设立招待所，专门负责救济失业归国华侨事宜。5 月 24 日，广东省政府为节省经费起见，又下令取消救济失业回国华侨委员会，将委员会的救侨事项交由省赈务委员会继续办理。

广东省赈务委员会（简称赈委会）接办救侨事务后，进一步精简办事机构，将原来设在广州、汕头两地的招待所改为办事处，继续办理相关救济事宜。后赈委会因"海口招待所不过为各侨来往经过暂留之地，结果仍是返回汕头，无设立之必要"而将海口办事处裁撤。③ 1931 年 7 月，因赈委会被撤销，救济归侨事务移交给广东省民政厅办理。民政厅自接办救侨事项后，拟

---

① 《救济失业归国华侨委员会章程》，《广州民国日报》，1930－11－29。

② 广东省民政厅编：《广东省救济失业回国华侨委员会组织章程》，《广东省救济失业回国华侨概况》，1932 年，第 10 页。

③ 广东省民政厅编：《广东省救济失业回国华侨概况》，1932 年，第 7 页。

具了《广东民政厅救济失业回国华侨办事处组织大纲》，并对以前的办事机构进行重组。新办事处设主任 1 人、职员 5 人。其中事务员 2 人，负责留处管理华侨及遣送事项，兼保管公物；办事员 1 人，负责文件收发撰拟以及典守印信、会计出纳；调查员 1 人，负责调查华侨情状、归侨数目统计、调查各地实业厂矿需用工人等事项；登记员 1 人，负责华侨收容之登记事项。同以前相比，该办事处更具灵活性，可根据事务之繁简，随时呈请民政厅增减人数。1935 年，广东省政府成立了广东侨务委员会，并将救济失业归国华侨事宜由省民政厅交由广东省侨务委员会办理。

从以上救侨工作的酝酿及救侨机关的演变过程来看，广东省政府对救侨事务越来越重视，设立的救侨机构也日趋精简、务实和正规，并越来越往专门化的方向发展。

第三节　救侨工作的展开及其成效分析

广东省民政厅自 1931 年 7 月接任后，就拟定了较具体的组织大纲及救侨计划大纲。该厅将救济工作分为临时救济和永久救济两部分。其中临时救济计划包括：收容入处，暂予以食宿之救济；介绍往各矿场、大工厂工作；由工务局予以修路工作；老弱者资遣回原籍；老而无依或残废者送贫教院安置；有病者送方便医院就医；组织负贩团使之营生等七项。永久救济计划则包括开采矿产、垦殖荒地、兴办实业三个方面。[①] 由于归国华侨的情况较为复杂，既有因受外国政府迫害、排挤而失业回国的，也有部分是因在国外犯罪等原因而被驱逐回国。因此，广东省民政厅在收容、救济归侨时，曾制定了明确的收容救济标准。其中符合收容、救济者的标准如下：①失业自备资金归国者；②在海外服务国民党工作，被当地政府遣散出境，有该地党部之证明书、该党执委介绍，或有其他凭证者；③失业归来无自给能力者；④失业归来四肢残缺，不能工作者。但若有下列情况发生，则不予以收容：①曾被海外政府通缉有案者；②在海外有违背法律之行为，被当地政府逐解出境者；③返国后经本国政府通缉有案者；④返国后有自给能力者，非失业返国

---

① 广东省民政厅编：《广州救侨办事处救济侨计划大纲》，《广东省救济失业回国华侨概况》，1932 年，第 11 页。

者；⑤曾由本处介绍工作，而中途偷懒逃回，或临挑选前往工作时不愿前往者。[1]

广东省政府在救济归侨时，根据失业回国华侨所掌握的技能及其身体强弱等具体情况，分别经给予不同的救济方式。具体来说有以下几种：

一、收容与遣送

广东省民政厅对于那些无家可归的失业归国华侨，主要采用收容救济的方式。在广州华侨办事处，设有许多供失业归侨留居的宿舍，随时可供600余人食宿之用。1932 年 7 月后，各地失业归侨骤然增多，每天留处食宿者常逾 2 000 人以上，每月支用经费达 7 000 元之多。而对于那些有家庭，或愿意回家或有家属可照顾的失业归国华侨，省民政厅大多采用遣送方式，并由该厅联系广韶、广三、广九铁路公司，给被遣送者发放免费车票。归侨如需乘轮渡返乡者，民政厅则派员前往各轮渡接洽妥商，准其免费乘船，民政厅在遣送失业归侨时，还根据其路途远近，给予旅途费用，该厅规定：凡省外及高、雷、廉、琼、钦、崖、潮、梅、南、始等属者，每人供给旅费 10 元；肇、阳、罗、惠、韶等属者，每人供给旅费 6 元；广属者则每位发旅费 3 元。汕头方面也根据地方远近核定川资等级。其中海丰、陆丰两县列一等，发川资 3 元；梅县、平远、五华、惠来各县为二等，每人给 1 元 5 毫；大埔、丰顺等县列三等，每人各 1 元；潮安、澄海、揭阳等县为四级，每人各 5 毫。省民政厅在遣送归侨时，除发给每人免费舟车券一张及发给失业证明书一本外，还将被遣送各华侨的名籍编印成册，通令地方各县市政府遇有失业归侨过境或回原籍者，应即验明证书，并妥予保护，切实指导：如当地有工厂，地方政府应设法优先雇用归侨人员；对老弱不堪工作者，各地方慈善堂或各县所设之老人院应凭证给予收容，让其以终天年。1933 年 7 月 3 日，广东省民政厅曾资遣第一批华侨朱英等 220 名回乡，发出川资 1 411 元；同年 7 月 12 日，又资遣第二批华侨刘昌等 290 名回原籍，发出川资 1 606 元；[2] 7 月 25 日，再拟资遣第三批华侨张标裕等 100 名回乡，其中梁明、陈友、李七喜、李春 4 人因病转送方便医院治理，故此批实遣送 96 名，发出川资 492

---

① 广东民政厅编：《广州救侨办事处管理规则》，《广东救济失业回国华侨纪实》，1935 年，第 11 页。

② 《令发救侨办事处遣送第二批回籍华侨名册仰各区公所、公安分局妥为办理案》，《番禺县政旬刊》，1933 年，第 19、20、21 期合刊，第 63 页。

元。上述三批共遣送回原籍归侨606名，发放川资3 509元。[①] 据统计，省民政厅在1931年共收遣13 810人，1932年共收遣15 393人，1933年共收遣8 983人。[②] 从1931年1月1日开办日起，到1933年12月底止，汕头方面共收容贫民10 532人，广州方面除随来随去者未曾登记外，共收容华侨13 120人，其中资送回原籍者8 370人。[③] 现将广东省政府几年来收容、遣送失业归国华侨的人数列表如下：

表5－4　广州、汕头、海口救侨处各月份收容、遣送失业归侨人数一览表（单位：人）

时间	广州救侨办事处		汕头救侨办事处		海口救侨招待所	
	收容数目	遣送数目	收容数目	遣送数目	收容数目	遣送数目
1930年12月	32	6	—	—	—	—
1931年1月	393	204	—	—	—	—
1931年2月	310	163	—	—	—	—
1931年3月	709	253	37	37	—	—
1931年4月	380	552	336	336	25	—
1931年5月	205	394	182	182	26	51
1931年6月	100	379	357	357	53	53
1931年7月	158	118	146	146	—	—
1931年8月	213	317	76	76	—	—
1931年9月	181	169	189	189	—	—
1931年10月	298	187	498	498	—	—
1931年11月	222	189	813	813	—	—
1931年12月	241	241	153	153	—	—
1932年1月	183	253	265	265	—	—
1932年2月	211	243	232	232	—	—
1932年3月	192	216	342	342	—	—
1932年4月	240	277	314	314	—	—
1932年5月	240	263	381	381	—	—

① 《民厅呈报办理遣送归国华侨回籍情形》，《广东省政府公报》，1933年，第239期。
② 广东省调查统计局编：《统计月刊》，1935年，第1卷第1号，第13～14页。
③ 广东省民政厅编：《广东救济失业回国华侨纪实》，1935年，第43页。

（续上表）

时间	广州救侨办事处		汕头救侨办事处		海口救侨招待所	
	收容数目	遣送数目	收容数目	遣送数目	收容数目	遣送数目
1932 年 6 月	288	302	1 044	1 044	—	—
1932 年 7 月	880	662	578	578	—	—
1932 年 8 月	686	608	411	411	—	—
1932 年 9 月	348	320	205	205	—	—
1932 年 10 月	264	231	75	75	—	—
1932 年 11 月	217	148	83	83	—	—
1932 年 12 月	172	197	46	46	—	—
1933 年 1 月	136	119	46	46	—	—
1933 年 2 月	170	163	76	76	—	—
1933 年 3 月	194	203	116	116	—	—
1933 年 4 月	172	289	192	192	—	—
1933 年 5 月	117	141	257	257	—	—
1933 年 6 月	82	99	506	506	—	—
1933 年 7 月	46	635	316	316	—	—
1933 年 8 月	42	22	258	258	—	—
1933 年 9 月	58	34	298	298	—	—
1933 年 10 月	53	36	341	341	—	—
1933 年 11 月	42	30	309	309	—	—
1933 年 12 月	75	87	254	254	—	—
1934 年 1 月	6	28	—	—	—	—
1934 年 2 月	1	210	—	—	—	—
1934 年 3 月	29	57	—	—	—	—
1934 年 4 月	34	32	—	—	—	—
1934 年 5 月	21	14	—	—	—	—
1934 年 6 月	30	27	—	—	—	—
1934 年 7 月	8	2	—	—	—	—

（续上表）

时间	广州救侨办事处		汕头救侨办事处		海口救侨招待所	
	收容数目	遣送数目	收容数目	遣送数目	收容数目	遣送数目
1934 年 8 月	71	13	—	—	—	—
1934 年 9 月	7	10	—	—	—	—
1934 年 10 月	25	21	—	—	—	—
1934 年 11 月	20	61	—	—	—	—
1934 年 12 月	55	13	—	—	—	—
1935 年 1 月	21	25	—	—	—	—
1935 年 2 月	9	20	—	—	—	—
1935 年 3 月	18	20	—	—	—	—
1935 年 4 月	7	16	—	—	—	—
1935 年 5 月	34	15	—	—	—	—
1935 年 6 月	37	80	—	—	—	—

注：①汕头市救侨办事处自 1931 年 3 月开始进行收容工作。

②海口救侨招待所自 1931 年 4 月 9 日开始收容，同年 6 月底因该招待所裁撤停办而结束。

③其中广州救侨办事处共计收容 13 570 余人，此外各月份中归侨至该处随即自请遣送回乡者共计有 4 490 人。

资料来源：广东省民政厅编：《广东救济失业回国华侨纪实》，1935 年，第 43 ~ 48 页；广东省民政厅编：《广东省五年来民政概况》，1936 年，第 145 ~ 148 页。

从表 5 – 4 可以看出，在广州救侨办事处，每月收容人数和遣送人数往往不一致，这主要是因为广州救侨办事处收容的人数除了遣送之外，还有部分暂时收留，或予以介绍工作，或送往贫民教养院、方便医院安置；而汕头、海口这两处往往是随到随遣，没有收留，因此其收容人数与遣送人数大多相同。

二、送往贫民教养院或方便医院安置

广东省民政厅规定，对于年老无依的归侨，一般要送往贫民教养院安置；凡身体不健全或身体有疾病者，则转送方便医院医治。据统计仅广州一处，从 1931 年到 1933 年底送往医院留医者就达 1 643 人。现将贫民教养院、方便医院几年来每月安置归侨的人数列表如下：

表5-5 广州救侨处各月份送归侨往贫民教养院、方便医院安置人数一览表（单位：人）

时间	送贫民教养院安置人数	送方便医院安置人数	时间	送贫民教养院安置人数	送方便医院安置人数
1931年1月	41	4	1933年4月	124	80
1931年2月	13	8	1933年5月	—	78
1931年3月	34	21	1933年6月	—	79
1931年4月	57	33	1933年7月	—	22
1931年5月	22	36	1933年8月	—	6
1931年6月	43	26	1933年9月	—	20
1931年7月	19	11	1933年10月	—	14
1931年8月	2	7	1933年11月	—	14
1931年9月	3	18	1933年12月	—	12
1931年10月	13	31	1934年1月	—	17
1931年11月	19	25	1934年2月	—	12
1931年12月	63	46	1934年3月	—	7
1932年1月	5	42	1934年4月	—	6
1932年2月	9	35	1934年5月	—	2
1932年3月	12	51	1934年6月	—	9
1932年4月	17	31	1934年7月	—	—
1932年5月	59	42	1934年8月	—	4
1932年6月	3	139	1934年9月	—	3
1932年7月	1	59	1934年10月	—	16
1932年8月	2	62	1934年11月	—	3
1932年9月	4	64	1934年12月	—	3
1932年10月	11	66	1935年1月	—	5
1932年11月	1	72	1935年2月	—	10
1932年12月	—	87	1935年3月	—	10

（续上表）

时间	送贫民教养院安置人数	送方便医院安置人数	时间	送贫民教养院安置人数	送方便医院安置人数
1933 年 1 月	—	93	1935 年 4 月	—	14
1933 年 2 月	10	108	1935 年 5 月	—	9
1933 年 3 月	24	101	1935 年 6 月	—	19

资料来源：广东省民政厅编：《广东省救济失业归国华侨纪实》，1935 年，第 53 ~ 57 页；广东省民政厅编：《广东省五年来民政概况》，1936 年，第 149 ~ 152 页。

三、介绍职业

广东省民政厅根据失业归侨的身体状况及其所掌握的技能，分别介绍不同的职业，以让其谋生。省营各工厂对那些拥有相当技能的归侨往往优先录用。对于失业华侨矿工，该厅将其从前在何处工作、做何种矿质、有经验若干年、担任矿场何种职务等分别予以详细登记，以后遇有省营矿务或承商公司需要矿工时，则优先录用之。① 为维护受雇侨工的利益，省民政厅还与各工厂或矿务公司制定雇用规则、工资价值等，以防止虐待归侨事件发生。对于那些无专长技能、身体尚属强壮者，则函请广州市政府转饬工务局，于建筑马路时尽量予以雇用。如 1931 年，救济失业回国华侨委员会曾函请林云陔市长，将南堤填筑工程批给贫侨承筑，以便安插工作。此外，凡被介绍工作者，救侨处在冬天均每人发棉衣一件，对于前往北江一带工作者，则增加棉被一套，以资御寒。现将广州救侨办事处从 1931 年 1 月至 1933 年 5 月各月份介绍失业归侨工作的情况列表如下：

表 5－6　广州救侨处各月份介绍华侨往各机关工作之人数一览表（单位：人）

时间	往各机关、公司工作		往各矿场、农场工作	
	机关、公司名称	人数	矿场、农场名称	人数
1931 年 1 月	往南海县警察教练所充当学警	38	往韶关富国煤矿公司	38

① 《核准安置失业归国华侨办法》，《广东省政府公报》，1935 年，第 297 期。

（续上表）

时间	往各机关、公司工作		往各矿场、农场工作	
	机关、公司名称	人数	矿场、农场名称	人数
1931 年 1 月	往粤汉车站筑路	30		
1931 年 2 月	往南海县警察教练所充当学警	20	往韶关富国煤矿公司	50
1931 年 3 月	往两广盐运使充盐警队	5		
1931 年 3 月	往粤汉黄沙车站运煤	20		
1931 年 3 月	往株韶段筑路	50		
1931 年 4 月	往株韶段筑路	200	往韶关富国煤矿公司	50
1931 年 5 月	往株韶段筑路	120		
1931 年 6 月	往株韶段筑路	200		
1931 年 7 月				
1931 年 8 月	往赤坭大安公司	33		
1931 年 8 月	往大北继记公司	18		
1931 年 9 月	往赤坭大安公司	19		
1931 年 9 月	往医院当杂役	3		
1931 年 9 月	往机器工会	3		
1931 年 9 月	筑路	1		
1931 年 10 月	往猪头山	26	往韶关富国煤矿公司	40
1931 年 10 月	往江门	2		
1931 年 11 月	往鹤山	13	往韶关富国煤矿公司	55
1931 年 11 月	往河南（海珠区俗称）	10	往韶关富国煤矿公司	17
1931 年 11 月	往惠州种植	10		
1931 年 11 月	往东莞	6		
1931 年 11 月	往河南修路	19		
1931 年 11 月	往江门	3		
1931 年 12 月	往河南修路	12	往中大学校农场	11
1931 年 12 月	往沙河筑路	11		
1931 年 12 月	行船	1		
1931 年 12 月	往建筑店	1		

（续上表）

时间	往各机关、公司工作		往各矿场、农场工作	
	机关、公司名称	人数	矿场、农场名称	人数
1932 年 1 月	往北江修路	25	往韶关富国煤矿公司	25
1932 年 2 月	往北江修路	19	往韶关富国煤矿公司	17
1932 年 2 月	往沙河修路	14		
1932 年 3 月	往沙河修路	20		
1932 年 3 月	往燕塘杂工	16		
1932 年 3 月	往北江修路	4		
1932 年 3 月	往韶关修路	95		
1932 年 4 月	往韶关修路	12	往花县石矿公司	50
1932 年 4 月	往北江修路	16	往花县石矿公司	24
1932 年 4 月	往花县筑路	67		
1932 年 5 月	往市桥筑路	20	往肇庆高要煤场	17
1932 年 5 月	往花县筑路	35		
1932 年 6 月	往番花筑路	62		
1932 年 7 月			往花县建兴石矿公司	30
			往石牌基利公司农场	20
			往花县广发石矿公司	30
1932 年 8 月			1932 年 8 月至 1933 年 12 月均无介绍华侨往矿场、煤场工作	
1932 年 9 月	往四会修筑四清公路	86		
1932 年 10 月	往四会修筑四清公路	20		
1932 年 11 月	往筑龙河修公路	18		
1932 年 12 月	往筑龙河修公路	42		
1932 年 12 月	往城北筑路	14		
1933 年 1 月				
1933 年 2 月	往西南修筑公路	15		
1933 年 3 月	往西南修筑公路	10		
1933 年 3 月	往台山公益埠筑桥	45		
1933 年 4 月	往台山公益埠筑桥	25		
1933 年 5 月	往台山公益埠筑桥	30		

资料来源：广东省民政厅编：《广东救济失业回国华侨纪实》，1935 年，第 45 ~52 页。

从表 5 - 6 可以看出，这些归侨主要是被介绍到富国煤矿公司、株韶铁路工程、中山大学农场、肇庆高要煤矿、花县石矿公司等处，从事修路、筑桥、采矿等工作。据统计，从 1931 年 1 月到 1933 年 5 月，先后被介绍到各机关、矿场工作的归侨有 2 058 名。

为拓宽失业归侨的就业路径，省民政厅救侨处还将 500 多名身体老弱而无疾病者组织起来，成立了负贩团。为此，省民政厅曾先后联系《珠江晚报》、《广州日报》、《越华报》、《国华报》、《公评报》、《共和报》、雷天一六神水、施德三济众水等报馆或公司，获准由该负贩团帮助贩卖报纸、药丸等。此外，民政厅还将部分可供烧石灰之山石拨给归侨，准许其自由采用，并取消各项附加捐税。

1932 年春，正当广东省民政厅极力设法救济南洋一带失业归侨之际，墨西哥的华侨也遭到当地政府的排斥而纷纷回国。据世界新闻社墨西哥京城讯，墨国退伍军人组织了“金衫团”，并以“墨西哥为墨西哥人之墨西哥”为口号，把一切中国人、犹太人、阿拉伯人、土耳其人、阿美尼亚人及其他“要不得的外国人”，驱逐出墨西哥境外。[①] 据归国侨民黄子兴、彭三等称：

旅墨华侨约有 4 万余人，于商、农、工业均占有相当势力，因此遭墨人嫉妒。墨国共 28 省，排华之风，各处不同。在善省、顺省两省排华之风，最为激烈。他们任意巧立名目，增加苛例，使侨民到处碰钉，动辄得咎；且限制华（人）商店每 10 人中须用墨人 8 名；店内出纳数目，又须受其检查，营业等税异常繁重，吾侨不能负担，自行崩溃离境。这进一步导致侨民商店倒闭者日众，失业华侨日增。前不见街上有乞丐之华侨，今则触目皆是。其人民以政府人中发纵指使，逐有恃无恐，任意劫杀殴辱，非法捕逐。计先后被逐回国者 3 000 余人，正设法离墨归国者 2 000 余人。[②]

墨西哥政府的排华行径也引起了国民政府的关注。南京政府外交部令饬驻墨公使向墨国政府提议缔结如下协定：①对于已经移入墨国之华侨应继续享受其向来所受之待遇，其已被驱逐者应使其复原，并恢复其财产或赔偿其损失；②对于今后移入墨国之华人，定一双方可以接受之适当办法，俾侨民出入及居留墨境有确切之保障；③对于以后遇有同样情事发生、两国无法解决时，两国应承受强制公断之义务。与此同时，外交部还向墨国政府提议签

---

① 《墨华侨又陷厄运》，《广州民国日报》，1934 - 08 - 08。

② 广东省档案馆编：《华侨与侨务史料选编》，广东人民出版社，1991 年版，第 451 ~ 452 页。

定一份议定书，声明在前项协定未成立以前，墨国应严令各省停止一切排华举动。中国驻墨公使虽严词交涉，但因墨国政府号令不出都门，排华党与墨国前任总统解也氏互通声气，地方官厅不敢取缔，最终使交涉濒于绝境，导致被迫回国之华侨数达千人。①

为救济、安置好旅墨失业归侨，广东省政府第六届委员会第 75 次省务会议议决拨款交民政厅办理救济事项。省民政厅随即函知中国驻墨公使，要求他们对有关归国华侨发给有关证明，同时将他们归国的具体日期先行函知民政厅，以便派员赴香港招待救济。据统计，从 1932 年 5 月至 1933 年 12 月，广东省民政厅先后 8 次派员赴香港招待旅墨失业归侨：第一次于 1933 年 5 月 18 日，救济 3 人；第二次于同年 5 月 28 日，共救济 116 人，其中有墨妇 8 名，男女小孩 10 余人，民政厅发给归侨每人船票一张；第三次于同年 6 月 22 日，接待 27 名归侨到美洲酒店安顿，并发免费船票；第四次于 1933 年 7 月 10 日，安顿 98 名归侨；第五次于 1933 年 9 月 9 日，给 66 名归侨酌量川资；第六次于同年 11 月 2 日，安置 3 人；第七次于同年 11 月 15 日，安置 27 名归侨；第 8 次于同年 12 月 13 日，接待 12 人，每人发给船票及失业证书。各侨民以政府招待周到，均表示欢悦感激。②

四、整顿出入关口，维护华侨的正当利益

民国时期，省内上至海关官员、下至流氓地痞，皆视归国华侨为肥肉，极尽骚扰抢劫之能事。在海南岛，凡由南洋群岛、暹罗、安南、海防、香港等埠来之轮船，于秋、冬两季在海口港停泊者，海关关员“每藉风浪过大，驳船撞击；轮一抛锭，除放下船梯迎关员外，立将船梯抽起，只悬绳一条，命客挽吊登落，不论男女老幼，一律如此”。结果，归侨中“失手坠海者有之，断肢体者有之”。③ 在汕头海关，华侨一入关口即受关员搜查，关员将归侨所带之赠送亲友礼物，及自带之零星布匹、饼干、牛乳、糖果与御寒洋毡等物，强指为走私品，强行没收充公或强令纳款。由于汕头市杂捐税局林立，侨胞即便在关口纳税后，还要受关内疋头厘局、商品检验所、糖捐局、监警队暨各公安分局之稽查。检查员甚至翻箱倒柜，肆意刁难，④ 而将归侨

---

① 《关于救济旅居墨西哥华侨事项》，第二历史档案馆藏，全宗号：2，案卷号：2617～2620，缩微胶卷号：16J－1175。

② 广东省民政厅编：《广东救济失业回国华侨纪实》，1935 年，第 70～72 页。

③ 广东省档案馆编：《华侨与侨务史料选编》，广东人民出版社，1991 年版，第 247 页。

④ 广东省民政厅编：《广东救济失业回国华侨纪实》，1935 年，第 88 页。

带局拘押、苛勒罚款者，时有所闻。另外，还有很多地痞假冒艇夫，专在海岸码头一带与艇夫朋比为奸，招揽侨客，横加苛勒，共分利益，而水上警察对此则装聋作哑，不予干涉。有些住宿于客栈之侨胞，也常被勒索数元不等，如无力应付，则被抢去行李、衣物。华侨入境后，不肖官吏则勒索苛捐杂税，到处敲诈，使其受尽盗贼、土劣之鱼肉。①

1935 年后，因南洋等地经济复苏，以前因失业而归国的华侨又纷纷出洋谋生。海关官员也不放弃对侨胞敲诈的机会。汕头市专门管理出洋问话事宜的侨务股长王固，曾串同主管社会科长梁平，对华侨敲诈勒索，无所不施，且勒索所待客栈缴纳数百十元不等，其中汕头市南侨、通茂、广南、通利等 80 余家客栈，均被勒 10 余次。他们还串同华新影相馆，每名侨胞出洋多收照相费 4 角，每月抽收侨胞血汗钱四五千元以上。据统计，王固自 1933 年 6 月任事以来，勒收种种规费已过 2 万余金，均与科长梁平及股员张庆标共同分肥。② 1934 年 5 月后，新加坡等地因胶园、矿场恢复生产，华侨出国者日众。汕头市各旅店也趁机将船价增加数倍（船票由各旅店代理）。船业公司规定三等舱位之票价在 30 元左右，而在海口，三等船舱票价却涨至100 ~ 130 元。华侨出入关口所受的种种勒索引起了政府的关注。1935 年 7 月，西南政务委员会委员肖佛成向广东省政府提议《取缔客栈苛索赴星洲旅客》一案，该案如下：

> 1935 年以来，南洋各岛树胶及矿业均有起色，工商各业亦随之复苏，赴南洋之华侨就日益增加，然来往星洲之商船均受英人取缔，每帮赴星之船只准载若干客，由其包办购船票之客栈，乃藉为苛索旅客之机会，盖其为旅客购票之标准，不计其来候船之先后，而计其纳贿赂之多少，故年来赴星洲之旅客，须耗至一百数十元至二百元之费用始得成行；至于内地乡愚来商埠候船，往往有候至数星期，尚不能购得一船票，其困苦情形当不言而喻。佛成以地方官厅对于业客栈者，宜加以取缔。凡有为旅客购船票，当按其先后顺序为之办理，若发生上述情形，以欺骗取财论罪。请省政府严加办理。③

为维护侨胞的利益，防止海关官员对归侨的敲诈和骚扰，广东省政府于

① 广东省民政厅编：《广东省五年来民政概况》，1936 年，第 152 页。

② 广东省民政厅编：《汕头市出洋问话处被控勒收规费一案办理情形》，《广东救济失业回国华侨纪实》，1935 年，第 79 页。

③ 《转令取缔客栈苛索赴星洲旅客旅费》，《广东省政府公报》，1935 年，第 307 期。

1935年7月通过了《取缔客栈苛索赴星洲旅客》一案，并进一步提出了以下一些更具体的办法：

（1）本省各海口关卡须另划一地方，书明“海外归国华侨行李检查处”字样，以资识别；

（2）凡华侨登岸时，应集中该处听候检查；

（3）凡海关局所等员役，应同时集中该处顺序检查华侨行李；

（4）凡经在中途或检查处检查之行李，应分别给以检查证，书明件数放行，以免沿途再受骚扰或被他人冒充作弊；

（5）凡华侨携带自用日常零星物件，或有些少馈赠亲友物品，与走私漏税不同，可准予放行，不得恣意留难勒索，惟查有冒充华侨作弊者，应分别办理；

（6）华侨间有不明国情关例者，如发觉有携带过量或违禁物品者，应呈报政府酌办，不得私行苛索科罚；

（7）开始施行此种办法3个月内，由本会派员或请各处公安分局派员到场招待指导；

（8）通告海外华侨，凡回国者，须预向各驻地中国领事馆，或中华会馆、中华商会及党部等机关领取回国证明书，加贴本人相片，以资识别，而便保护。①

此外，海口、汕头市政府也分别制定了保护归侨权益的政策。海口市政府明确规定：轮船舱票定有价目，定不能任奸商市侩从中敲诈，额外苛求。要求各轮船公司应按规定舱价公平发售，不得任意提高及敲诈，如敢故违，严惩不贷。② 汕头市政府对那些贪污腐化的海关官员则“概行剔除，慎选操守可信人员主持其事，对于出洋侨民请领护照，随到随发”③。汕头市政府要求那些替出洋侨民代购星槟船票之旅店、客栈，应依照船务公司规定价格征收，如私自抬高船价，则予以严厉取缔，并对违规者处于以下重罚：星槟票价每张多收10元以上者罚200元；每张多收20元以上者罚银400元；每张多收30元以上者罚600元；每张多收40元以上者罚银800元；每张多收50

① 《改善关卡检查归侨行李提案》，《广东省政府公报》，1935年，第311期。

② 《南洋船抬高票价》，《广州民国日报》，1935-03-25。

③ 《汕头市出洋问话处被控勒收规费一案办理情形》，《广东救济失业回国华侨纪实》，1935年，第79页。

元以上者罚银1 000元。如因多收星槟票价而受处罚两次以上者，尚敢再犯，除依多收数目分别处罚外，还应取消该客店的营业牌照。[①]

五、救侨工作之成效分析

广东省的救侨活动主要是在1930年下半年到1935年上半年进行。为了保证救侨活动的顺利进行，省政府在筹拨经费方面可谓是不遗余力。1931年1月，省政府指定由造币厂盈余项下拨出5万元，又从广东省赈务处拨出5万元，合计10万元作为救侨工作经费。1933年10月，民政厅在赈款下每月拨出救济经费3 000元，其中给汕头600元，给广州2 400元。据统计，广东省政府在1931年1月至1935年6月底，救侨费用约218 600元，其中用于海口方面者2 696元9毫1仙10文，用于汕头方面者约为24 700元，用于广州方面者约191 240元。在收容归侨人数方面，据统计，从1931年1月1日起，到1933年12月底止，汕头方面共收容10 532人；广州方面除随来随去者未登记外，共收容13 129人，其中资送回原籍者8 370人，送贫教院者601人，介绍往各处工作者2 063人，送往医院留医者1 643人，留居广州办事处食宿者452人。

救济失业回国华侨的工作，主要是由广东省政府民政厅办理的。这为救济活动的顺利推行创造了有利条件。民政厅不同于工商团体，它有可靠的政治威望，这有助其协调各种政治团体间的关系。在救济归侨时，它跟建设厅、工务局联系，为失业华侨介绍职业；它又跟铁路局联系，为遣送归侨回原籍发放免费车票；它还通过一系列规章制度，惩治海关人员的无理纠难，保证失业华侨的顺利归国。此外，民政厅曾为归侨发放失业证书，并给各县市等地方官员发布训令，要求地方官员对失业归国华侨予以保护，妥善安置。所有这些都说明，广东省政府民政厅充分利用了自身的政治资源，为救济失业归国华侨做了大量的工作，成效颇为显著。它根据失业归侨不同的情况，分别以遣送、收容（包括留医、送贫教院）、介绍职业、组织负贩团等方式开展救济活动，使失业归侨得到了安置。这在一定程度上有利于当时广东社会秩序的稳定，也进一步密切了华侨与国内的联系，增加了海外华侨对祖国的向心力和凝聚力。海外华侨之所以在后来的抗日战争中能够发挥较重要的作用，与这次救济归侨活动息息相关。

---

① 《修正汕头市政府取缔抬高星槟船票价罚则》，《汕头市市政公报》，1935年，第115～118期合刊。

第六章　民国各级政府与粤省的社会救济事业

中央政府、广东省政府及各县基层政权是政府救济活动中的“三驾马车”。这三者在社会救济活动中各自扮演了什么角色呢？它们之间到底有什么微妙关系呢？这是本章所要解决的问题。

第一节　政府救济活动中的中央政府与广东省政府

一、中央政府与广东省政府的救济行政及其法令

（一）关于救济行政方面

南京临时政府成立时，中央设内务部，省设民政厅，内务部下辖民治司和卫生局兼管社会救济事务。当时的各省由于局势不定，社会救济职掌一般由各都督和民政厅厅长共管。北洋政府成立后，于 1912 年 8 月颁布了《内务部官制》，规定内务总长管理赈恤、救济、慈善及卫生等事务，并“监督所辖各官署及地方长官”，同时它还具体规定，由内务部所设置的民政司职掌贫民赈恤、罹灾、救济、贫民习艺所、盲哑收容所、疯癫收容所、育婴恤嫠、慈善及移民等事项；由卫生司执掌传染病和地方病的防治、种痘及车船检疫等事项。[①] 之后，北洋政府于 1923 年 5 月 23 日公布《赈务处暂行章程》，并在内政部下附设赈务处，其处长由内务部长兼充，副处长由司长兼充，处内分置总务、赈粜、工赈、赈务、运输五股。南京国民政府成立后，对前政府的社会行政机构作了适当变革。它于 1928 年 4 月将内务部改称内政部，下设总务、民政、警政、地政、礼俗五司和统计处，由民政司职掌赈灾救贫及其他慈善事项。根据 1928 年 6 月内政部颁布的《内政部各司分科规则》可知，民政司下设四科，由第四科掌理社会救济和其他社会福利事

① 《东方杂志》，第 9 卷第 3 号。

项，具体包括贫民救济、残废老弱救济、勘报灾歉及蠲缓田赋审核、地方罹灾调查赈济、防灾备荒、慈善团体考核、慈善事业奖励、地方筹募赈捐审核及游民教养事项等。[①] 1928 年，国民政府亦成立了赈务处，该处直隶于国民政府，其职责是主管各灾区赈济及慈善事宜。为精简机构，防止民政司第四科与赈务处的职能重叠，南京国民政府于 1930 年 1 月将两个机关合并，成立一新的机构——赈务委员会。[②] 它主要负责由于自然灾害所造成的灾民及因国内战争所造成的难民之救济工作。《振务委员会组织章程》规定，凡受灾省份为办理本省赈务得设省赈务会，省赈务会由省政府聘任省政府委员、省党部委员、人民团体成员各数人组成，内设总务组、筹赈组、审核组。各县市因办理赈务，也可设立县市赈务分会。[③] 根据这一规定，民国时期的广东省设立了相应的救济管理机构。关于这些救济管理机构的设立情况，本文在第二章第二节中已有相关论述，此不再叙。

（二）关于救济立法方面

中央政府通过救济立法，对救济对象、救济程序、救济方法都作出了明确的规定。这对地方救济活动的展开具有规范、导向作用。有关救济方面的立法主要有：

1. 社会救济立法

民国北京政府在借鉴前清立法的基础上，于 1915 年 12 月制定并公布了《游民习艺所章程》。该章程分总则、游民数额、入所年龄、出所年限、教育事项、工艺事项、设备事项、设员分职和附则共 9 章。南京国民政府内政部于 1928 年 5 月颁布了《各地方救济院规则》，要求各省区在省会、特别市政府及县市政府所在地，依该规则设立救济院，各县、市、乡、区、村镇人口较繁处所，亦得酌情设立之。同时，它还规定救济院内分设养老所、孤儿所、残废所、育婴所、施医所、贷款所。从 1928 年 5 月至 1935 年，南京国民政府内政部还先后颁布实施了《管理私立慈善机关规则》、《监督慈善团体法》、《佛教寺庙兴办慈善公益事业规则》等条例。

2. 灾荒救济立法

灾荒救济立法主要体现于查灾、报灾、救灾资金的筹集及仓储等方面。其中在查灾、报灾方面：民国北京政府于 1915 年 1 月参照前清有关规定，

---

① 《中华民国法规大全》（一），商务印书馆，1936 年版，第 506 页。

② 据《辞海》记载，“振”为“赈”的本字。国民政府在 1930 年将“赈”改为“振”，含积极救济之意。但为方便阅读，除条例原名外，其余本文仍统一作“赈”。

③ 《中华民国法规大全》（一），商务印书馆，1936 年版，第 799 页。

制定并公布了《勘报灾歉条例》。南京国民政府内政部于1928年10月9日，在该条例基础上经过修订，颁布实施了同名法令。在救灾资金方面：北京政府曾先后颁布了《义赈奖劝章程》（1914年）、《赈灾公债条例》（1920年）。南京国民政府于1930年10月18日颁布了《救灾准备金法》等。在仓储方面：南京国民政府先后颁布实施过《义仓管理规则》和《各地方仓储管理规则》，将各地方为备荒恤贫而设立之积谷仓分为县仓、市仓、区仓、乡仓、镇仓、义仓等6种，其中义仓为个人捐办，其他5种为国家兴办，县仓、乡仓、镇仓为必办仓，市仓、区仓由民政厅就地方情形定之。

3. 设立奖惩制度

中央政府在社会救济方面设立了一套奖惩制度，以便其监督及协调各地方的救济活动。民国北京政府于1914年8月颁行了《义赈奖劝章程》，鼓励社会各界捐款赈灾，规定凡捐助义赈款银1 000元以上者由大总统按《褒扬条例》褒扬之，捐款不满1 000元者由地方行政长官依据款银数额分别给予奖章。南京国民政府也在20世纪30年代建立了一套包括奖励、惩罚和抚恤等内容的奖惩制度。如于1930年颁行了《办理振务人员奖恤章程》，1931年又颁行了《办振人员惩罚条例》与《办振公务员奖励条例》；1932年再颁行了《办振团体及在事人员奖励条例》和《办振团体在事人员恤金章程》。以上这些条规主要体现了国民政府对办赈人员的奖励、惩罚及抚恤，其目的是为了调动办赈者的工作积极性和规范其办赈行为。现将这三方面的规定分述如下：

第一，奖励办法。《办振公务员奖励条例》规定，对办赈公务员奖励有升叙、进级、加俸、记功、给予赈济委员会金质褒章、嘉奖等项。受奖条件为：遇非常巨灾，统筹综划、转危为安者；负有地方治安、水利、河防、卫生、救济各责任人员，克尽厥职、先事筹防、消灭巨灾者；查核严明、散放周密、异常出力者；奔走呼吁、募集巨款者；立身刻苦、办理敏捷、特著勤劳者；办理赈务在3年以上著有成绩者。《办振团体及在事人员奖励条例》规定，根据办赈团体及在事人员的表现，将分别给予以下7种奖励，即明令褒奖、国民政府颁给褒奖或匾额、国民政府颁给褒章、国民政府准予建立纪念碑碣、赈务委员会颁予褒奖或匾额、赈务委员会颁予褒章、刊名纪念碑碣。

第二，惩罚条款。根据《办振人员惩罚条例》有关规定，办理赈务人员有下列情形之一者，按情节轻重分别依照刑法加重1/3处断：①卷逃赈款者；②购置赈粮赈物，浮报价目者；③与商人通同作弊，于采购赈粮赈物等费，扣取折扣者；④意图贪吞赈款赈物，假造或涂改单据账目者；⑤意图冒领所经管赈款赈物，浮报灾民名额者；⑥经放赈物人员以劣品抵换赈物者；

⑦负有办赈任务人员，假借职务上之权力机会，购买贩运物品，漏税渔利者。[①]

第三，抚恤情形。依照《办理振务人员奖恤章程》、《办振团体在事人员恤金章程》的规定，恤金分为本身一次恤金和遗族一次恤金两种，数额在国币50～200元之间。给予一次恤金的条件为：因办赈受伤致身体残废不能任事者，或因办赈致病致精神丧失不能任事者；给予遗族一次恤金者的条件是：因办赈本身不能抗御之事故或积劳致病以致死亡者，连续办赈10年以上勤劳卓著而亡故者。

陈济棠主粤时期，广东省政府的公报会定期刊登或转载中央的救济法令，其刊布情况如下表：

表6－1　陈济棠主粤时期中央救济法规在粤省的转载刊布情况

法规名称	中央各机关颁布时间及机关（括号内为颁布机关）	《广东省政府公报》的转载情况
《监督慈善团体法》	1929年6月12日公布，10月15日实行（国民政府）	《广东省政府公报》第252期
《各地方仓储管理规则》	1930年1月15日（内政部）	《广东省政府公报》第68期，1930年2月15日
《办理振务人员奖恤章程》	1930年5月15日（行政院）	《广东省政府公报》第99期，1930年6月12日
《监督慈善团体法施行规则》	1930年7月19日公布，1932年6月18日修正（行政院）	《广东省政府公报》第255期，1934年4月20日
《救灾准备金法》	1930年10月18日（国民政府）	《广东省政府公报》第137期，1930年12月10日
《办振人员惩罚（奖励）条例》	1931年10月27日（国民政府）	《广东省政府公报》第182期，1932年3月31日
《振务委员会助振给奖章程》	1932年6月核准公布（行政院）	《广东省政府公报》第195期，1932年8月10日，省政府训令民字第5253号，1932年7月21日

① 《办振人员惩罚条例》，《广东省政府公报》，1933年，第182期，第12页。

（续上表）

法规名称	中央各机关颁布时间及机关（括号内为颁布机关）	《广东省政府公报》的转载情况
《沿河地方官协助河务考成章程》	1932 年 7 月 12 日（司法行政部）	《广东省政府公报》第 195 期，1932 年 8 月 10 日
《各地方慈善团体立案办法》	1932 年 9 月 23 日（内政部）	《广东省政府公报》第 203 期，1932 年 10 月 31 日
《兴办水利奖励条例》	1933 年 10 月 21 日（行政院）	《广东省政府公报》第 242 期，1933 年 11 月 30 日
《监督慈善团体法及其监督慈善团体法实行规则》	1934 年 1 月 24 日（内政部）	《广东省政府公报》第 255 期，1934 年 4 月 20 日
《勘报灾歉条例》	1934 年 2 月 24 日修正公布（行政院）	《广东省政府公报》第 255 期，1934 年 4 月 20 日
《严禁溺毙女婴恶习及收养婴孩办法》	1934 年 12 月 15 日（西南政务委员会）	《广东省政府公报》第 282 期，1935 年 1 月 10 日
《惩治疯人妨害风化暂行条例》	1934 年 12 月 22 日（西南政务委员会）	《广东省政府公报》第 286 期，1935 年 2 月 20 日
《佛教市庙兴办慈善公益事业规则》	1935 年 1 月 14 日（内政部）	《广东省政府公报》第 286 期，1935 年 2 月 20 日
《禁止蓄奴养婢办法》	1935 年 3 月 5 日（内政部）	《广东省政府公报》第 292 期，1935 年 4 月 20 日

资料来源：《中华民国法规大全》（一），商务印书馆，1936 年版。

1931 年，国民政府第四次代表大会决议设立西南政务委员会，负责监督指导西南区域的内政、军政、财政、交通、教育、民法、行政等政务。西南政务委员会在名义上直隶于国民政府，但在很多方面却独成一统。国民政府西南政务委员会往往也发布一些救济法令，如 1934 年 12 月，该委员会以中央法令的名义先后制定了《惩治疯人妨害风化暂行条例》、《严禁溺毙女婴恶习及收养婴孩办法》，广东省政府把西南政务委员会制定的法令和文件也一概称之为中央法令。

广东省政府在领导本省的救济活动时，除对中央政府的救济法令在执行过程中有继承有创新外，同时还结合本省的一些实际情形，以省政府的名义发布一些社会救济法令，其中主要有：

(1)《广东省承领荒地造林暂行规程》，1930年1月24日广东省政府第五届委员会第49次会议议决通过。见《广东省政府公报》第63期。

(2)《救济失业华侨办法》，省政府训令，1930年12月23日，见《广东省政府公报》第140期。

(3)《广东省救济失业归国华侨委员会组织章程》，1931年1月6日广东省政府第五届委员会第133次会议议决通过。见《广东省政府公报》第141期。

(4)《令发保障佃农办法原则》，广东省政府训令劳字第186号，1932年7月2日。见《广东省政府公报》第192期。

(5)《广东中区绥靖委员会署强迫垦荒暂行办法》，1932年7月30日广东省政府第六届委员会第105次会议议决通过。见《广东省政府公报》第193期。

(6)《广东省粮食调节委员会章程》，《广东省粮食仓库组织章程》，广东省政府1933年10月16日制定。见《广东省政府公报》第238期。

(7)《救济广东农村计划书》，1934年9月。

考察上述有关救济行政、救济法令，结合本文在前几章中所论及的救济实践活动，我们可以看出，广东省在陈济棠主粤时期内，不仅较好地执行了中央政府的救济法令，而且也结合本省的一些特点，出台了一些地方性的救济法规。中央的救济法令为什么能在粤省得到较好的实施呢？其原因一方面是社会救济事业是一种较温和的事业，它不像政治、军事斗争那样涉及中央与广东两方权力争斗等敏感问题；另一方面是广东省政府在当时常打着社会救济的旗号，积极向中央政府争夺财源。

1933年，中央政府因谷贱伤农等问题，决定在各海关征收洋米税以提高国内粮食价格。南京政府曾要求广东省把洋米税交中央统一办理，但是广东省政府根据两项理由提出异议："第一个理由，各省粮食生产需要情形不同，一年之中，四时谷价异，如果统一税率，窒碍很多，事实上不能不由各省订定税率，自行征收，才可以收调节之效；第二个理由，米税是缺米区域地方人民的负担，所收税款，应该拨为地方建设之用，故此应定为地方税。”① 后广东省政府进一步制定了有关洋米税的使用原则，并提出从洋米税中拨出500万元用以发展广东农村救济事业，中央被迫退让，洋米税遂由广东自行征收。同年底，广东省政府打着“救济农村”的旗号，正式将“洋米进口税”改称为“舶来农产品、杂项专税”，并成立了“专税局”。这样，广东省就把“国税”变成了地方性的“专税”，并将石油产品、化肥、鸦片等也归入“专税”范围，从而扩大了税源，使广东省的财政收入大增。其中仅1933年，广东就从输入的1 026.6万公担洋米中，获得粤币五六百万元的税额。②

20世纪30年代，福建事变的解决以及红军在江西反“围剿”斗争的失利，使陈济棠相继失去了闽、赣两省的屏障，中央政府从贵州、四川、云南、福建、江西等地对西南形成包围之势。1935年，珠江流域、长江流域、黄河流域同时发生重大水灾，陈济棠为了改变自己的孤立局面，不仅救济本省的灾害，还积极派员赴外省进行救灾。广东省政府于同年7月议决拨款6万元赈济北方水灾，并拟派黄维齐、王仁康、植梓卿、蔡昌、何辑屏及范剑江等6人携款北上慰赈，后因故临时改派王仁康及范剑江两人前往。王、范两人于1935年8月15日出发，19日抵达上海，晋访上海市长吴铁城及义赈总会代表李大超等。他们又于22日抵南京，晋谒中赈会主席许世英及湖北省主席张群。两人后于26日由南京抵武汉，29日赴湖南，继而至开封、保定、北平、济南等处，9月12日晚离开济南赴徐州，再经浦口返回南京，行程共37天。之后，广东省政府即拨给湖北省赈款20 000元、山东省赈款15 000元、湖南省赈款10 000元、河南省赈款5 000元、河北省赈款3 000元、安徽省赈款1 000元、江西省赈款1 000元，余款则充作临时救济之用。③ 从陈济棠拨款赈济外省灾害的救济活动中可以看到，其象征意义远大于实质意义。

由上述可知，在实施社会救济方面，广东与中央基本上是一致的，并无多少冲突，救济事业有时还充当了两者在政治、经济方面紧张关系的缓和剂。

---

① 胡继贤：《最近本省粮食行政之概况》，《南大经济》，1934年，第3卷第2期。

② 冯平：《陈济棠勾结美帝与垄断广东糖业》，《广东文史资料》第2辑，第73页。

③ 范剑江：《一年来布施部工作概况》，《仁爱旬刊》，1935年，第6期，第71页。

二、南京中央政府对广东省社会救济的投入

中央政府在救济方面大多通过救济行政和有关救济法令对地方的救济事业进行调控，在具体的救济活动方面，主要是由地方各级政府负责的。中央政府虽然有时也直接参与地方的救济活动，但它对地方的灾害是否施赈及施赈力度如何，不仅仅与各地方的灾害程度有关，而且也与地方政权对中央政府的忠诚程度密切相连。如二次革命失败后，龙济光在广东竭力镇压革命力量，强化军事封建专政，从而深得袁世凯的赏识。1914 年广东发生大水灾时，河堤被冲决达 20 余处，灾黎数十万。袁世凯于该年 6 月 26 日批准财政部拨银 5 万元赈济广东水灾；他旋又任命谭学衡为广东治河督办，专门负责广东省的水利修筑活动。[①] 1915 年，广东省又发生大水灾，袁世凯即于该年 7 月两次令财政部拨款共 20 万元，并自捐 2 万元，发给广东赈济水灾。[②] 之后，民国北京政府还先后派参政院凌福彭、李翰芬驰粤抚慰，会同粤省地方官绅携带银米到各属灾区进行放赈。[③]

1928 年南京国民政府成立后，其“政令不出五省”，中央政府一直不能对各地实行有效的控制，各省督军各自为政，尤其是广东的陈济棠。他在政治上以西南两委员会为依托，与南京政府分庭抗礼；他在经济上实行币制独立，与中央政府争夺财源；他在军事上整军经武，与中央时行军备竞赛；他在党务、司法上也是独成一统，俨然一个南天王。在陈氏主粤期间，广东省内一旦发生天灾人祸，省政府都尽力上报中央，以便从中央获得更多拨款。中央政府的救济立法无疑对广东省的社会救济活动有较大的导向作用，不过它对广东省的社会救济拨款只是一种象征性行为，其实惠却“难度岭南关”。1931 年，为救济大批失业归侨，广东省政府曾申请中央拨款救济，结果中央藉词：“现值军事善后，国库支应孔繁，恐难骤筹巨款”，并提出“应责成该（广东）省督促劝募，随时补助”。[④] 在 1931 年、1935 年的广东大水灾中，中央政府也只是象征性地拨些款项，最终敷衍了事。1935 年，广东省建设厅厅长林云陔为紧急救济广东丝业起见，特拟具计划大纲及预算书，提请省政府转函全国经济委员会分期拨款 10 万元，以便办理救济事宜，[⑤] 但中央

---

① 《北京政府袁大总统准拨银五万元赈济广东水灾》，《政府公报》第 769 号，1914 年。

② 《政府公报》第 1144 号，1915 年；《政府公报》第 1147 号，1915 年。

③ 《政府公报》第 1149 号，1915 年。

④ 广东省档案馆编：《华侨与侨务史料选编》，广东人民出版社，1991 年版，第 312 页。

⑤ 《借庚款救济粤蚕丝之进行》，《新广东月刊》，1934 年，第 16 期。

对此申请计划未作答复。1936 年 6 月，陈济棠下野后，广东省结束了半独立状态，粤省归政中央。南京中央政府对广东省社会救济方面问题的关心及支持力度大为增加。同年 10 月，中央经济委员会蚕丝改良委员会派葛敬中来粤调研，认定广东丝业大有发展希望，该会其后又特派技术专员及在江浙蚕业界素负有盛名的潘主任来粤组设广东蚕桑指导所，并以顺德第六区大晚乡为所址。随即中央蚕丝改良委员会将所得大批华七交瀛真改良种，用飞机运送至粤。[①] 由上述可以看出，中央对广东社会救济的投入往往与当时彼此的政治关系密切相关，这种情形对广东省救济活动的进展会产生一定的影响。

第二节　县乡基层政权的社会救济活动

基层政权是国家政权的一部分。它相对于中央政权、中层（省级）政权而言，是指在国家政权结构中处于基层的一级政权。在中国两千多年的地方政府层级变迁过程中，县级政区属于最稳定的一级基层政权，皇帝任命的地方官员到县级为止，在县以下设有一些胥吏、地方乡绅或精英组织。这正如有些学者所指出的，传统中国的社会结构特点是“国权不下县，县下惟宗族，宗族皆自治，自治靠伦理，伦理造乡绅”[②]。

近代以降，清政府在近代地方自治思潮的鼓吹下，在清末“预备立宪”过程中，决定在各府、厅、州、县及其管辖区域内的各城、镇、乡实行地方自治。清政府在 1909 年颁布的《城镇乡地方自治章程》中对基层自治区作了如下明确的规定：“凡府、厅、州、县治城厢地方为城，其余市、镇、村、庄、屯、集等各地方，人口满五万以上者为镇，人口不满五万者为乡；城镇有区域过广，其人口满十万以上者，得就境内划分为若干区，各设区董办理自治事宜。”该章程颁布后，全国各地迅速掀起了地方自治的高潮。当时广东省很多地方在州县之下划定了区乡一级的自治区。如大浦县 1909 年颁行了《地方自治章程》，划定全县为 13 个自治区。[③] 至民国初年，广东省内包括警局、区乡办事所和团局在内的乡村基层权力机构得以恢复和重建。邱捷教授研究表明，当时广东省内控制乡村基层权力机构的人物有士绅、商人、

① 顺德广东全省蚕丝改良实施区总区编：《广东蚕声》，1936 年，第 2 卷第 10 期，第 45 页。

② 秦晖：《传统中华帝国的乡村组织：汉唐间的乡村组织》，《中国乡村研究》第 1 辑，商务印书馆，2003 年版，第 2 页。

③ 《大浦县志·经政志上·区划》，1943 年排印本。

回乡官吏、退伍军官等，那些有军事经历、直接掌握武力者通常在这些机构中担任主角。由于广东政局动荡，省、县政府对乡村往往不能充分行使权力，乡村基层权力机构获得很大的独立性，有时甚至同政府、军队发生冲突。①

1928 年后，国民政府对各地基层政权建设较为重视。广东省政府早在 1928 年就打着“自治”的旗号，努力推进县以下各级基层政权的建设。1931 年，“胡汉民被扣事件”后，国民党内汪精卫、孙科等反蒋派聚集广州，他们认为：“推倒独裁专制，建立民主政治，非从地方自治入手不可。”为此，广东省政府先后颁布了《县市地方自治条例》、《县市参议会组织条例》、《各级自治人员选举规则》及各种实施细则。根据规定，广东省各地方政府由县、区、乡（镇）、里四级政权构成，即“县以下分为区、乡、里，繁盛地方为镇，等同于乡”，“积二十五户为里，积四里至十里为乡或镇，积二十到五十乡镇为区”。② 1931 年 7 月 31 日，广东省政府第六届委员会第 15 次会议还通过了《地方自治区（乡、镇）公所筹备委员会组织章程》、《县地方自治区（乡、镇）公所筹备委员会办事细则》等。③ 这些章程对各基层政权的人员筹备、运作等作了更为明确的规定。至 1935 年，全省区划之厘定工作初步完成。据统计，当时全省除广州市外，设有 94 个县，3 个县级局，各县市以下共划分为 793 区、14 014 乡、695 镇（另汕头市有 46 坊）。④ 县以下区、乡、镇等政权的设置使政府的权威可抵达乡村社会的最底层。

基层政权除了征收赋税、维护地方治安、调解民间纠纷、兴办教育外，还在主持社会救济方面发挥较大的作用。陈济棠主粤时期，广东省政府较为重视基层政权在政府救济活动的作用。1932 年 5 月 24 日，广东省政府第六届第 85 次会议通过了《县长、市长奖惩条例》，将“对地方上一切慈善事业有无尽力提倡举办、办理公共卫生有无成效以及对于属内一切被难灾民是否设法募来安集等救济事项，列入考核县市长成绩之标准”。⑤ 概括地说，基层政权在当时社会救济领域中的实践活动，主要表现在以下一些方面：

其一，负责实施赈灾。每当重大自然灾害发生时，县、区、乡（镇）等

---

① 邱捷：《民国初年广东乡村的基层权力机构》，《史学月刊》，2003 年，第 5 期。

② 广东省地方史志编纂委员会编：《广东省志·民政志》，广东人民出版社，1993 年版，第 225 页。

③ 广东省政府编：《广东省政府公报》，1931 年，第 162 期，第 7～20 页。

④ 广东省调查统计局编：《统计月刊》，1935 年，第 1 卷第 4 期，第 10～12 页。

⑤ 《考核县市长成绩办法》，《广东省政府公报》，1932 年，第 188 期。

基层政权即联合其他团体组成赈灾委员会，负责报灾、勘灾、查赈、施赈等工作。报灾即下一级政府向上一级政府报告灾情，它是上级政府了解灾情、实施救济的原始依据。广东省政府规定，地方发生灾变时，应由县长视勘慰问，设法安集，受灾各乡镇长及地方团体不得越级呈报。[①] 勘灾即地方官吏查勘核实受灾程度，确定成灾分数，为救灾提供实际的数据。[②] 另外，查赈也是地方基层政权在救灾活动中的一个重要环节。查赈一般是由受灾各县政府及属内各区、乡（镇）公所，根据报灾和勘灾的结果，在灾区核实灾民户口，划分受灾等级，发给赈票以备赈济。

1934 年，广东南路遂溪、钦县等县市发生重大风灾。遂溪县参议会、商会、党部、教育会等机关联合组成风灾善后委员会，协同各区长、乡长、里长，做详细之损失调查。[③] 在此次风灾中，钦县各界筹赈县属风灾水灾委员会共计收到拨款、捐款 34 000 元。该会根据受灾后生存人数、老弱壮丁之分别、居宅及基围损坏之程度、有无田地、宜于何种种植等情况，将款项拨给重灾区。灾民在领赈时，附有调查员及乡村里长、灾户等签名，以杜绝混冒办理。[④] 赤溪县在风灾过后，嗷嗷待哺者有六七百人之多，该县党部、参会议、区公所亦共同发起筹款施粥。[⑤] 1935 年西北江各属发生大水灾，仁爱善堂派范剑江率领干事数人组织急赈队，驰往三水、四会、广宁、高明、高要等县，会同各县县长及各机关人员、各区乡镇团体代表等，分赴各地调查。[⑥] 为赈济水灾，顺德县陈村于该年 7 月 7 日由各机关共同组成陈镇各界筹赈委员会，其内部分设总务、理财、募捐、调查、施赈、庶务、救护等股。该会在此次水灾中共募得赈米 7 700 斤、银洋 4 430.52 元，并将这些赈款、赈物在所登记的 10 708 名灾民中进行施赈。该会施粥数天后，又议定于 7 月 16 日、8 月 3 日和 10 日施米，并由各区乡长根据赈票给灾民每人发放赈米 2 斤。顺德大良区于 1935 年 7 月 23 日亦成立临时赈饥处。该处奉区长命，调查辖内之贫民，再据调查结果于 7 月 23 日开始施粥，并规定每日上午 11 时至下午 3 时为施粥时间，无论男妇老少，均应登记并凭券入厂领粥。[⑦]

---

① 《地方发生灾变应由县长视勘慰问妥集救济设法安集》，《广东省政府公报》，1936 年，第 344 期。

② 《勘报灾歉条例》，《中华民国法规大全》（一），商务印书馆，1936 年版。

③ 黄维齐：《南路风灾调查报告书》，《仁爱旬刊》创刊号，1935 年，第 3 页。

④ 黄维齐：《南路风灾调查报告书》，《仁爱旬刊》创刊号，1935 年，第 3 页。

⑤ 《赤溪县调查报告》，《统计月刊》，1935 年，第 1 卷第 11 号，第 28 页。

⑥ 仁爱善堂编：《仁爱旬刊》创刊号，1935 年，第 69 页。

⑦ 仁爱善堂编：《仁爱旬刊》，1935 年，第 4 期，第 144 页。

总之，每当省内重大灾害发生后，各地灾情的上报、灾情的勘查、灾民的登记、灾情等级的划定、灾款的筹集、赈品的分发以及实施工赈过程中工赈区的划分、有关工程的测量、灾工的招募、灾工的分工、灾工纠纷的调解等，都离不开各基层政权的筹划、组织与实施工作。因此，各基层政权在赈灾方面确实起着较大的作用。

其二，负责储粮备荒恤贫。1936 年 11 月 20 日，《广东省政府公报》转发了内政部制定的《各地方建仓积谷办法大纲》，规定建仓积谷用于各地方备荒、恤贫，必要时用于辅助农村生产事业，并且将地方积谷仓分为县仓、市仓、区仓、乡仓、镇仓、义仓六种。[①]

广东省政府根据《各地方建仓积谷办法大纲》，要求各地以县、区、乡（镇）为单位，由各县长、区长、乡长（镇长）负责分别在属内兴建县仓、区仓、乡仓、镇仓等。如 1936 年 3 月 13 日，中山县政府召集县内各界成立中山县储粮委员会，监督指导全县储粮事宜。该县除在县城设立储粮委员会外，还在各区设立分会，规定各区、乡公所按属内区城广狭、人口多寡，将当地原有仓捐尽数扩充，并要求各族从祖尝租金中每年拨出 50% 用以储粮。[②] 1936 年 4 月，省政府派员分赴各县检查仓政时，据呈报已有仓款积存者达 78 县，已设有仓储者达 44 县，龙川、揭阳、潮安等县内还设有多所区仓、乡仓。

其三，负责兴修水利，防洪排涝。广东省地理位置特殊，向属水灾多发区。在兴修防洪水利工程的过程中，其水利经费的筹集、堤工的征集、堤围的管理、水利纠纷的处理等事项都离不开各基层政权的动员与协调。

根据广东省政府的规定，各县之区、乡（镇）公所为促进水利工程起见，须趁农隙期间在所管区域以内以丁口为单位实行强迫征工，大力兴修水利。地方各县在兴修水利时，如系工程较小者，主要由县政府自行主办；如与邻县有关者，则会同邻县政府共同办理；如属工程较大需呈报绥靖公署者，则由绥靖公署领导各县政府一齐办理。

为了强调各基层政权在兴修水利方面的责任心，广东省政府于 1932 年 7 月转发了内政部颁发的《沿河地方官协助河务考成章程》。[③] 它规定沿河地

---

① 广东省地方史志编纂委员会编：《广东省志·民政志》，广东人民出版社，1993 年版，第 227 页。

② 《中山县储粮暂行办法大纲》，《中山县政年刊》，1936 年，第 21～26 页。

③ 沿河地方官是指沿河各县县长及区、乡（镇）长，河务长官是指中央或各省专设之水利局暨河务局局长或水利委员会委员长。

方官在兴修水利工程过程中，应协助办理如下事项：抢办险工、征集民工、代征筹垫或奉令划拨河务工款、采办工料、筹办运输，及堤岸树木、河产渡口、沿河电话、汽车路之保护等；凡沿河地方官协助办理河务有成绩者，应分别轻重予以升职、进级、记功等奖励；对沿河地方官有玩视或贻误职守者，应分别其情节之轻重予以褫夺、降级、记过等惩戒。[①]

其四，负责完成垦殖荒地、生产备荒。1932 年 7 月 30 日，广东省政府第六届委员会第 105 次会议议决通过了《广东中区绥靖委员公署强迫垦荒暂行办法》，要求各县政府、各区乡（镇）公所对属内的所有荒地进行清查，并强迫乡民进行垦殖，以备灾荒。[②] 之后，省政府又制定了《督种杂粮管理办法》，明确规定了各基层政权在垦殖备荒方面的责任及其具体工作，它要求乡村各基层政权要责成农民于每年秋、冬两季补种杂粮，以备荒歉；凡县长、市长办理有成绩者，则依其成效大小分别予以记功、记大功、加俸、记名升用等奖励；对其办理不力、将法令视为具文者，则视情节严重分别予以记过、记大过、罚俸、撤任等处罚。[③] 现将部分条文摘录如下：

（1）广东省政府为谋本省耕地之尽量利用，以弥补本省粮食之不足，特拟定《督种杂粮管理办法》公布之。

（2）凡属非因水患而置荒之民地、民田，自政府公布《督种杂粮管理办法》后，业主一律须自行开耕种植各项杂粮，违者政府强制执行之。

（3）自政府公布《督种杂粮管理办法》后，各县政府须即召集县属各区、乡公所负责人举行会议，决定分工执行办法，并将议决办法呈报主管机关核定。

（4）各区、乡公所须切实负责限期清查该区、乡内之民置荒田地坵数、面积、业主姓名及其所在地，呈报该县政府转呈主管机关备案，一面晓谕各业主限期开耕，逾期不开耕者，各区、乡公所得召人承耕之，暂定生地五年、熟地三年为承期，承耕期内不给租值。

（5）凡开耕荒地种植杂粮者，须受各区、乡公所之监督，区、乡公所每月须将辖内之开耕者姓名、种植日期、种植面积、生长情形等列表汇报县政府。县政府随时派员前往调查。若发觉有虚报情事，县政府须将实情呈报主管机关，并得将该区、乡公所负责人严惩之。

---

① 广东治河委员会编：《广东水利》第 4 号，1933 年，第 3 页。

② 《广东中区绥靖委员会署强迫垦荒暂行办法》，《广东省政府公报》，1932 年，第 193 期。

③ 《令整理仓储劝谕多种杂粮以备荒歉》，《广东省政府公报》，1932 年，第 199 期。

(6) 各县县长在各县内有监督全县督种杂粮之全权，政府将督种杂粮工作列为县长考成之一，由督种杂粮主管机关负责派员巡视及考核，每年分四季，将经过情形调查以示评定其成绩。

(7) 自耕或承耕者，如无力购买杂粮种子时，得开列种植亩数、需要某项种子及数量，报告各区、乡公所，由区、乡公所汇呈县政府转请督种杂粮主管机关查明发给。

(8) 凡向政府须取杂粮种子之耕户须于该项杂粮收成后十日内，将所借之种子数量全数缴还各区、乡公所，由区、乡公所汇集呈报县政府收存，以备他日发给于农民。

(9) 农民缴还所借种子于县政府时，县政府须负安全保管之责，每年将所借出各项种子之收获期定向督种杂粮呈管机关报告之次数，每次须将缴还种子之农民姓名、种子数量开列呈报。

(10) 农民种植杂粮在同一单位面积而其产量特别丰收，经主管机关派员调查属实者，督种杂粮主管机关得呈请政府嘉奖之。

(11) 各县须择适中地点筹建储粮公仓一处或多处，于杂粮丰收价格下跌时收储农民产物，或每年限令各区、乡公所缴纳杂粮若干附储之。[①]

其五，负责医疗救济。医疗救济是地方基层政权在社会救济中的一项重要活动。首先，各地方的医疗场所、设施等大多是在基层政权的规划下筹建的。1935 年，广东省政府为了在各县市推广设立平民医院，要求各县政府责成属内各区、乡公所，就其所在地或该区内适中地点设立平民医所一两处，并聘请当地医生每日于规定时间到所赠医。[②] 紫金县在当时设立乡村施医所时，主要按以下方法进行：①由各区公所召集各乡长会议，择定适中地点设立施医所一所，择定公有房屋或借用祠堂庙宇为所址；②由各区公所筹集款项或募捐，经专案呈报县府备案；③聘请当地医生一人至二人，于每日之规定时间在所施医；④施医所医生不得收受病人金钱或礼物；⑤病人确属贫苦者，由施医所酌量施药；⑥施医所经费由区内之乡镇公所共同负担。[③] 鹤山县救济院自 1935 年元旦成立后，为救济贫病起见，拟在县属谷埠、雅窑、古劳、金冈、桃源等乡（镇）公所分设赠诊室共 19 处。[④] 其次，各地医疗

① 《广东省府呈送督种杂粮管理办法》，第二历史档案馆藏，全宗号：422（4），案卷号：311。
② 《通令设办各区平民医所》，《广东省政府公报》，1935 年，第 298 期。
③ 仁爱善堂编：《仁爱旬刊》，1935 年，第 7、8 期合刊，第 173～174 页。
④ 仁爱善堂编：《仁爱旬刊》，1935 年，第 2 期，第 182 页。

救济机构设立后，医疗救济日常所需的费用大多是由各基层政权负责筹集的，并由各基层政权聘请当地医生负责赠医活动。如在台山县，每年由各公安局会同区公所就地筹款、聘请有名医生举行赠种牛痘，以杜天花病传染。[①]昌江县“将自备防病西药数十种，置放于县公安局内，附设一疗病所，委属员梁寿华（美医学士）兼司其事。该所要求医师每日于规定时间内施医、赠药，对于资产稍裕者酌收药费，对贫民则一律实行免费”[②]。

基层政权的职责具有基层性与直接操作性。它作为国家权力在城乡的延伸，是连接国家与乡民的桥梁，也直接关系到城乡各项事业的发展。可以说，社会救济事业能否在基层政权得到执行以及其执行的力度如何，是判断政府救济事业是否取得成效的一个重要标准。清政府以县衙门为基层政权，县以下不设治，举凡地方教育、教化、治安、民事调解、公共设施建设、社会救济和保障等各种社会职能不是由公共机构承担，而是由士绅、宗族等私人势力及胥吏、差役及里甲、乡地、保甲人员等非正式的行政人员办理，当时人称为“绅治”。[③]“绅治”具有非科层化、非法治化等特点。这些非科层化的绅治所办理的救济事务大多弊端重重，使得中央的许多救济法令在地方遭到扭曲。根据前述内容可知，在陈济棠主粤时期，广东省各县及县以下的区、乡（镇）等基层政权的建设逐步得到了加强，粤省社会救济事业在该时期内的实施大多离不开各基层政权的参与、组织及规划，各基层政权在社会救济等公共事业中的确发挥了较大的作用。当然也不可否认，当时有许多地方基层政权仍由地方官绅把持着，他们中的许多人假公济私、为所欲为，或加赋勒索杂捐，或私设公堂干预诉讼等。[④]但不管怎样，在当时广东的社会救济领域内，由带有“科层”色彩的各级地方基层政权逐步取代传统的封建绅权，确是不争的史实。这在一定程度上体现了历史的进步。

综合以上论述我们可以看出，中央政府、广东省政府以及地方基层政权，是民国时期广东省社会救济事业中的主体力量。中央政府通过行政协调、救济立法、奖善惩恶来规范地方政府的救济活动，广东省政府较好地执

---

① 台山县政府编：《台山县政年刊》第1册，1933年。

② 《昌江县县政计划》，《广东省民政公报》，1930年，第60期，第79页。

③ 王先明在《近代绅士》（天津人民出版社，1997年）一书中认为，传统中国的治理结构有两个不同的部分，其上层是中央政府，并设置一个自上而下的官制系统，即官方权威，其底层是地方管制单位，由族长、乡绅、地方名流掌握，这就是我们通常所说的地方权威。

④ 据有关研究表明，广东省在民国初年形成的亦官、亦绅、亦团、亦匪的人物控制乡村基层权力机构的格局，一直延续到20世纪40年代末。（邱捷：《民国初年广东乡村的基层权力机构》，《史学月刊》，2003年，第5期。）

行了中央政府的救济政策，并充当了粤省社会救济活动的主要责任者及领导者。陈济棠主粤时期，南京中央政府对粤省缺乏应有的约束力，广东省发展救济事业的动力并不是来自中央政府的督促，而主要是出于其对自身问题的觉醒。随着广东省政府对基层社会控制的加强，地方各级基层政权则成了各项社会救济活动的实际执行者。以上三者虽各自扮演的角色不一，但都缺一不可，它们共同描绘了当时社会救济活动的生动画面。

第三节　政府救济活动的特点及效果

一、救济特点

（一）救济活动以政府为主导

社会救济是现代社会保障事业的重要组成部分，也就是说，社会救济作为一项近代性的公共事务，它的健康发展离不开政府的集中领导。政府的主导地位与责任主要体现在制定有关政策法规，直接安排人力、物力、财力用于救济工作，动员、组织、协调和支持社会力量参与社会救济，规划和建设救济设施等方面。社会力量在救济方面则起着“雪中送炭”、“锦上添花”的作用，它主要在“点”上发挥作用，即对一些“重中之重”、“难中之难”的特困对象，发挥其针对性强、灵活性强的特点，进行有针对性的救济。两者结合起来，最终形成了政府面上的救济与社会点上的救济的立体交叉型的社会救济一体化格局。①

陈济棠主粤时期，随着政局的稳定，政府权威得以重建，其政权的力量也在不断地往下渗透，逐步介入并植根于乡村社会。政府力量的兴起，在社会救济领域改变了昔日民间力量奔走呼号、国家则持观望态度的尴尬局面。

政府在社会救济中的主导作用，首先体现于其对相关救济政策、计划、法令的制定方面。陈济棠主粤时期，由于广东省政府的重视，社会救济事业被纳入到三年施政计划之中，从而使这项救济事业具有一定的规划性和前瞻性；再加上当时的广东省建立了一套垂直领导体制，省政府对县及县以下的基层政权控制较严，这样，政府的救济事业就能以自上而下的方式在各基层政权中得到一定程度的实施。

① 李彦昌：《城市贫困与社会救助研究》，北京大学出版社，2004年版，第173～174页。

经费是事业的血液，经费的确保与否是社会救济事业成败的关键所在。在这一方面，广东省各级政府也扮演着至关重要的角色。陈济棠主粤时期，广东省政府通过财政拨款、税收、发行债券、募捐等手段来筹集资金，以确保各项社会救济事业的进行。省政府当时还掌握着社会的大部分资源，它可充分利用其政治资源上的优势，通过行政命令手段来调集全省的人力、物力，进行持续的、大规模的、大范围的救济活动，以最大限度地对灾民、难民等弱势群体进行广泛的救济工作。就当时全省的社会救济而言，无论是救济的数量、救济的规模，还是救济的措施，政府的主导与驱动都起了关键作用。当时由政府主导的社会救济事业已初步形成了现代社会保障制度的雏形。

当然，我们承认政府的主导作用，并不是否认或忽视民间慈善机构的作用。事实上，某些血缘组织如宗族、家族组织及地缘组织如行会等，其传统慈善资源仍在各自的领域中扮演着重要角色，只不过其作用没有以前那样突出罢了。本书限于篇幅，对此不再一一论述。

（二）具有强烈的社会控制色彩

社会控制是指社会组织体系通过法律、舆论、信仰、宗教、礼仪、社会暗示、社会价值观、伦理法则等多种手段，对社区、团体、组织等对象进行指导和约束，从而协调社会关系的各部分，以维持社会秩序、推动社会发展的过程。[①] 陈济棠主粤时期，政府对救济事业的社会控制功能有了一定的认识。谢峙中在《仁爱旬刊》上撰文认为："救济制度，是近代国家的社会政策之一种。（它）设法使一般民众的气力有正当发展的机会，以自谋生活，并设法救济一般贫苦民众，使其不致有饥色，尤属必要。因为必须如此，才可以平息他们的不平不满之气，才可以令他们明白国家是处处为他们谋利益，为他们的恩主，以激发其忠爱国家的心情。民众既有了忠爱国家的心情，则虽有花言巧语如苏张之口者，也无所施其煽惑的伎俩，以转移他们坚决的意志了。不然，则人民到了山穷水尽、生活无着的时候，除流为乞丐或出于自杀者而外，又几何不铤而走险呢?"[②] 张翼诒在《论救济事业与安定社会》一文中亦认为："社会之病态，最重要者莫若人民颠沛流离、无衣无食之一事。故安定社会，必以救济此类颠沛流离、无衣无食之人民为先急之

---

① 文军：华东师范大学网络教育学院行政管理专业"社会学"网络课程教学大纲，http：//jpkc. ecnu. edu. cn/shx/zxz06/zxz060/zxz06000/zxz060000. htm；杨桂华：《转型社会控制论》，山西教育出版社，1998 年版，第 3 页。

② 谢峙中：《德国的保险制度》，《仁爱旬刊》，1935 年，第 4 期，第 65 ~66 页。

务。贫困一事，实为社会上一切罪恶之源泉……救济事业实施之目的，不外欲使一般贫苦人民之生活得有相当之解决，稍纾其生活上之困难而不致因此而陷于罪恶、冒险称乱，以危害社会、动摇国家者也。再简言之，救济事业实施之目的，盖在于安定社会也。”①

政府借救济以达到社会控制、安定社会的目的，这在救济乞丐及流民散兵等方面表现得特别明显。作为一种游离于正常社会生活体制之外的特殊的社会群体，乞丐广泛地游荡在城市的大街小巷及广场、码头、宾馆、饭店、商场等一些繁华的地段，像城市的一块疮疤。他们有时为生活所迫往往会流动犯罪，对公共秩序和安全构成威胁。再加上乞丐生活环境非常差，也是携带、感染和传播疾病的高危人群，对于城市卫生有很大的妨碍作用。因此，广东各级政府一直以来都试图对这个群体加以控制。1935 年的《仁爱旬刊》有篇文章对当时广东省各城市的乞丐进行了形象的描述。

每到一地，必遭无数乞丐纠缠，彼等蓬头垢面，鹑衣百结，并立道旁，行乞之术至多，花样不一。有故涂赤血于肢体，伪装残废者；有故将头颅叩地并以手捶胸者；又有书字于地，故示自己满腹文章而遭遇堪怜者；怪状百出，叫苦乞怜，务使闻者同情，见者恩恤。真令人感慨无垠。试一过永汉路，纠缠叫化足使应接不暇，一日且有增无已，朝野上下，莫不惊心怵目。②

与流民、乞丐一样，难民、散兵也是政府社会控制力的潜在威胁，他们都不同程度地为政府所猜忌。难民、散兵往往是战争的直接产物。战争使难民失去土地、家园，使他们成为处于社会边缘的群体。因此，他们很容易铤而走险，以极端的方式报复社会，而曾手握武器、经过军事训练的散兵则更是这样的群体。

为达到社会控制的目的，广东省政府对于乞丐实行强制收容，而对于那些外来的游民、难民、散兵，则大多采取就地遣送或延期遣送的方法。1934 年 9 月 21 日，广东省民政厅发出第 2899 号训令，要求全省各地将外省之游民、散兵递解回原籍。③ 1933 年冬，有外省流民数百联袂入市行乞，或伏街头，或尾人后，状态百出，求人给钱。广州市社会局即派员分赴各处收容乞丐，共计收容外省流民 310 人。至第二年春，市政府发放川资，将这些外省

① 张翼诒：《论救济事业与安定社会》，《仁爱旬刊》，1935 年，第 7、8 期合刊，第 119 ~ 120 页。
② 何华文：《收容乞丐及救济贫民之对策》，《仁爱旬刊》，1935 年，第 1 期，第 97 页。
③ 《外省游民散兵须递解回籍》，《广东省政府公报》，1934 年，第 273 期，第 23 页。

流民一律遣回原籍。[①]

善堂一般通过制定某种救济标准来向社会灌输道德理念，以达到社会控制的目的。陈济棠主粤时期，广东省各级政府在兴办救济事业过程中，除注重道德规范外，对那些在街上无事生非的流民、乞丐、卖淫妇女及犯人，往往采用强迫收容救济的手段来达到社会控制的目的。1933 年，广州市在《广州市救济院贫民收容办法》中规定："凡在市内以度曲为名而暗中卖淫之瞽姬，经警察发现得解送本院予以教养，倘该瞽姬不愿入院须觅殷实商店或妥人具结保出，惟须声明以后不得再行卖淫；收容贫民如有亲属来院保领得酌予具结领出，惟须声明以后不得在市内游荡行乞，如有再犯，一经发现，即由警察随时再行拘送教育。"[②] 1935 年 12 月，为整饬市容，广州市各公安分局将 726 名乞丐强制送到救济院收容。[③] 汕头市贫民工艺院内收容的乞丐大多是"各警区拘解来院者"[④]。东莞市救济院拘禁的轻微罪案犯人常有三四十人，由该院对他们实施劳动惩罚。政府则派武警 8 名作护院队驻院。[⑤] 中山县救济院则限制被救济者告假外出，并规定凡系被拘入院者，必要时派人守卫以防免挟逃；凡派出院外工作之被收容人，需由管工严密监督，并须将每日情形报呈考核。[⑥]

在医疗救济方面，社会控制色彩也较为显著。民国时期，广东省的麻风病人数居"全国之冠"。为了收容救济麻风病人，李汉魂在给省政府的条陈中主张"通令各县，对属内各疯人应切实调查明确，专册登记报告，责成乡里长副随时注意行动，严加管束。并且还在各地设立麻风监狱，对强奸或卖疯等疯人加重治罪"[⑦]。汕头市在设立麻风院时，"原为减少骚扰起见，初无大规模之计划及医学上之见解"；该院建成后所收容的病人大多由警察局或公安分局拘捕而来，其"四周且有武警、军警以防逃亡，但一考其内容，实为不堪闻问，与其称麻风院，不若呼之为拘留所"。[⑧] 中山县政府令各区公安分局拘解县境内各疯人，并于该县发疯涌盖搭小葵棚一座，专事收容县内麻

---

① 《广州市政府市政公报》，1934 年，第 459 期，第 59 页。

② 广州市立救济院编：《广州救济院院务概览》，1935 年，第 40 页；《广州市政府市政公报》，1935 年，第 480 期，第 114～115 页。

③ 《广州市政府市政公报》，1936 年，第 525 期，第 138 页。

④ 《汕头市贫民工艺院报告书》，1933 年，第 8 期，第 10 页。

⑤ 罗菁：《东莞救济院史略》，《东莞文史》，1999 年，第 30 期，第 183 页。

⑥ 中山县政府编：《中山县政年刊》，1937 年，第 29～33 页。

⑦ 《李汉魂条陈救济麻风蔓延》，《广州民国日报》，1934－08－25。

⑧ 中华麻风救济会：《麻风季刊》，1932 年，第 6 卷第 3 期。

风病人。该棚“面积狭小，且破烂异常，不避风日，所留疯人备受苦楚”[①]。广州市当局将麻风病人送入东莞、石龙麻风院，每人每月两元，“其目的并非有意赞助，实为摒弃癞民之简易方法，送入以后，并不冀其生，但求其老死院中，不复彷徨街头，有碍观瞻”[②]。在东莞、石龙麻风院里，县政府则派出两个班的士兵在那里驻扎，并荷有七九步枪守卫，禁止病人逃走或擅自外出到市集或石龙镇去，同时也防止男女病人有接触的机会。1931—1938 年，三水城（现河口开发区）魁岗附近青云桥边的赐福禄庙内收容有捕来的麻风病人，由政府派兵督管。[③]

由上述可以看出，陈济棠治粤时期，乞丐、流民、难民、散兵及麻风病人等是造成社会不安全和不安定的一大因素。政府对这些群体实施救济并不是为救济而救济，其救济活动也不仅局限于维护文化价值，而主要是为了维护社会治安与国家稳定，以达到社会控制的目的。

（三）救济水平的不均衡

自近代以降，广东的珠江三角洲和韩江三角洲因地理位置优越，交通便利，经济富庶，而连州、韶州、梅州、海南岛等地因多山，尚未得到充分开发，经济较为落后。陈济棠主粤期间，全省各县市的救济水平的高低大体上与当地的经济水平相适应。从前几章的一些统计数据可以看出，广州市、汕头市的救济水平属于第一梯队，番禺、南海、中山、东莞、佛山、潮州等地的救济水平属于第二梯队，其他各县市大体上属于第三梯队。

此外，城乡之间的差距也特别明显。就《广东省三年施政计划》中的救济事项的实施情况来看，广东省在城市方面：三年来已成立平民医院的共有 54 县 2 局；成立托婴所者有 26 县；成立贫民教养院者有 26 县；征存仓捐预备购谷者达 80 县，已设县仓者 33 县，已设义仓者 9 县。而在乡村方面：成立乡村医院者有 9 县共 15 所；成立乡村养老院者只有 8 县；成立残废贫民教养院者则只有高要和广宁 2 县。[④] 由此看来，广东省政府虽在三年施政计划中主张城市与乡村均衡发展，但事实上当时省内的救济资源大部分集中于城市方面，城乡间的差距仍然较大。

---

① 中山县政府编：《中山县政年刊》，1936 年，第 59 页。

② 邬志坚：《视察华南麻疯院观感录》，《麻风杂志》，1932 年，第 6 卷第 3 期。

③ 三水县地方志编纂委员会：《三水县志》，广东人民出版社，1995 年版，第 1223 页。

④ 广东省民政厅编：《广东省民政厅办理三年施政计划主管事项简明表》，1936 年，第 73 ~ 76 页。

二、社会救济事业的效果分析

这里先说说当时广东省社会救济事业的局限性。

第一，救济数量有限。陈济棠主粤时期，民间慈善事业处于偃旗息鼓之状态，而政府主办的救济机构大多处于恢复和重建阶段，省内救济机关数量少，规模不大。当时广东的社会问题众多，弱势群体庞大，政府无力顾及方方面面。另外，广东省各县市政府创办的救济工厂主要设在城镇地区，一般只容许几十人工作，多者一两百名，可收容救济上千人以上的救济机关屈指可数。这就导致能被政府收容救济者毕竟是极少数。

第二，救济经费有限，救济标准较低。陈济棠主粤时期，经济发展虽较为迅速，政府财政收入也较前大为增加，但其资金主要用于军事方面。据统计，1934 年广东全省的总支出为 8 778 972 元，而其公益慈善费为 247 841 元，只占该年财政支出的 2.82%。[①] 一个国家或地区在社会救济方面的支出，究竟占财政总支出的比例为多少才算合理呢？目前，我国社会保障支出约占中央财政总支出的 10% 左右；西方发达国家的社会保障支出占财政支出的比重一般在 30% 左右，如加拿大为 39%、日本为 37%、澳大利亚为 35%。[②] 将陈济棠主粤时期广东省的救济水平与当今相比，虽有苛求前人之嫌，但也确实可以看出当时的社会救济标准还比较低。

第三，救济的运作处于新旧过渡之间，尚欠规范。民国时期，广东省政府虽然把社会救济纳入三年施政计划中，中央政府、广东省政府也制定了一系列有关救济事项的法律、法规，但其救济计划与实践间存在一定的落差，各级政府在法治的名义下夹杂着人治，常常不依法律行事。从前几章中我们可以看到，政府在社会救济方面的投入很少有专门的财政预算，其所需经费大多靠政府的临时拨款。另外，在该时期，粤省各地救济活动的具体运作仍有赖于省民政厅等行政性机关的临时督促；其具体执行情况的好坏，更与各地官员的个人能力、责任心有关，呈现出较强的人治色彩。

从总体上看，尽管陈济棠主粤时期广东省的赈济工作在具体实施中有这样或那样的问题，但还是取得了一定的成效，具有一定的进步性，对此我们应当予以肯定。其主要表现如下：

其一，陈济棠主粤时期，广东省政府的救济观念日益进步，其责任意识

---

① 广东省调查统计局编：《统计月刊》，1936 年，第 2 卷第 3 期，第 27 ~ 34 页。

② 财政部：《完善我国社会保障财政管理的对策》，http：//www.gov.cn/ztzl/2006 - 01/26/content_ 173019.htm。

亦日益凸现。政府不再将救济活动视为自己对人民的一种恩赐，而是将其视为自身的一种责任和义务。政府在实施救济的过程中，注重把农民组织成各种合作社，并以合作社为救济单位。这使政府的救济事业超出了传统宗法血缘家庭组织的功能，从而带有强烈的现代性色彩。

其二，救济设施日益完备，救济范围较为广泛。陈济棠主粤时期，广东省各地废弃多年的救济院、平民医院、育婴所、仓储等各种救济设施开始得到恢复与重建。随着各种救济设施的恢复与重建，政府实施救济的范围也日益广泛，不仅包括传统社会中的灾民、老弱残疾及鳏寡孤独者，还包括失业救济、幼儿之教养、不幸妇女之保护、金融救济、住宅救济、医疗救济等内容，使受益范围几乎扩大至全体民众。

其三，形成了一套较为完善的社会救济制度。陈济棠主粤时期，政府先后制定、颁布了 30 多部有关社会救济方面的法律、法规。如在救灾方面，政府对灾害信息的传报、灾情的勘察、灾害程度的确定、赈济的程序、赈济时间、赈济标准、赈济资金来源、赈济中的奖惩等都有十分明确的规定。这些法令和法规为社会救济事业的顺利展开提供了法律依据。与此同时，政府救济机构也日益职能化、专业化。当时全省既有救济院、平民医院等综合性救济机构，又有济良所、难民救济委员会、酷暑救济会、冬赈会、职业介绍委员会、救济失业归侨委员会等专门性的救济机构。以上各救济机构在活动过程中又将救济事务分为调查，联络，运用，资金的募集、管理、分配、支给等程序，这种运营体系的构筑，使其救济活动既有分工又有合作，还可以收到相互制约的效果。从这里我们可以看出，当时的社会救济制度已日益制度化和专业化，显示出传统慈善救济事业前所未有的特征。

其四，多种救济方式的结合。陈济棠主粤时期，广东省各级政府在救济方式上，除沿用一些传统的救济方法外，还采用教育救济、感化救济、小本贷款、职业介绍、工艺救济及其他形式来进行救济，使救济者通过自己的劳动获得报酬，改善自己的生活处境。如在救灾过程中，较多地采用了农赈和工赈，把临灾赈济、灾民安置和灾后重建有机地结合起来。在救济院里，则注重把养、教、工三者结合起来，既授人以鱼，更注重授人以渔；不仅注重解除受救者之疾苦，而且着重扶助受济者提高生存能力。

从以上政府救济理念的变化、各种救济法规的颁布、救济行政措施的日渐完备、救济计划的颁布、专门救济组织的设立、多种救济方式的采用等救济事项中，我们可以看出陈济棠主粤时期内，广东省由政府主导的救济事业初步体现了现代社会救济事业发展的方向，已具备了现代社会保障制度的雏形。

陈济棠主粤期间内广东省的社会救济活动，确实使一些弱势群体得到了救济，在一定程度上有利于消弭社会的不稳定因子，有利于社会的稳定。在勘灾、筹灾、赈灾、兴修水利、住宅救济、医疗救济等救济活动中，政府与民众的沟通渠道进一步通畅，政府与乡绅、农民的关系得到了一定的协调，对民众的动员能力及应付突发性公共性事件的能力也有所提高。此外，在救济实践中，政府还进一步加强了对各县乡基层社会的调控和整合，使自己的权威和意志能深入到社会基层。

附　录

附一　南海县佛山救济院图

图一　南海县佛山救济院正面图

图二　南海县佛山救济院留产室

图三 佛山救济院育婴所之婴儿御寒暖炕

图四 佛山救济院育婴所婴室

资料来源：《南海县佛山救济院院务概览》，1934 年。

附二　广东省会警察厅附设济良所试办章程

第一条：广东省会济良所由警察厅呈明省长设立。

第二条：广东省会济良所附设于警察厅。

第三条：所中经费由建筑照费余款项下支拨及由领娶人捐助或由特别捐助。

第四条：妇女因下列各项事情经司法或警察官厅讯实者，发所择配或妥为发落：

（一）诱拐抑勒来历不明之妓女；

（二）受人虐待不能自由之妓女；

（三）不愿为娼之妇女；

（四）无宗可归、无亲可给之妇女；

（五）被主人虐待逐出之婢女。

第五条：所中之职员：

（一）男管理员一人，男司事员一人；

（二）女检查员一人，女杂役一人。

第六条：管理员之职务如下：

（一）男管理员管理所中一切事务；

（二）女检查员专管约束所女行止出入事务。

第七条：妓女愿入济良所者遵照下列各款呈诉，均予讯理：

（一）亲身到警厅或区署呈诉；

（二）喊告于守望警察；

（三）出寄署名呈词于警察厅或区署。

第八条：妓女自有之钱财、衣物、器具于呈诉愿人入所时可当堂报明开单，由本厅追取交该女自行带入所中。

第九条：妓女应设教育工业，开所后体察情形酌量办理。

第十条：所女有病者由厅送广东医院医治愈后归所。

第十一条：在所诸女各照相片一张，注明姓名、号数、年籍，布告招领。

第十二条：愿领所女者观看相片认明后，可指陈明指定愿娶之女姓名、号数，请求管理员发给相见券，由女检查员带引至相见室面商，以彼此情愿为相当之配合（惟不得为妾）。

第十三条：请领所女为妻者面商，彼此情愿后由本人到厅呈明愿领该女为妻并开具年岁、籍贯、亲属住所、职业、家中有无妻妾等情事，取具妥实店章盖印，切结担保无假及卖奸转卖情事，粘贴自拍四寸照片一张，听候查核批示遵照。

第十四条：领娶人遵章具呈到厅时即派稽查员详查具复情节相符者，由厅批准，如情节各异，即予批驳；若有假冒情事，酌予究罚以杜混弊。

第十五条：本厅批准后领娶人须亲身到所填写愿书，由管理员、监临二人当面签字盖章或指模，发放具愿书，以一份交领娶人及出所之女收执，一份存厅备案。

第十六条：所女除招领外领娶人应负捐助所中经费之义务，其数由领娶人量力赞助并应交纳膳费每人每月三元，领娶人于填写愿书时交纳于管理员，管理员发给收据。

第十七条：所女自有之财物择配时均自带出。

第十八条：妇女无论因何案入所者均应照章择配。

第十九条：妇女入所后，其亲属呈请领回时须得该女之同意方可给领（其因案送所者须经原官署许可），但第四条、第五条不在此限。

第二十条：所女择配后如有该女远近亲属藉端搅扰，准本夫家就近呈明警察区署名究治。

第二十一条：所女对于本所或本身关系有意见欲陈述时，面陈于管理员，亦可用呈词请求管理员代呈核办。

第二十二条：妇女有随带子女出所时亦应自行带养（随带入所之子女以六岁为码限）。

资料来源：广州市政府编：《广东省会警察厅附设济良所试办章程》，《广州市市政概要》，1921 年，第 1 ~4 页。

附三　广州市人民团体募捐办法

（廿一年九月廿二日第三十四次市政会议议决通过）

第一条：本市人民团体无论用任何名义，各市内外募捐款项，均要将事由方式、举行地点、起止日期及经手募捐人员姓名年籍册呈报社会局核准，方得举行。

第二条：本市人民团体募捐收款时，要用三联收据，一联给与捐款人，一联缴社会局备核，一联存该团体备查，仍须针装成簿，编列号数，先送社会局回盖骑印，方得使用。其筹款方法有类似募捐性质者，例如演戏、游艺会、展览会等筹款，所用入场券要于券面刊明价额，即适用前项规定办理。

第三条：本市人民团体于募捐完毕时，要将捐款总数，及支出数目，连同支出计算书附属表及单据呈社会局番核，并编印征信录以昭大信，书表各式另定之。

第四条：本市人民团体募捐结束时，要将用余收据缴社会局注销，其类似募捐之入场券亦照前项办理。

第五条：本市人民团体如再次募捐时，要将上次截存用余收据联根缴社会局核明后方准核盖第二次之募捐收据。但因特别故障情形，经呈报社会局许可者，不在此限。

第六条：本市人民团体举行募捐虽未列原定结束日期，但社会局认为无募捐之必要时，得中止之。

第七条：本市人民团体募捐，未经呈准而擅自举行，或须经呈准而捐得款项用途不明，及收支数目有虚伪情弊者，社会局得将该团体负责人依法惩究。

第八条：凡募捐经手收款人要于该收据各联或入场券各联分别签押。

第九条：本市各慈善团体募捐，除应遵照社会局颁行《慈善团体注册及取缔暂行章程》之规定外，并适用本法之规定。

第十条：市外人民团体如有在本市募捐者，要得该团体所在地之政府证明并行文社会局照准方得举行，但仍要遵照本办法第一、第二、第六、第七、第八各条之规定办理。

第十一条：本办法如有未尽事宜，得随时修正之。

第十二条：本办法自呈准市政府公布之日施行。

资料来源：《广州市人民团体募捐办法》，《广州市政府市政公报》，1933 年，第 405 期，第 3 ~4 页。

参考文献

一、档案及档案资料集

[1] 中国第二历史档案馆藏:

国民政府时期广东地区案卷专号(一、二、三、四),行政院档案全宗(全宗号:2),内政部档案全宗(全宗号:12),国民党中央党部档案全宗(全宗号:711)。

[2] 广东省档案馆藏:

民国广东省民政厅档案全宗(全宗号:3),民国广东省政府社会处档案全宗(全宗号:9),民国广东省建设厅档案全宗(全宗号:六),民国广东省政府卫生处档案全宗(全宗号:13)。

[3] 广州市档案馆藏:

民国广州市政府档案全宗(全宗号:历字1),民国广州市政府社会局档案全宗(全宗号:历字20),民国广州市政府民政局档案全宗(全宗号:历字26)。

[4] 汕头市档案馆藏:汕头市民国档案全宗(全宗号:12)。

[5] 潮州市档案馆藏:潮州市民国档案全宗(全宗号:1)。

[6] 揭阳市档案馆藏:揭阳市民国档案全宗(全宗号:1)。

[7] 中山市档案馆藏:中山市民国档案全宗(全宗号:1)。

[8] 佛山市顺德区档案局藏:顺德县民国档案联合全宗(全宗号:1)。

[9] 水利电力部水管司、水利水电科学研究院编:《清代珠江韩江洪涝档案史料》,中华书局,1988年。

[10] 肇庆地区档案馆编:《肇庆地区自然灾害史料》,1981年。

[11] 高要县档案馆编纂组编:《高要县民国时期水旱灾害档案材料选编》,1984年。

[12] 台山县档案馆编:《台山县自然灾害史》,1984年。

[13] 广东省档案馆编:《陈济棠研究史料》,1985年。

[14] 广东省政府编:《民国时期广东省政府档案史料选编》,出版时间不详。

［15］中国第二历史档案馆编：《中华民国史档案资料汇编》，江苏古籍出版社，1998年版。

二、报刊

［1］《大公报（长沙）》，1922—1923年。
［2］《东方杂志》，1929—1936年，第26～33卷。
［3］《广东公报》，1913—1915年。
［4］《广州民国日报》，1923—1936年。
［5］《申报》，1930—1936年。
［6］《越华报》，1930—1935年。
［7］《中央日报》，1929—1936年。
［8］潮阳县政府编：《潮阳县政公报》，1936年。
［9］儋县政府编：《儋县县政概要》，1935年。
［10］东莞县政府编：《东莞县政府县政纪要》，1934年。
［11］番禺县政府编：《番禺县政周刊》，1932年；《番禺县政旬刊》，1933—1934年；《番禺县政纪要》，1935年。
［12］防城县政府编：《防城县政月刊》，1931—1932年。
［13］高要县政府编：《高要县政公报》，1930—1931年。
［14］广东筹赈总处编：《筹赈月刊》，1928—1929年。
［15］广东仁爱善堂宣化部编：《仁爱月刊》，1935—1936年。
［16］广东省调查统计局编：《统计月刊》，1935—1936年。
［17］广东省建设厅农林局：《农业革命》，1932年。
［18］广东省建设厅农林局推广课：《农业推广》，1933年。
［19］广东省政府编：《广东省三年来推行合作事业报告书》，1935年。
［20］广东省政府编：《广东省政府公报》，1929—1936年。
［21］广东省政府秘书处：《新广东月刊》，1933—1936年。
［22］广东省民政厅编：《广东省民政公报》，1929—1930年。
［23］广东治河委员会编：《广东水利》，1932—1933年。
［24］广州方便医院编：《方便月刊》，1936年。
［25］广州广东省合作事业委员会：《广东合作》，1934—1936年。
［26］广州教主堂港粤教声报社编：《港粤教声》，1930—1936年。
［27］广州岭南大学经济学系编：《南大经济》，1932—1935年。
［28］广州明德社编：《新民月刊》，1935年。
［29］广州南华评论社编：《南华评论》，1931—1933年。

［30］广州市商会编：《市商会周刊》，1934 年。
［31］广州市政府：《新广州》，1931—1932 年。
［32］广州市政府编：《广州市政府市政公报》，1929—1936 年。
［33］广州中华基督教会惠爱堂编：《惠爱月刊》，1930—1933 年。
［34］广州中山大学农学院：《农声》，1927—1936 年。
［35］海口市政府编：《海口市政公报特刊》，1929 年。
［36］揭阳县政府编：《揭阳县政公报》，1932 年。
［37］九江市政府编：《九江市政公报》，1931 年。
［38］开平县政府编：《开平县政府公报》，1933 年。
［39］乐会县政府编：《乐会县政纪要》，1930 年。
［40］三水县政府编：《三水县政月刊》，1934 年。
［41］汕头市贫民工艺院编：《汕头市贫民工艺院报告书》，1929—1933 年。
［42］汕头市政府编：《汕头市市政公报》，1929—1935 年。
［43］顺德广东全省蚕丝改良实施区总区编：《广东蚕声》，1936 年。
［44］顺德县政府编：《顺德县事月刊》，1928—1929 年；《顺德周刊》，1930—1933 年；《顺德半月刊》1934 年。

三、地方志

［1］《惠阳新志》编辑组编：《惠阳新志》（初稿），1959 年。
［2］（民国）陈铭枢总纂：《海南岛志》，1933 年。
［3］（民国）陈植编著：《海南岛新志》，1949 年。
［4］（清）陈志仪等编修：《顺德县志》，1750 年。
［5］电白新志编辑委员会编：《电白新志》（初稿），1962 年。
［6］斗门县志编写委员会编：《斗门县志》，1980 年。
［7］高鹤县志编修委员会编：《高鹤县志初稿》，1960 年。
［8］广东省地方史志编纂委员会编：《广东省志·华侨志》，广东人民出版社，1996 年版。
［9］广东省地方史志编纂委员会编：《广东省志·财政志》，广东人民出版社，1997 年版。
［10］广东省地方史志编纂委员会编：《广东省志·金融志》，广东人民出版社，1999 年版。
［11］广东省地方史志编纂委员会编：《广东省志·民政志》，广东人民出版社，1993 年版。

［12］广东省地方史志编纂委员会编：《广东省志·水利志》，广东人民出版社，1995 年版。

［13］广东省地方史志编纂委员会编：《广东省志·自然灾害志》，广东人民出版社，2001 年版。

［14］（民国）韩锋纂：《番禺县古霸乡志》，1937 年。

［15］（民国）韩建勋等督修：《连县志》，1949 年。

［16］（民国）何炳堃总纂：《续桑园围志》，1932 年。

［17］（民国）何炯璋主修：《仁化县志》，1934 年。

［18］（民国）黄墨园编：《陆丰县乡土志》，1931 年。

［19］（清）李福泰等编修：《番禺县志》，1871 年。

［20］（清）李文烜等编修：《清远县志》，1880 年。

［21］（民国）梁国荣等纂：《高要县志初稿》，1948 年。

［22］（民国）刘禹轮主订：《丰顺县志》，1943 年。

［23］（民国）刘运锋修：《乐昌县志》，1931 年。

［24］（民国）卢子骏编辑：《潮连乡志》，1946 年。

［25］茂名县政府编：《茂名县政季刊》，1934—1935 年。

［26］南海县政府编：《南海县县政要览》，1930 年；《南海县政公报》，1931—1932 年；《南海县政月报》，1933—1936 年。

［27］南京华侨半月刊社编：《华侨半月刊》，1936—1937 年。

［28］（民国）欧汝钧倡修：《阳山县志》，1938 年。

［29］（民国）彭元藻等修：《儋县志》，1936 年。

［30］（民国）饶宗颐总纂：《潮州志》，1949 年。

［31］（民国）邵桐孙编：《电白县新志稿》，1946 年。

［32］水利部珠江水利委员会《珠江志》编纂委员会编：《珠江志》（共五册），广东科技出版社，1991—1994 年。

［33］（民国）宋森纂：《鹤山县志未成稿》，1944 年。

［34］（民国）隋斋居士编：《南华小志》，1937 年。

［35］台山县政府编：《台山县政年刊》，1933 年。

［36］（清）田明曜等编修：《香山县志》，1879 年。

［37］（民国）汪宗准等监修：《佛山忠义乡志》，1926 年。

［38］（清）王崧等编修：《揭阳县志》，1888 年。

［39］（民国）吴凤声等修：《清远县志》，1937 年。

［40］（民国）五华县文献委员会编纂：《五华县志》，1948 年。

［41］（民国）西阳修志局编纂：《西阳乡志》，1946 年。

［42］新会县政府编：《新会县政周刊》，1933 年。
［43］（民国）许崇灏编著：《琼崖志略》，1947 年。
［44］阳春县政府编：《阳春县政公报》，1934 年。
［45］（民国）余肇谋主修：《开平县志》，1933 年。
［46］（民国）袁应金撰述：《茶山乡志》，1935 年。
［47］云浮县政府编：《云浮月刊》，1937 年。
［48］（民国）曾枢修：《和平县志》，1943 年。
［49］（民国）章潜龙修：《南澳县志未成稿》，1947 年。
［50］（民国）招念慈主修：《龙门县志》，1936 年。
［51］（清）郑梦玉等编修：《南海县志》，1872 年。
［52］中共南海县委员会南海县志编写委员会编：《南海县志》初稿，1961 年。
［53］中华麻风救济会编：《麻风季刊》，1928—1939 年。
［54］中山县政府编：《中山县政汇刊》，1932 年；《中山县县政季刊》，1930—1934 年；《中山县政年刊》，1935—1936 年。
［55］（民国）周廷干倡修：《龙山乡志》，1930 年。
［56］（民国）周文海修：《感恩县志》，1931 年。
［57］（民国）周学仕等主修：《罗定县志》，1935 年。
［58］（民国）邹进之倡修：《新修大埔县志》，1943 年。
［59］（民国）邹鲁修：《广东通志未成稿》，1935 年。

四、民国文献

［1］陈安仁：《广东农村之救济与建设问题》，大东书局，1937 年。
［2］陈翰笙：《广东的农村生产关系与农村生产力》，中华文化教育馆，1934 年。
［3］陈铁香：《广州市慈善救火总会救火汇刊》，1930 年。
［4］陈源：《潮汕东南沿海飓灾纪略》，1922 年。
［5］澄海救灾善后公所编：《澄海救灾善后公所报告书》，1924 年。
［6］大埔同善堂董事编：《大埔同善堂报告书》第 3 期，1929 年。
［7］邓雨生编：《全粤社会实录初编》，1910 年。
［8］邓云特：《中国救荒史》，商务印书馆，1937 年。
［9］邓真德：《广州市卫生行政之检讨》，1935 年。
［10］东莞明伦堂整理委员会编：《东莞明伦堂整理委员会报告书》，1934 年。

［11］番禺县农民银行编：《番禺县农民银行成立专刊》，1933 年。
［12］冯和法编：《中国农村经济资料》，上海黎明局，1935 年。
［13］符泽初编：《广东米荒与救济》，1937 年。
［14］广东粮食调节委员会编：《广东粮食问题》，1935 年。
［15］广东粮食救济会编：《广东粮食救济会报告书》，1919 年。
［16］广东旅京同乡会编：《广东旅京同乡会工作报告书》，1930 年。
［17］广东年鉴编纂委员会编：《广东年鉴》，1941 年。
［18］广东省合作委员会编：《广东合作》，1934 年。
［19］广东省建设厅编：《南路实业调查团报告书》，1933 年。
［20］广东省建设厅编：《琼崖实业调查团报告书》，1932 年。
［21］广东省政府建设厅编：《广东省两年来建设事业之回顾》，1934 年。
［22］广东省建设厅农林局：《救济本省农业急待举办五项计划》，1935 年。
［23］广东省民政厅编：《本省三年施政计划主管事项进度情形》，1935 年。
［24］广东省民政厅编：《广东救济失业回国华侨纪实》，1935 年。
［25］广东省民政厅编：《广东省五年来民政概况》，1936 年。
［26］广东省民政厅编：《广东全省地方纪要》，1936 年。
［27］广东省民政厅编：《广东省民政厅奉行本省三年施政计划主管事项进度情形纪要》，1935 年。
［28］广东省民政厅编：《现行民政法令辑要》，1934 年。
［29］广东省社会处救济院编：《救济院业务概况》，1946 年。
［30］广东省政府编：《广东省三年来推进合作事业报告书》，1935 年。
［31］广东省政府财政厅编：《广东省财政纪实》，1934 年。
［32］广东省政府调查统计局：《广东省三年计划推进中苛捐杂税之废除》，1935 年。
［33］广东省政府秘书处编：《广东粮食统计》，1933 年。
［34］广东省政府秘书处编：《广东省三年施政计划说明书》，1933 年。
［35］广东省政府民政厅：《广东救济失业回国华侨概况》，1932 年。
［36］广东治河委员会编：《二十年来广东治河汇刊》，1936 年。
［37］广州方便医院编：《与人方便》，1936 年。
［38］广州方便医院筹办上海兵燹难民救济会编：《广州方便医院筹办上海兵燹难民救济会刊》，1936 年。
［39］广州方便医院会计处编：《广州方便医院征信汇刊》，1934 年。

［40］广州公立孤儿教育院编：《孤独院报告书》，1935 年。
［41］广州广东省合作事业委员会：《广东合作》，1934 年。
［42］广州明德社编：《广东省第一期三年施政计划实施概要》，1935 年。
［43］广州年鉴编纂委员会编：《广州年鉴》，1935 年。
［44］广州市立救济院编：《广州市救济院院务概览》，1935 年。
［45］广州市社会处编：《广州市社会统计汇刊》，1935 年。
［46］广州市社会局编：《广州市社会局规程汇编》第 2 辑，1932 年。
［47］广州市社会局编：《广州市社会局业务报告》，1934 年。
［48］广州市市立医院编：《广州市市立医院二十五年度年报》，1936 年。
［49］广州市卫生局：《广州市各医院沿革》，1934 年。
［50］广州市政府编：《广州市政府三年来施政报告书》，1935 年。
［51］广州市政府编：《广州市之婴孩寄托所》，1934 年。
［52］国民政府救济水灾委员会编：《国民政府救济水灾委员会报告书》，1933 年。
［53］国外贸易委员会编：《广东工商业》，1934 年。
［54］黄焕庭：《广州市贫民教养院特刊》，1929 年。
［55］黄培坤：《琼崖各县农业概况调查表》，1937 年。
［56］黄菩生：《广东粮食问题》，1937 年。
［57］惠行善院编：《惠行善院征信录》，1934 年。
［58］蒋光鼐：《筹建虎门医院征信录》，1933 年。
［59］蓝迪如：《梅县筹办平民医院委员会概况》，1937 年。
［60］梁锡辉：《广州残废救济事业之过去现在与将来》，出版年不祥。
［61］林缵春：《琼崖农村》，1935 年。
［62］岭南大学编：《广州医院百年来的历史》，1935 年。
［63］刘懋初编：《广东经济纪实》，1934 年。
［64］旅港潮州同乡会编：《旅港潮州同乡会会刊》，1934 年。
［65］南海县佛山救济院编：《南海县佛山救济院院务概览》，1934 年。
［66］南顺桑园围修基所编：《南顺桑园围基所续刊征信录》，1932 年。
［67］聂绍周：《两广浸信会孤儿院概况》，1934 年。
［68］平远县救济院编：《平远县立救济院概况》，1939 年。
［69］汕头华洋贫民工艺院：《汕头华洋贫民工艺院院务报告》，1930 年。
［70］汕头市救济院编：《汕头市救济院复兴记》，1944 年。
［71］王武科：《中国之农赈》，商务印书馆，1936 年。
［72］伍连德：《海港检疫管理处报告书》（第二册），1932 年。

［73］伍锐麟：《旧凤凰村调查报告》，1935 年。

［74］香港华商赈灾团等编：《香港华商总会旋港潮州八邑商会香港东华医院越南赈灾团总报告书》，1923 年。

［75］谢雪影编：《潮梅现象》，1935 年。

［76］熊理：《广东经济概况》，西南印务局，1935 年。

［77］樟林救灾公所编：《澄海樟林八二风灾特刊》，1922 年。

［78］赵善欢：《广东虫害初步调查研究》，1934 年。

［79］郑肇经：《中国水利史》，商务印书馆，1939 年。

［80］中山县政府编：《两年来中山要政撮要（1935—1937）》，1937 年。

［81］中山县政府编：《中山县政府推广农业增加生产工作概况》，1935 年。

［82］珠江水利工程局：《珠江水利统计专号》，1947 年。

［83］珠江水利工程总局：《珠江流域之防洪》，1941 年。

五、今人论著

［1］包伟民：《江南市镇及其近代命运：1840—1949》，知识出版社，1998 年版。

［2］蔡勤禹：《国家、社会与弱势群体——民国时期的社会救济（1927—1949）》，天津人民出版社，2003 年版。

［3］蔡勤禹：《民间组织与灾荒救治——民国华洋义赈会研究》，商务印书馆，2005 年版。

［4］蔡少卿：《民国时期的土匪》，中国人民大学出版社，1993 年版。

［5］常建华：《社会生活的历史学：中国社会史研究新探》，北京师范大学出版社，2004 年版。

［6］陈春声：《市场机制与社会变迁——18 世纪广东米价分析》，中山大学出版社，1992 年版。

［7］陈翰笙：《陈翰笙集》，中国社会科学出版社，2002 年版。

［8］陈翰笙：《解放前的地主与农民：华南农村危机研究》，中国社会科学出版社，1984 年版。

［9］陈桦、刘宗志：《救灾与济贫——中国封建时代的社会救助活动（1750—1911）》，中国人民大学出版社，2005 年版。

［10］陈礼颂：《一九四九前潮州宗族村落社区的研究》，上海古籍出版社，1995 年版。

［11］陈雪英、毛振培主编：《长江流域重大自然灾害及防治对策》，湖

北人民出版社，1999 年版。

［12］陈业新：《灾害与两汉社会研究》，上海人民出版社，2004 年版。

［13］池子华：《中国近代流民史》，浙江人民出版社，1996 年版。

［14］邓正兵：《广东地方实力派和地方主义研究》，武汉出版社，2001 年版。

［15］邓正来：《邓正来自选集》，广西师范大学出版社，2000 年版。

［16］邓正来：《国家与市民社会：一种社会理论的研究路径》，中央编译出版社，1999 年版。

［17］丁长清、慈鸿飞：《中国农业现代化之路》，商务印书馆，2000 年版。

［18］丁身尊等编：《广东民国史》，广东人民出版社，2004 年版。

［19］范宝俊主编：《中国自然灾害与灾害管理》，黑龙江出版社，1998 年版。

［20］冯贤亮：《明清江南地区的环境变动与社会控制》，上海人民出版社，2002 年版。

［21］佛山地区革命委员会《珠江三角洲农业志》编写组：《珠江三角洲农业志》，1976 年版。

［22］顾长声：《传教士与近代中国》，上海人民出版社，1991 年版。

［23］广东省档案馆编：《民国广东政府机构沿革和组织法规选编》，1996 年版。

［24］广东省水利厅等编：《广东水旱风灾害》，暨南大学出版社，1997 年版。

［25］广东省水文局编：《广东水文记事录》，1998 年版。

［26］广东省文史馆编：《广东省自然灾害史料》，广东科技出版社，1999 年版。

［27］广东省中山图书馆编：《民国广东大事记》，羊城晚报出版社，2002 年版。

［28］广州市地方志编纂委员会办公室、广州海关志编纂委员会编译：《近代广州口岸经济社会概况》，暨南大学出版社，1995 年版。

［29］广州市政协文史资料研究委员会编：《南天岁月——陈济棠主粤时期见闻实录》，广东人民出版社，1987 年版。

［30］郭德宏：《中国近现代农民土地问题研究》，青岛出版社，1993 年版。

［31］郭凡、陈伟民：《分化与整合——广州百年社会变迁聚集》，广州

出版社，2001 年版。

［32］郭绪印：《老上海的潮州商帮》，香港艺苑出版社，2001 年版。

［33］郭绪印：《老上海的同乡团体》，文汇出版社，2003 年版。

［34］何增科等：《公民社会与第三部门》，社会科学文献出版社，2000 年版。

［35］洪大用：《转型时期中国社会救助》，辽宁教育出版社，2004 年版。

［36］黄绮文、宋佩华：《潮人同乡社团遍天下》，汕头大学出版社，1997 年版。

［37］黄艳：《试论广州善堂的发展：1871—1937》，暨南大学硕士论文（未刊稿），2001 年，暨南大学图书馆藏号：K/M2001/3。

［38］黄镇国等：《珠江三角洲形成发育演变》，科学普及出版社广州分社，1982 年版。

［39］江亮演：《社会救助的理论与实务》，（台湾）桂冠图书股份有限公司，1990 年版。

［40］姜守明、耿亮：《西方社会保障制度概论》，科学出版社，2002 年版。

［41］金德群：《民国时期农村土地问题》，红旗出版社，1994 年版。

［42］金德群：《中国国民党土地政策研究：1905—1949》，海洋出版社，1991 年版。

［43］康沛竹：《灾荒与晚清政治》，北京大学出版社，2002 年版。

［44］赖建成：《近代中国的合作经济运动——社会经济史的分析》，（台湾）正中书局，1990 年版。

［45］李栢林：《梅州史迹纵览》，广东人民出版社，1989 年版。

［46］李德芳：《民国乡村自治问题研究》，人民出版社，2001 年版。

［47］李东海编：《香港东华三院一百二十五年史略》，中国文史出版社，1998 年版。

［48］李金铮：《民国乡村借贷关系研究》，人民出版社，2003 年版。

［49］李文海、夏明方、黄兴涛等：《民国时期的社会调查丛编》（社会保障卷），福建教育出版社，2004 年版。

［50］李文海、夏明方编：《中国荒政全书》第 1 辑，北京古籍出版社，2003 年版。

［51］李文海：《近代中国灾荒纪年续编：1919—1949》，湖南教育出版社，1993 年版。

［52］李文海：《世纪之交的晚清社会》，中国人民大学出版社，1991年版。

［53］李文海：《中国近代十大灾荒》，上海人民出版社，1994年版。

［54］李文治、章有义：《中国近代农业史资料》，三联书店，1957年版。

［55］李向军：《中国荒政研究》，中国农业出版社，1995年版。

［56］李向军：《中国救灾史》，广东人民出版社，1996年版。

［57］李彦昌：《城市贫困与社会救助研究》，北京大学出版社，2004年版。

［58］梁必骐：《广东的自然灾害》，广东人民出版社，1990年版。

［59］梁其姿：《施善与教化——明清的慈善组织》，河北教育出版社，2001年版。

［60］林华平：《陈济棠传》，（台北）圣文书局，1996年版。

［61］林家劲：《近代广东侨汇研究》，中山大学出版社，1999年版。

［62］刘琦、魏清泉：《广东省地理》，广东人民出版社，1988年版。

［63］刘润和、王惠玲、高添强：《益善行道——东华三院135周年纪念专题文集》，三联书店（香港）有限公司，2006年版。

［64］刘志伟：《在国家与社会之间——广东里甲赋役制度研究》，中山大学出版社，1997年版。

［65］娄胜华：《转型时期澳门社团研究——多元社会中法团主义体制解析》，广东人民出版社，2004年版。

［66］骆承政、乐嘉祥编：《中国大洪水——灾害性洪水述要》，中国书店出版社，1996年版。

［67］马敏：《官商之间：社会剧变中的近代绅商》，华中师范大学出版社，2003年版。

［68］马宗晋主编：《中国重大自然灾害及减灾政策》，科学出版社，1993年版。

［69］孟昭华：《中国灾荒史记》，中国社会出版社，1999年版。

［70］潘理性等：《广东政区演变》，广东省地图出版社，1991年版。

［71］钱钢、耿庆国主编：《二十世纪中国重灾百录》，上海人民出版社，1999年版。

［72］钱杭：《血缘与地缘：中国历史上的联宗与联宗组织》，上海社会科学院出版社，2001年版。

［73］乔志强、行龙主编：《近代华北农村社会变迁》，人民出版社，1998年版。

［74］丘传英：《广州近代经济史》，广东人民出版社，1998 年版。

［75］邱捷：《民国初年广东乡村的基层权力机构》，《史学月刊》，2003 年，第 5 期。

［76］沈松桥：《从自治到保甲：近代河南地方基层政治的演变：1908—1935》，《中央研究院近代史研究所集刊》（台北），1989 年，第 18 期。

［77］石柏林：《凄风苦雨中的民国经济》，河南人民出版社，1993 年版。

［78］水利部珠江水利委员会：《珠江志・大事记》，广东科技出版社，1990 年版。

［79］司徒尚纪：《广东政区体系——历史・现实・改革》，中山大学出版社，1998 年版。

［80］司徒尚纪：《明清和民国时期广东人口和耕地的历史变化》，中山大学人口研究室印，1980 年版。

［81］苏新留：《民国时期河南水旱灾害与乡村社会》，黄河水利出版社，2004 年版。

［82］孙绍骋：《中国救灾制度研究》，商务印书馆，2004 年版。

［83］孙翊刚：《中国农民负担简史》，中国财政经济出版社，1991 年版。

［84］天津社会科学历史研究所、天津市城市科学研究所编：《城市史研究》第 21 辑，天津社会科学出版社，2002 年版。

［85］汪汉忠：《灾害、社会与现代化——以苏北民国时期为中心的考察》，社会科学文献出版社，2005 年版。

［86］王名、刘培峰：《民间组织通论》，时事出版社，2004 年版。

［87］王铭铭、王斯福主编：《乡土社会的秩序、公正与权威》，中国政法大学出版社，1997 年版。

［88］王铭铭：《走在乡土上——历史人类学札记》，中国人民大学出版社，2003 年版。

［89］王日根：《明清民间社会的秩序》，岳麓书社，2003 年版。

［90］王云骏：《民国南京城市社会管理》，江苏古籍出版社，2001 年版。

［91］王子平：《灾害社会学》，湖南人民出版社，1998 年版。

［92］魏光奇：《官治与自治——20 世纪上半期中国县制》，商务印书馆，2004 年版。

［93］乌廷玉：《中国租佃关系通史》，吉林文史出版社，1992 年版。

［94］吴锦良：《政府改革与第三部门的发展》，中国社会科学出版社，2001 年版。

［95］吴润生编：《澳门镜湖医院慈善会会史》，澳门镜湖医院慈善会，

2001 年版。

［96］吴义雄：《在宗教与世俗之间：基督教新教传教士在华南沿海的早期活动研究》，广东教育出版社，2000 年版。

［97］吴智文、李颖亚、曾俊民：《广州百年灾难史》，广州出版社，2005 年版。

［98］伍锐麟著，何国强编：《粤海虞衡卌一秋——伍锐麟调查报告集》，国际炎黄文化出版社，2005 年版。

［99］夏明方：《民国时期自然灾害与乡村社会》，中华书局，2000 年版。

［100］肖自力：《陈济棠》，广东人民出版社，2002 年版。

［101］熊艳：《九善堂与清末民初广州社会》，中山大学硕士论文（未刊稿），1995 年，中山大学图书馆藏号：TN2866。

［102］薛毅、章鼎：《章元善与华洋义赈会》，中国文史出版社，2002 年版。

［103］严中平等编：《中国近代经济史统计资料选辑》，科学出版社，1953 年版。

［104］杨桂华：《转型社会控制论》，山西教育出版社，1998 年版。

［105］杨雅彬：《近代中国社会学》（上下册），中国社会科学出版社，2001 年版。

［106］叶地编：《广东地名探源》，广东省地图出版社，1986 年版。

［107］游子安：《劝化金箴——清代善书研究》，天津人民出版社，1999 年版。

［108］游子安：《善与人同：明清以来的慈善与教化》，中华书局，2005 年版。

［109］余炎光：《两粤割据——从龙济光到陈济棠》，广东人民出版社，1989 年版。

［110］虞和平：《商会与中国早期现代化》，上海人民出版社，1993 年版。

［111］苑书义、董丛林：《近代中国小农经济的变迁》，人民出版社，2001 年版。

［112］曾庆榴：《广州国民政府》，广东人民出版社，1996 年版。

［113］曾昭璇等编：《广东自然地理》，广东人民出版社，2001 年版。

［114］张国刚编：《中国社会历史评论》第 4 辑，商务印书馆，2002 年版。

［115］张建民、宋俭：《灾害历史学》，湖南人民出版社，1997 年版。

［116］张连红：《整合与互动——民国时期中央与地方财政关系研究（1927—1937）》，南京师范大学出版社，1999 年版。

［117］张敏杰：《中国弱势群体研究》，长春出版社，2003 年版。

［118］张水良：《中国灾荒史（1927—1937）》，厦门大学出版社，1991 年版。

［119］张文苑：《晚清广东的救荒系统》，中山大学硕士论文（未刊稿），1999 年，中山大学图书馆藏号：TN4500。

［120］张宪文主编：《中华民国史纲》，河南人民出版社，1985 年版。

［121］张晓辉：《民国时期广东社会经济史》，广东人民出版社，2005 年版。

［122］张晓辉：《香港与近代中国对外贸易》，中国华侨出版社，2000 年版。

［123］张研：《清代族田与基层社会结构》，中国人民大学出版社，1991 年版。

［124］章开沅、马敏、朱英：《中国近代史上的官商绅学》，湖北人民出版社，2000 年版。

［125］赵春晨等：《基督教与近代岭南文化》，上海人民出版社，2002 年版。

［126］赵宝爱：《慈善救济事业与近代山东社会变迁（1912—1937）》，济南出版社，2005 年版。

［127］赵秀玲：《中国乡里制度》，社会科学文献出版社，1998 年版。

［128］郑大华：《民国乡村建设运动》，社会科学文献出版社，2000 年版。

［129］郑功成：《社会保障学》，商务印书馆，2000 年版。

［130］郑功成：《中国灾情论》，湖南出版社，1994 年版。

［131］中国人民政治协商会广东省委员会：《银海纵横——近代广东金融》，广东人民出版社，1992 年版。

［132］中央研究院近代史研究所编：《近代中国区域史研讨会论文集》（下册）（台北），1986 年版。

［133］中央研究院近代史研究所编：《近代中国农村经济史论文集》（台湾），1989 年版。

［134］中央研究院近代史研究所编：《抗战前十年国家建设研讨会论文集》（台北），1985 年版。

［135］中央研究院近代史研究所编：《中华民国初期历史研讨会论文集

(1912—1927)》(台北),1985 年版。
[136] 钟卓安:《陈济棠》,广东省地图出版社,1999 年版。
[137] 周大鸣主编:《中国的族群与族群关系》,广西民族出版社,2002 年版。
[138] 周秋光、曾桂林:《中国慈善简史》,人民出版社,2006 年版。
[139] 周秋光:《熊希龄与慈善教育》,湖南教育出版社,1991 年版。
[140] 周兴樑:《孙中山与近代中国民主革命》,中山大学出版社,2001 年版。
[141] 周蕴蓉:《抗战时期广东的灾况和社会救济》,暨南大学硕士论文(未刊稿),2004 年,暨南大学图书馆藏号:K/M2004/1。
[142] 周志忍、陈庆云主编:《自律与他律——第三部门监督机制个案研究》,浙江人民出版社,1999 年版。
[143] 朱汉国、王印焕:《华北农村的社会问题》,北京师范大学出版社,2004 年版。
[144] 朱英:《中国近代同业公会与当代行业协会》,中国人民大学出版社,2004 年版。
[145] 朱英:《转型时期的社会与国家:以近代中国商会为主体的历史透视》,华中师范大学出版社,1998 年版。
[146] 朱玉湘:《中国近代农民问题与农村社会》,山东大学出版社,1997 年版。
[147] 珠江水利委员会编:《珠江流域防汛资料汇编》,1984 年版。
[148] [法] 魏丕信著,徐建青译:《18 世纪中国的官僚制度与荒政》,江苏人民出版社,2003 年版。
[149] [法] 谢和耐著,耿昇译:《中国社会史》,江苏人民出版社,1995 年版。
[150] [美] 杜赞奇著,王福明译:《文化、权力与国家——1900—1942 年的华北农村》,江苏人民出版社,2003 年版。
[151] [美] 费正清主编:《剑桥中国晚清史》,中国社会科学出版社,1985 年版。
[152] [美] 费正清主编:《剑桥中华民国史》,中国社会科学出版社,1991 年版。
[153] [美] 哈贝马斯著,曹卫东、王晓珏译:《公共领域的结构转型》,上海学林出版社,1999 年版。
[154] [美] 何炳棣著,葛剑雄译:《明初以降人口及其相关问题

(1368—1953)》，三联书店，2000 年版。

[155] [美] 黄宗智：《清代的法律、社会与文化：民法的表达与实践》，上海书店出版社，2001 年版。

[156] [美] 卡尔·A. 魏特夫著，徐式谷、奚瑞森译：《东方专制主义——对于极权力量的比较研究》，中国社会科学出版社，1989 年版。

[157] [美] 施坚雅著，叶光庭、徐自立等译：《中华帝国晚期的城市》，中华书局，2001 年版。

[158] [美] 易劳逸著，陈谦平、陈红民等译：《1927—1937 年国民党统治下的中国：流产的革命》，中国青年出版社，1992 年版。

[159] [美] 张信著，岳谦厚、张玮译：《二十世纪初期中国社会之演变——国家与河南地方精英（1900—1937)》，中华书局，2004 年版。

[160] [美] 黄宗智：《长江三角洲小农家庭与乡村发展》，中华书局，1992 年版。

[161] [美] 包筠雅著，杜正贞、张林译：《功过格：明清社会的道德秩序》，浙江人民出版社，1999 年版。

[162] [日] 川井悟：《华洋义赈会与中国农村》，日本同朋社，1983 年版。

[163] [日] 夫马进著，伍跃、杨文信、张学锋等译：《中国善会善堂史研究》，商务印书馆，2005 年版。

[164] [日] 松田吉郎：《明清时代华南地域史研究》，汲古书院，2002 年版。

[165] [日] 小浜正子著，葛涛译：《近代上海的公共性与国家》，上海古籍出版社，2003 年版。

[166] [日] 濑川昌久著，钱杭译：《族谱：华南汉族的宗族、风水、移居》，上海书店出版社，1999 年版。

[167] [印度] 阿马蒂亚·森，王宇、王文玉译：《贫困与饥荒：论权利与剥夺》，商务印书馆，2001 年版。

[168] [英] 贝思飞著，徐有威等译：《民国时期的土匪》，上海人民出版社，1992 年版。

六、外国专著

Andrew James Nathan: *A History of the China International Famine Relief Commission*. Mass: Harvard University Press, 1965.

后　记

本书是在博士论文基础上改写而成的。在论文写作和书稿修改过程中，我有幸得到许多师友的关心和帮助。我的导师周兴樑教授是一位敦厚儒者，无论是治学还是待人接物，身教重于言传，于潜移默化之中给门人弟子以影响。我本湖南永州一愚顽乡童，论文得以如期完成，主要得益于导师的指导、鼓励、点拨与督促。论文从选题到大纲的确定，字字句句都凝聚着导师的心血。记得论文初稿交上去之时，周师身体尚未康复，他坚持带病对初稿进行了细致入微的修改，甚至小到标点符号都加以订正，其敬业精神感人至深。书稿出版前，先生又欣然为之作序，为本书增色不少。透过先生之序文，我感受到的不仅仅是鼓励，更是一种鞭策。

在论文的写作过程中，我在学术上还不同程度地受惠于中山大学历史系中国近现代史专业的林家有教授、邱捷教授、李吉奎教授、桑兵教授、吴义雄教授、程美宝教授、关晓红教授、赵立彬博士等。他们以讲课、学术报告、网络虚拟教学等多种形式对我进行指导与帮助，使我在受到启发之余，每每有豁然开朗之感。

暨南大学的张晓辉教授、湖南师范大学的周秋光教授、广东省社科院的王杰教授以及华南师范大学的陈金龙教授和谢放教授，参加了论文的评审及答辩工作，提出了许多宝贵意见和建议，给我很大启迪，为本论文的修改提供了莫大帮助。我在暨南大学新闻传播学院修读博士后的联系导师蒋建国教授给予我无尽的学术关怀，并为本博士论文的出版提供了诸多方便，在此对上述师长一并表示感谢。

感谢我的硕士导师郭汉民教授及湖南师范大学历史文化学院的李育民教授、饶怀民教授、范忠程教授。他们引领我走进史学研究的大门，使我得以初窥史学殿堂的瑰丽。

我在论文的写作过程中，曾在南京中国第二历史档案馆、广东省档案馆、广东省中山图书馆、广东省中山文献馆、广州市档案馆、佛山市档案馆、汕头市档案馆、潮州市档案馆、揭阳市档案馆、中山市档案馆、深圳市档案馆、中山大学历史系资料室、中山大学图书馆等处搜集资料，在此非常感谢以上各处工作人员的鼎力相助。

还要借此机会纪念康乐园中与我朝夕相处的同窗契友。在康乐园里的榕树底下及珠江河畔的林荫道旁，我与同门师兄弟刘少虎、贺金林、沈成飞，师妹胡耿及同窗好友张伟、欧阳湘、左松涛、伏传伟、邓永飞、杨品优、胡素萍、胡雪莲、李兴韵、夏海英等经常一起畅谈人生，砥砺学术，互勉共进。借此机会，我向他们致以衷心的感谢，且祝愿我们的友谊地久天长。

感谢我的工作单位华南师范大学以及暨南大学新闻传播学院博士后流动站，他们给我提供了宽松的学术环境与人文关怀。感谢杜小陆编辑为本书的顺利出版所付出的辛勤劳动。

最后感谢家人在我漫长的求学生涯中给我的所有支持。年近古稀之年的父母至今仍在家乡躬耕不辍，他们自小就教给我诚信为人的品德和吃苦耐劳的精神。多年的求学之路上，正是因为有他们无私的关心与鼓励，才让我在遭遇困惑与挫折时，仍能扬帆前行。父母之恩，天高地厚，我愿将此文献给他们，以略报三春之晖，聊表寸草之心。还要感谢我的小天使——聪明、活泼、健康、可爱的女儿唐丽钰，她是我前行的不懈动力。

拙著虽已出版，但书中定有许多不尽如人意的地方，祈望各位专家不吝赐教。好在我的学术之路还很漫长，我——一块不甚精美的璞石，将在今后的社会工作中磨瑕疵，显光华；在学术苦旅中奋力拼搏，勇往直前，以最佳的业绩来回报予我厚爱的社会。

唐富满

2011 年 5 月 28 日于广州